Berger · Historische Bahnhofsbauten I

Dem Andenken meiner Tochter Stephanie

MANFRED BERGER

HISTORISCHE BAHNHOFSBAUTEN I

SACHSEN, PREUSSEN, MECKLENBURG UND THÜRINGEN

2., durchgesehene Auflage

transspress

VEB Verlag für Verkehrswesen, Berlin

Inhalt

Vorwort

Bahnhofsbauten erfüllen Bedingungen einer der bedeutendsten Erfindungen der Neuzeit. Generationen des 19. Jahrhunderts haben sie »ganz neu geschaffen«. Doch die beeindruckenden Werke der Arbeiter und die Genialität der Baumeister dieses baugeschichtlich oft verkannten Jahrhunderts blieben zu Unrecht am Rande historischer Betrachtung. Mit dem vorliegenden Buch sollen die großen Bauleistungen der ersten industriellen Revolution, die im Zusammenhang mit der faszinierenden Entwicklung des Eisenbahnwesens nicht zuletzt auch auf dem Gebiet des Eisenbahn-Hochbaues vollbracht wurden, gewürdigt werden.

Erst in der Gegenwart wird die große historische gesellschafts- und sozialpolitische Bedeutung dieser Epoche allgemein anerkannt, deren bauliche Zeugen nun, soweit überhaupt noch vorhanden, als Denkmale einer neuen Kategorie – der Industrie und des Verkehrs – qualifiziert worden sind. Nachdem im 19. Jahrhundert in der Regel nur das Denkmal der antiken und mittelalterlichen Baukunst Gegenstand kunsthistorischer Betrachtung und denkmalpflegerischer Bemühungen war, galten traditionsgemäß bis in die jüngste Vergangenheit, wohl erweitert um den Zeitraum Renaissance – Klassizismus, vorzugsweise Schlösser und Burgen, Kirchen und Rathäuser als denkmalwürdig. In den Inventarisationswerken der Bau- und Kunstdenkmäler suchte man Bahnhofsbauten vergeblich. Verdiente aber eine weitgespannte Bahnhofshalle aus Stahl und Glas nicht ebenso bewundernde Anerkennung wie ein Bauwerk des Mittelalters?

Anregungen Oskar von Millers 1905 und des Vereins Deutscher Ingenieure, vor allem Conrad Matschoß', nach 1925, technische Denkmale als Kulturdenkmale zu erhalten, wie überhaupt technikgeschichtliche Arbeit und Forschung mehr als bisher zu würdigen, wurden im kapitalistischen Deutschland nur sehr zögernd aufgenommen. Erst nach dem zweiten Weltkrieg nahm die Geschichte der Produktivkräfte den ihrer gesellschaftspolitischen Bedeutung entsprechenden Rang ein und fand auch in der Denkmalsschutzgesetzgebung die ihr gebührende Berücksichtigung.

Die historischen Bahnhofsbauten – viele bisher funktionell kaum übertroffen – konnten auch nicht außerhalb ästhetischer Betrachtung bleiben, nur weil diese ganz neuartigen, vorbildlosen Verkehrsanlagen in die zu ihrer Zeit allgemein üblichen, aus der Vergangenheit entlehnten Stilformen gekleidet wurden. Eine solche Einschätzung erfolgte besonders seitens derer, die das neue Gebiet geringschätzend den Ingenieuren überließen. Eben diese waren aber die ersten, die bereits im 19. Jahrhundert im Verkehrs- und Industriebau die Wende zum industriellen Bauen und zum Stil des Bauens unserer Zeit einleiteten.

Bahnhöfe, im eigentlichen Sinne dieses Buches Empfangsgebäude und andere Bahnhofbauten, gehörten zu den einflußreichsten städtebaulichen Entwicklungsfaktoren des 19. Jahrhunderts. Der »Bahnhof« übertraf in seiner Wirkung auf die individuellen und gesellschaftlichen Beziehungen sowie auch größenmäßig meist alle anderen Baulichkeiten der Städte und Dörfer. Er prägte nicht nur die Umgebung seines Standortes, sondern sein Erscheinungsbild vermittelte auch den ersten bleibenden Eindruck, den der ankommende Reisende vom Bahnhofs-Ort empfing. Der »Bahnhof«, Stätte des Abschieds und Empfangs, Umschlagplatz für Menschen und Dinge, wurde zum Mittelpunkt vor allen anderen Institutionen. Tag und Nacht von Leben erfüllt, bietet er jederzeit Zuflucht und Unterkunft, ist Treffpunkt und interessanter, Sehnsucht nach der Ferne weckender Schauplatz. Kein öffentliches Gebäude gewann eine solche Stellung im täglichen Leben, wie der vertraute, manchmal verwünschte, oft auch als eilig passierte »Durchgangsstation« ganz unbeachtet gelassene »Bahnhof«.

Original erhaltene historische Bahnhofsgebäude sind selten geworden. Viele fielen zwangsläufig dem technischen Fortschritt zum Opfer, oder die ständige Modernisierung verwischte die Spuren früher Bautätigkeit, so daß die Erforschung des Ursprungszustandes oft fast eine archäologische Aufgabe wird. Dies betrifft vor allem die Bahnhöfe der Städte, während Bahnhofsbauten kleinerer, weniger gewachsener Gemeinden vielfach noch annähernd original erhalten sind. In den Städten blieben Gebäude aus der Frühzeit der Eisenbahn höchstens dort bis heute stehen, wo für Neubauten auch neue Standorte gewählt wurden oder die Verkehrsentwicklung andere Wege ging.

Selbst unter Denkmalschutz stehende Eisenbahnbauten, die weiter dem Verkehr dienen, unterliegen dauernd betriebstechnologischen Veränderungen mit möglichen baulichen Konsequenzen, so daß bestenfalls ihre äußere Architekturform, nicht aber ihre technologischen Einrichtungen konservierbar sind. Bahnhofsgebäude als Denkmale der Verkehrsgeschichte lassen sich in originaler technologischer Verfassung mit historischen Abfertigungs- und Betriebseinrichtungen nur bewahren, wenn sie stillgelegt oder als Museumsbahnhöfe betrieben werden.

So erhielten sich bedauerlicherweise nirgends Bahnhöfe aus den Anfängen der Eisenbahn, und wir können die kulturhistorisch einmaligen Anlagen dieser Zeit nur auf zeitgenössischen Darstellungen betrachten, ihr Milieu aber kaum erahnen. Denn durch die allgemeine Entwicklung des Verkehrs, nicht nur des Eisenbahnwesens, ist im Laufe der Zeit vieles außer Gebrauch gekommen, verschwunden und in Vergessenheit geraten, was einst zum Leben und Treiben des Bahnhofs gehörte.

Der Verfasser hat sich seit langem denkmalpflegerisch unter anderem mit Eisenbahnbauten beschäftigt. Einer Anregung Professor Dr.-Ing. Udo Bechers folgend, stellt er aus seiner umfangreichen Sammlung, ergänzt durch Bildmaterial von Museen und Freunden der Eisenbahn, historische Bahnhofsbauten des 19. und angehenden 20. Jahrhunderts, ihre Entwicklungsgeschichte, Architektur und Funktion, in dokumentarischen, größtenteils noch nicht veröffentlichten oder heute nur noch schwer zugänglichen Abbildungen nach Lithographien, Stichen, Zeichnungen und Fotos, zum Teil mit den damaligen Betriebsmitteln aufgenommen, vor. Die Darstellung längst verschwundener oder noch vorhandener Bahnhofsgebäude aus der Epoche der Dampflokomotive, die an den großen Strecken der Eisenbahngeschichte oder an Nebenbahnen errichtet wurden, soll einen Überblick über die Bau- und Technikgeschichte des Eisenbahn-Hochbaues Sachsens, Preußens, Mecklenburgs und Thüringens innerhalb des Gebietes der Deutschen Demokratischen Republik vermitteln.

Die Auswahl der Bahnhöfe wurde wesentlich vom vorliegenden Material bestimmt. Dies sowie der begrenzte Buchumfang ließen keine quantitativ gleiche territoriale Berücksichtigung insbesondere mittlerer und kleinerer Bahnhöfe zu und daher sicher manchen Wunsch offen. Dennoch sind die bedeutendsten Bahnhöfe der Eisenbahngeschichte und eine repräsentative Zahl Bahnhofsgebäude verschiedenen Charakters mit unterschiedlichem Gewicht architektonischer oder funktioneller Faktoren beschrieben. Eine Vorstellung vom reizvollen Milieu, von der Atmosphäre und bunten Vielfalt großer, mittlerer und kleiner Bahnhöfe ist dem Leser damit wohl möglich.

Behandelt wurden neben einigen vollständigen Bahnhofsanlagen der Anfangszeit vorzugsweise Empfangsgebäude und Bahnsteighallen, sonstige Betriebsgebäude, soweit sie noch der Betrachtung wert waren. Werkstätten verfielen rasch dem technischen Fortschritt und konnten daher nur in wenigen Fällen vorgestellt werden. Da es Stellwerksgebäude anfänglich überhaupt nicht gab – erst nach 1868 lösten in Deutschland »Central-Weichen- und Signal-Stellvorrichtungen« verschiedener Antriebsart die Einzel-Handbetätigung allmählich ab –, wurden diese zunächst sehr schlicht gestalteten Funktionsbauten nicht in die Betrachtung einbezogen. Vielfach war es möglich, die interessante Entwicklung der Bahnhöfe seit ihren Anfängen zu zeigen. Nur ausnahmsweise fanden um der Kontinuität willen Bahnhofsgebäude der Moderne und anderer Richtungen des 20. Jahrhunderts Aufnahme.

Im allgemeinen wurden bei der Beschreibung historischer Bauten und Anlagen zugunsten einer wirkungsvollen Milieuschilderung auch zeitgenössische Begriffe verwendet, die oft nicht mehr gebräuchlich und zum Teil nicht mit den heutigen Bezeichnungen identisch sind. Zum Verständnis früher Verhältnisse ist die Entstehungsgeschichte der größeren, historisch bedeutsamen Bahnlinien den jeweiligen Bahnhöfen vorangestellt. Weniger wichtige oder Nebenlinien werden bei den betreffenden Bahnhöfen mit behandelt. Eine Systematisierung der Bahnhöfe nach Städten (Knoten) war jedoch nicht möglich, weil die von den großen Eisenbahnknoten (Berlin, Dresden, Leipzig) ausgehenden Fernstrecken, die verschiedenen Gesellschaften gehörten, häufig die ehemaligen Ländergrenzen überschritten.

Der beschreibende Text beruht auf vorliegenden und eigenen wissenschaftlichen Arbeiten. Die umfangreiche, viele Zweige des Eisenbahn- und Bauwesens umfassende Thematik gestattete es nicht, in der Einführung alle Einzelheiten und Zusammenhänge vollständig zu erörtern. Unzulängliche, lückenhafte oder fehlende Quellen der Baugeschichte von Bahnhöfen gestalteten die vorliegende Arbeit oft recht schwierig. Manches wird immer ungeklärt bleiben. Der Verfasser ist sich dieser Mängel, die seinen Ausführungen sicher anhaften, bewußt und für ergänzende oder verbessernde Hinweise dankbar.

Im Interesse dokumentarischer Originalität wurden die Bilder weitgehend unretuschiert gelassen, auch wenn damit gewisse Qualitätsmängel in Kauf genommen werden mußten. Dies schien besonders bei so seltenen Fotografien angebracht zu sein, die nur wenige Jahrzehnte nach der Erfindung Daguerres entstanden, zum Beispiel bei Fotos aus dem Album, das dem Bevollmächtigten und Betriebsdirektor der Leipzig-Dresdner Eisenbahn-Compagnie von 1837 bis 1861, Friedrich Busse, am Tag seines Ausscheidens überreicht wurde. Der Liebhaber wird sicher mit Freude diese unverfälschten Abbildungen betrachten.

Die bereitwillige Überlassung wertvollen historischen Bildmaterials hat dieses Buch in der nun vorliegenden Gestalt erst ermöglicht. Besonders danke ich Frau Dr. Gärtner, Direktor des Verkehrsmuseums Dresden, Herrn Reichsbahn-Oberrat Dr. Mazurek, Leiter der Abteilung Recht, und Herrn Werner, Leiter des Archivs der Reichsbahndirektion Schwerin, Herrn Schmidt, Leiter der Außenstelle Altenburg des Staatsarchivs Weimar, und Frau Landmann, Museum der Stadt Weimar, für die großzügige Unterstützung bei der Reproduktion ihres Bildmaterials, ferner für die Überlassung von Bildern den Herren Bäzold, Leipzig, Clauß, Leipzig, Müller, Leiter der Bildstelle der Reichsbahndirektion Dresden, Peter, Leiter der Pressestelle der Reichsbahndirektion Dresden, Raunitschke, Döbeln, der Deutschen Fotothek Dresden sowie den Leitern vieler Museen der Deutschen Demokratischen Republik. Nicht zuletzt danke ich dem Leiter der Industrieabteilung des VEB Fotohaus Leipzig, Herrn Naumann und seinen Mitarbeiterinnen für ihre hervorragenden Reproduktionsarbeiten.

Mein Dank gilt außerdem dem Verlag, der bereit war, mein Vorhaben zu veröffentlichen, Herrn Cheflektor Dr. Böttcher und dem Lektor dieses Buches, Herrn Dipl.-Ing. Borchert für viele Hinweise und für das Verständnis, daß sie meinen Wünschen entgegenbrachten.

Kössern 1979

o. Prof. Dr.-Ing. habil. M. Berger

Einführung

Der Bahnhof und seine Bauten

Schon seit den ersten Jahrzehnten der Eisenbahngeschichte werden bis heute die Bahnhofsgebäude häufig als Bahnhof bezeichnet, was zwar begrifflich nicht richtig ist, aber im Sinne des pars pro toto und aus Bequemlichkeit gebräuchlich wurde. Vom »Aufnahmegebäude« oder Empfangsgebäude zu sprechen, ist sicher umständlicher. Korrekt definiert umfaßte der Bahnhof jedoch schon immer die gesamte Bahnanlage einer »Station« mit mindestens einer Weiche, wo Züge beginnen, enden, kreuzen, überholen oder mit Gleiswechsel wenden dürfen.

Bild 1. Bahnhofsgebäude München mit Bahnsteighalle und beiderseitigen Empfangsbauten. Entwurf von Friedrich Bürklein. Erbaut 1847 bis 1849. Zeitgenössischer Stich. (Siehe auch Bild 15)
Bild 2. »Bahn-Hof« der Main-Neckar-Eisenbahn in Darmstadt um 1850. Rechts Empfangsgebäude, links gegenüber Maschinengebäude und Werkstätten. Zeitgenössischer Stich

Vorgänger des frühen »Eisenbahn-Hofes« waren zunächst große eingefriedete Post- und Gasthöfe. An den Stationen der ersten größeren, von Pferden betriebenen Eisenbahn des Kontinents, der »Holz- und Eisenbahn« Budweis–Linz ließ Ritter von Gerstner »Packhöfe anlegen und in denselben Wohnungen der Einnehmer, Magazine für die Auf- und Abgabe der Waaren, Schmidten (Schmieden) und Stallungen zur Unterbringung des Zugviehes aufbauen«. Ihre Bauweise entsprach bäuerlichen Gehöften. Auch die ländlichen Stationen der ersten deutschen Ferneisenbahn Leipzig–Dresden besaßen zum Teil solche Bauten (Bild 51). Die größeren, zum Beispiel in Oschatz (Bild 52) und Riesa (Bild 55), waren schon eisenbahntypische Zweckbauten oder bürgerlich-kleinstädtische Gebäude, wie in Wurzen (Bild 49), während die umfangreicheren Bahnhofsanlagen der großen Städte, für die es noch keine Vorbilder gab, nicht zuletzt aus Gründen der Repräsentation Hochbauten historischer Architekturgliederung und -formen erhielten, die bereits mit ingenieurmäßig konstruierten Bahnhofshallen verbunden waren (Bild 1).

Fast immer jedoch wurden »Bahn-Höfe« anfangs als geschlossene Hofanlage eingezäunt und mit Toren an den Aus- und Einfahrtsgleisen versehen (Bild 2). Größere Bahnhöfe, zum Beispiel der Sächsisch-Schlesische Bahnhof des Eisenbahningenieurs Köhler in Dresden oder die Leipziger Bahnhöfe des Baumeisters Poetzsch sind von diesen damals universell ausgebildeten und befähigten Ingenieuren als einheitliche architektonisch-technische Gesamtanlagen einschließlich Betriebseinrichtungen und Umzäunung »aus einem Guß« geschaffen worden. Und selbst dort, wo die Entwürfe nicht von einer Hand stammen, ist oft zumindest die »Handschrift« des leitenden Planers erkennbar. Sein Einfluß auf die Baugestaltung verlieh vielen Eisenbahnstrecken eine charakteristische Note, zum Beispiel bei der Berlin-Hamburger oder Niederschlesisch-Märkischen Eisenbahn.

Während in der Frühzeit der Eisenbahn viele hervorragende Ingenieure, wie Johann Andreas Schubert, aufgrund ihrer umfassenden polytechnischen Bildung das Eisenbahnmaschinenwesen, den Bahn-, Brücken- und Hochbau zugleich beherrschten, begann mit der stürmischen tech-

nisch-industriellen Entwicklung in der zweiten Hälfte des 19. Jahrhunderts die Spezialisierung innerhalb dieser Gebiete. Beim Bahnhofsbau übernahmen Architekt und Ingenieur spezielle Aufgaben. Überwogen bis zur Jahrhundertmitte noch Bahnsteighallenkonstruktionen aus Holz (Bild 15) oder Mischkonstruktionen aus Holz und Eisen (Bild 16), so ermöglichte die steigende Eisenproduktion nun Hallenkonstruktionen von bisher unerreichten Spannweiten.

Dazu kam seit den 40er Jahren des 19. Jahrhunderts die Dachpappe als billiges, leichtes und damit auch konstruktiv vorteilhaftes Deckungsmaterial. In Verbindung mit der baulich weniger aufwendigen Pfettendachkonstruktion, die damals von Süddeutschland nach Norden vordrang, konnten nun großflächige Bahnhofsbauten aller Art sehr wirtschaftlich mit flachgeneigten Dächern bedeckt werden. Die Herstellung von gewalztem, verzinkten Wellblech ermöglichte es später, Dächer jeder Art und Neigung, insbesondre gewölbter Bahnsteighallen, problemlos zu decken.

Im damals industriell führenden England errichtete Sir Joseph Paxton 1851 als Vorläufer der großen Bahnhofshallen seinen gewaltigen, über 600 m langen Krystallpalast, den Wachsmann treffend als Wendepunkt im Bauen bezeichnet. Mit logischer Konsequenz entwickelte Paxton, ursprünglich Gärtner, angeregt vom Blatt der victoria regia ein Kunstwerk aus Eisen und Glas, den ersten großen Montagebau der Baugeschichte aus standardisierten, vorfabrizierten Bauelementen, der in knapp $3^1/_2$ Monaten montiert wurde.

Ebenso beeindruckend war die 1868 erbaute St. Pancras-Station in London. Nach Entwürfen des Architekten Orlish konstruierte der Ingenieur W. H. Barlow die seinerzeit größte Bahnsteighalle der Welt mit 73 m Spannweite, 210 m Länge und 32 m Scheitelhöhe (Bild 3). Das Bauwerk einschließlich des sich über die gesamte Hallengrundfläche erstreckenden Trägerrostes ruhte auf 690 grußeisernen Säulen und 6 m tiefen Fundamenten. Die Querträger des als schwere Decke ausgebildeten Rostes nahmen die Zugkräfte der Zweigelenkbogenbinder auf. Zwischen den Ankunftsbahnsteigen befand sich eine 7,10 m breite Droschkenstraße! Die Fuhrwerke gelangten durch einen Tunnel unter den Gleisen in die Halle, die sie nach Ein- und Aussteigen der Reisenden durch das große, stets offene Ausfahrtsportal in der Vorderfront des Empfangsgebäudes wieder verließen. An der Droschkenstraße, die nur in dieser Richtung befahren werden durfte, war beiderseits genügend Parkmöglichkeit vorhanden. Zur Montage der Dachbinder diente ein auf Rollen bewegliches Transport- und Arbeitsgerüst (Bilder 4 und 5). Im Gegensatz zur großzügigen Bahnhofshallenkonstruktion standen die verglasten Giebel aus Gußeisen und die Architektur des Empfangsgebäudes in gotischem Stil.

Diese Diskrepanz zwischen material- und strukturgerecht geformten Ingenieurkonstruktio-

Bild 3. St. Pancras-Station London. Innenansicht der Bahnsteighalle. Erbaut 1868. Zeitgenössische Zeichnung von Dammann

Bild 4. St. Pancras-Station London. Fahrbares Montagegerüst für den Bau der Halle, 1868

Bild 5. St. Pancras-Station London. Fortbewegung des Montagegerüstes.
Zeitgenössische Zeichnungen von Dammann

nen und eklektizistisch in Architekturformen längst vergangener Epochen gestalteten Empfangsgebäuden ist kennzeichnend für das konservative Beharren der europäischen Architektur bis zum Anfang des 20. Jahrhunderts, die von den Impulsen der technisch-industriellen Entwicklung fast unbewegt blieb. Objektiv betrachtet, entwickelte sich die Bahnhofsarchitektur im 19. Jahrhundert diametral zu den Fortschritten des Bauingenieurwesens. Während die klassizi-

stischen und spätklassizistischen Bahnhofsbauten aus den Anfängen der Eisenbahn (Bild 6) mit ihren schlichten edlen Formen zu den ingenieurtechnischen Werken noch in wohltuendem Verhältnis standen, ging dieser Gleichklang in der Folgezeit mehr und mehr verloren.

Die romantische Architektur, deren äußere Grundlagen Romanik und Gotik, der mittelalterliche Burgen- und Schloßbau, Kastelle mit Türmen, Türmchen und Zinnen waren, wich bereits völlig von den technischen Errungenschaften in der zweiten Phase der industriellen Revolution ab Befriedigender, wenngleich nicht fortschrittlich, aber weniger konservativ wurden zur gleichen Zeit Bahnhofsgebäude in Anlehnung an die italienische Renaissance gestaltet.

Danach kommt es in der zweiten Hälfte des 19. Jahrhunderts zur bekannten »Durchrasung aller Stile der Vergangenheit«. Die »Fassadenarchitektur« jener Zeit ist gekennzeichnet nicht nur durch die »akademische« Übernahme von Formen einer Epoche, sondern durch ihre unkritische Nachahmung, Verfälschung und Vermischung, deren Ergebnis die »Eklektik« war.

Natürlich darf sich Architekturbetrachtung nicht nur kunsthistorisch auf die äußere Gestaltung beschränken, sondern muß auch – und nach neuzeitlichen Begriffen wohl primär – den Inhalt der Bauten, Räume und Raumfolgen erfassen. Bei aller außenarchitektonischen Beharrung oder Fehlentwicklung wurden die Empfangsgebäude in funktioneller Hinsicht immer fortschrittlich weiterentwickelt. Das beweist ihre außergewöhnlich lange Standzeit im Bahnhofsbetrieb. Gesamtanordnung, Tageslicht-Beleuchtung, Raum- und Raumluftverhältnisse usw. vieler alter Empfangsgebäude erscheinen heute noch optimal.

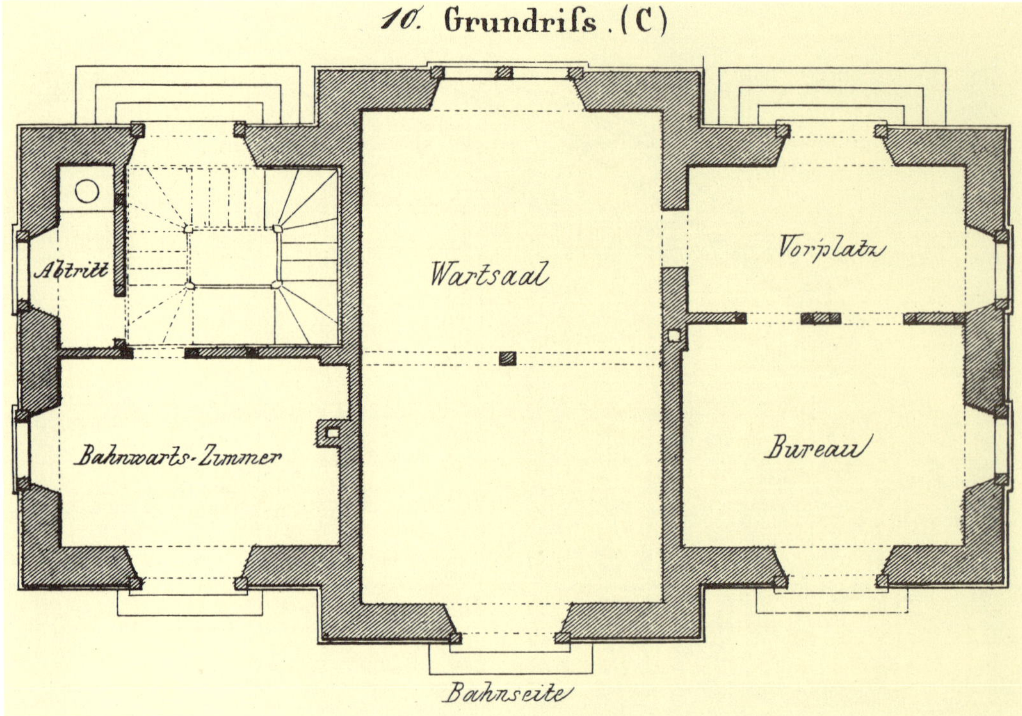

Bild 7. Kleines Empfangsgebäude für Haltepunkte und untergeordnete Bahnhöfe in Süddeutschland um 1850. Grundriß

Bemerkenswert ist, wie folgerichtig und perspektivisch schon die ersten Bahnhofsanlagen geplant und ausgeführt wurden, obwohl seinerzeit Erfahrungen auf diesem völlig neuen Gebiet des Verkehrs nicht oder nur in ganz geringem Umfang vorlagen. Die bereits im Jahre 1850 erlassenen »Grundzüge für die einheitliche Gestaltung der Eisenbahnen Deutschlands« waren in vielen Punkten so mustergültig, daß entsprechend angelegte Bahnhöfe, mit Ausnahme der Großstadtbahnhöfe, über relativ große Zeitspannen und zum Teil noch heute in Betrieb sind.

Als Hauptgrundsatz galt: »alle Gebäulichkeiten so zu placiren, daß sowohl hinsichtlich des Personen- als Güterverkehrs die größtmögliche Bequemlichkeit stattfindet, und die für den Betrieb nöthigen Arbeiten, als Speisen der Locomotiven, Drehen der Fahrzeuge, Anhängen neuer Wagen an die Züge, Abladen der ankommenden und Aufladen der abgehenden Güterwagen etc. mit der geringsten Mühe und dem wenigsten Zeitaufwand bewerkstelligt werden können.«

Die Bahnhöfe, damals auch »Aufnahmestationen« genannt, wurden je nach Größe und Bedeutung seinerzeit als »Haltepunkte«, »Zwischenstationen« und »Hauptstationen« klassifiziert. Dazu kamen zur Bezeichnung der Lage im Netz »Anschlußstationen« und »Endstationen« oder »Kopfstationen«.

Dementsprechend entstanden je nach Situation Durchgangs- und Kopfbahnhöfe in zahlreichen Varianten. Durchgangsbahnhöfe wurden anfänglich in der Regel nur für Zwischenstationen, meist außerhalb der städtischen Bebauung auf freier Flur angelegt. Ausnahmen waren zum Beispiel der Sächsisch-schlesische und der Böhmische Bahnhof in Dresden. Beide erhielten im Hinblick auf die vorgesehene, 1851 fertiggestellte

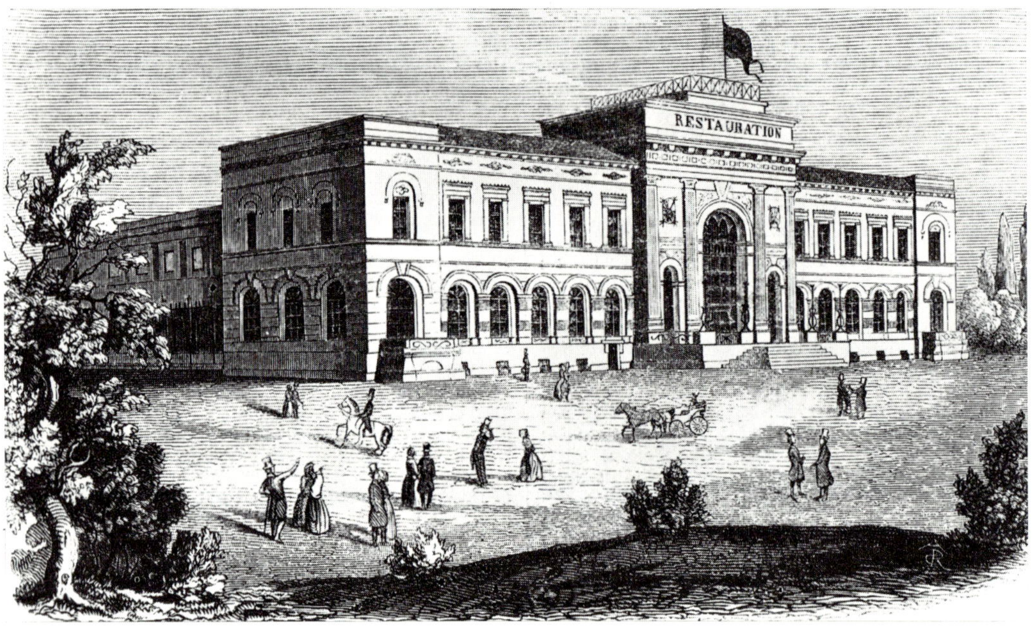

Bild 6. Empfangsgebäude des Bahnhofs Braunschweig. Entwurf von Carl Theodor Ottmer. Erbaut 1843 bis 1845. Zeitgenössische Zeichnung (siehe auch Bild 12)

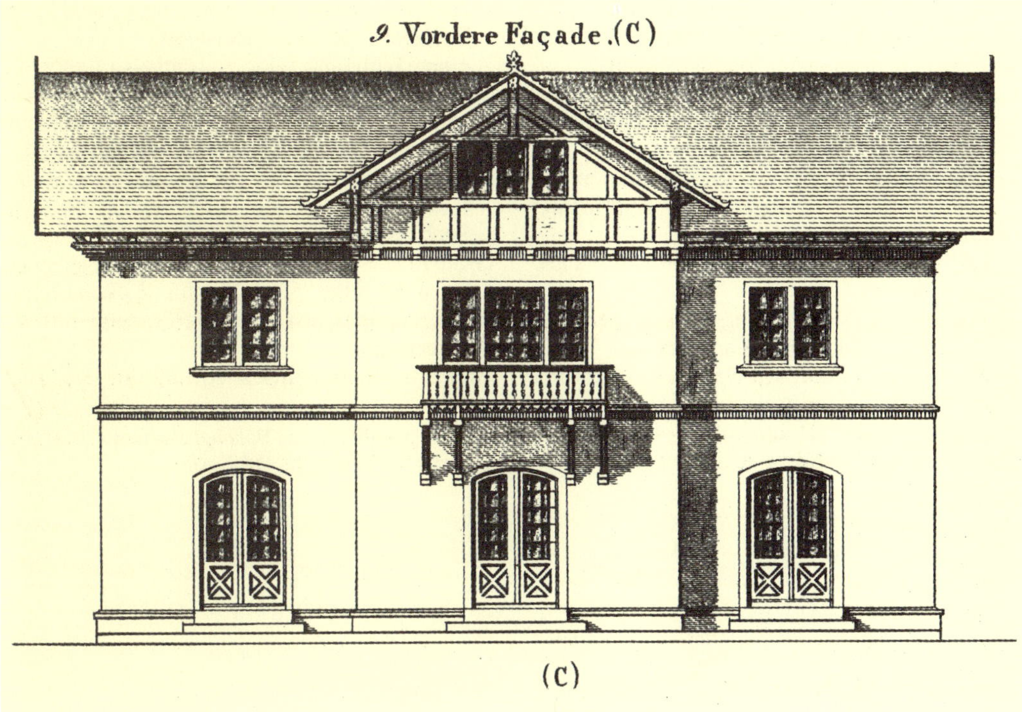

Bild 8. Kleines Empfangsgebäude für Haltepunkte und untergeordnete Bahnhöfe in Süddeutschland um 1850. Ansicht von der Bahnseite

Elbbrücke planmäßig die Grundrißform von Durchgangsbahnhöfen. In Berlin wurde der Kopfbahnhof der Niederschlesisch-Märkischen Eisenbahn (heute Berlin Ostbahnhof) beim Bau der Stadtbahn zum Durchgangsbahnhof umgestaltet.

Kopfbahnhöfe waren ursprünglich Anfangs- oder Endpunkte von Linien bestimmter Eisenbahngesellschaften. Neben betriebs- und anlagentechnischen Nachteilen boten sie den großen Vorteil, daß sie die Bahn bis an die Stadtzentren heranführten.

Zur jeweiligen Bahnhofsgrundrißform gehörten Empfangs- oder »Aufnahmegebäude« in Seiten-, Kopf- oder Insellage und Kombinationen derselben; bei Anschlußbahnhöfen kamen bisweilen auch Keilbahnhöfe zur Ausführung (Bilder 140 und 142).

Halt(e)punkte wurden dort angelegt, »wo nur eine mäßige Anzahl von Personen ab- und zugeht«, aber der Lokalverkehr mit bahnnahen größeren Orten gefördert werden sollte, »wo aber weder Wagen noch Locomotiven remisiert« noch Güterwagen be- und entladen zu werden brauchten. Die Anlagen sollten sich daher auf das notwendigste beschränken und nur aus einem größeren »Bahnwartshaus« mit »Wartesaal« für die Reisenden und anschließendem »Billetbureau« bestehen (Bilder 7 und 8). Die Lage des Gebäudes mußte die Anfahrt mit Fuhrwerken gestatten und die Reisenden vom Wartezimmer aus über erhöhte »Ein- und Aussteigetrottoirs« (niedrige Bahnsteige) bequem und gefahrlos zu den Zügen gelangen lassen. »Zur Bequemlichkeit des reisenden Publikums wurden Aborte in entsprechender Stellung placirt.«

Die Gleise sollten vor den Empfangsgebäuden aller Stationen auf mindestens 300 m Länge »gradlinigt und wo möglich horizontal angelegt sein«, um den Lokomotiven das Anfahren zu erleichtern.

Haltepunkte entsprachen in der Anfangszeit nicht in jedem Fall der heute üblichen Kategorie. Bei den österreichischen Eisenbahnen fungierten Haltpunkte z. B. zwischen Prag und Olmütz auch als kleine Bahnhöfe mit Empfangsgebäude, Güterschuppen, Wasserstation und Magazin.

Zwischenstationen waren kleinere Bahnhöfe »bei Städten zweiten und dritten Ranges, oder bei Ortschaften, die an Ausmündungen belebter Thäler liegen ..., woselbst man voraussichtlich einen bedeutenden Ab- und Zugang von Reisenden, Güter, Schlachtvieh etc. zu erwarten hatte«. Ihre Bahnhofsanlage bestand gewöhnlich aus

– einem Empfangsgebäude (Bilder 9 und 10) »mit ein oder zwei Warteräumen, Billetverkaufsbureau und Bureau für Abgabe des Reisegepäcks, einem Zimmer für den Bureaudiener, der gleichzeitig Portier sein kann, und einer Wohnung für den Expeditor im 2ten Stockwerk«. Billet- und Gepäckbureaus sollten für die Reisenden gut sichtbar in Nähe der Wartezimmer liegen, so daß »die Billete im Trocknen gekauft werden können«. Die Wartesäle lagen unmittelbar am Hausbahnsteig;
– der Zufahrtsstraße zum Empfangsgebäude und Güterschuppen mit Wendeplätzen. Die »Bahnhofsstraßen« zu den meist außerhalb der Ortschaften angelegten Stationen sollten funktionell und städtebaulich befriedigen, »eine

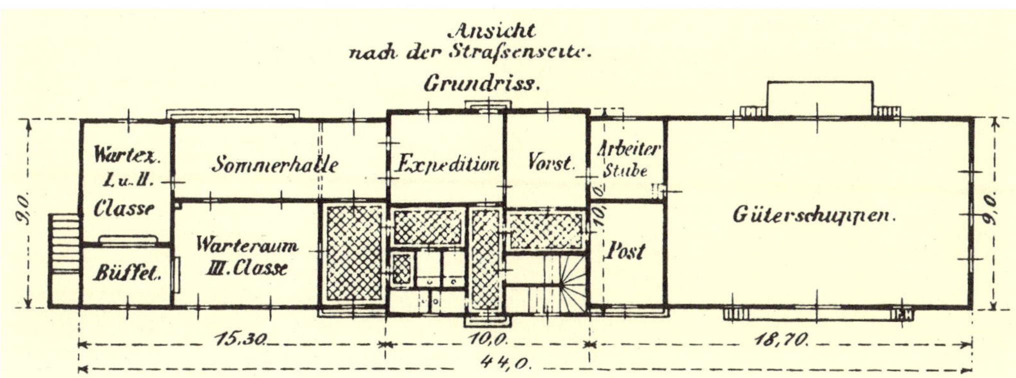

Bild 9. Stationsgebäude einer kleinen Zwischenstation 1884 (Bahnhof Pausa). Ansicht
Bild 10. Stationsgebäude einer kleinen Zwischenstation 1884 (Bahnhof Pausa). Grundriß

Besetzung der Straße mit Bäumen und einigen Ruhebänken in nächster Nähe der Station wesentlich zu den Annehmlichkeiten einer solchen Anlage beitragen«;

– den »Ein- und Aussteigetrottoirs oder Perrons (Bahnsteigen) für jedes durchlaufende Hauptgleis«, die entsprechend der Länge der »Personenwagenzüge« 90 m bis 120 m lang und je nach Frequenz der Station mindestens 1,80 m bis 2,40 m breit anzulegen waren. Die Zwischenbahnsteige sollten entweder direkt vor dem Hausbahnsteig oder aus Sicherheitsgründen besser versetzt zu diesem liegen. Für die Ausführung der Bahnsteige, die bei den ersten Anlagen oft aus hölzernen »Perrons« bestanden, wurden Pflaster, Platten-, Backstein- oder Asphaltbeläge und saubere Einfassung mit Liniensteinen empfohlen;
– einer »Wagenremise zum Unterbringen einiger ständig stationirter Reservewagen«,
– einem Verladeplatz mit Rampen »zum Ein- und Ausladen der Equipagen und des Schlachtviehs«,
– einem Güterschuppen »zum Verladen der ankommenden und abgehenden Kaufmannsgüter«,
– einer Drehscheibe zum Wenden der Fahrzeuge,
– Weichen »zur Verbringung eines Wagenzuges von einem Geleise in ein anderes«,
– einer Wasserstation mit Brunnen, »wenn die betreffende Station weiter als 6 bis 8 Stunden (1850!) von einer Hauptstation oder nächsten Wasserstation entfernt liegen sollte«,
– Aborten (Abort im Empfangsgebäude und Freiabort auf dem Bahnsteig),
– einer Wohnung oder Aufenthaltsräumen für zwei bis drei zur Bedienung der »Versetzschienen der Uebergangsbahnen« (Weichen) angestellter Bahn- oder »Excentrikwärter«,
– einem »Materialien- und Requisitenmagazin« für Kohlen, Geräte, Lichter, Öl, Fackeln, Pechkränze usw.

Größere Zwischenstationen hatten gegebenenfalls noch eine »Remise für Lokomotiven« (Lokschuppen), meist in Verbindung mit der Wasserstation.

Hauptstationen wurden sowohl an den End-

Bild 11. Schulkinder im Bahnhofswartesaal 1890. Zeitgenössische Zeichnung von Koch

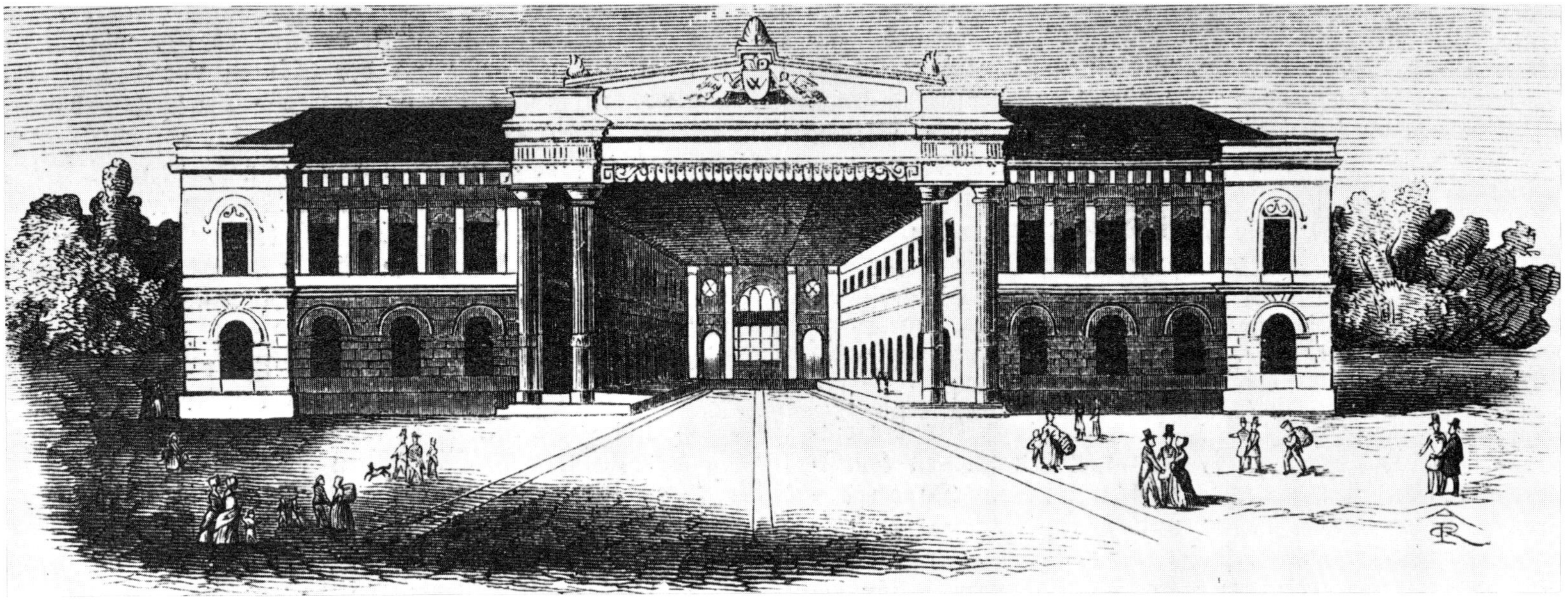

punkten einer Bahn als auch bei größeren Städten als Durchgangs- oder Anschlußstationen angelegt, wo »entsprechende Lokalitäten für die Unterbringung einer größeren Anzahl von Locomotiven und Wagen, für die Vornahme der Reparatur-Arbeiten in denselben vorhanden sein müssen, wo im Allgemeinen ein großer Zusammenfluß von Reisenden, Gütern etc. stattfindet ... Dieselben unterscheiden sich daher von den Zwischenstationen insbesondere dadurch, daß eine größere Anzahl Parallelgeleise, Excentriks (Weichen) und Drehscheiben oder Schiebebühnen vorhanden sein muß, sowie in der größeren Anzahl von Gebäulichkeiten für die Unterbringung des Fahrmaterials, des Brennmaterials, der Werkstätten und Magazine, der Bureaus etc., überhaupt lediglich nur in der größern Ausdehnung der Gesammt-Anlage«.

Nach den Grundzügen für die einheitliche Gestaltung der Eisenbahnen Deutschlands mußten bei Endbahnhöfen die Anlagen des Personen- und Güterverkehrs voneinander getrennt und mit getrennten »Auf- und Abfahrten« versehen werden. Dabei sollte die Übersicht über das Ganze nicht verloren gehen und »das Ordnen gemischter Züge ohne großen Zeit- und Kraftaufwand« möglich sein. »Gemischte Züge« waren seit den Anfängen bis in die letzten Jahrzehnte des 19. Jahrhunderts eine auch auf Hauptstrekken häufig verkehrende Zugart.

Die damaligen Anforderungen an die baulichen Anlagen der Stationen erscheinen uns noch heute außerordentlich anspruchsvoll, und es verdient hohe Anerkennung, daß die Richtlinien nicht nur betriebstechnischen Fragen, sondern in besonderem Maße auch den Bedürfnissen und der Bequemlichkeit der Reisenden Rechnung trugen. Man vergleiche nur die alten Bahnhöfe mit den meist primitiven Busbahnhöfen der Gegenwart ohne Wind- und Wetterschutz, Sitzgelegenheiten usw., – von beheizten Wartesälen (Bild 11), Restaurants, Bedürfnisanstalten etc., über die selbst kleinere Bahnhöfe schon in der Frühzeit verfügten, ganz zu schweigen.

Das Empfangsgebäude

Die Empfangsgebäude oder »Aufnahmegebäude« der Hauptstationen wurden anfangs meist in Seitenlage mit davorliegendem Perron (Hausbahnsteig) errichtet (Bild 2). Bei größeren End- oder Kopfbahnhöfen bestand es aus getrennten Abfahrts- und Ankunftsbauten mit dazwischenliegenden ganz oder teilweise überdachten Gleisen. Diese Gleise, in der Regel je ein Abfahrts-, Ankunfts-, Rangier- und Reservegleis, führten durch eine stadtseitige Portalanlage zur davorliegenden Drehscheibe (Bilder 82 und 84). Deshalb war zwischen Abfahrts- und Ankunftsbahnsteig kein Fußgängerverkehr möglich. Querbahnsteige zur Herstellung dieser Verbindung und zur Erschließung zusätzlicher Zungenbahnsteige erforderten damals Drehscheiben oder Schiebebühnen innerhalb der Bahnsteighalle.

Diese Gliederung in zwei Empfangsgebäude wurde später in Verbindung mit einem Kopfbau auch bei vielen Endbahnhöfen verwendet (Bilder 6 und 12). Ausschließlich als Kopfbauten errichtete Empfangsgebäude galten seinerzeit als unbequem und betrieblich unzweckmäßig.

Die Empfangsgebäude größerer Bahnhöfe, die als »Administrationsgebäude« in der Anfangszeit auch Verwaltungsfunktionen der Gesellschaften erfüllten, sollten folgende Räumlichkeiten enthalten (das Raumprogramm sei wegen des interessanten Inhalts und Ausdrucks wörtlich wiedergegeben):

Bild 12. Bahnhof Braunschweig. Erbaut 1843 bis 1845 nach Entwürfen von C. Th. Ottmer. Blick ins Innere der Bahnsteighalle. Links der Abfahrts-, rechts der Ankunftsflügel des Empfangsgebäudes. Im dahinterliegenden Kopfbau befand sich die »Restauration« (Bild 6), davor am Gleisende eine Schiebebühne zum Umsetzen der Lokomotiven. Zeitgenössischer Stich um 1850

»a) Eine Vorhalle, in welcher die Fahrbillete im Trocknen genommen werden können.

b) Ein Billetbureau mit zwei oder mehreren Schaltern, an welchen der Billetverkauf für die verschiedene Wagenklassen geschieht.

c) Ein Gepäckbureau, wo die Abgabe des Gepäcks der Reisenden stattfindet, und woselbst gleichzeitig die Bezahlung und Abwägung des Reisegepäcks vorgenommen wird.

d) Ein Wartsaal für die 1ste und 2te Wagenklasse.

e) Ein Wartsaal für die andern Wagenklassen.

f) Wartsaal für hohe Herrschaften.

g) Zollbureau mit einem kleinen anstoßenden Zimmer.

h) Bureau für den Stationsvorstand und den Ingenieur (2 Zimmer).

i) Telegraphenbureau mit Ansprach- und Dienerzimmer.

k) Zimmer für einen Bureaudiener und für den Aufenthalt der Condukteure (Schaffner).

l) Eine Restauration neben den Wartesälen.

m) Aborte (im Gebäude oder in directem bedachten Zusammenhange mit demselben).

(f und g sind nicht immer nothwendig).

Ist der Brief- oder Fahrpostdienst gleichzeitig mit dem Eisenbahndienst vereinigt, dann sind für die ersteren die erforderlichen Räume zu schaffen.

Da es im Interesse eines geordneten Betriebsdienstes liegt, daß einige Beamte auf den Bahnhöfen wohnen, so können die betreffenden Wohnungen im 2ten Stockwerke des Aufnahmsgebäudes angebracht werden.

Es sind gewöhnlich 4 Wohnungen erforderlich: Für den Vorstand, den Ingenieur, den Kassier und den Verwalter.«

In diesem Programm sind Anlagen für die Warmwasserbereitung und Lagerung von Wärmflaschen noch nicht enthalten, denn damals mußten sich die Reisenden im Winter wie in der Postkutsche in Pelze einhüllen. Erst später wurden Wärmflaschen oder Fußwärmer, 1 m lange Blechgefäße mit 20 Liter Inhalt, zur Heizung der Reisezugwagen eingeführt. Dazu waren je Waggon immerhin 10 bis 15 Gefäße erforderlich, für den gesamten Zugverkehr einer Hauptstation also beträchtliche Warmwassermengen und Wärmflaschen bereitzustellen. Diese primitive Einrichtung diente als Personenwagenheizung, bis in den siebziger Jahren die Ofenheizung und um 1880 versuchsweise die Dampfheizung eingeführt wurden. 1870 installierte die Rheinische Eisenbahn mit »Preßkohlen« beheizte Blechkästen unter den Wagensitzen, die auf den Hauptstationen von außen befüllt werden mußten.

In der Anfangszeit standen den Reisenden auf Hauptstationen immer Übernachtungsmöglichkeiten zur Verfügung, entweder im Empfangsgebäude selbst oder vis-á-vis im Bahnhofshotel, das oft gleichzeitig errichtet wurde. Vor allem weiterreisende Passagiere waren darauf angewiesen, weil die Züge damals aus Rentabilitäts- und Sicherheitsgründen nur am Tage verkehrten und daher in den Hauptstationen »übernachteten«. Als die preußische Regierung 1847 die Niederschlesisch-Märkische Eisenbahn beauflagte, für die Verbindung Berlin–Breslau–Wien Nachtzüge einzulegen, forderte die Gesellschaft 80000 Taler Mehraufwandsentschädigung; sie wollte sonst Nachtzüge mit Pferden betreiben. Besonders in England hat man mit dem Empfangsgebäude auf der Stadtseite sogenannte »Terminus hotels« mit großer Kapazität und glänzender Ausstattung verbunden, die den Reisenden Einkehrs- und Übernachtungsmöglichkeiten boten. Die sehr beliebten Hotels lagen zugleich unmittelbar an der Bahnsteighalle oder waren unter Dach von ihr aus zu erreichen. So verwundert es nicht, daß auch das 1864 bis 1866 neuerrichtete Empfangsgebäude des Dresdner Bahnhofs in Leipzig noch ein großes Hotel umfaßte (Bild 13). Denn erst 1873 führte ein Zug Berlin–Köln–Ostende erstmalig Schlafwagen, und selbst nach Gründung der »Compagnie Internationale des Wagons-Lits et des Grands Express Europeens« am 4. Dezember 1876 vergingen viele Jahre, bis auf allen Strecken Schlafwagen verkehrten.

Ähnlich verhielt es sich mit der Einführung von Speisewagen. Vorher hatten Schnellzüge mittags auf geeigneten Stationen planmäßig 20 bis 30 Minuten Aufenthalt, wo die Reisenden vorbereitete warme Mahlzeiten einnehmen konnten. Als Erste führte in Deutschland die Berlin-Anhaltische Eisenbahn 1880 einen Speisewagen der Internationalen Schlafwagengesellschaft. Allgemeine Verbreitung fand er nach 1892 mit Einführung der D-Züge im Deutschen Reich.

Die Ansprüche der Reisenden an Dienstleistungen im Bahnhof stiegen ständig weiter. Das Raumprogramm der Empfangsgebäude größerer Städte umfaßte später (um 1910) zusätzlich zu den genannten Räume zur Aufbewahrung von Handgepäck, Fundbüro, Auskunftsschalter, Wasch- und Baderäume, Friseursalon, Wechselstube, Kioske oder Läden für den Verkauf von Zeitungen und Büchern, Blumen, Tabakwaren, Lebensmitteln, Erfrischungen und Reiseutensilien. Der gebotene Komfort war kaum zu übertreffen.

Raumprogramme für Empfangsgebäude mittelgroßer und kleinerer Bahnhöfe der Zwischenstationen wurden den Größeverhältnissen der betreffenden Orte angemessen, prinzipiell jedoch nach gleichen Grundsätzen aufgebaut. Planung und Ausführung erfolgten schon früh nach Typenprojekten bahneigener Bau- oder »Sectionsbüros«. Dabei standen durchaus nicht nur Einheitsprojekte für Gesamtgebäude, sondern auch für Gebäudesektionen verschiedener Größe zur Verfügung, so daß allen Ansprüchen entsprochen werden konnte. Durch variable Gruppierung der Sektionen, unterschiedliche Material- und Farbausführung entstanden trotz Unifizierung abwechslungsreich gestaltete Baukörper am Streckennetz. Natürlich sind aber auch Empfangsgebäude von Zwischenstationen oft individuell von befähigten Architekten entworfen worden.

Gesamtanordnung und Grundrißbildung des Empfangsgebäudes wurden in der Anfangszeit davon bestimmt, daß die abfahrenden Reisenden ihren Weg vom Vorplatz über Eingangs- und Schalterhalle, Korridore und Wartesäle zu den Bahnsteigen nehmen mußten. Sie waren von den Ankommenden getrennt, die vom Bahnsteig durch eine Ausgangshalle oder auch unmittelbar ins Freie gelangten. Korridore im Anschluß an die Eingangshalle wurden bei größeren Empfangsgebäuden mit mehreren Wartesälen und Restaurants nötig.

Eine weitere Bindung ergab sich aus der meist niveaugleichen Lage des Empfangsgebäudes und der Gleise, die nach Möglichkeit von den Reisenden so wenig als möglich überschritten werden sollten. Es gab zwei Möglichkeiten, das Überschreiten der Gleise völlig auszuschließen: bei niveaugleicher Gleislage ersetzte man die Zwischenbahnsteige durch Inselbahnsteige, die durch Personentunnel oder Fußgängerbrücken und entsprechende Treppenanlagen mit »verlorenen Steigungen« erreichbar waren. Diese sind infolge des hohen Regellichtraumes bei Fußgängerbrücken fast doppelt so groß als bei Personentunnels und wurden ganz vermieden durch Hochlage der Gleise im Bahnhofsbereich, wobei entsprechende Straßen- und Vorplatzgestaltung zugleich die Unterführung des Straßenverkehrs gestattete (Bild 210). Die Hochlage der Gleise erfolgte aus diesen Gründen vor allem in den Großstädten, z. B. beim Bau der Berliner Stadtbahn (Bilder 281, 282) oder der neuen Dresdener Bahnhöfe. Eine Sonderform stellt der Hauptbahnhof Dresden (s. d.) mit niveaugleich am Insel-Empfangsgebäude endenden Kopfgleisen und beiderseitig in Hochlage vorbeiführenden Durchgangsgleisen dar (Bilder 195, 206). Seltener ist die Kombination von zwei Empfangsgebäuden, wie sie der Hauptbahnhof Magdeburg ursprünglich aufwies (Bild 246): Inselgebäude westlich und Empfangsgebäude in Seitenlage östlich.

Bei Insel-Empfangsgebäuden wurde es immer erforderlich, die Zufahrtsstraße mit Brücken über die Gleise oder durch Unterführungen unter ihnen hindurchzuführen, wollte man nicht das Hindernis beschrankter Bahnübergänge in Kauf nehmen. Gleiches gilt je nach Lage auch für Keil-Bahnhöfe.

Besondere Grundrißlösungen forderten Empfangsgebäude, deren Räume unter den hochgelegten Gleisen liegen (Berlin Friedrichstraße, Dresden Wettiner Straße).

Später beeinflußt auch die Einführung der »Bahnsteigsperre« die Grundrißgestaltung der Empfangsgebäude. Lange Zeit prüften nur die

Bild 13. Empfangsgebäude des Dresdner Bahnhofs in Leipzig mit Hotel. Ansicht von Südosten um 1900

Bild 14. Zollrevision in Bodenbach 1891. Zeitgenössische Zeichnung von Limmer

Schaffner während der Fahrt gefahrvoll auf den Trittbrettern von Wagen zu Wagen kletternd die »Billetts« der Reisenden. Lästig für die Reisenden waren die häufig von nichtreisendem »Publikum« überfüllten Wartesäle, damals alleinige Zugänge zu den Bahnsteigen. Zur Erleichterung der Fahrkartenkontrolle und Verbesserung des Personenverkehrs auf den Bahnhöfen führten die preußischen Staatsbahnen 1874 zunächst auf einigen Linien Absperrungen, am 1. Oktober 1893 allgemein Bahnsteigsperren ein, die nur mit Fahr- und Bahnsteigkarten oder besonderen Ausweisen passiert werden durften. Diese Maßnahmen erforderten bauliche Veränderungen, Schließung und Neuanlage von Durchgängen, Aufstellung von Schranken usw. an allen Empfangsgebäuden, da sie für diese Kontrollart nicht konzipiert waren. Als besonders problematisch erwies sich die Frage, ob bewirtschaftete Warte- und Erfrischungsräume »sperrenfrei« bleiben oder in die Bahnsteigsperre einzubeziehen seien.

Damit wurde die Eingangshalle, auch Eintritts-, Empfangs-, Schalter- und Vorhalle oder »Vestibül« genannt, zum Hauptraum des Empfangsgebäudes, dem alle den Reisenden dienenden Räume, Fahrkarten- und Gepäckschalter, Wartesäle, Toiletten etc. zugeordnet sind. Direkt von hier führen die Zugänge zu den Bahnsteigen oder zur Bahnsteighalle. Dem Strom der Reisenden waren die alten »Vestibüle« vieler Empfangsgebäude schon lange nicht mehr gewachsen, so daß es nach 1900 zu zahlreichen Umbauten kam (Bilder 117, 118). Sowohl bei Umals auch bei Neubauten wurden oft eindrucksvoll gestaltete Hallen mit großzügigen Dimensionen geschaffen, die bis in die Gegenwart stärksten Verkehr reibungslos aufnehmen. (Bild 219).

Bahnsteighallen und -dächer

Bereits die ersten Bahnhofsanlagen der Haupt- und Endstationen besaßen Bahnsteighallen, seinerzeit auch »Personenhallen«, »Personenschuppen«, »Wagen- oder Einsteighallen« genannt, mindestens aber durch lange, arkaden- oder kolonnadenförmige Laubengänge bedeckte »Abfahrts- und Ankunftsperrons«, so daß die Reisenden »von den Wartesälen aus im Trockenen zu den Wagenzügen gelangen konnten«. Manchmal lagen auch die betreffenden Gleise mit unter Dach, um die übernachtenden Personenzüge wettergeschützt abstellen zu können.

Wartesäle und »Gepäckexpedition« mußten grundsätzlich mit der Bahnsteighalle beziehungsweise mit den Bahnsteigen direkt verbunden sein.

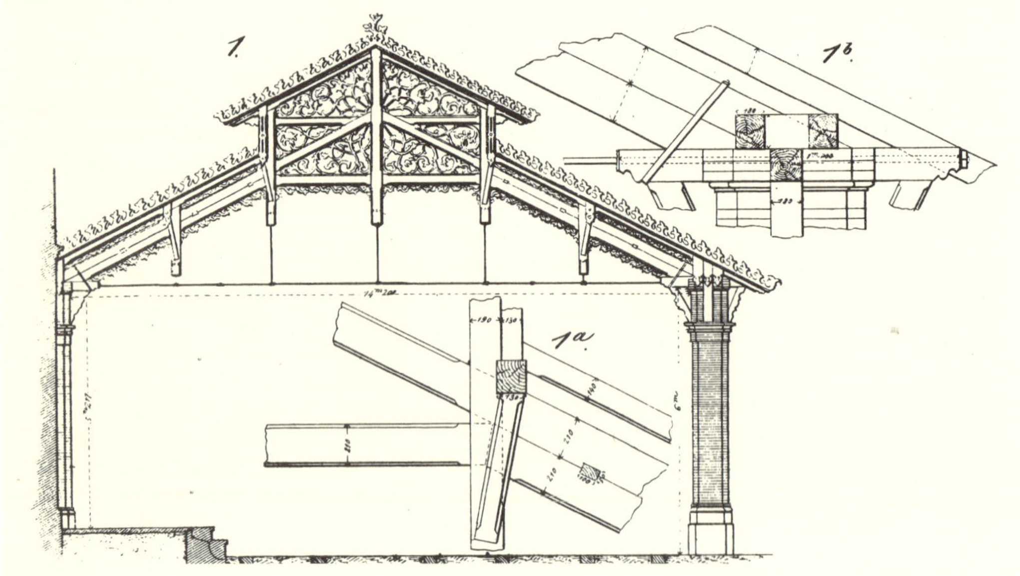

Bild 15. Bahnhof München, erbaut 1847 bis 1849. Bahnsteighalle aus Bohlenbindern System Emy. Entwurf von Friedrich Bürklein. Zeitgenössischer Stich. (Siehe auch Bild 1)

Bild 16. »Haupthalle« des Bahnhofs Karlsruhe. Mischkonstruktion aus Holz und abgehängten Zugankern mit Spannschlössern, am Empfangsgebäude auf Pilastern und Konsolen lagernd. Bahnsteigkante abgestuft

Am Ankunftsbahnsteig sollten Gepäckausgabe und gegebenenfalls eine »Zollablieferung« (Bild 14) liegen. An den Bahnsteigen wurden wettergeschützt erreichbare, bedeckte »Retiraden« (Aborte) gefordert. Auch »das Einsteigen in Droschken, Omnibusse und Equipagen sollte unter Dach« möglich sein (Grundsätze von 1850).

Die ältesten Bahnsteighallen wurden als Bohlendächer verschiedener Konstruktion aus genagelten, hölzernen Wölbbindern ausgeführt. Sie bestanden bei der von Gilly 1797 in Deutsch-

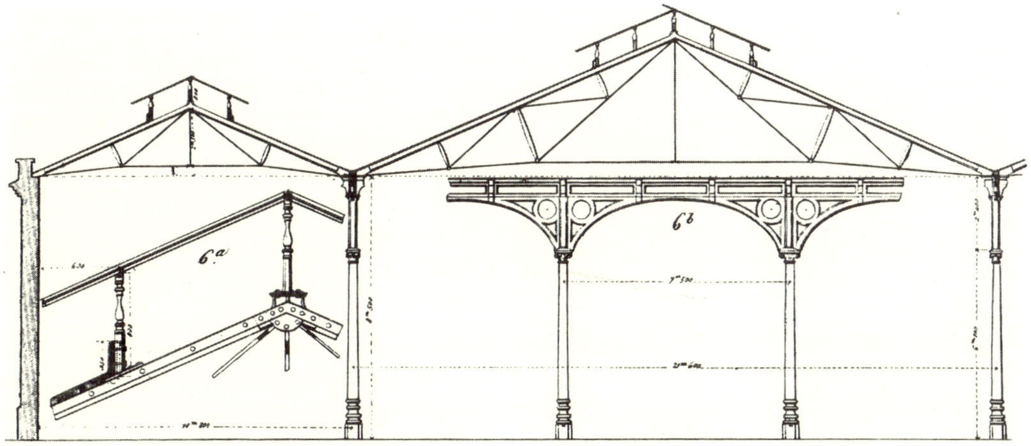

Bild 17. Dachkonstruktion der Bahnsteighalle zu Lille. Stützen, Kopfbänder und Binderauflager aus Gußeisen, Zugstäbe aus Schmiedeeisen, Druckstäbe aus Gußeisen, beiderseits mit L-Eisen verbolzte Holzsparren

land eingeführten Bauart »de l'Orme« aus mehreren Lagen senkrecht stehender Bohlen (Bahnhöfe Leipzig und Dresden 1839), bei dem 1825 von Emy erfundenen System aus vorgebogenen, liegenden Brettern (Bahnhof München, entworfen von Bürklein, Bild 15).

Bevor die großen Bahnsteighallen des 19. Jahrhunderts aus Eisen und Stahl den Höhepunkt des Bahnhofsbaues einleiteten, wurden zunächst Mischkonstruktionen aus Holz und Gußeisen, Holz und Schmiedeeisen (Bild 16) sowie aus allen genannten drei Baustoffen zusammen entwikkelt, solange Fluß- und Walzstahl noch relativ kostspielig waren. Auch die vom französischen Eisenbahningenieur Polonceau erfundenen »Polonceau-Binder«, leichte Fachwerkbinder, die später im Industriebau verbreitet Anwendung fanden, wurden nicht nur in Frankreich (Bild 17) anfangs ebenfalls als Mischkonstruktion ausgeführt. Noch 1866 erhielt die Halle des zweiten Dresdner Bahnhofsgebäudes in Leipzig derartige Dachbinder mit Obergurt-Druckstäben aus Holz und schmiedeeisernen Untergurt-Zugbändern (Bild 47). Für leichte Hallen mittlerer Spannweite blieb der elegante Polonceau-Binder neben anderen Dreieck-Bindersystemen, die je nach Anordnung der Druck- und Zugstäbe als belgische, deutsche, englische oder französische Binder bezeichnet wurden, bis in die letzte Zeit eine der beliebtesten und wirtschaftlichsten Stahl-Dachbinderkonstruktionen.

Diese einfachen Hallendächer waren, soweit sie nicht auf seitlichen Umfassungswänden lagerten, von relativ zierlichen, antikisierend geformten Gußeisenstützen oder von ähnlich gestalteten Wandkonsolen getragen (Bild 18).

Der Aufschwung der Eisen- und Stahlindustrie sowie Fortschritte auf dem Gebiet der Ingenieurtheorie und Statik ermöglichten schließlich Hallenkonstruktionen bis dahin unbekannter Größe (Bild 3). Mit bogenförmig gestalteten Trägern ließen sich größere Spannweiten erreichen als mit Dreieck-Bindern. Die vielfältig gestalteten Bogenträger waren zunächst nur mit zwei Gelenken an den Auflagern ausgebildet (Zweigelenk-Bogenbinder). Zuerst wurden Gitterbogen- und Sichelbogenträger dieser Art für Bahnhofshallen in England konstruiert. Sichelträger, parabolisch gekrümmte sichelförmige Dachbinder, hatten eine untere, mehrfach gebrochene Zugstange, deren Knotenpunkte in einer flachen Parabel lagen. Zwischen Ober- und Untergurt waren senkrechte Druckstäbe und schräge Zugstangen einzeln oder auch gekreuzt angeordnet (Bild 279).

In Deutschland fand der Zweigelenk-Bogenträger wenig Verbreitung. Schon 1867 entwickelte Schwedler für die Halle des Küstriner Bahnhofs (Ostbahnhof) in Berlin einen Dreigelenk-Gitterbogenträger (Bild 309) mit einem weiteren Gelenk im Scheitelpunkt. Bei dieser neuartigen, statisch bestimmten Konstruktion ruhten die gelenkigen Auflager auf Wandkonsolen, so daß die Komponente aus horizontalen und vertikalen Kräften allein von den Umfassungswänden, ohne Anwendung von Zugankern, aufgenommen werden konnte.

Seitdem wurde der Dreigelenk-Bogen statisch-konstruktiv und gestalterisch immer mehr verbessert. 1872 kamen beim Potsdamer Bahnhof in Berlin erstmals Blechträger dieses Systems mit Kastenquerschnitt und abgehängten Zugstangen zum Einsatz (Bild 238), die ästhetisch und hinsichtlich Korrosionsschutz einen großen Fortschritt bedeuteten. Demgegenüber waren die Stahlfachwerk-Bogenbinder der 1880 ebenfalls in Berlin neuerbauten Bahnsteighalle des Anhalter Bahnhofs (Bild 256) mit 62,9 m zwar wesentlich weiter gespannt, bewirkten aber nicht dieselbe Ausgeglichenheit des Raumes.

Die Mehrzahl der später gebauten Hallen hatte dreigelenkige Rahmenkonstruktionen, deren kreisbogen-, parabel- oder korbbogenförmige Rahmen bis zum Hallenboden herabgeführt wurden. So konnten bei niveaugleicher Lage Zuganker entfallen, bei Hochgleisanlagen die Horizontalkräfte von der Hallenboden-Dekkenkonstruktion aufgenommen werden. Solche Lösungen waren recht häufig, zum Beispiel bei den Hochgleishallen der Bahnhöfe Berlin Alexanderplatz, Berlin Friedrichstraße, Dresden-Neustadt (Bild 212) und Dresden Wettiner Straße. Die Rahmenbinder der 1880 bis 1882 erbauten zweiten Bahnsteighalle des Schlesischen Bahnhofs der Berliner Stadt-Eisenbahn besaßen zusätzlich abgehängte Zuganker, um dem starken Horizontalschub der relativ flachen Korbbogenbinder auf das straßenseitige Wandauflager entgegenzuwirken (Bild 238).

Konstruktiv kamen Fachwerk-, seltener materialaufwendigere Blechträger mit I- oder Kastenprofil (die ja damals noch nicht geschweißt sondern genietet wurden) zur Ausführung, obwohl die letztgenannten gegen Korrosion leichter zu unterhalten sind. Gegenüber den älteren Bogenträgern mit gleichbleibendem Querschnitt unterschieden sich die neuen Dreigelenk-Rahmen besonders auch ästhetisch durch ihre wahre statische Form, deren Profil, den Änderungen der Biegemomente folgend, von den Gelenkpunkten nach den Rahmenecken hin wächst (Bild 206).

Die ausgedehnten Bahnsteiganlagen der großen Bahnhofsneubauten der Jahrhundertwende konnten mit einem einzigen Hallenschiff nicht mehr wirtschaftlich überdeckt werden. Man ging daher zum Bau mehrschiffiger Hallen über, die in Basilikaform (Dresden-Neustadt), mit ver-

Bild 18. Gußeiserne Wandkonsole als Binderauflager. Bahnhof Bellinzona

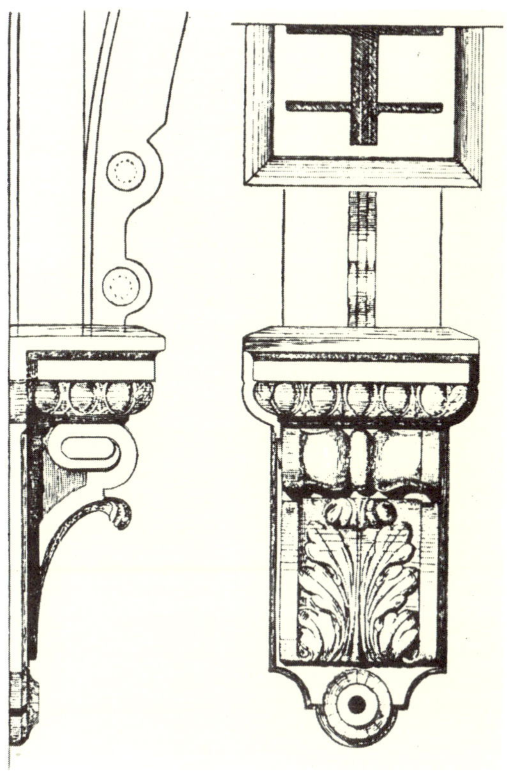

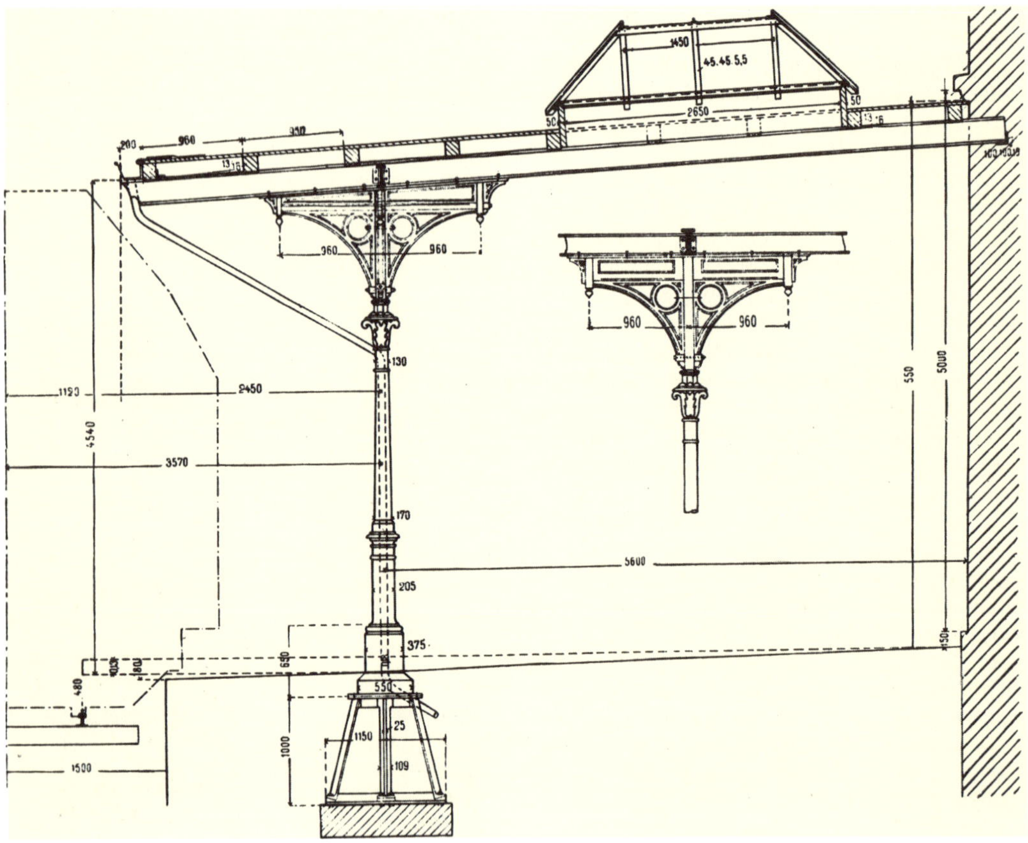

Bild 19. Endabschluß (Schürzen) der Bahnsteighallen des Hauptbahnhofs Köln, erbaut 1891 bis 1894. Scheitel- und Eckaufsätze bestanden aus getriebenem Zinkblech mit Eisengerippe. Verglaste Schürze mit waagerechtem Winddruckträger an der Schürzenunterkante, darüber ein Laufsteg

Bild 20. Hausbahnsteigdach mit Satteldach-Oberlichtaufsätzen zur Beleuchtung der Erdgeschoßräume des Empfangsgebäudes. Freistützen und Dachträgerauflager mit Kopfbändern aus Gußeisen, Dachträger aus I-Stahlträgern, Pfetten aus Holz

schiedener Spannweite (Dresden Hauptbahnhof) oder vielschiffig aneinandergereiht (Leipzig Hauptbahnhof) errichtet wurden. Verhältnismäßig hohe Hallen mit großem Luftraum blieben jedoch wegen der Rauchbelastung durch den Dampflokomotivbetrieb die beste lüftungswirksamste Lösung. Als Alternative bot sich nur das Bahnsteigdach an, das die Gleise offen ließ. Bahnsteigdächer bieten aber keinen Windschutz und verhindern auch Belästigungen durch Schnee, Schlagregen, Staub und andere atmosphärische Einflüsse kaum. Bahnsteighallen wurden deshalb mit verglasten Giebelabschlüssen, sogenannten »Schürzen« versehen (Bild 19).

Besonders problematisch waren schon immer Materialausführung und Querschnittsgestaltung von Bahnsteighallendächern, vor allem die Korrosionsanfälligkeit der früher häufig üblichen Wellblechdachdeckung und die Verschmutzung flachgeneigter Oberlichtglasflächen. Bereits um 1900 erhielten Hallen daher Dachschalen aus stahlbewehrten Bimsbetonplatten (Dresden-Neustadt). Beim Wiederaufbau der Längsbahnsteighallen des Hauptbahnhofs Leipzig wurde statt der ursprünglichen Glasbogendächer ein stufenförmiger Dachquerschnitt mit steilen, kittlosen Glasoberlichten und flachen, pappgedeckten Holzdachflächen, von denen aus sich die Glasflächen gefahrlos reinigen lassen, gewählt.

Die Stahlbetonbauweise setzte sich aus verschiedenen Gründen beim Bau von Bahnsteighallen nicht durch. Man fürchtete die Korrosion der Stahlbewehrung durch die Rauchgase des Dampflokbetriebs. Für große Spannweiten waren schwere Stahlbetonkonstruktionen gegenüber Stahlhallen nicht konkurrenzfähig. Ein seltenes Beispiel ist die dem Empfangsgebäude des Leipziger Hauptbahnhofs vorgelagerte Querbahnsteighalle, deren Stahlbetongewölbe allerdings an einer darüber gespannten Stahldachkonstruktion befestigt wurde. Selbst die für größere Bahnsteighallen geeigneteren Schalen- und Spannbetonbauweisen wurden bisher nicht angewendet, da ihre Ausführung aufwendige Schalungsarbeiten und -standzeiten erfordert, die in der Regel betriebsstörender wirken als die Montage von Stahlkonstruktionen. Deshalb sind bis in die Gegenwart Stahlhallen bevorzugt worden, zumal auch der Stahlbau durch Herstellung hochwertigerer Stähle, moderne Schweißverfahren und Berechnungsmethoden zu hoher Vollkommenheit gelangte, nicht zuletzt in ästhetischer Beziehung.

Wenngleich aus Kostenersparnisgründen seit der Jahrhundertwende oft die billigeren Bahnsteigdächer den -hallen vorgezogen werden, manche neuen Bahnhöfe Dächer über den Bahnsteigen sogar ganz vermissen lassen, so wissen wir doch die Annehmlichkeiten der Bahnsteighallen zu schätzen. Sie vereinen den Komfort der Empfangsgebäude, Wetterschutz, Dienstleistungs- und Versorgungseinrichtungen für die Reisenden bis zu den Wagentüren der Züge unter einem Dach!

Bahnsteigdächer hatten anfangs oft nur die Abfahrts- und Ankunftsbahnsteige größerer Endbahnhöfe. Auf Zwischenbahnhöfen waren selbst die »Hausbahnsteige« am Empfangsgebäude vielfach nicht überdacht (Bild 115). Die uns vertrauten Bahnsteigdächer mit einer Reihe gußeiserner Säulen und Wandkonsolen wurden den Empfangsgebäuden meist erst nachträglich angefügt. Da hierdurch die Tageslichtbeleuchtung der anschließenden Räume des Empfangsgebäudes beeinträchtigt war, kamen an diesen Stellen oft Glasdachflächen oder Oberlichtaufsätze zum Einbau (Bild 20), die natürlich keinen vollwertigen Ersatz des früheren Lichteinfalls boten. Auch deshalb und aus Gründen der Betriebssicherheit sind häufig Inselbahnsteige mit freistehenden Dächern bevorzugt worden, die das Empfangsgebäude nicht beschatteten und auch architektonisch weniger beeinträchtigten (Bild 351).

Kurze Bahnsteigdächer vor den Warte- oder Eingangshallen (Bild 21) genügten als billige Lösung bei kleineren Bahnhöfen durchaus den Ansprüchen und verursachten keine Beleuchtungsprobleme.

Als Baustoff für Bahnsteigdächer wurde wie für Bahnsteighallen zunächst Holz verwendet. Die zimmermannsmäßigen Konstruktionen aus der Anfangszeit sind wahrscheinlich nirgends erhalten. Doch weil Holz lange Zeit ein billiger Baustoff und konstruktiv leicht zu bearbeiten war, entstanden noch bis 1939 Bahnsteigdächer auch aus Holz, meist als zweistielige Satteldachhallen, deren Stützen über dem Fundament zwischen U-Eisen verbolzt wurden.

Sehr früh kam neben Holz Guß- und Schmiedeeisen beim Bau von Bahnsteigdächern zum Einsatz, zuerst als Mischkonstruktion zusammen mit Holz, später auch ausschließlich als Eisenkonstruktion. Als Mischkonstruktion sind zum Beispiel Bahnsteigdächer der nach 1875 gebauten Berliner Stadtbahn unter geschickter Ausnutzung der Materialeigenschaften aus Holz, Guß- und Schmiedeeisen errichtet worden, die sich aufgrund ihrer konstruktiven Qualität auf einigen S-Bahn-Stationen in bestem Zustand erhalten haben (Bild 22).

Alte Bahnsteigdächer ruhten in der Regel auf Gußeisensäulen, die Druck-, aber kaum Biegekräfte aufnehmen konnten. Auf Insel- und Zungenbahnsteigen waren deshalb zur Abstützung zwei Säulenreihen in Nähe der Bahnsteigkante erforderlich, die besonders den Verkehr mit Gepäckfahrzeugen behinderten. Die Dauerhaftigkeit der Gußeisensäulen mag wohl

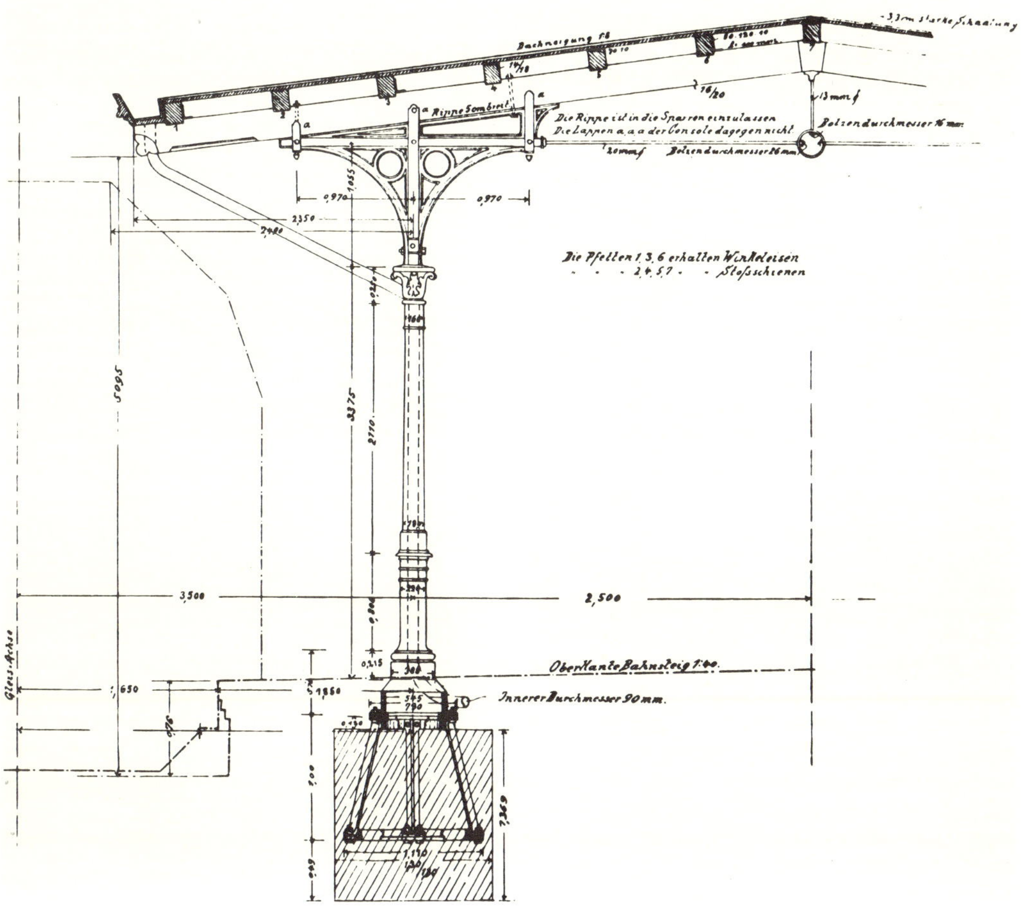

Bild 21. Grimma unterer Bahnhof. Empfangsgebäude mit kurzem Bahnsteigdach, um 1900
Bild 22. Bahnsteigdach eines Inselbahnsteiges der Berliner Stadtbahn. Stützen, Binderauflager und Kopfbänder aus Gußeisen, Holzdachträger mit Stahlzuganken, Sparrenpfetten aus Holz

der Grund dafür sein, daß erst verhältnismäßig spät und nur auf wenigen Bahnhöfen einstielige T-förmige Dachkonstruktionen aus genieteten, inmitten der Bahnsteige in Fundamenten eingespannten Trägern, Fachwerk- oder Blechrahmen, errichtet wurden, obwohl Walzstahl für Bahnsteighallen schon viel früher Verwendung fand.

Eine gleichartige Lösung ermöglichten die seit 1906 ausgeführten »Dywidag«-Stahlbetondächer (Bild 406). Je nach Bahnsteigbreite bestanden sie aus ein- oder zweistieligen Rahmen und nach innen entwässerten Dachflächen. Doch auch beim Bau von Bahnsteigdächern sind Stahl- und Spannbetonkonstruktionen nur selten und vorwiegend bei Neuanlagen zur Anwendung gelangt, weil ihre schwerfällige Ausführung den Betriebsablauf stark einschränkt und höhere Kosten verursacht als leichte Stahlkonstruktionen.

Der Bahnhofsvorplatz

Nach Anlage des Bahnhofs folgte ihm die städtische Bebauung auf dem Fuße. An Bahnhofsvorplatz und Bahnhofsstraße erstanden neben Wohnbauten Gasthöfe, Hotels, Restaurants und Kaufläden, manchmal auch das Postamt oder andere Einrichtungen, die von der Attraktivität des Platzes begünstigt wurden. So bildete sich in der Bahnhofsumgebung, besonders während der Gründerzeit oft in beträchtlichem Kontrast zur alten Stadt, das typische städtebauliche Milieu.

Zwischen Stadtgebiet und Bahnhof entwickelte sich rasch reger Verkehr, den selbst in vielen Mittelstädten schon in den 80er Jahren Pferdestraßenbahnen bewältigen halfen (Bild 368). Eine Endstation der meist um 1900 elektrifizierten Bahnen war in der Regel der Bahnhofsvorplatz.

Der Gestaltung des Bahnhofsvorplatzes wurde frühzeitig große Aufmerksamkeit geschenkt. Die Reisenden sollten das Empfangsgebäude möglichst bequem erreichen, Equipagen, Droschken und Pferdeomnibusse ungehindert vorfahren und sich davor aufstellen können. Der Bahnhofsvorplatz war daher entsprechend groß zu bemessen und durch breite Straßen mit dem Stadtinneren zu verbinden, deren Verkehr jedoch den vorhandenen oder sich entwickelnden Verkehr der Umgebung des Bahnhofs nicht wesentlich beeinträchtigen sollte. Welch moderne städtebauliche Prämisse!

Es wurden dem Verkehr angepaßte Wegeführungen und gepflasterte Fahrbahnen für ausgesprochenen Richtungsverkehr empfohlen. Bei größeren Vorplätzen sollten hafenartige Ausbuchtungen zum Aufstellen der Droschken, für die nur kurz haltenden Fahrzeuge Bordschwellen oder Inseln vorgesehen werden. Als unentbehrliche Nebenanlagen des Vorplatzes galten Häuschen (Kioske) für Erfrischungen und Zeitungsverkauf (Bild 130), Anschlagtafeln für Wetterberichte, Plakate und Orientierungsmittel, nicht zuletzt Bedürfnisanstalten (Bild 270).

Schmückende gärtnerische Anlagen oder Parks, mit Ruhebänken in Bahnhofsnähe, wurden geschaffen, um dem ankommenden Reisenden einen ersten angenehmen Eindruck des Ortes zu vermitteln und den auf die Abfahrt Wartenden bei schönem Wetter die Annehmlichkeit des Aufenthaltes im Freien zu bieten (Bild 125). Von hier aus verbanden Baumalleen kleinere Städte mit ihrem oft außerhalb gelegenen Bahnhof.

Wagenschuppen

Die in den ersten Jahrzehnten der Eisenbahn gebauten Reisezugwagen mit Wagenkästen aus Holz, die wie Kutschen lackiert waren, mit wetterempfindlichen Dachüberzügen, offenen Bremsersitzen und auch hölzernen Untergestellen, Pufferbohlen usw. mußten wettergeschützt untergebracht werden. Dazu dienten zum Teil die Bahnsteighallen der Endbahnhöfe, darüber hinaus Wagenschuppen oder -hallen, die nach dem Vorbild der Unterstellräume für Kutschen auch »Wagenremisen« genannt wurden. Wie diese sollten sie luftig und hell und »so eingerichtet sein, daß das Ordnen eines Zuges leicht und schnell, ohne Anwendung von Locomotiven und ohne daß die Wagen durch mehrere Weichen hin- und hergeschoben werden, erfolgen kann«. Das Rangieren der verhältnismäßig leichten Wagen besorgten nämlich damals noch Menschen oder Pferde. Deshalb hatten manche Bahnhöfe anfangs auch Pferdeställe.

Die als lange Rechteckschuppen errichteten Wagenschuppen (Bild 23) waren durch Drehscheiben, Schuppen mit größerer Kapazität und mehreren Gleisen durch Schiebebühnen mit den Bahnhofsgleisen verbunden (Bild 110). Ein Teil der Schuppengleise erhielt Senk- oder Arbeitsgruben für Durchsicht, Reinigen und Abschmieren der Wagen. Als später witterungsunempfindlichere blechverkleidete Waggons eingesetzt wurden, kamen nur noch einzelne kostspielige Salonwagen und Hofzüge in Wagenschuppen. Lange Schuppen dienten nach entsprechender Ausstattung der Arbeitsgruben mit Heizröhren und beiderseitigen Wasserrinnen zum Reinigen ganzer Züge, zum Nachfüllen der Bems-, Gas- und Wasserbehälter sowie zur Wartung und Reparatur der Wagen.

Auch für Güterwagen, »Frachtwagen«, wurden in der ersten Zeit Schuppen gebaut, sogenannte »Frachtwagen-Remisen«, die nicht mit Güterschuppen zu verwechseln sind, denn sie dienten ausschließlich zum Unterstellen der nicht eingesetzten Wagen.

Bild 23. Wagenschuppen um 1855. Querschnitt

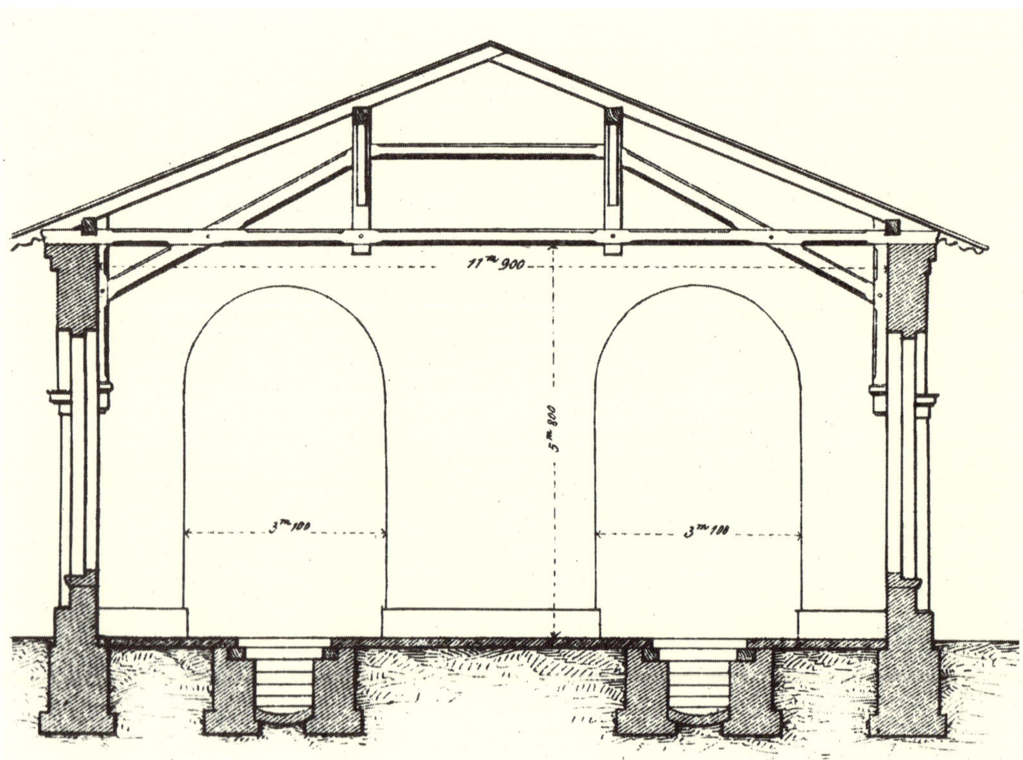

Güterschuppen

Gebäude und Anlagen für den Güterverkehr gehörten, wie Bauakten belegen, nicht selten zu den ersten Hochbauten an neuen Eisenbahnlinien, noch bevor Empfangsgebäude für den Personenverkehr errichtet wurden. In Chemnitz diente anfangs der Güterschuppen provisorisch mit als Empfangsgebäude (Bild 143).

Die Planung des Güterschuppens, früher oft auch Güterboden, -halle oder -expedition genannt, geschah schon in der Anfangszeit nach wohldurchdachten Grundsätzen. Als Gebäude für die Stückgutabfertigung sollte er den Umschlag zwischen Schienen- und Straßentransport sowie damit verbundene zeitweilige Lagerung der Güter, geschützt vor Witterungseinflüssen und sicher gegen Diebstahl, gewährleisten. Dazu wurden getrennte Lagerung oder Schuppen für ankommende und abgehende Güter gefordert. Es sollte möglich sein, Güterwagen mit empfindlicher Ladung in den »Ladeschuppen« zu fahren, um im Trocknen be- und entladen zu können (Bild 24). Für besonders schwere Stücke stand ein handbetriebener Kran zur Verfügung. Ladebühne oder »Ladeperron« lagen mit dem Waggonboden in gleicher Höhe.

Bild 24. Güterschuppen (Ladeschuppen) mit Gleiseinfahrt, »Lagerpritsche« und Kran an der Straßenanfahrt. Querschnitt

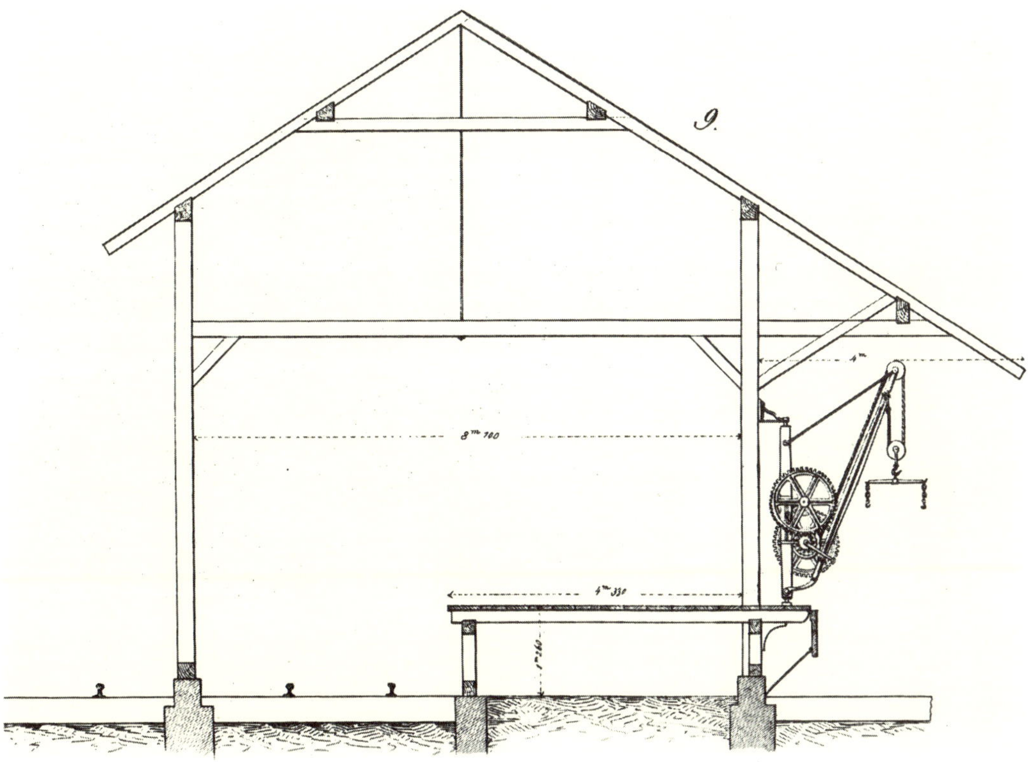

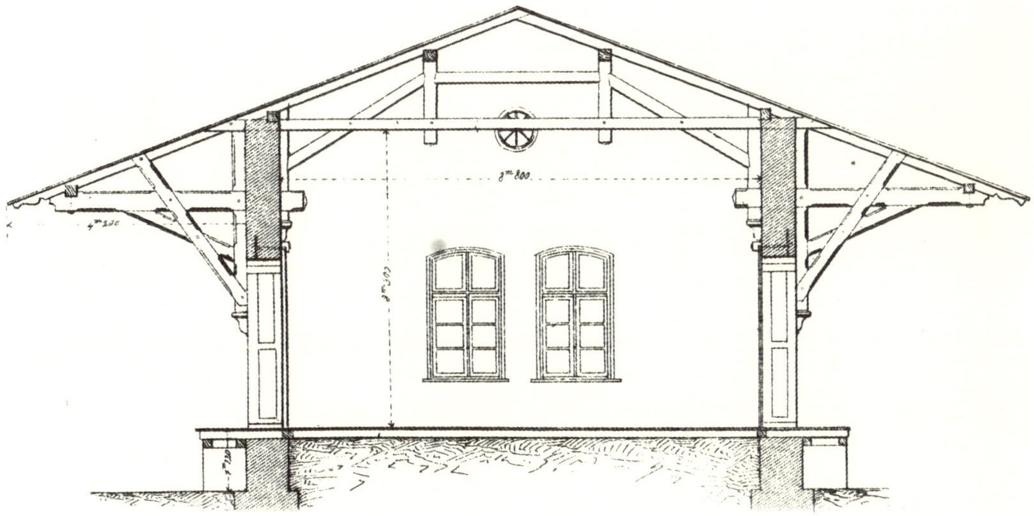

Bild 25. Güterschuppen mit beiderseitigen Ladebühnen

Am meisten verbreitet sind mehr oder weniger langgestreckte »Güterböden« mit Gleisen auf der einen und Fuhrwerksanfahrt auf der anderen Seite (Bild 25). Besonderer Wert wurde auf weit vorspringende Dächer gelegt, was entsprechende Kragkonstruktionen notwendig machte. Gleiche Höhe zwischen den beiderseitigen Ladebühnen und zahlreiche gegenüberliegende »Ladetore« oder -luken erleichterten Transport und Umschlag.

Als weitere Varianten sind Schuppen mit drei bedeckten Gleisen in der Mitte, beiderseitigen »Ladeperrons« und anschließenden, weit überdachten Anfahrten für Frachtfuhrwerke oder mit mittlerem Ladeperron und beiderseitigen Einfahrten für »Frachtwagen« (Güterwagen) und Fuhrwerken empfohlen, aber nur selten gebaut worden.

Bemerkenswert sind die Grundsätze zur Standortwahl. Güterschuppen und -verladeanlagen sollten möglichst an der Stadtseite des Bahnhofs liegen, so daß Fuhrwerke die Gleisanlagen in der Hauptverkehrsrichtung nicht überqueren mußten. Da Güterzüge damals auch als »gemischte Züge« verkehrten und Personenwagen mit sich führten, lag der Güterschuppen sehr günstig in Verlängerung des Empfangsgebäudes am Hauptgleis, wo am »Perron« angehalten wurde und Zugbildung oder -zerlegung erfolgen konnten. Ferner ließen in einer Front errichtete Empfangs- und Güterabfertigungsgebäude Gleiserweiterungen auf der Gegenseite zu, was bei Gegenüberstellung der Bauten beiderseits der Gleisanlagen ausgeschlossen war. Bei großen Bahnhöfen wurde völlige Trennung des Personen- und Güterverkehrs empfohlen.

Schwierig dürfte seinerzeit die Größenbestimmung der Güteranlagen gewesen sein, da man die Entwicklung des Verkehrsaufkommens kaum richtig einschätzen konnte. Erst durch den Eisenbahnanschluß kam es doch zu einem bis dahin unbekannten Aufschwung der Industrie, des Handels und natürlich des Wachstums der Städte. Dennoch wurden auch die Güteranlagen der Bahnhöfe in der Regel perspektivisch so großzügig dimensioniert, daß selten oder erst nach vielen Jahrzehnten erweitert werden mußte. Lieber wurde zu groß gebaut, Provisorisches vermieden.

Je nach den örtlichen und finanziellen Verhältnissen sind die Gebäude massiv (Bild 387) oder in Ziegel-Fachwerkbauweise (Bild 297) errichtet worden. Über dem Sockel kragt an den Langseiten meist die Fußbodenbalkenlage als Träger des Bohlenbelags der Ladebühnen aus. Die kräftig ausgeführte Hängewerks-Kragdach-Konstruktion ist in Anbetracht der großen Flächen fast ausschließlich mit dem wirtschaftlichen Pappdach auf Schalung gedeckt. Am verkehrsgünstig gelegenen Giebel wurden heizbare Räume für Abfertigung, Lademeister und -arbeiter der »Güterexpedition«, deren einstige Bezeichnung manchmal in verblichenen Buchstaben noch erkennbar ist, eingerichtet.

Lokomotivschuppen

Zu den betriebswichtigsten Bahnhofsbauten gehörte von Anfang an der Lokomotivschuppen, früher auch »Lokomotivremise«, »Heizhaus« oder »Maschinenhaus« genannt. Hier wurden die Dampflokomotiven während längerer Dienstunterbrechungen, z. B. zum Übernachten, vor Witterungseinflüssen geschützt abgestellt, gereinigt, durchgesehen und angeheizt.

Als Gebäudeform wählte man traditionelle Rechteckbauten (Bild 385), aber auch schon bei den ersten Anlagen die Grundform des modernen Ringschuppens (Bild 71), der meist als Viertel- oder Halbkreisschuppen mit außenliegender Drehscheibe zum Beispiel beim Leipziger Bahnhof in Dresden, seltener als geschlossene Rotunde mit innerer, unter Dach befindlicher Drehscheibe ausgeführt wurde. Die letztgenannte Bauart setzte sich nicht durch, weil hier keine Erweiterungsmöglichkeit bestand und der Schuppendurchmesser bautechnisch begrenzt war. In Rechteckschuppen fuhren die Lokomotiven über Drehscheiben oder Weichen und eine Gleisharfe giebelseitig oder mittels Schiebebühnen meist von der Gebäudelangseite her ein. Rechteckschuppen standen deshalb in der Regel parallel zu den Hauptgleisen des Bahnhofs.

Über jedem Lokomotivstand befanden sich Rauchfänge, kleine durchs Dach ins Freie geführte Schornsteine (Bild 26). Diese wurden in später gebauten Ringschuppen in einem Sammelkanal vereinigt, der zum hohen freistehenden Schornstein führte (Bild 27). Diese Art der Rauchabführung bedingte aber eine möglichst dichte Verbindung zwischen Lokschornstein und Rauchfang oder dessen Schließung bei Nicht-

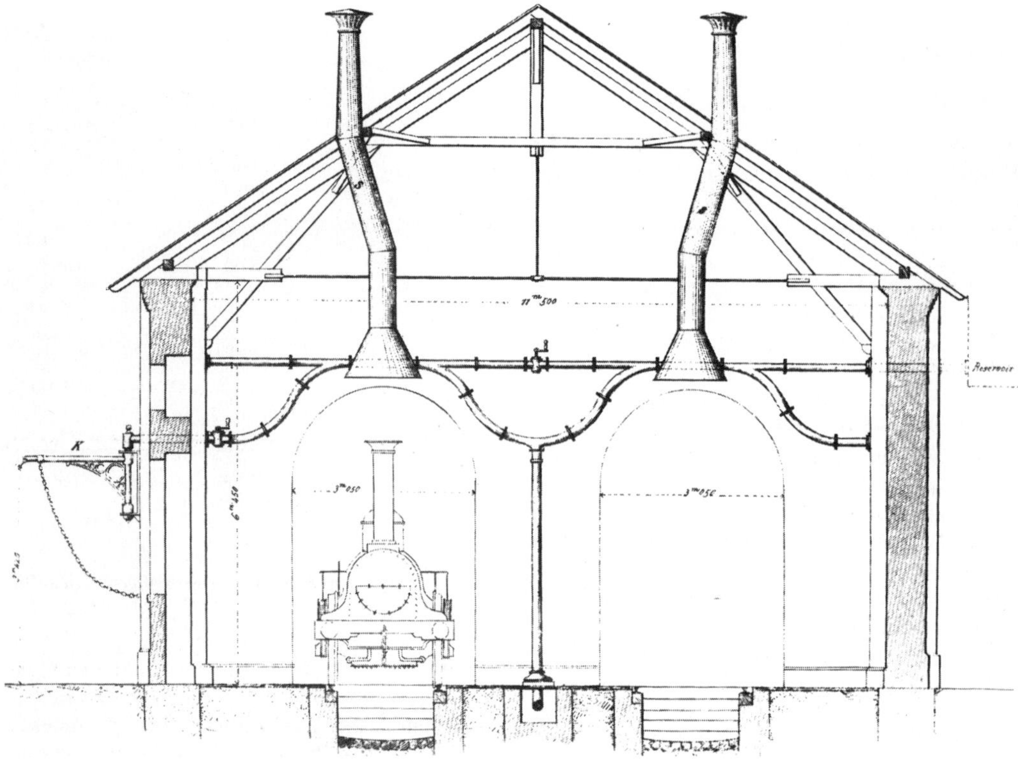

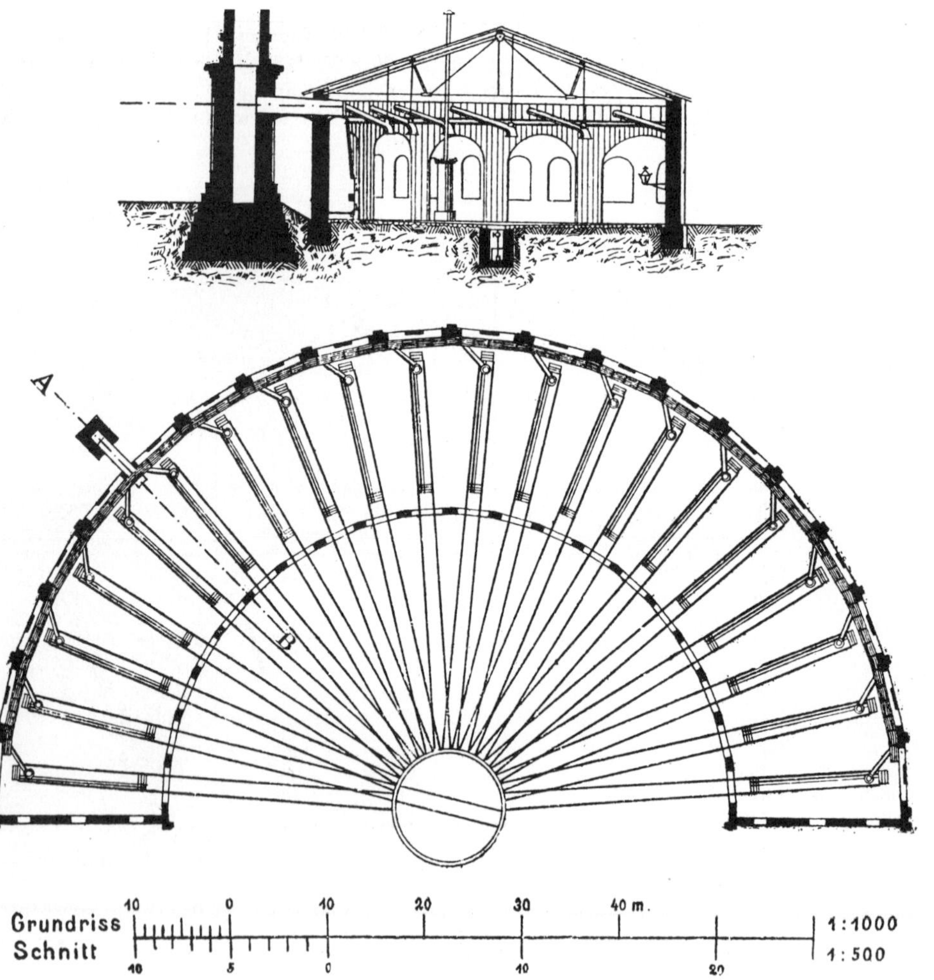

Bild 26. Lokomotivschuppen (»Lokomotiv-Remise«) des Bahnhofs Freiburg i. Br. um 1850. Zweigleisiger Rechteckschuppen. Querschnitt. S Rauchabzüge; K Wasserkran

Bild 27. Lokomotivschuppen (Heizhaus) in Ringform mit vereinigter Rauchabführung durch einen Schornstein. Grundriß und Schnitt

gebrauch, da eindringende »Falschluft« die Saugwirkung der ganzen Anlage verminderte.

Neben guter Be- und Entlüftung sollten Lokomotivschuppen auch bestmöglich beleuchtet werden, um die Wartung der Maschinen zu erleichtern. Zwischen den Schienen wurden durch unterirdische Kanäle entwässerte Senk- und Arbeitsgruben angeordnet. Zum Speisen der Tender sollten inner- und außerhalb der Schuppen Wasserkrane vorhanden sein, eine Wasserstation daher möglichst in deren Nähe errichtet werden. Die Grundrißgestaltung war abhängig von der Forderung, mindestens für zwei hintereinanderstehende Lokomotiven ein Ausfahrttor vorzusehen. Das Raumprogramm des Lokschuppens umfaßte außerdem Aufenthaltsräume für »Maschinenführer« und Heizer, einen Raum oder eine Wohnung für den Werkführer sowie einen Raum für Eisen, Öl und Putzzeug.

Wasserstationen

Zu den betriebswichtigsten Bahnhofsbauten, die meist zuallererst errichtet wurden, gehörten die Wasserstationen zur Versorgung der Dampflokomotiven mit Speisewasser. Mit dem Verschwinden der Dampflok büßten auch diese technisch und architektonisch interessanten Anlagen ihre Funktion ein. Viele von ihnen sind bereits abgebrochen, ihre Einrichtungen verschrottet.

Wasserstationen mußten in bestimmten Abständen eingerichtet werden, weil der mitgeführte Wasservorrat in erster Linie die Fahrtstrecke der Lokomotiven begrenzt. Die Abstände waren vom Verdampfungsvolumen der Lokomotiven, ihrer Bauart und Beanspruchung sowie natürlich von den Streckenverhältnissen abhängig. Im Gebirge wurde mehr Wasser verbraucht als im Flachland. Güterzuglokomotiven hatten größeren Bedarf als Personenzugloks. Tenderlokomotiven mußten oft schon nach 20 km bis 30 km Fahrt Wasser nehmen. Daher wurden Wasserstationen in entsprechenden Mindestabständen auf den Bahnhöfen angelegt, selbstverständlich auch auf allen Stationen, die Lokomotivschuppen besaßen.

Da das Wasseraufnehmen mit geringstem Aufenthalt erfolgen sollte, befanden sich Wasserkrane (Bild 28) an den Hauptgleisen der Bahnhöfe, so daß die Lokomotiven nicht vom Zuge »abgespannt« werden mußten. Außerdem hatten die Wasserkrane und ihre Zuflußröhren so große Querschnitte, daß sie bei ausreichend hohen Behältern oder »Reservoirs« je Minute mindestens 1 Kubikmeter Wasser lieferten.

Die Wasserbehälter wurden entweder von Quellen durch natürliches Gefälle oder aus Brunnen durch Saug- und Druckpumpen gespeist. Als Antrieb diente vor Einführung des Elektromotors entweder Menschen-, Wasser- oder Dampfkraft, wo es möglich war auch Windkraft (Bild 29). Für den Lokomotivbetrieb in kälteren Gebieten und im Winter hielt man das Vorwärmen des Speisewassers in den Wasserbehältern für zweckmäßig. Die Beheizung er-

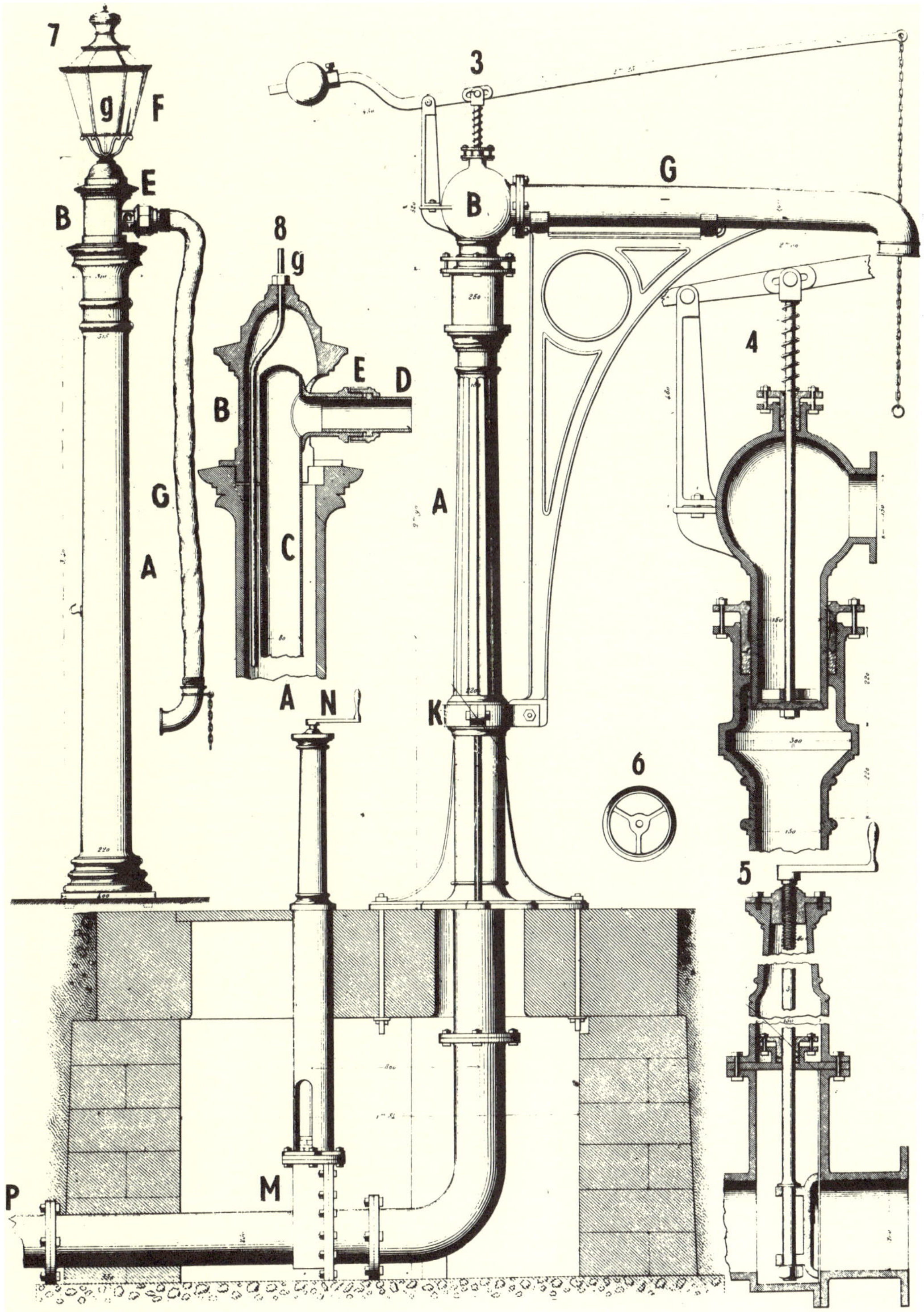

Bild 28. Alte Wasserkrane verschiedner Bauart um 1850. Eisenbahn Paris -Orleans (3, 4, 5, 6): M Schiebeventil; N Kurbel für Schiebeventil: A Gußeisensäule; B Ventilkopf; G Ausflußrohr, drehbar; J Ausflußrohrstütze; 4. Kegelventil, selbsttätig nach Loslassen der Kette schließend. Paris-Versailler Eisenbahn (7, 8): A Gußeisensäule; B Säulenkopf; F Gaslaterne; g Gaszuleitung; E Stopfbüchse; C Gußeisenröhre; G Leder- oder Guttaperchaschlauch; H Ausgußmundstück

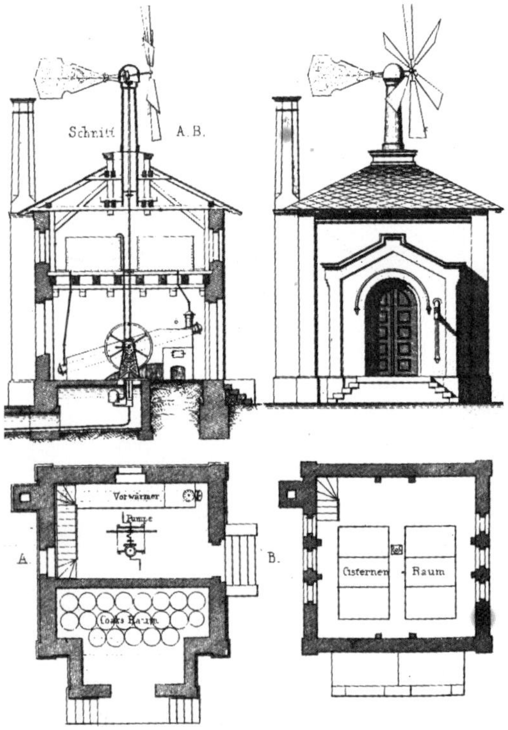

Bild 29. Wasserstation mit Windantrieb der Hannoverschen Eisenbahn um 1850

folgte entweder durch Dampf- oder Warmwasserkessel (Bild 30).

In den ersten Jahrzehnten des Eisenbahnbaues sind die bahntypischen »Wasserhäuser« als Wasserstationen gebaut worden, deren höherer Mittelbau Wasserbehälter und Vorwärmanlage enthielt, während einer der niedrigeren Seitenflügel als Brunnen- und Pumpenhaus, der andere als Brennstofflager, Schirr- oder Geräteraum fungierte (Bilder 31, 32). Seltener kam der Wasserhochbehälter in einem hochgelegenen Stockwerk des Empfangsgebäudes kleiner Bahnhöfe zur Aufstellung. Später wurden bei steigendem Wasserverbrauch und zur Erzeugung hohen Druckes in ausgedehnten Leitungsnetzen größerer Bahnhöfe Wassertürme erforderlich (Bild 33).

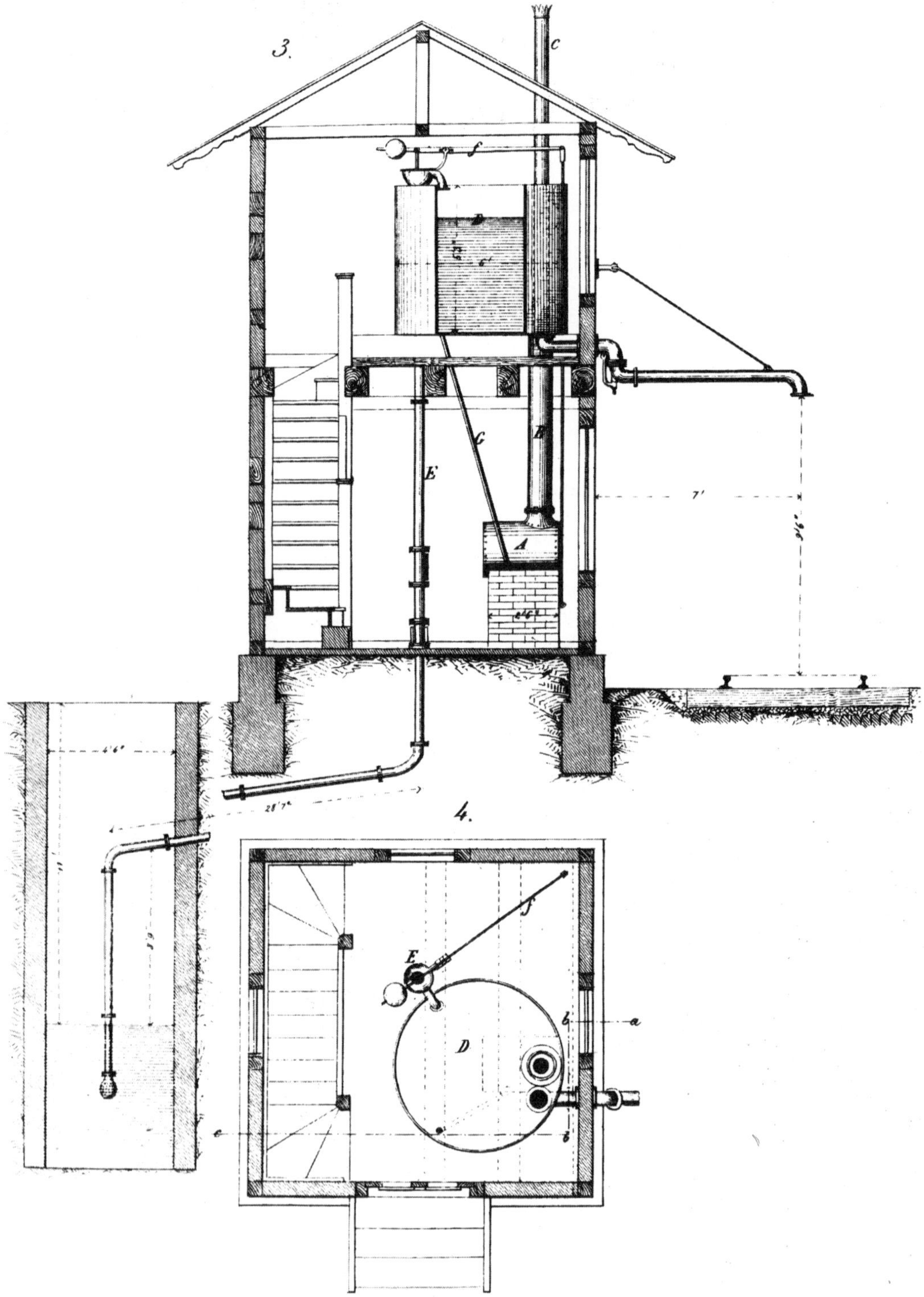

Bild 30. Alte Wasserstation der Stargard-Posener Eisenbahn um 1850. Grundriß (4) und Schnitt (3). A Kessel; B Steigrohr des Kessels; C Rauchrohr (A, B und C aus Kupfer); D Reservoir; E Pumpe; G Cirkulationsrohr, aus Kupfer. Der Wasserbehälter hatte etwa 4,5 Kubikmeter Inhalt und konnte in 40 Minuten zum Sieden gebracht werden

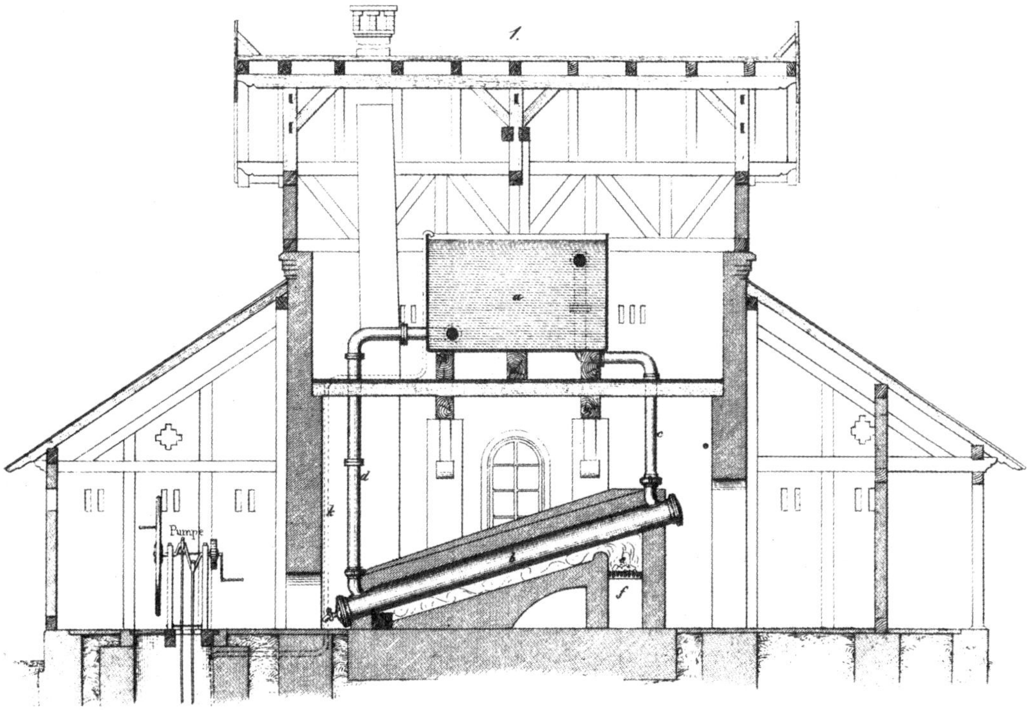

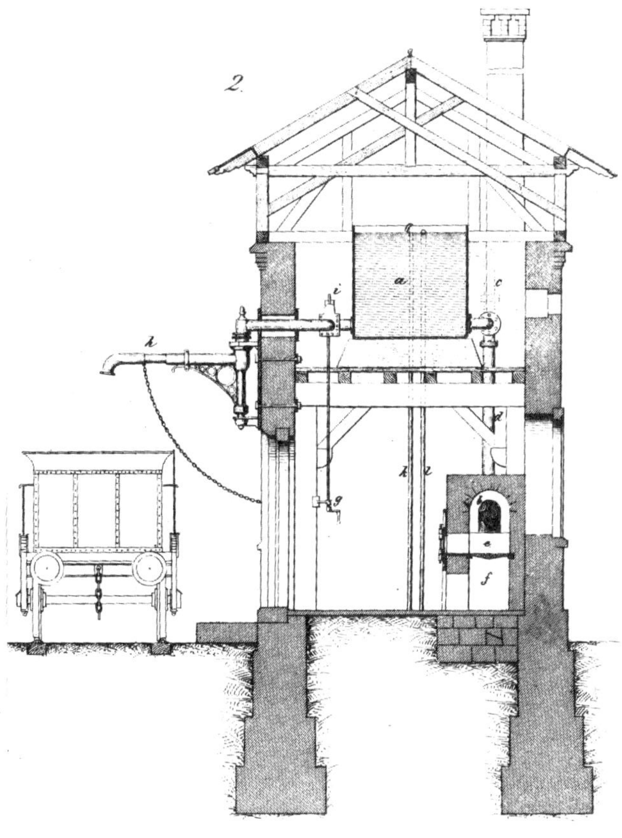

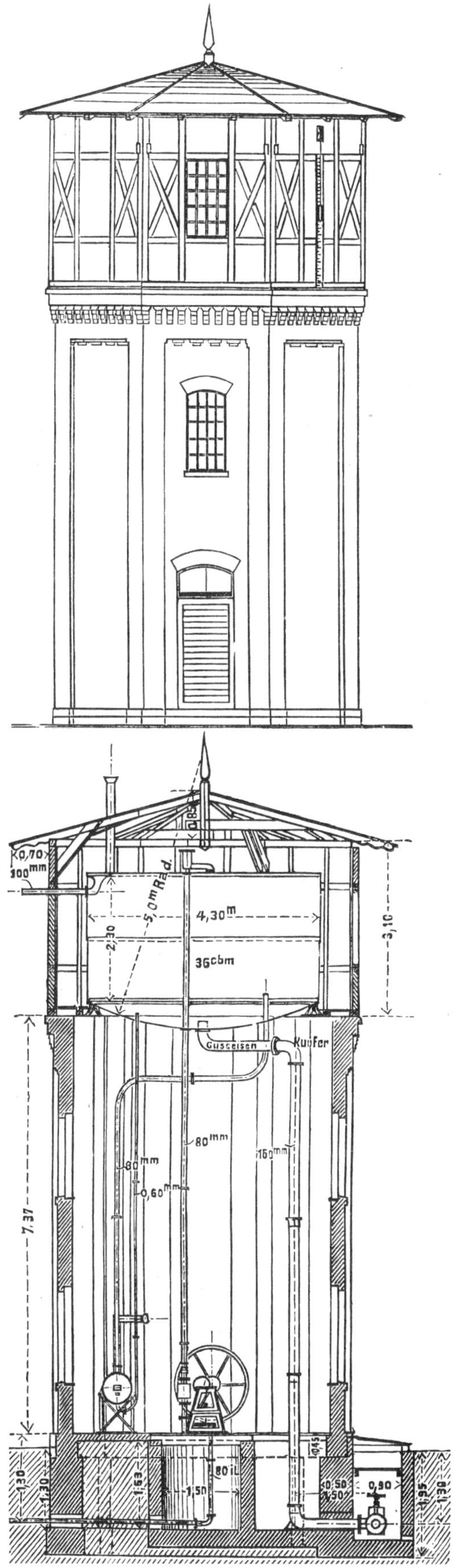

Bilder 31 und 32. Alte Wasserstation der Badischen Eisenbahn um 1850. Längs- (1) und Querschnitt (2). a Reservoir aus Eisenblech; b Kesselröhre; e Feuerraum; f Aschenfall; d und c Steig- und Fallröhren zwischen Kessel und Reservoir; k Steigröhre von der Pumpe; l Abfallröhre, um das Wasser im Reservoir auf gleicher Höhe zu erhalten; i Schiebeventil mit der Zeugstange g; h Wasserkrahn

Bild 33. Wasserstation der Preußischen Staatsbahn um 1880. Ansicht und Schnitt

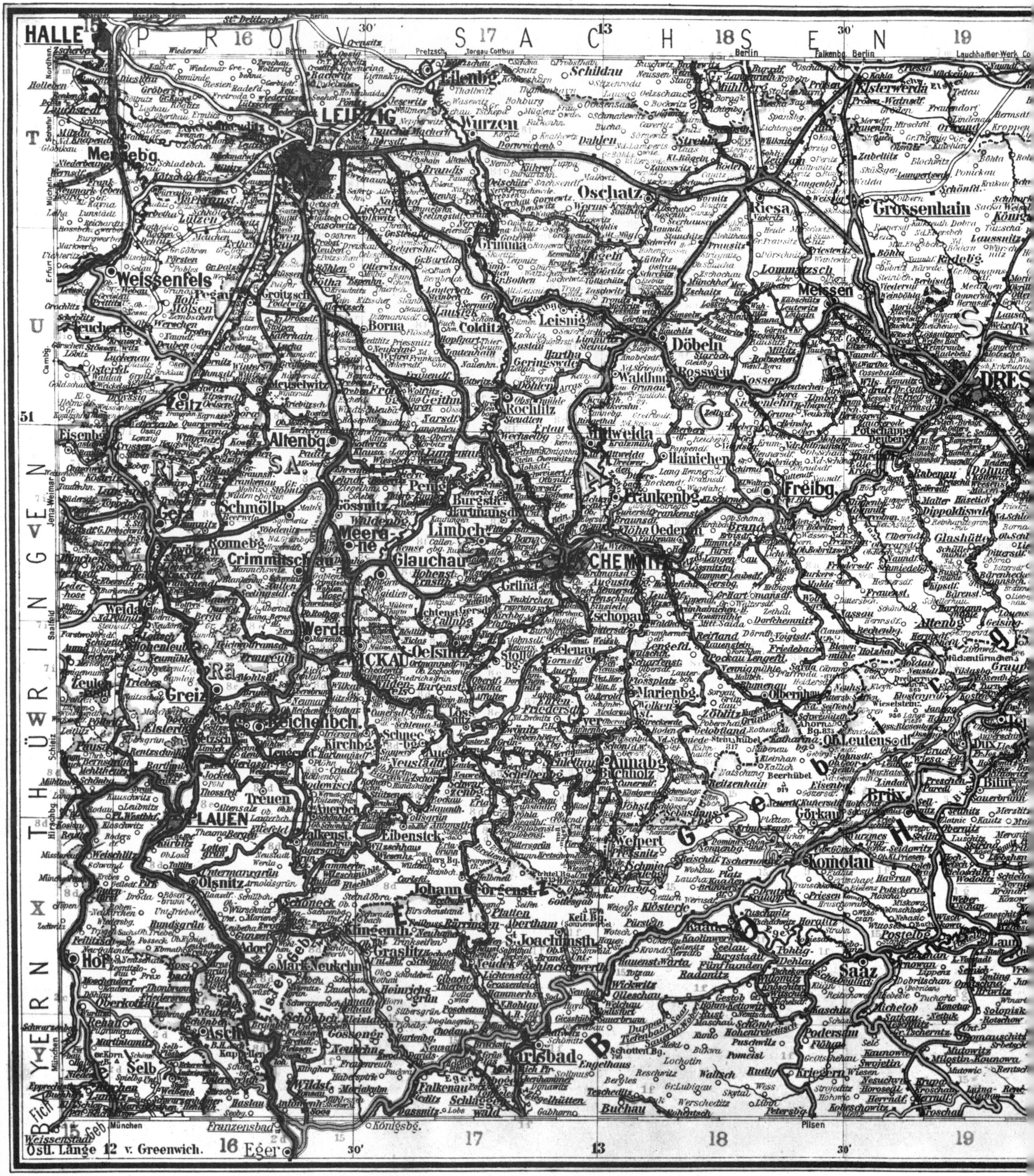
HALLE
P R O V. S A C H S E N
LEIPZIG
Merseburg
Weissenfels
Eilenbg.
Wurzen
Oschatz
Riesa
Grossenhain
Meissen
Döbeln
Leisnig
Grimma
Colditz
Borna
Zeitz
Altenbg.
Gera
Schmölln
Meerane
Glauchau
Limbach
CHEMNITZ
Mittweida
Frankenbg.
Freibg.
Hainichen
Rochlitz
Crimmitschau
Werdau
Zwickau
Greiz
Reichenbch.
Plauen
Ölsnitz
Annabg.
Marienbg.
Schneebg.
Aue
Auerbach
Falkenst.
Eibenstock
Johanngeorgenst.
Klingenth.
Graslitz
St. Joachimsth.
Karlsbad
Komotau
Saaz
Brüx
Adorf
Asch
Selb
Hof
Eger
Franzensbad
Falkenau
Elsterwerda
Mühlberg
Strehla
Dahlen
Schildau
Oelsnitz
Stollbg.
Zschopau
Lichtenst.
Hohenst. Ernstth.
Penig
Burgstädt
Geithain
Frohburg
Pegau
Zwenkau
Groitzsch
Lützen
Neustadt
Treuen
Lengenfeld
Kirchbg.
Schwarzenbg.
Buchholz
Wolkenst.
Olbernhau
Sayda
Brand
Oederan
Flöha
Rosswein
Nossen
Waldheim
Hartha
Geringswalde
Dippoldiswalde
Glashütte
Altenbg.
Dresden
Erzgebirge
Tharandt
Rabenau
Eisenbg.
Ronnebg.
Weida
Zeulenroda
Triebes
Hohenleuben
Schleiz
Lobenstein
Elster
Rodewisch
Görkau
Kaaden
Klösterle
Duppauer Gebirge
Podersam
Kriegern
Buchau
Engelhaus
Schlaggenwald
Elbogen
Neudek
Platten
Abertham
Gottesgab
Weipert
Pressnitz
Bärenstein
Reitzenhain
Jöhstadt
Sebastiansbg.
Schönbach
Wildstein
Rossbach
Rehau
Ostl. Länge 12 v. Greenwich
T H Ü R I N G E N
B A Y E R N
B Ö H M E N
16
17
18
19
13
30'
51
Berlin
Pilsen
München

I.
Sächsische Eisenbahnen

Staatsbahnen
2 Bayerische Staatsbahnen Direktions-Bezirke:
c Nürnberg, d Regensburg
7 Preußische Staatsbahnen Direktions-Bezirke:
c Breslau, i Erfurt, m Halle
8 Sächsische Staatsbahnen
Betriebs-Direktions-Bezirke:
a Dresden-Altst., b Dresden-Neust.
c Chemnitz, d Zwickau, e Leipzig I, f Leipzig II

Privatbahnen
14 Allgem. Elektr.-G. Berlin
(Halle-Merseburger Str.-B.)
15 Allgem. Lokal- u. Straßenbahn-G.
c Görlitzer Straßenbahn
45 A Kleinb. Burxdorf-Mühlberg
56 A Kleinb. Crensitz-Crostitz
81 Gera-Meuselwitz-Wuitzer E.
104 Horka-Rothenburg-Priebus Klb.
127 Lausitzer Eisenbahn
128 Lenz'sche Eisenbahnen
128 v Görlitzer Kreis-Kleinb.
155 Lockwitztalbahn (Str.-B.)

1 Österreichische Staatsbahnen
Direktions-Bezirke: f Pilsen, g Prag
10 Bezirk der Böhmischen Nordbahn
34 Bezirk der Nordwestbahn
35 Bezirk der Staatseisenbahn-Ges.

Österreichische Privatbahnen
9 Aussig-Teplitzer Eisenbahn
15 Buschtehrader Eisenbahn
17 Friedländer Bezirksbahnen (Centralverw. für Sekundärbahnen H. Bachstein, Berlin)
40 Smecno-Schlan

Koch, W. und C. Opitz:
Eisenbahn- und Verkehrsatlas von Europa. Leipzig 1912. Blatt Nr. 18

Die Leipzig-Dresdner Eisenbahn

Anregungen Friedrich Lists folgend, vereinigten sich bereits 1833 führende Persönlichkeiten Leipzigs mit der Absicht, eine Eisenbahn von Leipzig nach Dresden als private Gesellschaft mit staatlichem Privileg zu bauen. Ein entsprechendes Gesuch an die Staatsregierung vom 10. November 1833 fand deren Zustimmung. Daraufhin bildeten am 3. April 1834 zwölf Bürger ein »Eisenbahn-Comité«, das die »Leipzig-Dresdner Eisenbahn-Compagnie« mit dem Sitz ihres Direktoriums in Leipzig gründete. Die Staatsregierung stimmte diesem Vorhaben am 6. Mai 1835 zu und erteilte der Gesellschaft gleichzeitig die Vorkonzession zum geplanten Bau einer sächsisch-bayerischen, sächsisch-schlesischen und sächsisch-böhmischen Eisenbahn, die von ihr später aber nicht wahrgenommen wurde.

Die Baukosten waren ursprünglich mit $1^1/_2$ Millionen Taler veranschlagt. Nach zwei Jahren waren jedoch $4^1/_2$ Millionen und die zusätzliche Zeichnung des Aktienkapitals in dieser Höhe erforderlich.

Für die Linienführung der Bahn lagen mehrere Projekte vor, die vor allem zwischen Riesa und Dresden zwei verschiedene Lösungen aufwiesen, und zwar entweder auf dem linken Elbufer über Meißen nach Dresden-Altstadt oder nach Überbrückung der Elbe auf dem rechten Ufer nach Dresden-Neustadt. Aus technischen und ökonomischen Erwägungen wurde die letztgenannte Variante ausgeführt, die eine großzügigere Trassenführung zuließ als das topographisch schwierige linke Elbufer. Die Stadt Meißen sollte später durch eine Zweigbahn mit der Hauptstrecke verbunden werden und erhielt vorläufig eine Straße zur Station Niederau.

Nach Erlaß des Enteignungsgesetzes am 3. Juli 1835 begannen die Bauarbeiten im Herbst 1835 mit der Ausführung der Muldebrücke bei Wurzen, die Erdarbeiten am 1. März 1836 mit dem Einschnitt bei Machern, dessen auszuschachtende Erdmassen damals mit dem Kubikinhalt der Pyramiden verglichen wurden. Schon ein Jahr später, an jenem denkwürdigen 24. April 1837, konnte die erste Teilstrecke zwischen Leipzig und Althen als zweite »Lokomotivbahn« und erste Ferneisenbahn Deutschlands mit zwei Lokomotiven und acht Personenwagen in Betrieb genommen werden. »Prustend und fauchend schleppte der Dampfwagen unter dem Jubel einer ungeheueren Menschenmenge die vielbeneideten oder ob ihrer Courage angestaunten Fahrgäste nach dem Dorfe Althen bei Borsdorf. Lustig war es anzusehen, wie die weißgrüne Fahne auf dem Tender wehte und die Streckenwärter mit bunten Wimpeln Signale wechselten. Um die schlanke Esse wand sich eine Guirlande, und auch die blankgescheuerten Kessel hatte man mit Kränzen behangen«. Eine provisorische Wirtschaft in Althen bot Erfrischungen. Das erste Bahnhofsrestaurant! (Bild 34).

Schrittweise erfolgte die Inbetriebnahme der Strecken:

Althen–Gerichsain	am 12. November 1837,
Gerichshain–Machern	am 11. Mai 1838,
Dresden–Weintraube	am 19. Juli 1838,
Machern–Wurzen	am 31. Juli 1838,
Wurzen–Dahlen und Weintraube–Oberau	am 16. September 1838,
Dahlen–Oschatz	am 3. November 1838,
Oschatz–Riesa	am 21. November 1838.

Als letzter Abschnitt wurde der Abschnitt Riesa–Oberau mit dem 513 m langen Tunnel, den Freiberger Bergleute als Stollen von vier abgetäuften Schachten aus bergmännisch hergestellt hatten, am 7. April 1839 eröffnet und damit die gesamte Strecke Leipzig–Dresden in Betrieb genommen.

Die Bergknappen standen in dem seinerzeit bewunderten Bauwerk – dem ersten Eisenbahntunnel Deutschlands – in Paradeuniform mit Fackeln Spalier, um den ersten durchfahrenden Zug mit ihrem Glückauf zu begrüßen. 95 Jahre danach mußte 1933 der Tunnel beseitigt werden, der infolge des stark gewachsenen Betriebs zum Hindernis geworden war, da ihn wegen der breiteren Fahrzeuge immer nur ein Zug passieren konnte. Ein tiefer Einschnitt und Denkstein erinnern noch an den bergmännischen Kunstbau.

Erbaut wurde der Tunnel unter Leitung von Gustav Heinrich Rachel, einem Schüler Joh. Andreas Schuberts, in der Zeit vom 1. Februar 1837 bis 1. Oktober 1839. Die Baukosten betrugen 330750 Taler.

Ein weiteres Meisterwerk der jungen Ingenieurbaukunst war die von Landbaumeister Königsdörffer geschaffene erste deutsche Eisenbahnbrücke bei Riesa. Diese auf elf mit Pfahlrosten gegründeten steinernen Pfeilern ruhende Holzkonstruktion wurde im Krieg 1866 teilweise gesprengt und durch eine eiserne Gitterbrücke ersetzt.

Oberbauleiter der Leipzig-Dresdner Eisenbahn war der geniale vielseitige Ingenieur, Wasserbaudirektor Carl Theodor Kunz. Am 1. November 1835 übernahm er die Leitung des Baues, nachdem er vom 17. Juli bis 15. August 1835 Belgien und England besucht hatte. In dieser Zeit sammelte er, der zuvor weder eine Eisenbahn noch ein Gleis gesehen hatte, praktische Erfahrungen und knüpfte Beziehungen zu englischen Fachleuten und Firmen an, um von dort später Schienen, Lokomotiven und Wagen zu beziehen, und baute dann in wenig mehr als drei Jahren diese erste große Strecke.

1876 wurde die Strecke in Leipzig durch Anlage eines Übergabebahnhofs und Beseitigung niveaugleicher Bahnübergänge zwischen dem Übergang der Schönefelder und Dresdner Straße nach Norden verlegt, der neue Abschnitt im August 1878 in Betrieb genommen.

Die »Leipzig-Dresdner Eisenbahn-Compa-

Bild 34. Provisorisches Bahnhofsrestaurant in Althen mit abfahrendem »Dampfwagen« nach Leipzig 1837. Zeitgenössischer Stich

gnie« erweiterte im Lauf der Zeit ihr Streckennetz durch den Bau der Linien Borsdorf–Döbeln–Coswig, Nossen–Freiberg–Bienenmühle, Riesa–Elsterwerda und durch Kauf der Priestewitz-Großenhainer Bahn auf 296 Kilometer.

Der Dresdner Bahnhof in Leipzig

Der älteste Bahnhof in Leipzig wurde nordöstlich des Stadtkerns »am unteren Park«, auf der heutigen Ostseite des Hauptbahnhofs angelegt (Bild 35). Der Leipziger Architekt Eduard Poetzsch schuf bei der Gestaltung dieses Bahnhofsgebäudes die typische Form des Kopfbahnhofes, die später bei vielen Bahnhofsbauten als Vorbild diente. Als erster Bau (Bild 36) entstand die stadtseitig mit drei Toren versehene, an der Ausfahrtseite aber völlig offene Personenhalle (Bilder 37, 38), der »Personeneinsteigschuppen«. Diese Bahnsteighalle besaß eine hölzerne Bohlendachkonstruktion nach englischem Vorbild, die so oder in ähnlicher Art bei den frühen Bahnhofshallen üblich war, bevor sich Stahlkonstruktionen durchsetzten. Zusammen mit Poetzsch wirkten die Zimmermeister Richter und Leideritz sowie der Maurermeister Brendel 1839 an dieser Bauaufgabe, für die es in Deutschland seinerzeit noch kein Vorbild gab. Verständlich ist es deshalb, daß der architektonische Wert des schlichten klassizistischen Bahnhofsgebäudes nicht die technisch-funktionelle Qualität der damals beispielgebenden Anlage erreichte.

Übrigens wurden erst einige Jahre später die vier Ecktürme und seitlich dazwischen Empfangs- und Restaurationsgebäude angebaut (Bild 42), der Dachreiter erhöht und darin die Glocke sichtbar aufgehängt (Bild 39). Der Giebel erhielt zwei weitere Bogenöffnungen als Durchgang für Passagiere und damit seine architektonisch unbefriedigende breitgedrückte Gestalt (Bild 42). Vorher hatten bescheidene Anbauten der Gepäck- und Güterabfertigung sowie als Warte- und Abfertigungsräume für die Reisenden gedient (Bilder 36, 37). An der Promenade standen das Kassen- und das Portierhaus.

Im Gegensatz zu anderen Bahnen lagen bei der Leipzig-Dresdner Eisenbahn, die das englische Prinzip des Linksfahrens übernommen hatte, ursprünglich der Abfahrtsbahnsteig links und der

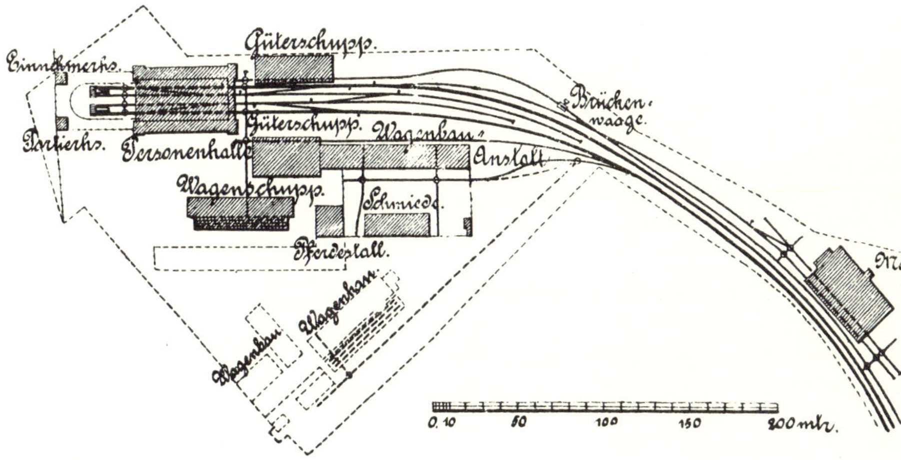

Bild 35. Dresdner Bahnhof in Leipzig. Lageplan 1840
Bild 36. Dresdner Bahnhof in Leipzig 1839. Stadtseitiger Giebelabschluß der Bahnsteighalle mit holzverschalten Fassaden in Quadermanier. Zeitgenössischer Stich
Bild 37. Dresdner Bahnhof in Leipzig 1839. Ausfahrtseite der »Personenhalle«. Der abfahrende Zug fährt nach englischem Vorbild links ab

Nach Dresden und Berlin.

Bilder Seiten 32/33:
Bild 38. Dresdner Bahnhof in Leipzig 1860 mit Gleisanlagen vor der Bahnsteighalle. Beiderseits der Halle sind die später zugefügten massiven Anbauten und Ecktürme zu erkennen
Bild 39. Dresdner Bahnhof in Leipzig 1860. Bahnsteighalle mit angebauten Empfangs- und Abfertigungsräumen. Links die »Casse« mit Eingang zum Abfahrtsbahnsteig Richtung Dresden und Berlin (nach Dresden war Links-, nach Berlin Rechtsverkehr)
Bild 40. Dresdner Bahnhof in Leipzig 1860. Im Bild links der Ankunftsbau, rechts Güterabfertigung und -schuppen
Bild 41. Dresdner Bahnhof in Leipzig 1860. Lokomotivschuppen (vorn) und Maschinenwerkstätten
Bilder rechts:
Bild 42. Dresdner Bahnhof in Leipzig 1844. Bahnsteighalle mit angebauten Empfangs- und Abfertigungsräumen. Links im Bild die Empfangsgebäude des Magdeburger Bahnhofs
Bild 43. Dresdner Bahnhof in Leipzig 1846. Explosion der Lokomotive »Windsbraut« am 21. Mai 1846 am Abfahrtsbahnsteig. Dächer und Säulen der Bahnsteigüberdachung waren aus Holz in Steinmanier hergestellt
Bild 44. Abbruch der Bahnhofsgebäude des Dresdner Bahnhofs in Leipzig 1864. Die korbbogenförmige Holzbohlenkonstruktion der Bahnsteighalle von 1839 ist noch erkennbar. Über das Hallendach ragt der 1862 bis 1863 erbaute Uhrturm des Magdeburger Bahnhofs

Ankunftsbahnsteig rechts. Die Darstellung der Explosion der Lokomotive »Windsbraut« am 21. Mai 1846 (Bild 43) zeigt noch diese in Deutschland ungewöhnliche Anordnung, die erst 1884 infolge der Verstaatlichung notwendigerweise verändert werden mußte.

Außerhalb der Bahnsteighalle war bis zum Neubau von 1864 auch nur der Abfahrtsbahnsteig durch einen hölzernen, säulengetragenen Laubengang überdacht (Bild 39).

Die übrigen Betriebsgebäude, Güter- und Wagenschuppen (Bild 40), Maschinenhaus (Bild 41), Schmiede, Wagenbauwerkstätten und ein Pferdestall für den Rangierbetrieb (!) waren nach dem damaligen Stand der Verkehrstechnik zweckentsprechend beiderseits der Hauptgleise im Bahnhofsvorgelände angeordnet. Eine Vielzahl kleiner Drehscheiben und Stichgleise diente der Erschließung dieser Bauten und dem Rangierbetrieb.

Das alte Bahnhofsgebäude wurde 1864 abgebrochen, da es die gestiegenen Anforderungen nicht mehr erfüllen konnte (Bild 44). Die neue Anlage, 1864 bis 1866 nach Entwürfen des Dresdner Oberingenieurs Pöge und des Leipziger Architekten E. Hetzel ausgeführt, bedeutete vor allem betriebstechnisch keinen wesentlichen Fortschritt (Bild 45). Die Bahnsteighalle blieb viergleisig; anstelle der kleinen Drehscheiben trat eine größere. Der Bahnsteig am Empfangsgebäude wurde zwar außerordentlich verlängert,

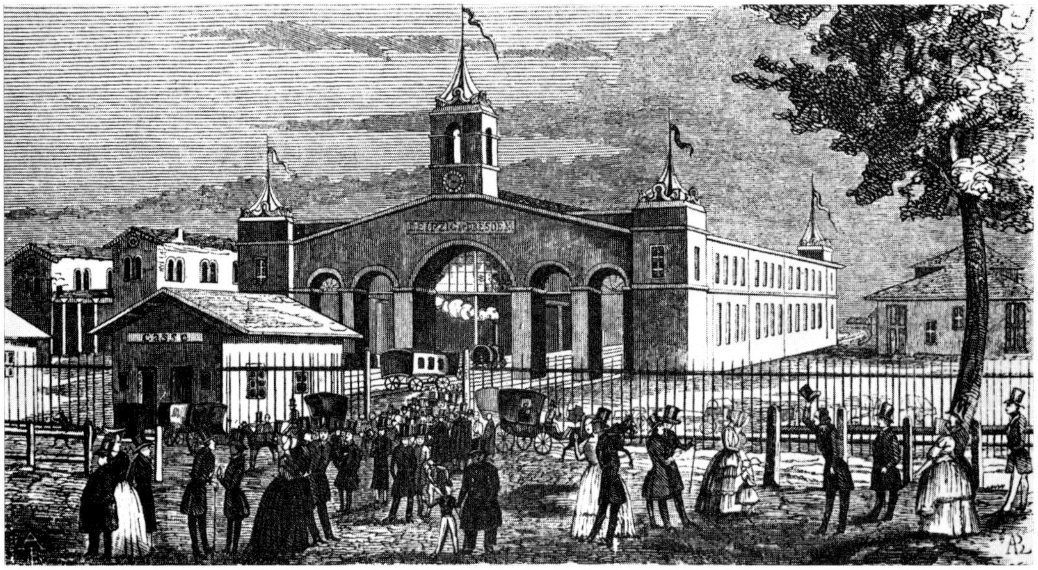

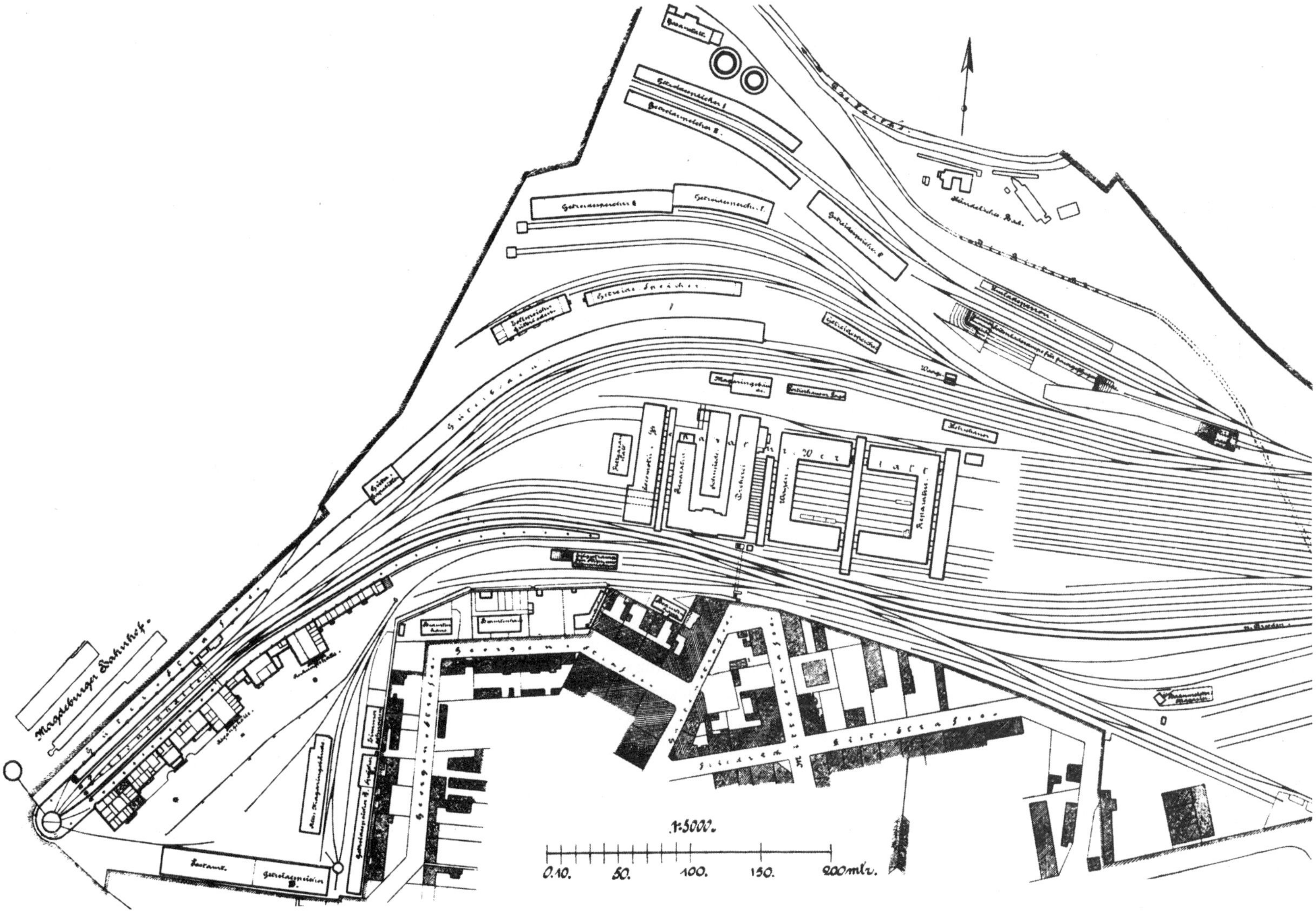

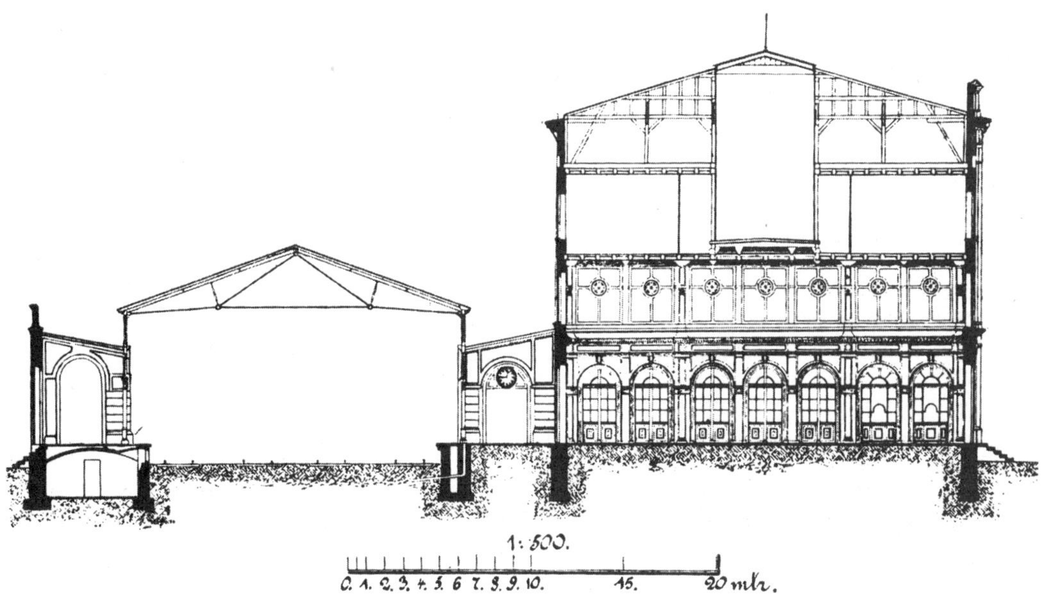

Bild 45. Dresdner Bahnhof in Leipzig. Lageplan um 1890
Bild 46. Dresdner Bahnhof in Leipzig. Schnitt durch das 1864 bis 1866 erbaute Empfangsgebäude und die Bahnsteighalle

mußte aber sowohl abgehenden als auch ankommenden Zügen dienen. Die »Gesamtlänge des Perrons betrug 549 Ellen« = 310,20 m. Schuld an dieser Situation trug der mit zu geringem Abstand herangebaute Magdeburger Bahnhof, der von vornherein jede Konzeption für einen neuen Dresdner Bahnhof einengte.

Baulich wurde die Konstruktion der Bahnsteighalle verändert, die statt des hölzernen Bohlendachgewölbes einen stählernen Dachstuhl mit den damals modernen Polonceau-Bindern bekam, die auf hohlen Gußeisensäulen ruhten. Diese dienten zugleich der Entwässerung der beiderseits zur Halle geneigten Bahnsteigdächer – eine zu dieser Zeit bemerkenswerte bautechnische Lösung (Bild 46).

Das Bahnhofsgebäude selbst bestand aus sieben durch die Halle und den Bahnsteig verbundenen Bauteilen. Zur Promenade hin wurde versucht, Administrationsgebäude, Hallenabschlußbauwerk und einen Turm so zu verbinden, daß eine gewisse Symmetrie zur Fassade des benachbarten Magdeburger Bahnhofs entstand (Bild 48).

Die auf Repräsentation der reichgewordenen Messestadt zielende architektonische Gestaltung der Schauseiten ist zeittypisch in ihrem Durcheinander aller möglichen Stilformen, die trotz dieser willkürlichen Formenanwendung durch eine relativ harmonische Baukörpergruppierung äußerlich noch eine Einheit bildeten, die im Inneren nicht vorhanden war (Bild 47). Das »Administrationsgebäude« enthielt im Erdgeschoß Kasse, Buchhaltung, Telegraph, Ingenieurbüro und Archiv, im ersten Stock Sitzungsräume für das Direktorium, den Ausschuß und das Hauptbüro sowie im zweiten Stock Beamtenwohnungen. Auf drei Seiten war das Gebäude in der Mitte von einer Attika bekrönt, an der Promenadenseite mit einer vom Leipziger Bildhauer Albrecht entworfenen und vom Steinmetzmeister Schirmer in Sandstein ausgeführten Gruppe der Saxonia, Industrie und Handel schirmend.

An dieses Gebäude schloß sich das aus einem Mittelbau und zwei Flügeln gebildete Restaurationsgebäude mit dem entsprechenden Raumprogramm sowie Wartesälen und Fremdenzimmern an. Im repräsentativen Mittelbau befand sich ein Empfangssalon für die königliche Familie.

Mit dem Restaurations- und Hotelgebäude war die 25,40 m lange und 22,60 m tiefe Abgangshalle durch einen aus Eisen und Glas, außerhalb desselben in Form einer Veranda gebauten Korridor verbunden; an dieser Halle waren »Billetverkauf, Gepäckannahme, Inspection, Polizei etc.« und ein Vestibül mit höher gelegenen Beamtenwohnungen gelegen.

Zwischen diesen drei Bauwerken und dem gegenüberliegenden »Perron für Extrazüge«, dessen Zugang durch den Turm erfolgte, lag die 30 m breite, in der Mitte 17,5 m freitragende und 122,60 m lange Bahnsteighalle, die allein »dem Ablassen« der Züge sowie der Unterbringung der Personenwagen diente. Insgesamt waren 530 m Bahnsteige zusammenhängend überdacht. Anschließend an die Bahnsteighalle folgten: ein aus zwei Flügeln und einem Mittelbau bestehender Eilgutspeicher, die 22,60 m im Quadrat messende Ankunftshalle und ein Betriebsgebäude mit Abschlußbauwerk. Zusammen waren die Bahnhofsgebäude 253,70 m lang (Bild 48).

Die Bauausführung des neuen Dresdner Bahnhofs erforderte einen Zeitraum von $2^1/_2$ Jahren.

Dabei mußte ohne Betriebsunterbrechung gebaut werden, mußten Gleisanlagen verändert, Schleusen und Straßen neu gebaut und ein bedeutender Komplex alter Gebäude einschließlich der Fundamente abgebrochen werden. Trotz der enormen Mengen durch Abbruch gewonnener Mauerziegel wurden zusätzlich noch über zwei Millionen neuer Steine gebraucht (Bild 44).

Der Dresdner Bahnhof erhielt in den Jahren 1874 bis 1879 im Norden einen Übergabebahnhof für den Verkehr in Richtung Berlin, Magdeburg und Thüringen. Durch diese Anlage und die Beseitigung mehrere niveaugleicher Übergänge wurde das Hauptgleis der Leipzig-Dresdner Bahn auf 3,5 km Länge verlegt; die aufgegebene Bahntrasse ging an die Stadt beziehungsweise Gemeinden über und bildete später die Eisenbahnstraße, die jetzige Ernst-Thälmann-Straße. In dieser Zeit wurden auch die Güterbahnhofsanlagen erheblich vergrößert, 1880 ein Anheizgebäude für 33 Lokomotiven mit Wasserstation, Kesselhaus und Kohlenschuppen gebaut, ferner größere Reparaturwerkstätten für Lokomotiven und Wagen. Ein größeres Gebäude aus dieser Zeit, die Wagenwerkstätte, ist heute noch erhalten.

1886, nach Eröffnung der Strecke Leipzig–Lausigk–Geithain, mußte aus betriebstechnischen Gründen ein zusätzlicher 160 m langer Zungenbahnhof im Anschluß an die Bahnsteighalle gebaut werden. Wesentliche Veränderungen am Dresdner Bahnhof erfolgten bis zu seinem Abbruch 1912 bis 1913 nicht mehr.

Am 1. Februar 1913 verließ der letzte Zug nach Dresden mit bekränzter Lokomotive den alten Dresdner Bahnhof.

1913 wurde mit dem Bau der Sächsischen Seite, des letzten Abschnittes des Hauptbahnhofes, begonnen.

Bild 47. Dresdner Bahnhof in Leipzig. Empfangsgebäude und Bahnsteighallenabschluß mit Uhrturm von der Promenade aus um 1890. Ganz links das Empfangsgebäude des Magdeburger Bahnhofs
Bild 48. Dresdner Bahnhof in Leipzig 1866. Ansicht der Empfangsgebäude und des Bahnsteighallenabschlusses mit Uhrturm des Magdeburger Bahnhofs
Bild 49. Bahnhof Wurzen um 1860. Empfangsgebäude (links) mit Güterschuppen von Westen

Station Wurzen

Bahnhof Althen

Zur Ostermesse, am 24. April 1837, wurde die erste Teilstrecke der Leipzig-Dresdner Eisenbahn mit Dampfwagenfahrten bis Althen eröffnet (Bild 34). »3/4 9 Uhr ertönten die muntern Hörner und Trompeten der Schützenmusik, bald gab die Glocke das Zeichen zum Besteigen der schönen Wagen. Dann setzte sich der mit Fahnen und Kränzen geschmückte Blitz in Bewegung. Donnernde Böller und Musketensalven und Raketen begrüßten ihn, mit tausendstimmigem Jubelgeschrei vermischt, wie er erst langsam, dann schnell und schneller dahin saußte. Überall salutirten die aufgestellten Militairpikets und Wachen, jeder Bahnwärter stand gravitätisch auf seinem Posten und gab das Zeichen, wie alles in Ordnung sei. Man flog über die zwei Chausseen, die Dörfer zur linken verschwanden, da lag Althen. Eine zahlreiche Menge war zu Pferde und in Wagen hinausgeeilt, mit frohem Jauchzen die Ankommenden zu bewillkommnen und in der schönen, eleganten Restauration, ein Meisterstück netter Zimmermannsarbeit, stand für die hierzu geladenen Gäste ein dejeuner bereit; 20 Minuten waren vonnöthen gewesen, hinauszugelangen, da man nicht die ganze Kraft des Dampfes aufgeboten hatte. In 4 Minuten weniger kam man zurück ...«

Althens Behelfsrestaurant war wohl eine der ersten Bahnhofsgaststätten, aber Althen wurde später keine Bahnstation. Mit Fortschreiten des Bahnbaues in Richtung Dresden entstanden weitere »Restaurationen« für »Dampfwagenfahrten«, die meist nur kurze Zeit existierten.

Bahnhof Wurzen

In Wurzen war zur Eröffnung des Bahnhofs am 31. Juli 1837 zunächst nur ein kleines Stationsgebäude »rechts der Leipzig-Dresdner Eisenbahn« (von Leipzig aus gesehen, d. h. südlich der Strecke) vorhanden. Im Anschluß daran wurde 1838 bis 1839 ebenfalls südlich des Bahnübergangs der Nemter Straße das »Hotel zur Stadt Leipzig« gebaut, ein unter den damaligen Verkehrsverhältnissen sehr begrüßtes »Etablissement« zur Bewirtung und Unterbringung der Reisenden während längerer Aufenthalte.

Erst später erhielt der Bahnhof ein größeres Empfangsgebäude nördlich der Gleise (Bild 49) mit massivem Güterschuppenanbau; zu dieser Zeit fand auf dieser Strecke noch Linksverkehr statt (1861). Wenig später, 1869, besaß der »Bahn-Hof« Wurzen außerdem eine besondere »Personenhalle« direkt vor dem Zwischenbahnsteig und eine große Güterhalle an der östlichen Bahnhofsausfahrt.

Im letzten Drittel des 19. Jahrhunderts entwickelte sich auch in Wurzen eine beachtliche Industrie. Handel, Güter- und Reiseverkehr nahmen weiter erheblich zu, so daß die alten Bahnhofsanlagen den gestiegenen Ansprüchen nicht mehr genügten. Inzwischen hatte der Bahnhof außerdem am 15. Oktober 1879 eine neue Linie, die Muldentalbahn Glauchau–Wurzen aufgenommen, deren letzter Abschnitt Großbothen–Wurzen am 30. Juni 1877 eröffnet wurde. Der für diese Bahn zur beabsichtigten Weiterführung nach Düben–Wittenberg gesondert angelegte Wurzener »Nordbahnhof« diente reichlich zwei Jahre dem Verkehr. So war ein völliger Umbau des Bahnhofs unumgänglich. 1888 erstand ein neues Empfangsgebäude mit fünfgliedrigem Baukörper und schlichter, neurenaissanceartiger Fassadengestaltung, deren Details bei vielen sächsischen Bahnhofsbauten dieser Zeit wiederkehren (Bild 50). In seiner Grundsubstanz ist das mehrfach umgebaute und erweiterte Gebäude noch erhalten. Weiterhin

Bild 50. Empfangsgebäude des Bahnhofs Wurzen um 1900
Bild 51. Bahnhof Dahlen um 1860

wurden neue Bahnsteige angelegt, mit Bahnsteigdächern versehen und zu den Inselbahnsteigen ein Personentunnel gebaut. Wegen der starken Zugfolge ersetzte man die nur selten geöffneten schienengleichen Übergänge der Nemter Straße und des Dehnitzer Weges durch Unterführungen.

Am 1. April 1907 wurde noch die Strecke Wurzen–Eilenburg in Betrieb genommen, die besonders für Industrie und Landwirtschaft Bedeutung hatte, aber auch Ausflugsziele in der näheren und weiteren Umgebung erschloß.

Der Güterbahnhof mußte 1911 und 1935 wiederholt umgebaut und wesentlich vergrößert werden.

Heute ist Wurzen Durchgangsbahnhof für die Strecke Leipzig–Dresden und Endbahnhof für die Strecke Wurzen–Eilenburg. Auf der nach dem Zweiten Weltkrieg noch betriebenen Strecke Grimma unt Bf–Wurzen ist der Personenverkehr inzwischen eingestellt worden, seit 28. Mai 1978 auch auf der Strecke Wurzen–Eilenburg. Nur Güterverkehr zu Industriebetrieben findet hier noch statt.

Bild 52. Bahnhof Oschatz um 1860

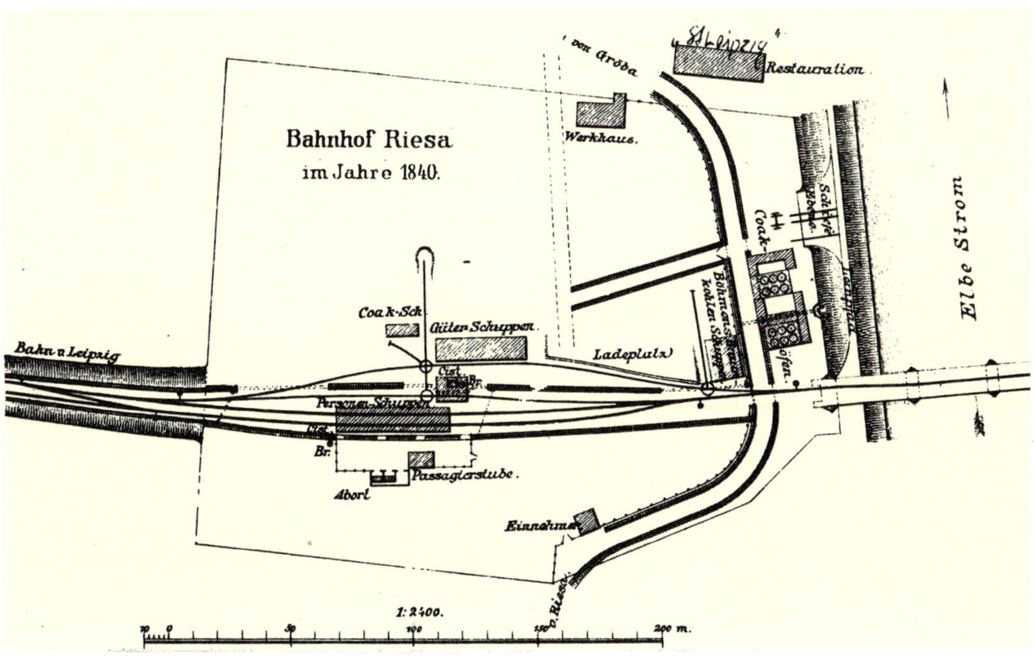

Bild 53. Der Leipzig-Dresdner Bahnhof in Riesa. Lageplan 1840

Bahnhof Dahlen

Ähnlich vielen, wie bäuerliche Gehöfte gebauten Stationen der mit Pferden betriebenen »Holz- und Eisenbahn« Budweis–Linz, der ersten großen Eisenbahn des Kontinents, diente als »Bahn-Hof« und Empfangsgebäude in Dahlen der schon vorhandene Gasthof (Bild 51). Typisch für ländliche Bauten jener Zeit sind Krüppelwalmdach, Halbkreisfenster und andere Details. Mit Uhr und Stationsnamen am Giebel, einigen Laternen und dem Freiabort auf dem Bahnsteig erfüllte der Gasthof sicher die Bedürfnisse der kleinen, wenig über 2000 Einwohner zählenden Stadt. Für den Eisenbahnbetrieb wurde zur Eröffnung am 16. September 1838 lediglich ein Schuppen zur Unterbringung einer Lokomotive und mehrerer Wagen neu errichtet.

Bahnhof Oschatz

Oschatz galt ursprünglich als »Haupt-Station« zwischen Leipzig und dem Leipziger Bahnhof in Dresden-Neustadt, weil hier in der Regel Maschinenwechsel erfolgte. Zugleich mit dem Bau der Strecke wurden hier ein Stationsgebäude und weitere Betriebsgebäude errichtet (Bild 52). Der schlichte Bahnhofsbau ist typisch für die Eisenbahnhoch- und Industriebauten der beginnenden industriellen Revolution. Wohltuend unterscheidet sich der Bau einer »frühen Sachlichkeit«, den die für Sparsamkeit und ökonomische Betriebsführung bekannte »Leipzig-Dresdner Eisenbahn-Compagnie« aufführen ließ, von der späteren »akademischen« Bahnhofsarchitektur.

Der Leipzig-Dresdner Bahnhof in Riesa

Eine beachtliche Entwicklung, nicht zuletzt als Folge industriellen Wachstums, nahm der Bahnhof Riesa. Zur Zeit seiner Eröffnung am 11. November 1838 hatte das von Gröbaer Flur erworbene Bahnhofsareal 240 m Länge und 180 m Breite; die Baulichkeiten waren ebenso bescheiden, denn die »Leipzig-Dresdner Eisenbahn-Compagnie« baute nur die unbedingt notwendigen Gebäude. Der »Bahnhof« bestand damals aus einem kleinen Einnehmerhäuschen für den Fahrkartenverkäufer in 50 m Entfernung von den Gleisen, einer 10 m × 5 m großen Passagierstube, einem Freiabort und einem Lo-

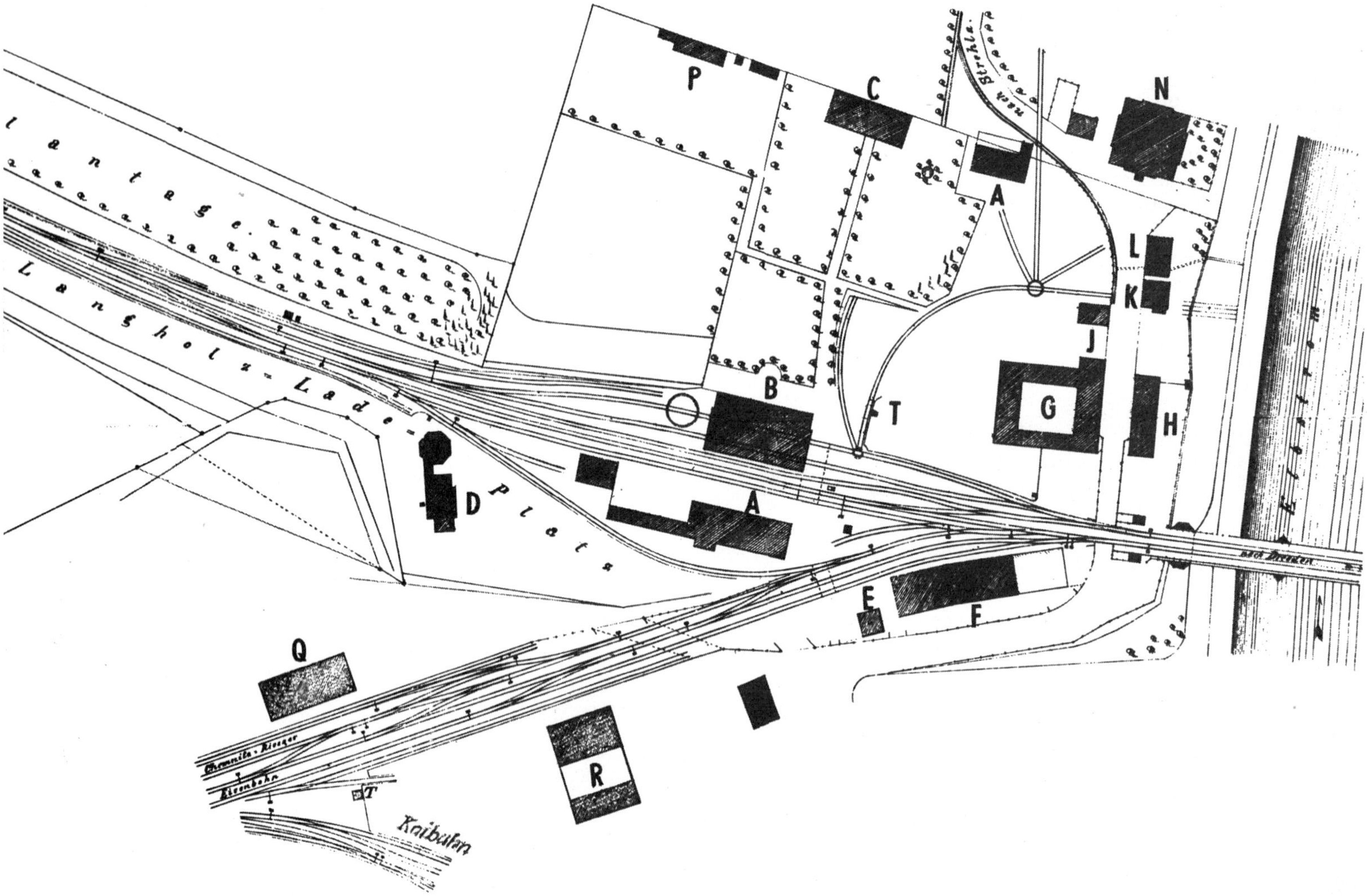

komotivschuppen für zwei Maschinen, mit innenliegendem Brunnen und Wasserstation. Am Elbufer standen außerdem 12 Koksöfen, wie sie in Wales üblich waren. Mit ihrer Wochenproduktion von 2000 Scheffel (1 sächs. Scheffel = 103,8291) aus englischer Steinkohle versorgte diese Kokerei alle Lokomotiven der Leipzig-Dresdner Eisenbahn. Die Entladung der Lastkähne erfolgte über eine »schiefe Ebene« mit

Bild 54. Bahnhof Riesa. Lageplan um 1860.
A Restaurationsgebäude; B Maschinenhalle mit Beamtenwohnungen; C Brunnen und Zisternenhaus; D Gasanstalt; E Güterexpedition; F Güterschuppen; G Beamtenwohnungen mit Werkstatt; H Kohlenschuppen; I Eisschuppen; K Maschinenhaus; L Zisternenhaus; M Gasthaus »Stadt Leipzig«; N Beamtenwohnungen; O Ingenieurwohnung; P Gewächshäuser; Q Restauration der Chemnitzer Bahn; R Königl. Sächs. Postamt; S Bahnwärterhäuser; T Waage
Bild 55. Bahnhof Riesa um 1860. Links Empfangsgebäude von 1844, rechts zweigleisige Maschinenhalle mit Wohnungen von 1850

Winde bis auf das Bahnhofsniveau. Außerhalb des Bahnhofsgeländes am Weg nach Gröba errichtete der geschäftstüchtige Rittergutsbesitzer von Gröba den Gasthof »Stadt Leipzig« zur Versorgung der Reisenden. Da die Züge in Riesa längeren Aufenthalt hatten, wurde er trotz seiner entfernten Lage gut besucht.

Bis 1840 waren noch folgende Baulichkeiten hinzugekommen: ein Personeneinsteigeschuppen, der zwei Gleise mit Bahnsteig auf 45 m überdachte, ein weiterer Brunnen mit Wasserstation (»Cisterne«), ein 35 m × 9 m großer Güterschuppen mit einem Gütergleis, vor Lokomotiv- und Güterschuppen je eine kleine auf Kugeln laufende und von Hand gedrehte Drehscheibe, zum Wenden von Lokomotiven und Wagen, ein kleiner Koksschuppen, der durch Gleisanschluß mit dem Lokomotivschuppen verbunden war, ein Schuppen für »böhmische Braunkohle« und ein Werkhaus (Bild 53).

Bild 56. Bahnhof Riesa 1862. Von links: Maschinenhaus im Bau; altes Maschinenhaus; alte Wasserstation

1844 wurde das erste Empfangsgebäude, ein 24,5 m × 12 m großes »Restaurationsgebäude« errichtet (Bilder 54, 55). Es enthielt ein Restaurationszimmer, ein Speisezimmer, die Billet- und Gepäckexpedition, im Obergeschoß Wohnungen für den »Bileteur«, den »Restaurator« und den für die Unterhaltung und Instandsetzung des Bahnhofs verantwortlichen »Oberaufseher«.

Die Koksöfen wurden nach Umstellung der Lokomotiven auf Steinkohlenfeuerung 1848 abgebrochen und die Anlage zu einem Kohlenschuppen umgebaut. 1850 entstand parallel zum Empfangsgebäude eine neue zweigleisige Maschinenhalle mit darüberliegenden Wohnungen (Bild 55), die jedoch wegen der Explosionsgefahr nach einem Gutachten Prof. J. A. Schuberts 1860 geräumt werden mußten. 1854 erhielt das Gräflich Einsiedelsche Eisenwerk, Vorgänger des Stahl- und Walzwerkes, ein Anschlußgleis, das mit einer Drehscheibe an das Ladegleis des Bahnhofs angeschlossen war. Davor befand sich eine Waage zum Wiegen der beladenen Wagen aus dem Eisenwerk (Bild 54). Weitere Neubauten waren u. a. 1859 ein neues »Zisternenhaus« (Wasserstation) mit zehn Zisternen westlich am Empfangsgebäude, 1862 ein neues »Heizhaus« (Lokomotivschuppen) mit zwei Gleisen für sechs Lokomotiven westlich der alten Halle, die nur noch zum Abstellen von Wagen benutzt werden durfte (Bild 56).

1864 erbat man von der »Großherzoglich Badischen Direktion für Verkehrsanstalten Karlsruhe« Unterlagen für die beabsichtigte Überdachung der »Perrons«. Danach wurde 1866 der Bahnsteig 1 überdacht und 1867 ein überdachter Verbindungsgang vom Chemnitzer zum Leipzig-Dresdner Bahnhof hergestellt.

1876 erhielt der Bahnhof einen neuen halbrunden Lokomotivschuppen mit acht Ständen, der 1877 um weitere acht Stände vergrößert wurde. Dazu gehörte ferner eine Wasserstation, ein Petroleumschuppen und ein Kohlenschuppen mit Gleis zum Bekohlen. Die Umkleideschränke des Lokomotivpersonals standen in den Ständen des Heizhauses. Wascheinrichtungen mußte ein aus der Lokomotive entnommener Eimer Wasser ersetzen.

Am 17. August 1879 wurde das neue Stations-

gebäude nach Entwürfen des Finanzrates Köpcke vollendet (Bild 57). Auf T-förmigem Grundriß aufgebaut besitzt der dreigeschossige Kopfbau 12,25 m × 24,5 m, der eingeschossige lange Anbau am Bahnsteig 75 m × 20 m Grundfläche. Der gut proportionierte, für diese Zeit klassisch-schlichte verputzte Ziegelbau hatte Simse und Einfassungen aus Cottaer Sandstein. (Bild 58) Im Erdgeschoß des Kopfbaues waren die Bahnhofsverwaltung, im Längsbau Verkehrs- und Wirtschaftsräume, Zimmer für den königlichen Hof, Räume für Fahr- und Aufsichtspersonal, in den oberen Geschossen Wohnungen für den Bahnhofsinspektor und Restaurateur, in den Dachräumen Wirtschaftsräume und Wohnungen für das »Unterpersonal« untergebracht. Die ausgedehnten Keller enthielten Räume für Betriebs- und Wirtschaftszwecke, Generatoren für die Luftheizung und Ventilation der öffentlichen Verkehrsräume und Abortanlagen.

Die Bahnsteige, ein 87,25 m langer, 10 m breiter Hauptbahnsteig am Empfangsgebäude, zwei Kopfbahnsteige und zwei Flügelbahnsteige, hatten gemauerte Borde und Pflaster aus Granitplatten. Ihre 336 m lange Bedachung (Bild 59) wurde konstruktiv aus Polonceau-Bindern auf Gußeisensäulen mit 4 m Abstand, Längsverband aus leichten Gitterträgern und einer Deckung aus verzinktem Wellblech der Neuwieder Hütte gebildet. Ein 1 m breiter Glasdachstreifen erhellte die hinter dem Bahnsteigdach liegenden Erdgeschoßräume.

Zur Zeit der Eröffnung des Abschnittes Riesa–Döbeln der Riesa-Chemnitzer Eisenbahn gab es zunächst in Riesa nur eine behelfsmäßige »Billet- und Gepäckexpedition« auf dem Gelände, wo heute das Postamt steht. Die Gleistrasse aus Richtung Chemnitz wurde recht unzweckmäßig in spitzem Winkel kurz vor der Elbbrücke an die Leipzig-Dresdner Bahn herangeführt (Bild 54). Für den Betrieb notwendige Bauten, wie Maschinenhaus, Schmiede, Koks-, Geräte- und Güterschuppen hatte man bereits 1846 bis 1847 errichtet. Das noch erhaltene Empfangsgebäude des Chemnitzer Bahnhofs sowie weitere Betriebs- und Wohngebäude wurden 1851 bis 1860 errichtet. 1862 kam die Verbindungsbahn zum Elbkai zur Ausführung. Die Anordnung des Sächsischen Finanzministeriums vom 27. März 1877 forderte dann eine einheitliche Bahnhofsanlage für den gesamten Personen- und Güterverkehr durch Erweiterung des Leipzig-Dresdner Bahnhofs zu schaffen, d. h. die totale Aufgabe des Chemnitzer Bahnhofes, die 1881 erfolgte.

1922 bis 1923 kam es zum ersten größeren Umbau des Empfangsgebäudes, die Halle wurde vergrößert, mit zusätzlichen Schaltern versehen und der Eingang zur Südseite verlegt. Eine neuzeitliche Toilettenanlage löste die alte, mit erheblicher Geruchsbelästigung behaftete Abortanlage ab, hölzerne Verschläge und Sitze mit Deckeln sowie darunter befindlichen Tonnen (sog. »Heidelberger Tonnensystem«), die auf kleinen Rollwagen standen. Ihre Entleerung erfolgte jeden Freitag 18 Uhr. Die Tonnen wurden aus dem Gebäude zum Aufzugschacht gefahren, mit dem Kran hochgezogen und auf bahneigenes Gelände zur Düngung geschafft.

Die erweiterte Gleisanlage hatte für den Personenverkehr damals acht, zum Teil durch Tunnel erreichbare, überdachte Bahnsteige und vier Bahnsteigsperren.

Bahnhof Priestewitz

In Priestewitz benutzte die »Leipzig-Dresdner Eisenbahn-Compagnie« ein von der Stadt Großenhain erbautes Gasthaus als Empfangsgebäude. Das aus der Zeit des Bahnbaues stammende ehemalige Werkhaus wurde zum Einnehmerhaus für »Billet-Verkauf, Gepäck-

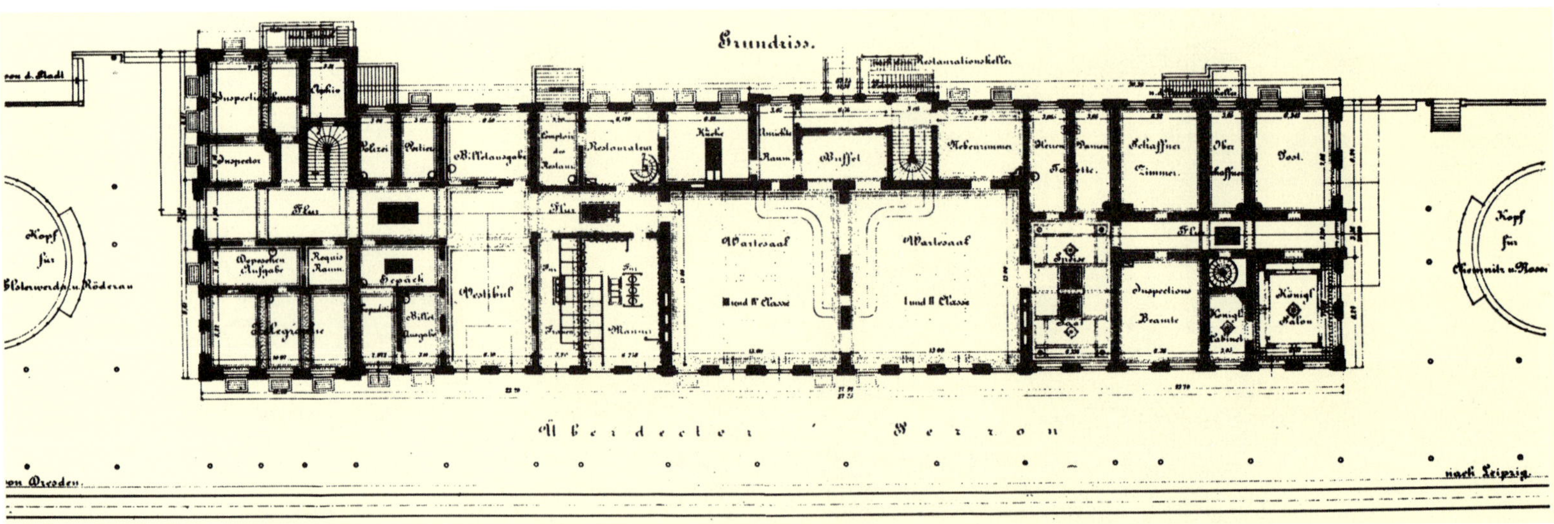

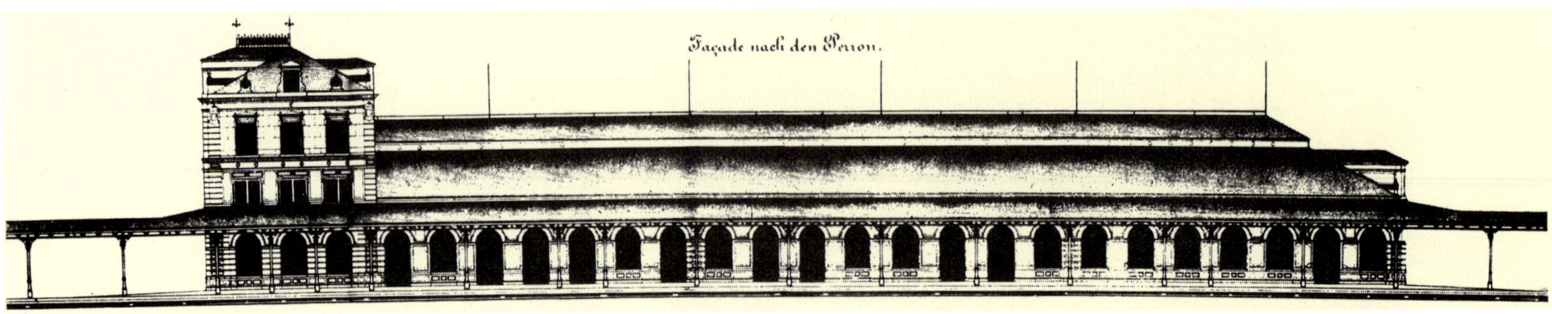

Bild 57. Bahnhof Riesa. Grundriß des Empfangsgebäudes von 1879. Entwurf Köpcke

Bild 58. Bahnhof Riesa. Seitenansicht des Empfangsgebäudes mit Bahnsteigdach (Abschnitt) von 1879. Entwurf Köpcke

Bild 59. Bahnhof Riesa 1907. Rechts im Hintergrund das Empfangsgebäude von 1879 mit 336 m langem Bahnsteigdach

und Güter-Expedition« umgebaut (Bild 60). Eine Schmiede als Wagenwerkstätte, »Cisterne« (Wasserstation), Wärterhäuschen und andere Baulichkeiten vervollständigten die Bahnhofsanlage (Bild 61).

Anläßlich der Einweihung der Gesamtstrecke Leipzig–Dresden erregte die kleine Station Aufsehen, als hier korrumpierte Subjekte am Abend des 8. April 1839 durch falsche Weichenstellung den Zusammenstoß der von Professor J. A. Schubert geführten Lokomotive »Saxonia« mit einer abgestellten englischen Lokomotive verursachten, um die deutsche Konkurrenz auszuschalten.

Bild 60. Bahnhof Priestewitz um 1860

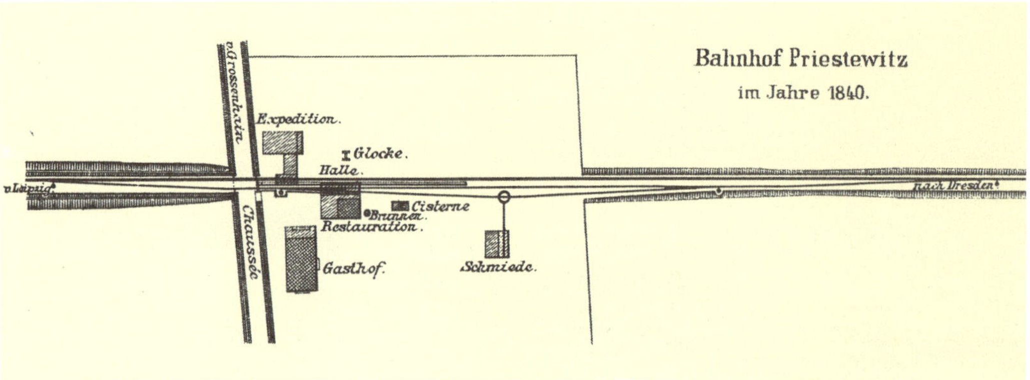

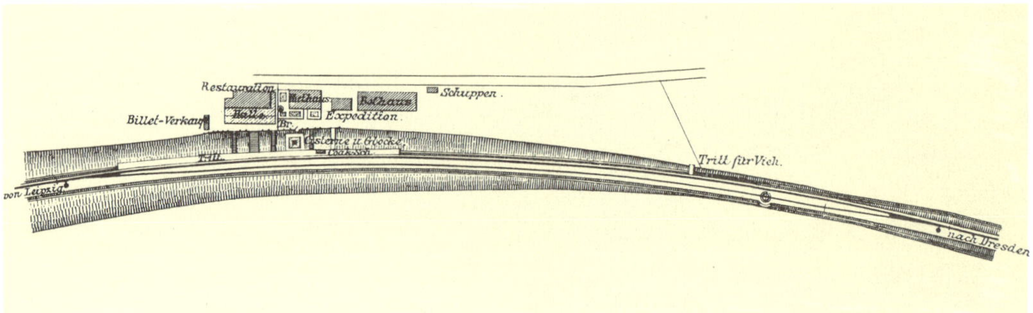

Bild 61. Bahnhof Priestewitz. Lageplan 1840
Bild 62. Bahnhof Oberau. Lageplan 1840

Bahnhof Oberau

In Oberau wurden für die Bergleute, die hier vom 1. Februar 1837 bis 1. Oktober 1839 den ersten europäischen Eisenbahntunnel bauten, östlich der Tunneleinfahrt Werkhäuser und Unterkünfte errichtet. Die geschäftstüchtige Rittergutsbesitzerin des Ortes nutzte die Attraktion des Bauvorhabens und ließ dazu noch eine geräumige »Restauration« aufführen, wo sonntags sogar das Meißner Stadtorchester musizierte.

Aus den Gebäuden und Anlagen dieser »Baustelleneinrichtung« entwickelte sich nach Eröffnung des Streckenabschnitts Weintraube–Oberau am 16. September 1838 der Bahnhof (Bild 62). Zunächst diente er vor allem dem Baumaterialtransport und mit zwei Zugpaaren täglich auch dem Personenverkehr (Bild 63). Viele Schaulustige benutzten die neue Bahn zur Besichtigung des Tunnelbaues. Am 7. April 1839 wurde der letzte Abschnitt Riesa–Oberau und damit die Gesamtstrecke Leipzig–Dresden eröffnet. Nachdem ein halbes Jahr später der Tunnel vollkommen ausgebaut war, konnten die freigewordenen Werkhäuser, das Huthaus und Bethaus der Bergknappen als Einnehmer- und Güterschuppen eingerichtet werden. Das danach wohl nicht mehr ausgelastete Restaurant diente zugleich als Empfangsgebäude. Ein Häuschen für den »Billet-Verkauf«, Brunnen mit »Cisterne« (Wasserstation) und hölzernem Glockenturm darüber, »Coak-Schuppen«, »Tritte« (Bahnsteige bzw. Rampen) für Personen und Vieh vervollständigten die alte Bahnhofsanlage von 1840 (Bild 62). Sie war an der zunächst eingleisigen Strecke, die ab 1. Oktober 1840 zweigleisig betrieben werden konnte, mit zwei Weichen und einer Drehscheibe ausgestattet.

Bereits am 15. Mai 1842 wurde der Bahnhof Oberau geschlossen und der Betrieb auf den neuen Bahnhof Niederau verlegt, der gleichzeitig eine Zubringerstraße von Meißen erhalten hatte. Anlagen und Gebäude des Oberauer Bahnhofs kamen später zum Abbruch.

Bild 63. Bahnhof Oberau mit dem Oberauer Tunnel um 1840. Nach der Natur gezeichnet von Täubert

Bild 64. Bahnhof Niederau um 1860. Empfangsgebäude und Restaurant (im Hintergrund)

Bahnhof Niederau

Der Bahnhof Niederau verdankt seine Entstehung unter anderem den Bemühungen der Stadt Meißen um eine Zubringerstraße zur Leipzig-Dresdner Eisenbahn, die nach Niederau eine kürzere und bequemere Verbindung ergab als zum Bahnhof Oberau, dessen ungünstige Lage hoch über dem Einschnitt der Tunneleinfahrt jenseits der Bahnlinie (Bild 63) die Zufahrt von Meißen sehr erschwert und eine spätere Erweiterung der Bahnhofsanlagen kaum gestattet hätte. Anstelle dieser mehr oder weniger improvisierten Bahnhofsanlage wurde daher zugleich mit der neuen Straße von Meißen in Niederau ein neuer Bahnhof gebaut, der nach $^{1}/_{2}$jähriger Bauzeit am 1. April 1842 vollendet und am 15. Mai 1842 in Betrieb genommen werden konnte.

Stationsgebäude und Restauration (Bild 64) kosteten 13200 Taler. Ihr »Schweizerhaus-Stil« entsprach nicht nur dem romantischen Zeitgeschmack, sondern das dazugehörige Pfettendach, das mit dem beginnenden Verfall des Handwerks im 19. Jahrhundert Verbreitung fand, war leichter herzustellen als das traditionelle Sparrendach und außerdem für flachgeneigte, zunehmend mit Pappe gedeckte Bahnhofsdächer die geeignete Konstruktion. Zum Bahnhof Niederau gehörten noch eine Wasserstation, Güterschuppen und ein Nebengebäude für den Zubringerverkehr Meißen–Niederau mit Stallungen für 20 Pferde, Remise für vier Wagen, einer Kutscher- und Hausknechtstube. Zwei Pferde konnte hier auch das Meißner Postamt einstellen. Dieser Verkehr zu den Leipziger Zügen war sehr rege, zu den Dresdner Zügen aber nicht, weil die Droschkenkutscher für eine Fahrt von Meißen nach Niederau 5 Neugroschen verlangten. Daher bevorzugten Reisende nach Dresden die direkten, billigeren und schnelleren Kutschfahrten, bis am 1. Dezember 1860 die Zweigbahn Coswig–Meißen eröffnet wurde, die auch das seit 1852 als Konkurrenz aufgetretene Dampfschiff aus dem Felde schlug.

Die Niederauer Bahnhofsgebäude blieben im wesentlichen in ihrer Ursprungsform erhalten. 1862 bekam das Fachwerk des Restaurationsgebäudes eine Holzverschalung. 1877 wurden in dieses Gebäude Beamtenwohnungen eingebaut und die Bahnhofsgaststätte in den Betriebsteil verlegt. Seit 1907 verbindet ein Stellwerk beide Bauten. Als älteste noch in Betrieb befindliche Bahnhofsgebäude Deutschlands stehen sie unter Denkmalsschutz.

Bahnhof Meißen

Nicht die Schuld der Stadtväter, sondern ungünstige topographische Verhältnisse standen einer Linienführung der Leipzig-Dresdner Eisenbahn über Meißen entgegen. Deshalb war vorgesehen, die Stadt durch eine Zweigbahn bei Coswig mit dieser Strecke zu verbinden. Der Bau der Zweigbahn verzögerte sich jedoch über zwei Jahrzehnte. Dafür erhielt Meißen als provisorische Verbindung eine Straße nach dem nahegele-

Bild 65. Bahnhof Meißen 1861 mit Zugeinfahrt aus Richtung Dresden

genen Bahnhof Niederau. Für Reisende nach Dresden war aber die Zubringerfahrt umständlich und mit 5 Neugroschen verhältnismäßig teuer, so daß die direkte Fahrpost »Journaliere« bevorzugt wurde. Als so der Verkehr zwischen Niederau und Dresden infolge dieser Konkurrenz spürbar zurückging, leitete die Leipzig-Dresdner Eisenbahn-Compagnie 1858 endlich Maßnahmen zum Bau der Strecke Meißen–Coswig mit Anschluß an ihre Hauptbahn ein. Nach Genehmigung durch die sächsische Staatsregierung begann der Bau an der Strecke mit dem ersten Spatenstich am 9. Juli 1860. Schon am 1. Dezember konnte der Personenverkehr zwischen Meißen und dem Leipziger Bahnhof in Dresden-Neustadt mit zunächst drei, später mit fünf Zugpaaren täglich aufgenommen werden. Für die 23 km lange Strecke benötigten die Züge damals mit Halt in Neusörnewitz, Coswig, Kötz-

Bild 66. Bahnhof Meißen mit Empfangsgebäude, Güter- und Wagenschuppen 1860
Bild 67. Bahnhof Meißen 1900. Empfangsgebäude von Südwesten

Bild 68. Empfangsgebäude des Bahnhofs Meißen, erbaut 1928. Entwurf Wilhelm Kreis. Aufgenommen 1977
Bild 69. Bahnhof Coswig bei Dresden. Erstes Empfangsgebäude um 1860

schenbroda, Weintraube und Radebeul 45 Minuten.

Der Bahnhof Meißens wurde im Dorfe Cölln gegenüber der Stadt mit seiner Achse in Richtung der später zum Triebischtal führenden Elbbrücke angelegt, war aber vorläufig Kopfstation (Bild 65). Das schlichte renaissanceartige, in Seitenlage errichtete Empfangsgebäude (Bild 66) stand einem künftigen Durchgangsverkehr nicht im Wege. Im Bild sind die eben fertiggestellten Bahnhofsanlagen zu sehen: auf dem Bahnsteig stehen Pfähle mit Wachskerzenlaternen, im Dachreiter des neuen Empfangsgebäudes ist die Bahnhofsglocke, die Zugabfahrt und -ankunft ankündigte, noch nicht aufgehängt, im Vordergrund an der Kopfseite des Bahnhofs befindet sich die Drehscheibe zum Wenden und Umsetzen der Lokomotiven und Wagen, rechts hinten steht ein kleiner Wagenschuppen, dahinter die Wasserstation, im Hintergrund in Bildmitte die »Güter-Expedition«. Im Empfangsgebäude gab es neben Billetschalter, Gepäckexpedition, Diensträumen, Wartesaal mit Restauration und »Hausknechttrinkstube« während des Winters auch eine Wärmflaschenausleihe, damit sich die Reisenden in den ungeheizten Wagen erwärmen konnten.

Als die Leipzig-Borsdorf-Döbeln-Meißen-Dresdner Eisenbahn nach Vollendung der Eisenbahnbrücke über die Elbe am 22. Dezember 1868 eröffnet werden konnte, wurde der Bahnhof Meißen Durchgangsbahnhof. Mit der 1877 für den Güter- und 1879 für den Personenverkehr eröffneten Haltestelle Meißen-Triebischtal, seit Ende 1909 auch Endpunkt der Schmalspurstrecken nach Lommatzsch und Wilsdruff, nahm insbesondere der Verkehr zwischen Dresden und Meißen stark zu, dem der alte, vielfach umgebaute und erweiterte Bahnhof Meißen und sein erstes Empfangsgebäude (Bild 67) nicht mehr gewachsen waren.

Nach dem ersten Weltkrieg wurden die Bahnsteiganlagen und das Empfangsgebäude nach Entwürfen von Professor Wilhelm Kreis und Baurat Mirus völlig neu gestaltet. Das am 15. Dezember 1928 eröffnete Empfangsgebäude gehört neben Paul Bonatz' Stuttgarter Bahnhofsbau zu den architektonisch fortschrittlichsten Verkehrsbauten jener zur Sachlichkeit und Zweckform drängenden Zeit (Bild 68). Charakteristisch sind die funktionell gegliederten kubischen Baumassen mit gerasterten und bandartigen, zum Teil durch Gesimsstreifen verbundene Fensterflächen, deren rötlicher Rochlitzer Porphyrtuff-Werkstein in wirkungsvollem farblichen Kontrast zu den großen, hellen Wandflächen steht. Beherrschender Baukörper des betont asymmetrischen Gebäudes ist die geräumige Empfangshalle mit allen erforderlichen Funktionen für die Reisenden, die von hier geradewegs in einen Personentunnel mit Treppenaufgängen zu den hochliegenden Bahnsteigen gelangen.

Bahnhof Coswig

2 Meilen von Dresden und 13,5 Meilen von Leipzig wurde am 16. September 1838 die »Station Coswig« eröffnet. Als erstes Empfangsgebäude baute die Leipzig-Dresdner Eisenbahn-Compagnie hier einen schlichten, zweigeschossigen Putzbau mit risalitartig betonten Mittelachsen an Längsfront und Giebeln, dessen Quaderung und Fassadenschmuck die sparsame Gesellschaft nicht aus Werkstein, sondern aus angetragenem Putz ausführen ließ (Bild 69). Dieser frühe bahntypische Bau und seine Gestaltungselemente dienten später nicht nur in Sachsen vielen Bahnhofsbauten kleinerer Orte als Vorbild.

Coswig, damals noch ein Dorf, entwickelte sich nach dem Anschluß an das Eisenbahnnetz in der zweiten Hälfte des 19. Jahrhunderts zu

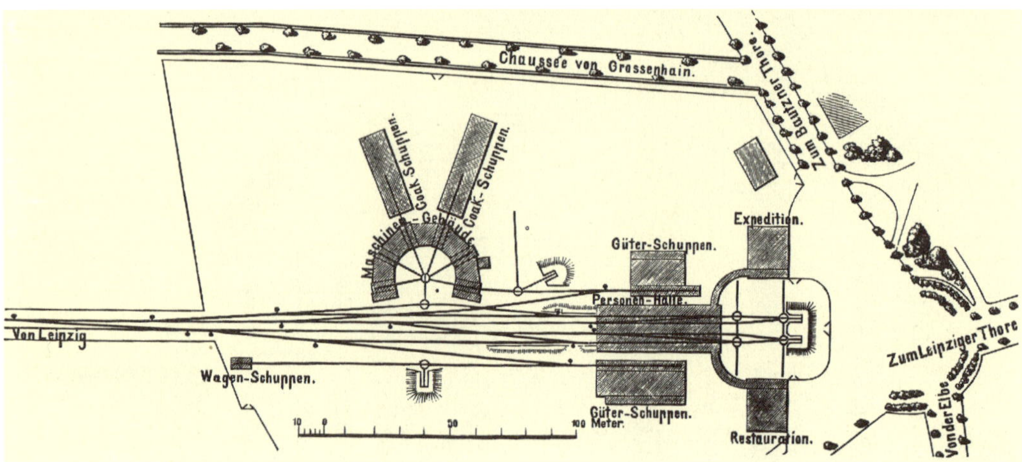

einer bedeutenden Industriegemeinde. Um die Jahrhundertwende mußte daher auch der Bahnhof vergrößert werden. Die Gleisanlagen wurden höhergelegt, zusätzlich zum Hausbahnsteig ein Inselbahnsteig mit Personentunnel geschaffen. Wie vielerorts war die äußere architektonische Gestaltung des neuen Empfangsgebäudes kein Fortschritt gegenüber der schlichten Baugesinnung des Altbaues.

Bahnhof Radebeul

Dem kleinen Dienstgebäude des am 19. Juli 1838 mit der Teilstrecke Dresden–Weintraube der Leipzig-Dresdner Eisenbahn eröffneten Bahnhofs Radebeul (jetzt Radebeul Ost) wurde wenig später ein längerer Seitenflügel mit geräumiger, zum Teil verglaster Wartehalle, Abfertigungsräumen und »Restauration« angefügt (Bild 70). Im frühen Foto dieses ersten Radebeuler Empfangsgebäudes sind einige interessante Details erkennbar: das Wandläutewerk der Blockstation, das petroleumbeleuchtete Zifferblattgehäuse der Bahnsteiguhr (die seilgewichtgetriebene Hauptuhr befand sich im Dienstzimmer und bewegte mittels einer Gelenkwelle das Zeigergetriebe der Bahnsteiguhr) und die über der Wölbung des westlichen Dienstraumfensters harfenartig zusammengeführten Telegraphenleitungen.

Radebeul und alle zwischen Dresden–Coswig an der Leipzig-Dresdner Strecke liegenden Orte der klimatisch bevorzugten Lößnitz entwickelten sich nach dem Bahnbau zu einem dicht besiedelten Vorortgebiet Dresdens. So stieg der Vorort – und besonders nach Eröffnung der Schmalspurbahn Radebeul–Moritzburg–Radeburg am 16. September 1884 auch der Ausflugsverkehr stark an. 1900 bis 1901 wurde der Bahnhof daher umgebaut und erhielt ein neues Empfangsgebäude sowie einen Inselbahnsteig mit Personentunnel. Das alte Stationsgebäude kam zum Abbruch.

Der Leipziger Bahnhof in Dresden

Als Endpunkt der Leipzig-Dresdner Eisenbahn wurde der Leipziger Bahnhof unweit des Leipziger oder Weißen Tores der Neustadt in den Jahren 1837 bis 1839 gebaut. Wenn auch bereits mit Eröffnung des Teilabschnittes Dresden–

Bild 70. Bahnhof Radebeul. Empfangsgebäude um 1860
Bild 71. Leipziger Bahnhof in Dresden. Lageplan 1839
Bild 72. Leipziger Bahnhof in Dresden. Ausfahrtseite der »Personenhalle« um 1839. Zeitgenössischer Stich

Weintraube am 19. Juli 1838 in Betrieb genommen, so erfolgte doch seine feierliche Einweihung erst anläßlich der festlichen Eröffnungsfahrten auf der Gesamtstrecke Leipzig–Dresden am 7. und 8. April 1839. Am 7. waren die ersten Züge von Leipzig nach Dresden gefahren. In der Nacht vom 8. begannen die Vorbereitungen an den Festzügen auf dem Dresdner Bahnhof, der reich mit Flaggen, Wappen der beiden Städte und Tannengrün geschmückt war. In dem halbkreisförmigen Maschinenhaus herrschte reges Treiben. »Bei Lampenschein wurden alle Lokomotiven und Reservemaschinen nochmals durchgesehen, bevor sie über die Drehscheibe auf die Abfahrtsgleise zu den Zügen fuhren.« Auch die erste in Deutschland von Professor Johann Andreas Schubert gebaute Lokomotive »Saxonia« stand auf dem Abstellgleis neben dem Maschinenhaus bereits unter Dampf.

Am Morgen dieses denkwürdigen Tages waren schon frühzeitig Tausende von Bewohnern der Residenzstadt durch das Leipziger Tor zum Bahnhof und zur Strecke geeilt, an der Kommunalgarde in Linien stand, Salutschüsse einer Artillerieabteilung kündigten die Abfahrt der drei bekränzten und mit Girlanden geschmückten Festzüge an, die sich nach dem Abläuten der Bahnhofsglocke in Bewegung setzten. Im ersten Zug hatten die königliche Familie, Vertreter der Regierung, die Bürgermeister Dresdens und Leipzigs, die Direktoren der Eisenbahngesellschaft mit ihren Frauen Platz genommen.

Schuberts »Saxonia« durfte den von den englischen Lokomotiven »Blitz«, »Komet« und »Windsbraut« gezogenen Zügen nur »auf den Fersen folgen«. Sie hatte dennoch eine triumphale Fahrt, die bekanntlich auf der Rückreise von Leipzig nach Dresden am gleichen Tage unterwegs und auf dem Bahnhof Priestewitz in hinterhältiger Weise sabotiert wurde. Einen Monat zuvor bewältigte sie bei der sensationellen Probefahrt am 8. März 1839 die Strecke bis Oberau hinwärts in 30,5, rückwärts in nur 27,5 Minuten.

Der Leipziger Bahnhof bestand zu dieser Zeit aus einer massiven Personenhalle mit je zwei Rundbogen an den Giebeldurchfahrten, einem Restaurations- und einem Expeditionsgebäude mit Wohnungen im Obergeschoß, einem halbkreisförmigen Maschinenhaus für sechs Lokomotiven, zwei Güter- und zwei »Coak-Schuppen« sowie einem kleinen Königswagenschuppen (Bild 71). In die Personenhalle waren zunächst nur 3 Gleise geführt (Bild 72). Das Um-

Bild 73. Leipziger Bahnhof in Dresden. Kopfseite am Vorplatz um 1839. Kolorierter Stich von J. C. A. Richter
Bild 74. Maschinenhaus des Leipziger Bahnhofs in Dresden von 1852. Zeitgenössisches Foto um 1860
Bild 75. Leipziger Bahnhof in Dresden 1861. Vorn Übergang der Leipziger Straße, links und rechts die Flügelbauten des Empfangsgebäudes von 1838

setzen der Lokomotiven und ihre Einfahrt in das Maschinenhaus erfolgte über mehrere kleine Drehscheiben.

Architektonisch war diese Bahnhofsanlage aus den Anfängen der Eisenbahn, vor allem ihre dem Leipziger Tor zugewandte Front, hervorragend gestaltet und auch funktionell beispielhaft gelöst (Bild 73). Sicher nicht zufällig wurden in der Barockstadt klassizistische, renaissanceartig gegliederte Gebäude und Kolonnaden wie bei einem Barock-Palais um einen ehrenhofartigen Vorplatz vor der Personenhalle gruppiert. Repräsentativ standen im Vordergrund beiderseits der Hofanlage die quadratischen zweigeschossigen Hauptgebäude, die ein Mezzanin zum Dach abschloß. Auf den flachgeneigten Dächern erhoben sich Aussichtsveranden mit Zeltdächern. Die Geschosse waren durch Zwischengesimse, die Gebäudeecken durch Sandsteinquaderung betont, das Untergeschoß hatte Quaderputz, das Obergeschoß Glattputz. Dreieckgiebel bekrönten die Fenster dieses Geschosses. Dieser pavillonartige Gebäudetyp war im Klassizismus sehr beliebt und auch bei vielen Dresdner Bürgerhäusern zu finden. Friedrich Wilhelm von Erdmannsdorff baute 1774 bis 1778 bei Dessau das ganz ähnliche Schlösschen Luisium! Vom Restaurationsgebäude und von der Expedition führten jeweils im Viertelkreis offene, von schlanken Säulen getragene Kolonnaden zur Personenhalle, bei der sich übrigens, wie in Leipzig, der Eingangs zur Abfahrtsseite links, der Ausgang rechts befand, da nach englischem Vorbild zunächst links gefahren wurde.

Der alte Leipzig-Dresdner Bahnhof wurde bereits 1847 umgebaut, 1852 bis 1857 entscheidend verändert und nach 1875 abgebrochen. Die ersten Veränderungen zeigt der Stadtplan von 1852, der nur noch die kubischen Flügelbauten enthält (Bild 76). Alle übrigen Bauten, Güter- und Zollschuppen, ein großes Maschinenhaus (Bild 74), eine Wagenremise, die Ankunfts- und Abgangshallen von bzw. nach Leipzig sowie die Empfangsgebäude für die Sächsisch-Böhmische Eisenbahn in Dresden-Neustadt wurden danach neu gebaut. Als mit der Einweihung der Elbbrücke am 19. April 1852 die zweigleisige Verbindungsbahn Dresden–Altstadt–Neustadt eröffnet werden konnte, waren damit zugleich direkte Verbindungen zwischen Leipzig–Dresden–Prag–Wien und Dresden-Altstadt–Görlitz hergestellt.

Allerdings gestattete die Lage des Leipziger und Schlesischen Bahnhofs auch in dieser Zeit noch keinen generellen Durchgangsverkehr auf der Strecke Leipzig–Dresden–Görlitz. Selbst der Übergang einzelner Personenwagen zwischen beiden Bahnhöfen war sehr schwierig und nur beschränkt möglich. Durchgangsreisende mußten daher umsteigen und den Weg zu Fuß über öffentliche Straßen zurücklegen, was besonders mit Gepäck oder nachts als recht unangenehm empfunden wurde. Da die Verbindungsbahn die von ihr berührten Straßen in der Regel niveaugleich kreuzte, wurde sie allmählich zu einem erheblichen Verkehrshindernis. Wenn Züge von Neustadt nach Altstadt fuhren, so geschah das an den Kreuzungen Leipziger Straße (Bild 75) oder Großenhainer Straße »unter Vorantritt zweier, mit weithin tönenden Glocken und Signalfahnen ausgestatteter Übergangswärter«.

1876 besaß der Leipziger Bahnhof insgesamt 32 km Gleise, davon 3 km für den Personen- und 18 km für den Güter- und Rangierverkehr, ferner 152 Weichen, fünf Lokomotiv- und zwei Wagendrehscheiben. Auf der Ostseite an der Großenhainer Straße lagen die Baulichkeiten des Personen- und Eilgutverkehrs, westlich an der Leipziger Straße die Anlagen des Güterverkehrs. Der lange Empfangsgebäudekomplex bestand aus je einer Abfahrts- und Ankunftshalle der

Bild 76. Dresden-Neustadt. Stadtplan mit dem Leipziger und Schlesischen Bahnhof 1852

Leipziger Strecke und der »Prager Halle« der Sächsisch-Böhmischen Eisenbahn. Rundbauten verbanden die stumpfwinklig zueinander angeordneten Hallen. In den Zentren der Rondelle befanden sich Drehscheiben für die beiden Richtungen (Bild 77). Mittelbau und Verbindungsglieder des 280 m langen Empfangsgebäudes waren eingeschossig, die Eckpavillons zweigeschossig, die Seitenflügel hatten Erd- und ein Halbgeschoß (Bild 78). Von den 3 700 m^2 Gebäudegrundfläche entfielen 1 200 m^2 auf Wartesäle und Vorhallen. 490 m der 520 m langen Bahnsteige besaßen Überdachungen.

Nach Erwerbung der Leipzig-Dresdner Eisenbahn durch den Staat am 1. Januar 1876 verkehrten Durchgangszüge zwischen Leipzig und

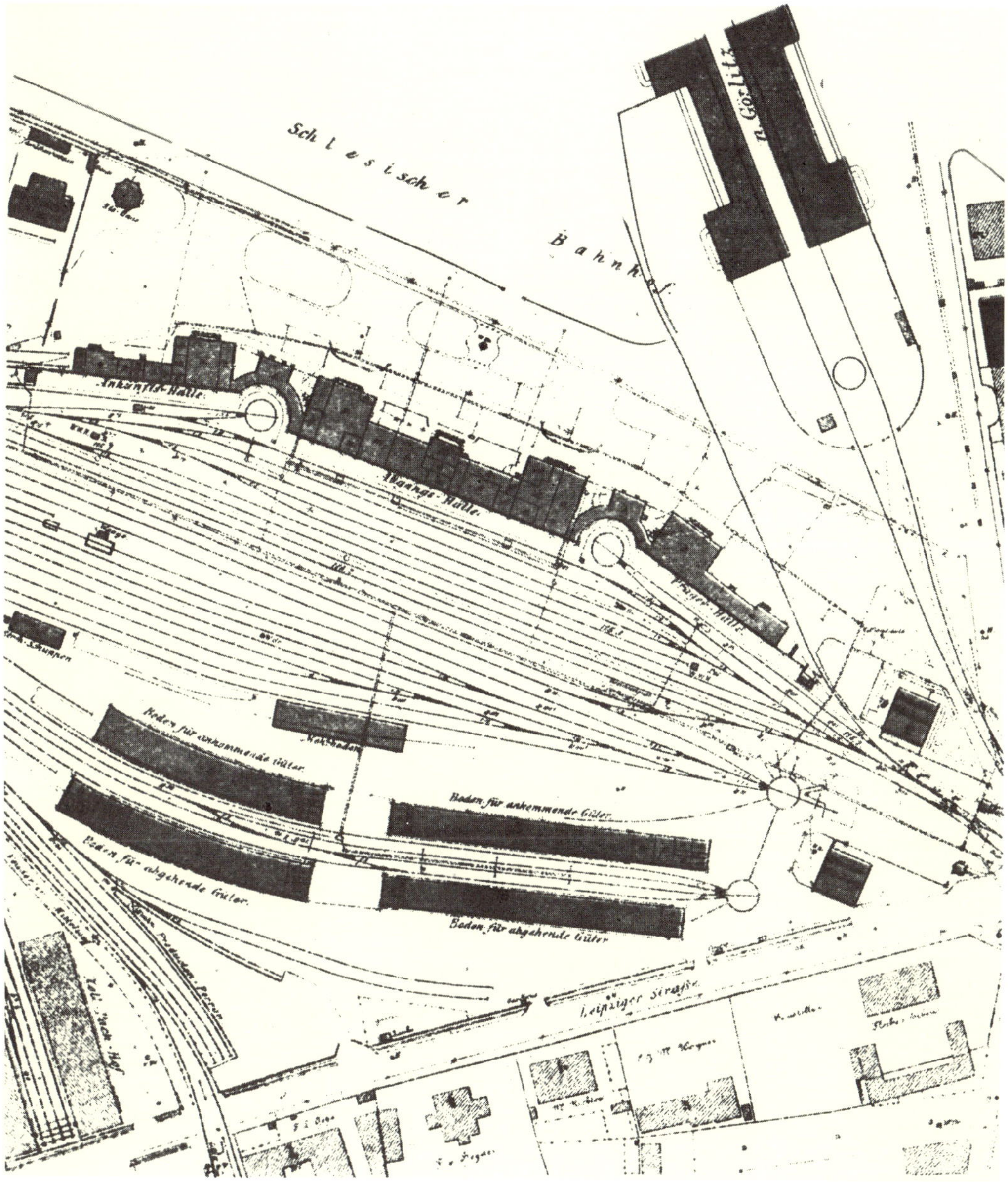

Bild 77. Lageplan des Leipziger Bahnhofs in Dresden-Neustadt. Rechts oben der Schlesische Bahnhof. Zustand etwa 1877

Bodenbach, so daß die Richtungsfunktion der Hallen zum Teil aufgehoben wurde. 1876 verkehrten täglich 44, im Sommer 56 Personenzüge der Strecken Leipzig–Riesa–Bodenbach, Leipzig–Döbeln–Dresden, Dresden–Röderau–Berlin und Dresden–Meißen über den Leipziger Bahnhof, den in diesem Jahr 1 673 368 Personen frequentierten.

Auf dem Güterbahnhof wurden täglich 20 bis 24 Güterzüge mit je 170 Achsen, bei starkem Verkehr täglich mit insgesamt 5 000 Achsen abgefertigt. Der Gesamtumschlag betrug 1876 fast 275 500 t. Das Rangieren erfolgte im Güterbahnhof beim Teilen der Leipziger und schlesischen Überführungszüge durch Abstoßen mit der Lokomotive, im Rangierbahnhof beim Zusammenstellen der abgehenden Züge durch zwei 500 m lange 1 : 150 geneigte Ablaufgleise.

Nach Köpcke ist das Rangieren mittels Schwerkraft zuerst in Sachsen eingeführt worden. Später fand diese Methode auch in anderen europäischen Ländern Anwendung.

Der »Maschinenbahnhof« umfaßte einen Rechtecklokomotivschuppen mit 25 Ständen und einem Halbrundschuppen mit 12 Ständen, eine Werkstatt mit 20 Maschinenständen, einen Kohlenschuppen und einen zweiseitigen, 73 m langen »Kohlenladeperron«. Für den Fahrbetrieb standen 45 einsatzbereite sowie 12 Reserve- und in Reparatur befindliche Lokomotiven zur Verfügung.

Im Zuge der großzügigen Bahnhofsumbauten in Dresden wurden der Personenverkehr des Leipzig-Dresdner Bahnhofs am 1. März 1901 in den neuen Personenbahnhof Dresden-Neustadt verlegt, die Anlagen des alten Leipziger Bahnhofs zu einer ausgedehnten Ortsgüterbahnhofsanlage Dresden-Neustadt mit Güterabfertigungen an der Leipziger Straße umgebaut und mit dem Rangierbahnhof Dresden-Friedrichstadt durch besondere Gütergleise verbunden. Die bisherigen Empfangsgebäude, Personenabgangs- und -ankunftshallen dienten danach u. a. der Bahnhofsverwaltung, Eilgutabfertigung und Speditionsbetrieben. Ein Flügel und der Mittelbau der Abgangshalle des am 19. Mai 1857 eingeweihten Empfangsgebäudes blieben erhalten.

Bild 78. Empfangsgebäude der Sächsisch-Böhmischen Staatsbahn auf dem Leipziger Bahnhof in Dresden-Neustadt 1876. Links im Vordergrund die »Abgangshalle nach Prag - Wien«

Die Sächsisch-Bayrische Eisenbahn

Für den Bau einer Eisenbahn von Leipzig nach Hof, in Richtung des jahrhundertealten Handelsweges nach Süden über Nürnberg, hatte die Leipzig-Dresdner Eisenbahn-Compagnie bereits 1835 ein Privileg erhalten. Diese Gesellschaft trat jedoch in Anbetracht der schwierigen Baubedingungen zurück. Auch die am 24. Februar 1836 in Leipzig und Altenburg gebildeten Komitees vermochten infolge der herrschenden Verhältnisse und der Ungewißheit über die Weiterführung der Bahn auf bayrischem Gebiet die Ausführung nicht zu erreichen.

Erst nach Abschluß eines Staatsvertrages zwischen Bayern, Sachsen und Sachsen-Altenburg am 14. Januar 1841, in dem unter anderem der Verlauf der Bahn festgelegt wurde, kam die Angelegenheit erneut in Gang. Am 3. Mai 1841 wurden nach dem Aufruf eines Komitees $4^1/_2$ Millionen Taler Aktienkapital gezeichnet. Sachsen und Sachsen-Altenburg übernahmen die restlichen $1^1/_2$ Millionen Taler der zunächst auf 6 Millionen Taler veranschlagten Baukosten.

Am 22. Juni 1841 konstituierte sich daraufhin die »Sächsisch-Bayrische Eisenbahnkompagnie« mit dem Sitz in Leipzig, und bereits am 1. Juli 1841 begann man bei Leipzig und Altenburg mit dem Bau der Strecke. Die Gesellschaft hatte sich verpflichtet, die ganze Bahn in sechs Jahren zu vollenden und mindestens ein Drittel schon nach zwei Jahren in Betrieb zu nehmen (Bild 79).

Die vorgesehenen Bauzeiten wurden im wesentlichen nur beim Abschnitt Leipzig–Altenburg eingehalten, der schon am 19. September 1842 in Betrieb genommen werden konnte.. Diesem folgte die Inbetriebnahme der Strekken Altenburg–Crimmitschau am 15. März 1844, Crimmitschau–Werdau–Zwickau am 6. September 1845, Werdau–Reichenbach am 31. Mai 1846.

Inzwischen war das Baukapital erschöpft. Durch genauere Kostenanschläge wurde ein Kostenmehrbedarf von 5 Millionen Talern ermittelt. Es stellte sich heraus, daß man bei den ursprünglichen Planungen die schwierigen gebirgigen Verhältnisse, die eine Überbrückung des Göltzsch- und Elstertales sowie eine Verlängerung der Strecke Plauen–Landesgrenze im Interesse günstigerer Neigungsverhältnisse um 2 bis 3 Meilen erforderten, sehr unterschätzt hatte. In diesem korrigierten neuen Kostenanschlag waren darüber hinaus die Kosten für ein zweites Gleis enthalten.

Eine weitere Kostenerhöhung auf 12 Millionen Taler, die unter anderem aus der kostspieligen Überbrückung der Göltzsch resultierte – wofür schließlich 2 Millionen Taler veranschlagt wurden –, erregte in den Landtagen harten Widerspruch gegen dieses Bauwerk (»Man wollte nicht über Kirchtürme fahren!«). Doch erneute Prüfung und Gutachten ergaben, daß der projektierte Viadukt letztlich doch die beste Lösung sei. Die Göltzschtalbrücke ist mit 574 m Länge 78 m Höhe eines der bedeutendsten technischen Bauwerke des 19. Jahrhunderts. Die enorm hohen Kosten der für die damalige Zeit wie auch heute großartigen Göltzsch- und Elstertalbrücke überstiegen die Kräfte der Gesellschaft, so daß die sächsische Staatsregierung das unvollendete Unternehmen fortführen mußte. Am 1. April 1847 wurde in Leipzig eine »Königliche Direktion der Sächsisch-Bayrischen Eisenbahn« gebildet, der die Leitung des Baues und Betriebes oblag. Mit diesem Tag begann in Sachsen der Staatseisenbahnbau und -betrieb!

Während die Strecke Plauen–Hof daraufhin bereits am 20. November 1848 eröffnet werden konnte, wurde die Fertigstellung der Strecke Reichenbach–Plauen durch den Bau der Göltzschtalbrücke verzögert. Die Betriebseröffnung dieses Abschnittes und damit der Gesamtstrecke Leipzig–Hof erfolgte nach Vollendung der großen Brücken am 15. Juli 1851.

Auf dieser Eisenbahnlinie kamen mehrere Neuerungen erstmalig in Sachsen beziehungsweise Deutschland zum Einsatz, so 1844 ein tragfähiger Oberbau nach einem Gutachten Stephensons, 1846 die Installation elektromagnetischer Sicherungsapparate zwischen Leipzig und Kieritzsch, 1853 ein auf dem englischen Absperrsystem beruhendes Signal mit Wendescheibe und drehbarer Laterne im Kurvendreieck bei Werdau und bereits 1867 die Streckenzerlegung in kleinere Abschnitte durch Distanzsignale zwischen Herlasgrün und Reichenbach als Vorläufer der 1872 dort eingeführten Streckenblockung.

Bild 79. Sächsisch-Bayrische Eisenbahn. Geplanter Bauablauf für die Teilstrecken

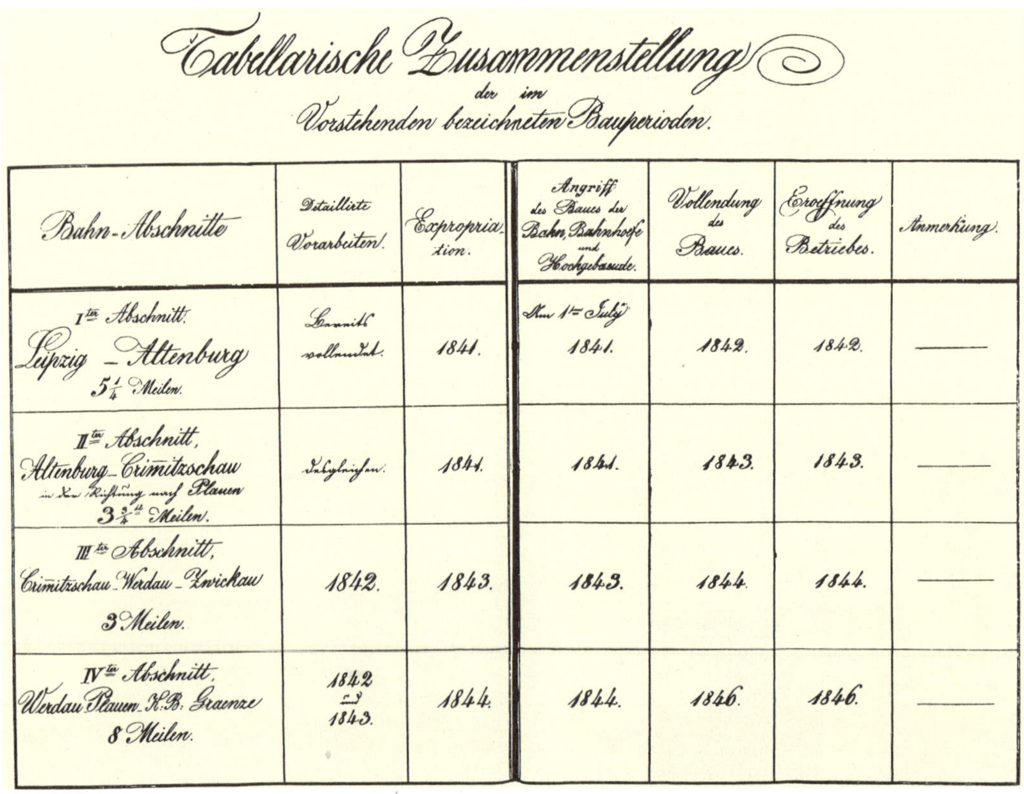

Tabellarische Zusammenstellung der im Vorstehenden bezeichneten Bauperioden.

Bahn-Abschnitte	Detaillirte Vorarbeiten.	Expropria-tion.	Angriff des Baues der Bahn, Bahnhöfe und Hochgebäude.	Vollendung des Baues.	Eröffnung des Betriebes.	Anmerkung.
Iter Abschnitt. Leipzig – Altenburg 5 1/4 Meilen.	[illegible] vollendet.	1841.	Am 1ten Juli 1841.	1842.	1842.	——
IIter Abschnitt, Altenburg – Crimitzschau in der Richtung nach Plauen 3 3/4 Meilen.	[illegible]	1841.	1841.	1843.	1843.	——
IIIter Abschnitt, Crimitzschau – Werdau – Zwickau 3 Meilen.	1842.	1843.	1843.	1844.	1844.	——
IVter Abschnitt, Werdau Plauen K.B. Graenze 8 Meilen.	1842 und 1843.	1844.	1844.	1846.	1846.	——

Der Bayrische Bahnhof in Leipzig

Bild 80. Bayrischer Bahnhof in Leipzig. Ansicht von Norden. Zeitgenössischer Stich von Eltzner 1844
Bild 81. Bayrischer Bahnhof in Leipzig von Süden 1843. Zeitgenössischer Stich
Bild 82. Bayrischer Bahnhof in Leipzig. Gesamtanlage Entwurf Poetzsch
1 Personenhalle und Seitenflügel mit Wartesälen usw.; 1ª, 1ᵇ und 1ᶜ Haupt-Bahnverwaltung und Dienstwohnungen; 1ᵉ Unterfahrten; 1ˣ Vieh- und Equipagen-Ladeplatz; 2 Quergleise zur Aufnahme eines Wagen-Transportkarrens; 3 Wagenhalle; 4 Koksschuppen; 5 Zimmerschuppen für die Bahnunterhaltung; 6 Güter-

Ankunftshalle; 7 Heizhaus für sechs Lokomotiven; 8, 9 Lokomotiv-Reparatur-Werkstätte; 10 Dreher-Saal; 11 Schmiede-Werkstätte; 12 Schuppen für zwei Glühöfen und Eisenmagazin; 13, 14 Wagen-Reparatur-Werkstätte; 15 Heizhaus für vier Lokomotiven; 16 Gas-Anstalt mit kleinem Gasometer; 17 Großer Gasometer; 18 Magazin für Putzwolle; 19 Lackierschuppen; 20 Kesselhaus und Dampfmaschinen-Lokal; 21 Reparatur-Werkstätte für Güterwagen; 22 Güterabgangshalle; 23 Schirrmeisterwohnung; 24 Brückenwaage; 25 Wasser-Reservoir; 26 Fahrstraße für den Güterverkehr;
a Gartenanlagen; b Straße und Plätze für den Personenverkehr; b^1 Tor für ankommende Reisende; b^2 Tor für abgehende Reisende; c Pforten für Fußgänger; d Haupt-Fahrgleis für ankommende Personenzüge; e Haupt-Fahrgleis für abgehende Personenzüge; f Maschinen-Gleis; g Reserve-Gleis; h, i, k, l, m Gleise für den Güter-Verkehr. Die nicht bezeichneten Gleise sind teils Reserve-Gleise für den Güter-Verkehr, teils Verbindungs-Gleise zu den Werkstätten. Eine große Drehscheibe zum Drehen der Lokomotiven nebst Tender befindet sich vor der Personenhalle.

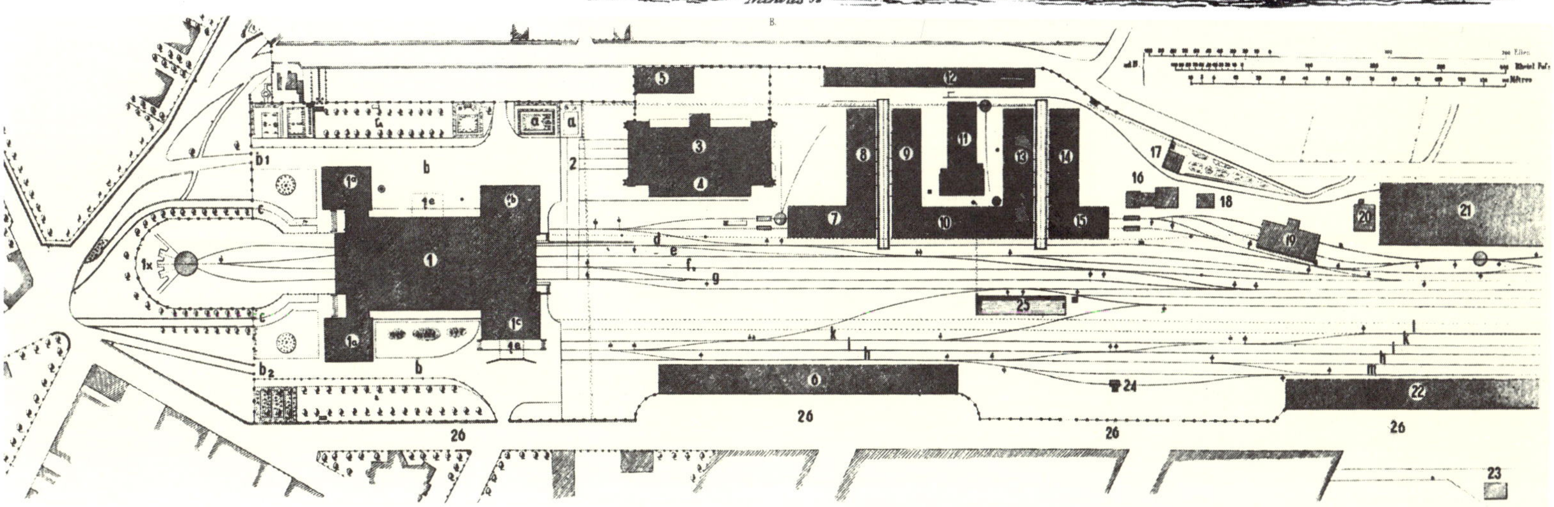

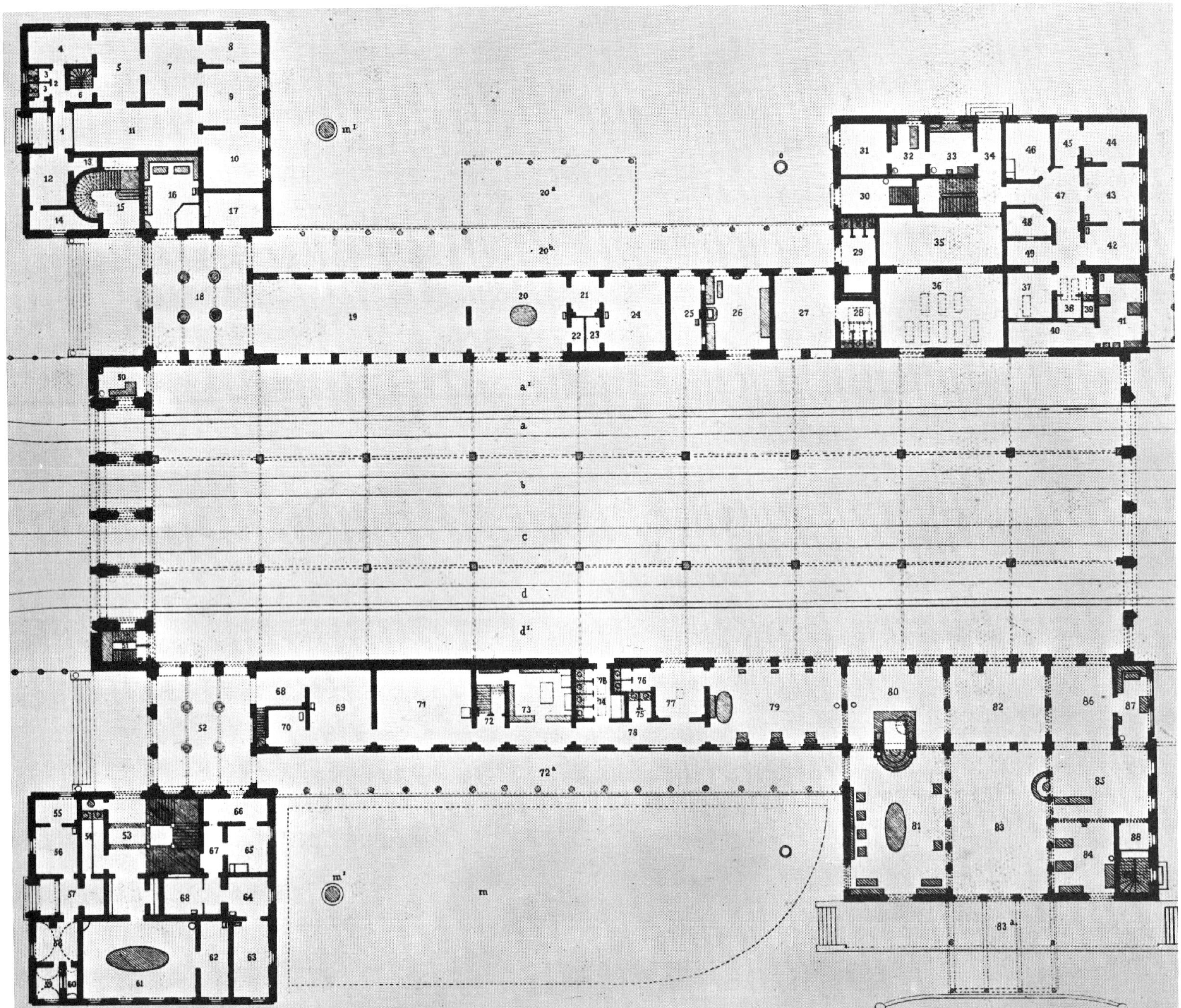

Bild 83. Bayrischer Bahnhof in Leipzig. Erdgeschoßgrundriß des Empfangsgebäudes mit Bahnsteighalle. Entwurf Poetzsch.

1, 2, 3, 4, 12, 13, 14 Portierwohnung; 5, 7, 8, 9, 10 Expeditionsräume der Haupt-Wirtschafts-Verwaltung; 11 Magazin derselben; 17 Vorplatz der Expeditionsräume; 16 Gepäckaufbewahrung; 18 Vorhalle, auch als Passage für ankommende Reisende; 19 Gepäck-Ablieferungshalle; 20 Wartesaal für das ankommende Reisende erwartende Publikum; 20ª Bedeckter Gang; 20ᵇ Unterfahrt; 21–22 Reserve-Buffet-Räume; 23 Kabinett (zu 24 gehörig); 24 Warte-Salon für hohe Herrschaften, welche die Ankunft hoher Personen erwarten; 25 Zimmer für Ober-Schaffner; 26 Zimmer für Schaffner; 27 Passage für ankommende Reisende; 28 Abtritt für Damen; 29 Abtritt für Herren; 30 Nachtwächter- und Bremser-Lokal; 31, 32, 33 Ingenieur-Büro; 34 Hausflur; 35, 36 Magazin der Bahnhofs-Inspektion; 37, 39, 42, 43–49 Wohnung des Bahnhofs-Inspektors; 40 Korridor; 41 Expeditionszimmer des Bahnhofs-Inspektors sowie Bahn-Telegraphen-Büro; 50 Wachlokal; 51 Treppe zur Bahnhofs-Uhrkammer; 52 Vorhalle, zugleich Passage für abgehende Reisende; 53 Treppe zu den Direktions-Expeditions-Räumen im 1. Stock; 54 Abtritt; 55–62 Kontroll- und Billet-Stempel-Büro; 63–68 Wohnung eines Bürodieners; 68ª Vorraum, zugleich einen Wärmflaschen-Heizapparat enthaltend; 69–71 Wohnung des Restaurateurs; 72 Treppe zu den Entresol- und Souterrain-Räumen der Restauration; 72ª Bedeckter Gang; 73 Küche des Restaurateurs; 74, 76 Abtritt für Herren; 76ª Klosettraum zu dem daneben liegenden Warte-Salon für hohe Herrschaften; 75 Abtritte für Damen; 77 Warte-Salon für hohe Herrschaften; 78 Korridor; 79 Wartesaal für Reisende I. und II. Klasse, zugleich Speisesaal; 80 Buffet-Zimmer; 81 Wartesaal für Reisende III. Klasse sowie Restaurations-Saal; 82, 83 Vestibül; 84 Billet-Büro; 86 Gepäck-Annahme; 86 Gepäck- und Eilgut-Depot; 87 Gepäck- und Eilgut-Expedition; 88 Kofferträger-Zimmer; 89 Treppe zur Wohnung des Kassendieners im oberen Stock.

a Gleis für ankommende Personenzüge; b Maschinen-Gleis; c Reserve-Gleis; d Gleis für abgehende Personenzüge.

Der Bayrische Bahnhof wurde nach Plänen des Leipziger Architekten Eduard Poetzsch im Weichbild süd-südöstlich der Stadt vor dem Windmühlentore erbaut (Bilder 80, 81) und am 19. September 1842 mit der Eröffnung der ersten Teilstrecke Leipzig–Altenburg der Sächsisch-Bayrischen Eisenbahn in Betrieb genommen.

Ingenieurmäßig, wie viele an technischen Projekten arbeitende Baumeister dieser Zeit, konzipierte und entwarf auch Poetzsch hier nicht nur das 1844 vollendete Empfangsgebäude, sondern die gesamte Bahnhofsanlage (Bild 82). Diese Anlage, bereits ursprünglich 150 m breit und 600 m lang, die Anordnung ihrer Bauten, Empfangsgebäude, Personenhalle (Bild 86), Güter- und Wagenschuppen, Lokomotiv-Reparaturwerkstätten (Bild 88), Anheizgebäude, Gasanstalt (Bild 89) usw. übertraf funktionell und architektonisch noch die meisten späteren Anlagen. Der Klarheit und Zweckmäßigkeit der für die damalige Zeit großartigen Konzeption dürfte es unter anderem zuzuschreiben sein, daß dieser Bahnhof, abgesehen von den Zerstörungen des Ankunftsbaues und der hölzernen Hallenkonstruktion durch den Luftangriff vom 4. Dezember 1943 beziehungsweise Demontage 1950 sowie notwendigen technischen Rekonstruktionsmaßnahmen, in vielen Elementen original erhalten blieb und noch betrieben wird.

Als Kopfbahnhof mit Abfahrts- und Ankunftseite stellt er den ältesten Grundrißtyp großer Fern-Endbahnhöfe dar, die in größeren Städten infolge der Autonomie der jeweiligen Eisenbahngesellschaften oft nebeneinander entstanden. Aufgrund seiner Lage blieb der Bayrische Bahnhof jedoch auch nach der Vereinigung des Berliner, Dresdner, Magdeburger und Thüringer Bahnhofes zu einem Hauptbahnhof weiter bestehen, büßte jedoch seine Bedeutung als Fernbahnhof ein.

Am 1. Oktober 1912 wurde er für den gesamten Schnell- und Eilzugverkehr geschlossen. Diese Züge berührten vom gleichen Zeitpunkt ab den Hauptbahnhof Leipzig, preußischer Teil, der für den Personen-, Gepäck- und Expreßgutverkehr der Richtungen

Corbetha und Zeitz am 1. Mai 1912,
Halle (Saale) am 24. September 1912,
Bitterfeld–Magdeburg
Bitterfeld–Berlin am 1. Oktober 1912

in Betrieb genommen worden ist. Heute dient der Bayrische Bahnhof vor allem dem Berufs-, Nah- und Güterverkehr sowie als Reservebahnhof während der Messen.

Wie bei seinem ersten Leipziger Bahnhof wählte Poetzsch die für spätere deutsche Bahnhofsanlagen richtungsweisende architektonische Konzeption: An eine viergleisige Bahnsteighalle schließen sich seitlich die für die abfahrenden und ankommenden Reisenden bzw. Wartenden erforderlichen Räumlichkeiten an. Zur Stadt hin und an der Ausfahrtseite wird die Halle von zweigeschossigen Flügelbauten mit Abfertigungs-, Verwaltungs- und Wohnfunktionen flankiert (Bild 83).

Die architektonische Gestaltung der Baukörper zeigt Elemente der italienischen Renaissance, des Barock und Klassizismus. Komposition und Gliederung der Baukörper, ihre Fassadenstruktur mit Buckel- und Putzquaderung sowie barocke Details, Kapitelle, Wappen usw., am Bau harmonisch verschmolzen, verleihen der Bahnhofsanlage einen klassisch-repräsentativen Charakter (Bild 84).

Die Halle wird stadtseitig mit einem triumphbogenartigen, vierbogigen Portikus für die zur Drehscheibe (Bild 85) führenden vier Gleise (Abfahrts-, Ankunfts-, Maschinen- und Reservegleis) abgeschlossen, dessen seitliche Turmaufbauten mittelalterlichen Fortifikationsmotiven entlehnt sind, wie sie sich bei vielen späteren Bahnhofsbauten finden. Überspannt wurde die basilikale Personenhalle von einer schweren hölzernen Dachkonstruktion mit 10 m Binderabstand und doppelt verzahnten Pfetten, die auf 12 m hohen Holzsäulen ruhten (Bild 87).

Eine erste Erweiterung der Bahnhofsanlage erfolgte wegen der Steigerung des Güterverkehrs 1857 bis 1860 für einen 700 m langen, 50 m breiten Kohle- und Produktenladeplatz zwischen Körner- und Schenkendorfstraße bis zum Südplatz, der 20 Jahre später der sich rasch ausdehnenden städtischen Bebauung weichen mußte. Statt-

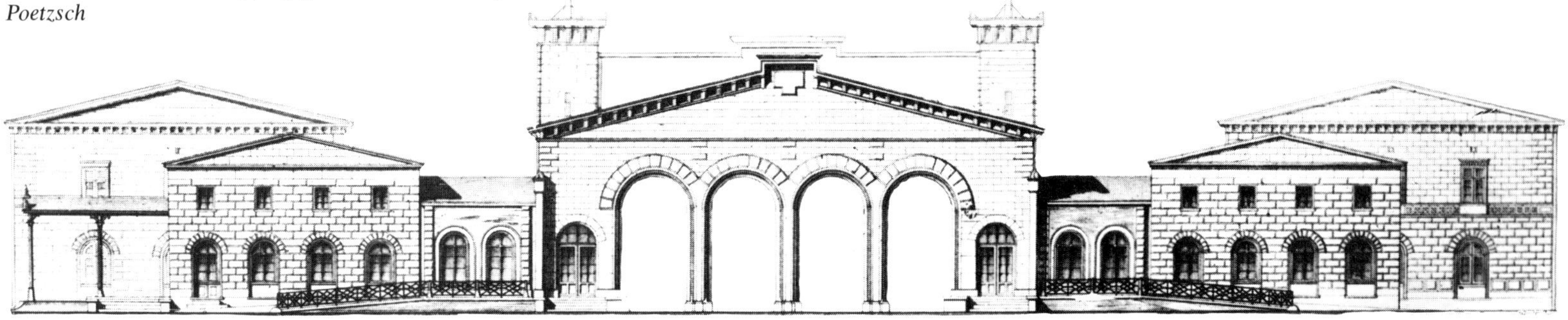

Bild 84. Bayrischer Bahnhof in Leipzig. Nord- und Südansicht des Empfangsgebäudes. Entwurf Poetzsch

Bild 85. Bayrischer Bahnhof in Leipzig um 1900. Nordansicht mit Drehscheibe
Bild 86. Bayrischer Bahnhof in Leipzig. Seitenansichten des Empfangsgebäudes und der Bahnsteighalle. Entwurf Poetzsch

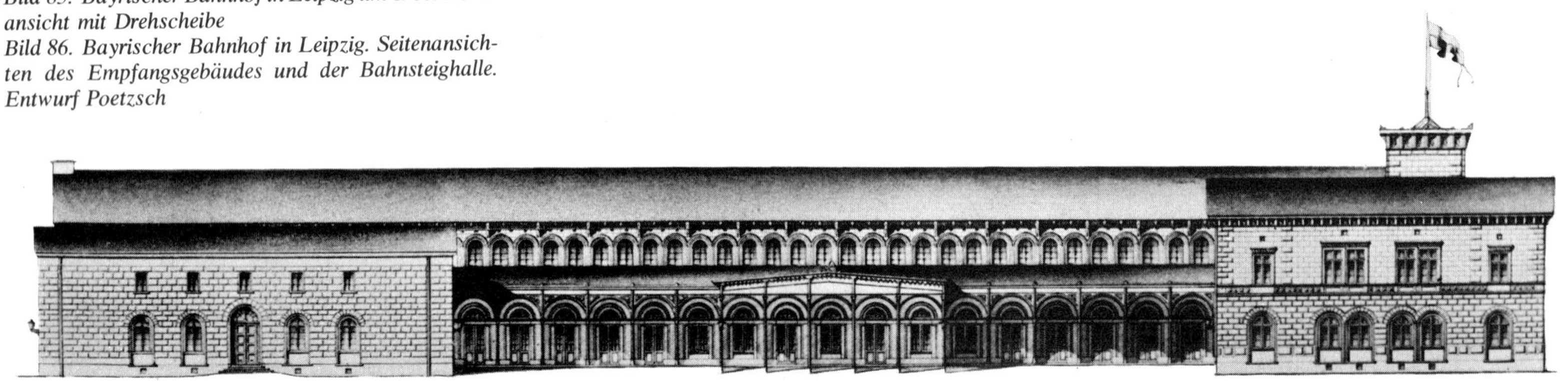

Bild 87. Bayrischer Bahnhof in Leipzig. Längsschnitt durch die beim Luftangriff auf Leipzig am 4. Dezember 1943 beschädigte und 1950 demontierte Bahnsteighalle. Bei diesem ingenieurmäßig konstruierten Holzdach mußten die Pfetten wegen des großen Binderabstandes von 10 m aus mehreren verdübelten und verbolzten Kanthölzern zusammengesetzt und an den Auflagern voutenartig verstärkt werden. Entwurf Poetzsch

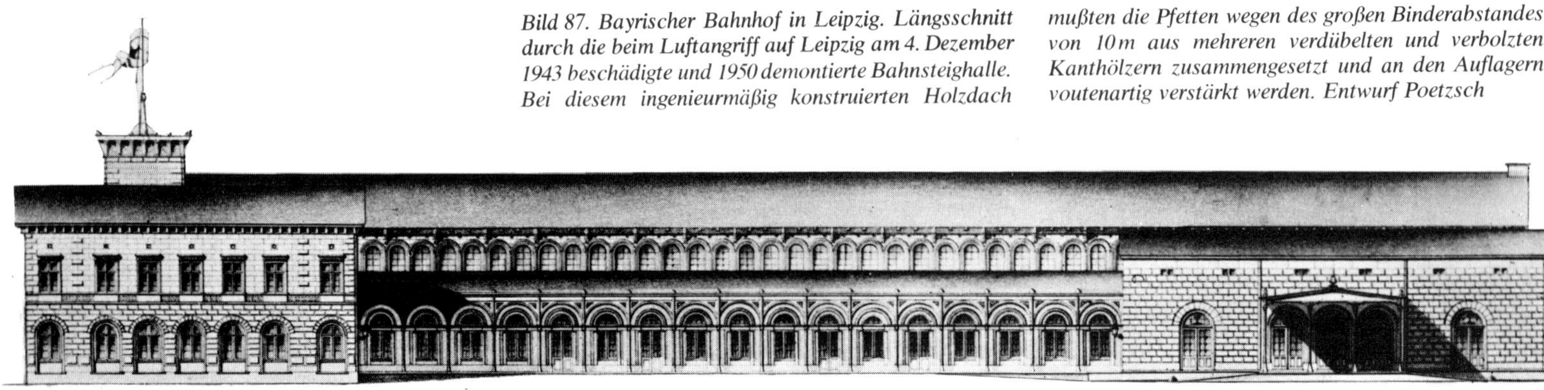

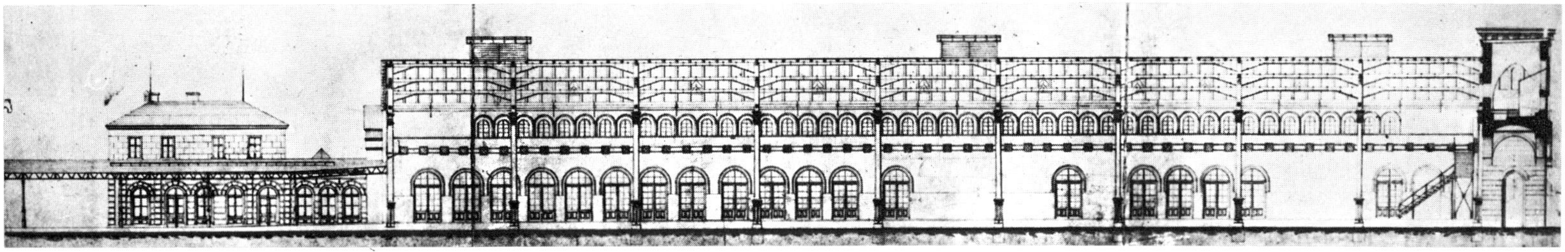

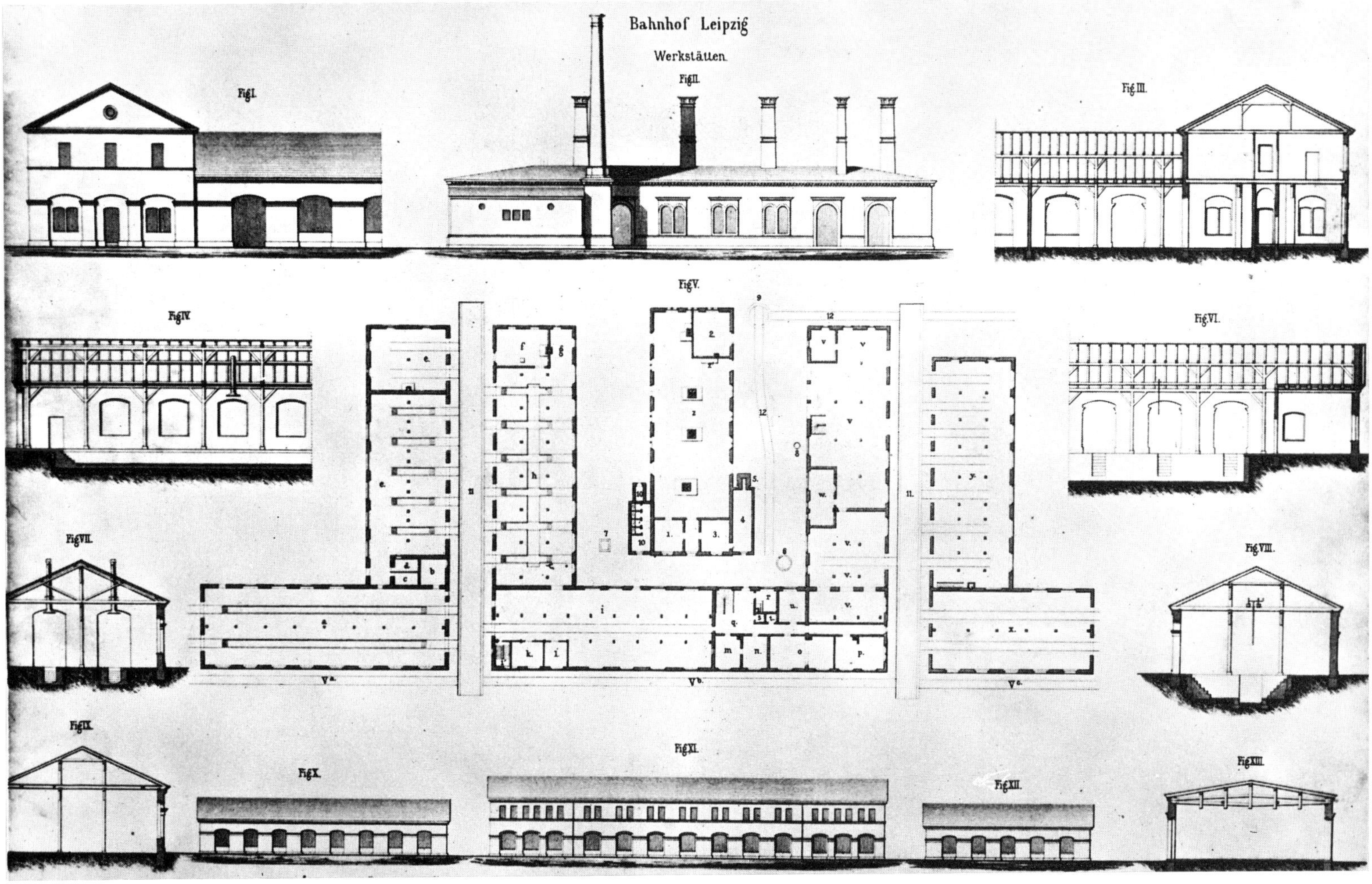

Bild 88. Bayrischer Bahnhof in Leipzig. Werkstättengebäude. Grundrisse, Schnitte und Ansichten. Entwurf Poetzsch
Fig. I: Teilansicht des Mittelbaues (V^b)
Fig. II: Seitenansicht des Schmiede-Werkstättengebäudes in Hofmitte
Fig. III: Teillängenschnitt und Querschnitt des Südflügels des Mittelbaues von V^b
Fig. IV: Teillängenschnitt des größeren Lokomotiv-Anheizgebäudes a
Fig. V: Grundriß der Werkstättengebäude: a Anheizgebäude für 6 Lokomotiven; b Zimmer für Lokomotiv-Führer; c Niederlage für Sand zu den Sandbüchsen der Lokomotiven; d Badezimmer für die Lokomotiv-Führer und Heizer; e Werkstätte für kleine Reparaturen an Lokomotiven; f Kupfer-Schmiede-Werkstätte; g Schlosser-Feuerungsanlage; h Werkstätte für größere Reparaturen an Lokomotiven; i Drehersaal (mit einer großen Drehbank für Lokomotivenräder, sechs diversen Drehbänken, einer großen Radialbohrmaschine, fünf diversen Bohrmaschinen, einer 18füßigen Hobelmaschine, hauptsächlich für neue Weichen, einer Rundhobelmaschine, einem Schleifstein); k kleines Magazin für Metalle; ein Zimmer des Haupt-Maschinen-Verwaltungs-Assistenten; m Expedition der Haupt-Maschinen-Verwaltung; n Zimmer des Ober-Maschinenmeisters; o Rechnungs-Expedition der Maschinen-Verwaltung; p Zeichner-Lokal derselben; q Treppenflur; r Waschhaus; s Privete; t Requisiten-Raum; u Modellkammer; v Haupt-Magazin und Requisiten-Raum; w Magazin-Verwaltungs-Expedition; x Anheizgebäude für 4 Lokomotiven; y Remise für Reserve-Lokomotiven; z Schmiede-Werkstätte für 14 Feuer; z' Feder-Glühofen
Anm.: Glühöfen für die Radreifen (Tyres) befinden sich unter einem separaten Schuppen
1 Zimmer des Werkführers; 2 Gelbgießerei und kleiner Kuppelofen; 3 Dampfmaschinen-Lokal; 4 Dampfkessel-Lokal; 5 Dampfmaschinen-Schornstein; 6 Großer Maschinen-Brunnen; 7 Reserve-Maschinen-Pumpe; 8 Wirtschafts-Pumpe; 9 Drehscheibe; 10 Privete nebst Pissoir für die Arbeiter; 11 Versenkte Gleisgruben; 12 Verbindungs-Gleise für den Werkstättenbetrieb; die Stellmacherei liegt über dem Drehersaal
Fig. VI: Teil-Längsschnitt durch Kupferschmiede (f) und Lokomotiven-Werkstätte (h)
Fig. VII: Querschnitt durch das Anheizgebäude (a)
Fig. VIII: Querschnitt Werkstättengebäude (h)
Fig. IX: Querschnitt durch den Magazinraum (v)
Fig. X: Westansicht des größeren Anheizgebäudes (a)
Fig. XI: Westansicht des Werkstätten-Mittelbaues (V^b); im ersten Stockwerk befinden sich Wohnungen
Fig. XII: Westansicht des kleinen Anheizgebäudes
Fig. XIII: Querschnitt durch das Schmiedegebäude

Bild 89. Bayrischer Bahnhof in Leipzig. Gasbereitungs-Anstalt. Entwurf Poetzsch
Fig. II: Querschnitt durch den kleinen Gasometer
Fig. III: Südliche Giebelansicht der Gas-Anstalt
Fig. IV: Querschnitt durch den die Gasöfen enthaltenden Gebäudeflügel der Gas-Anstalt
Fig. VIII: Grundriß der Gas-Anstalt: a Gasometer; b Absperr-Hähne von der Rohrleitung zu den Gasometern; c Gasreinigungs-Apparat; d Gasöfen, von denen der mittlere mit drei gußeisernen Retorten, die anderen mit je zwei Retorten ausgerüstet sind; e Teerbehälter; f Schornstein

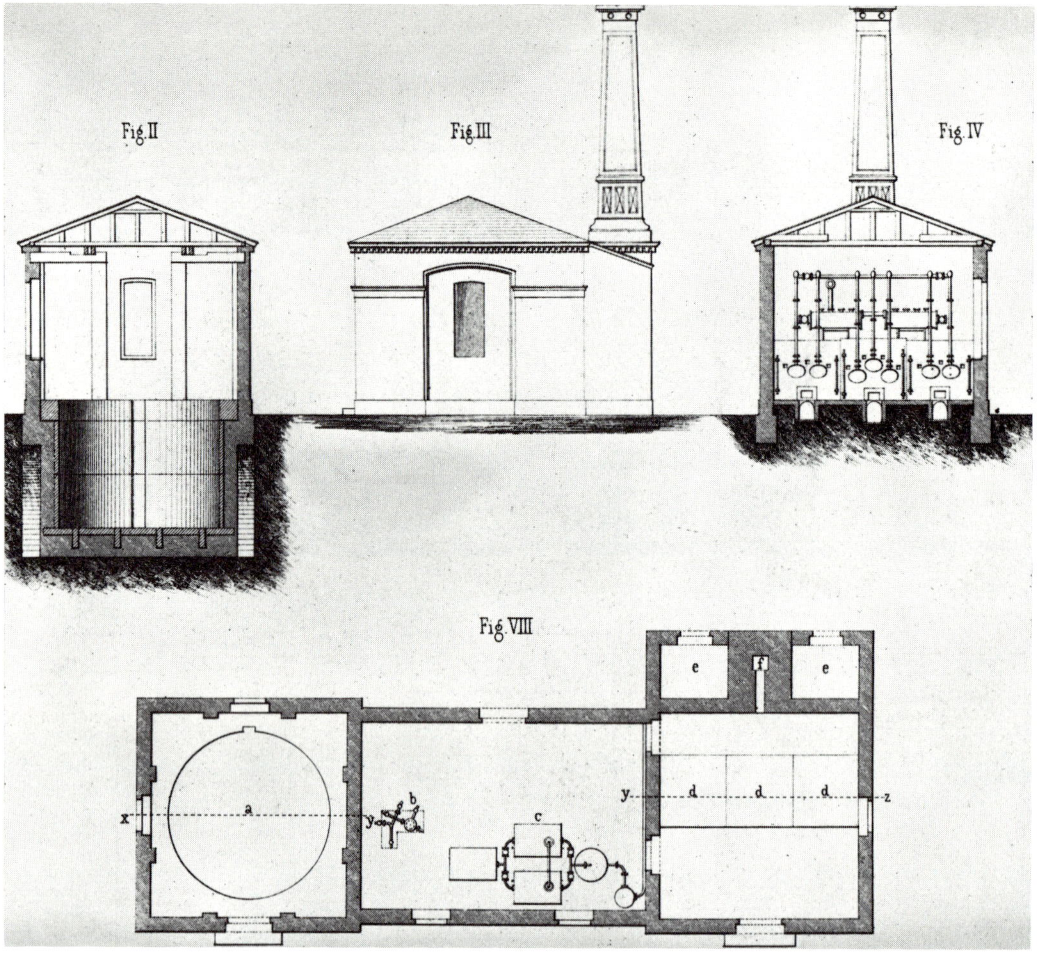

dessen wurde 1876 bis 1880 der jetzt noch bestehende Kohle- und Rangierbahnhof mit fünf Ladestraßen von 400 bis 600 m Länge und 10 bis 12 m Pflasterbreite sowie 22 Gleisstumpfen von je 160 m Nutzlänge für das Rangieren nach Richtungen geschaffen (Bild 90).

Für den angewachsenen Personenverkehr (dieser war 1890 bereits auf 1 505 795 Personen angestiegen) mußten 1883 und 1892 auf der Abfahrts- bzw. Ankunftseite 260 m lange, auf 180 m Länge überdachte Zungenbahnsteige vor der Halle angelegt werden. Weitere Erweiterungen und Umbauten der Personenhalle erfolgten 1890 und 1891, so auch der Bau der eisernen Brücke über die Hallengleise. 1904 wurde der Haupteingang, der sich ursprünglich rechts neben dem Portikus befand, in die Westfront des Gebäudes (Abfahrtsseite) verlegt, wo er sich noch heute befindet. Außerdem ist eine Bahnhofsgastwirtschaft mit zugehörigen Wirtschaftsräumen eingerichtet worden. Die sanitären Anlagen wurden modernisiert.

Als ältestes in wesentlichen Bestandteilen noch original erhaltenes Empfangsgebäude eines Kopfbahnhofes aus der Frühzeit des Eisenbahnwesens wurde der Bayrische Bahnhof als Denkmal der Verkehrsgeschichte von internationaler Bedeutung eingestuft.

Von historischer Bedeutung ist der Bayrische Bahnhof als Erinnerungsstätte an Karl Marx, der hier am 22. September 1874 mit seiner Tochter Eleanor von einem Kuraufenthalt aus Karlsbad

Bild 90. Bayrischer Bahnhof in Leipzig. Lageplan um 1890

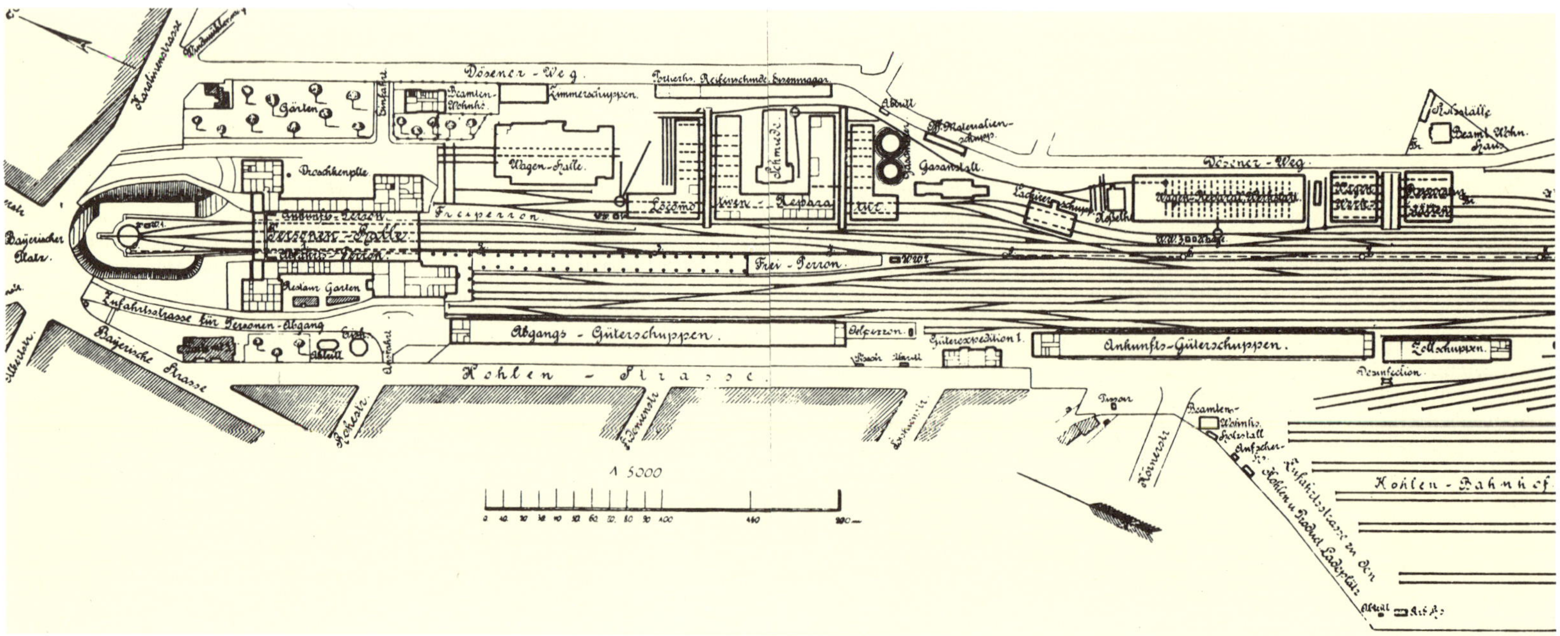

kommend eintraf und sich bis zum 24. September im dem Bahnhof gegenüberliegendem »Hotel Hochstein« aufhielt, wo er sich mit Wilhelm Liebknecht und Julius Motteler, führenden Vertretern der revolutionären deutschen Sozialdemokratie, traf. Damals sah er dort auch den eben dreijährigen Karl Liebknecht, sein Patenkind.

Bahnhof Altenburg

Als die Residenzstadt des kleinen Herzogtums an das sich eben entwickelnde deutsche Eisenbahnnetz angeschlossen wurde, begrüßten die Be-

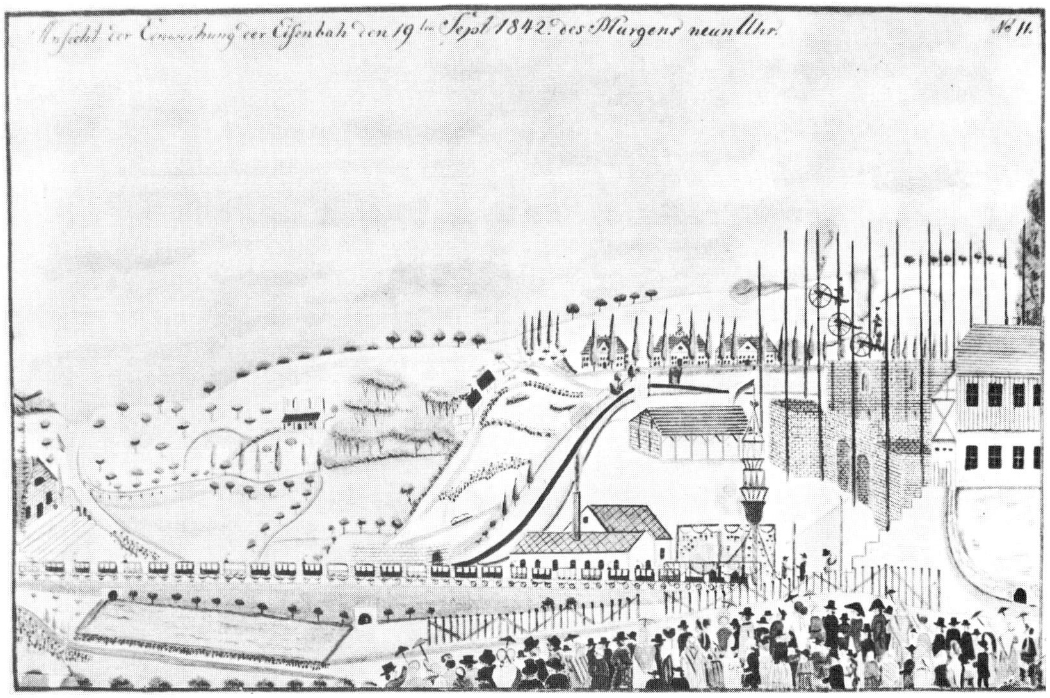

Bild 91. Bahnhof Altenburg im Bau. Ansicht zur Zeit der Einweihung der Teilstrecke Leipzig -Altenburg der Sächsisch-Bayrischen Eisenbahn am 19. September 1842. Zeitgenössisches Aquarell von Schadewitz

Bild 92. Der alte Leipziger Bahnhof in Altenburg um 1860. In Bildmitte die Personenhalle, links die Güterhalle. Stich von Rohbock

wohner Altenburgs begeistert die zur Belebung der Wirtschaft beitragenden Verbindungen mit der Messestadt Leipzig und den Märkten des Gebirges. Nachdem am 1. Juli 1841 auf der »herrschaftlichen Wiese am Wege nach Rasephas der erste Baum gefällt und mittels einer einfachen Stangenverbindung die Richtung der Bahnlinie und die Höhe des dort auszuführenden Dammes bezeichnet ward«, konnte bereits am 6. September 1842 unter Leitung des Oberingenieurs der sächsischen Eisenbahnen, Major Kunz, und in Begleitung des Direktoriums der

Bild 93. Güterbahnhofshalle des alten Leipziger Bahnhofs in Altenburg. Zeitgenössisches Aquarell
Bild 94. Lagepläne der Bahnverlegung bei Altenburg (oben) und der neuen Bahnhofsanlage Altenburg (unten) mit eingezeichnetem Grundriß des alten Bahnhofs
A Neues »Administrationsgebäude« mit 400 m langem »Perron«; B Beamtenwohngebäude; G Güterschuppen; K Kohlenschuppen; L »Maschinenanheizgebäude«; P Privatgüterschuppen; R Zollschuppen

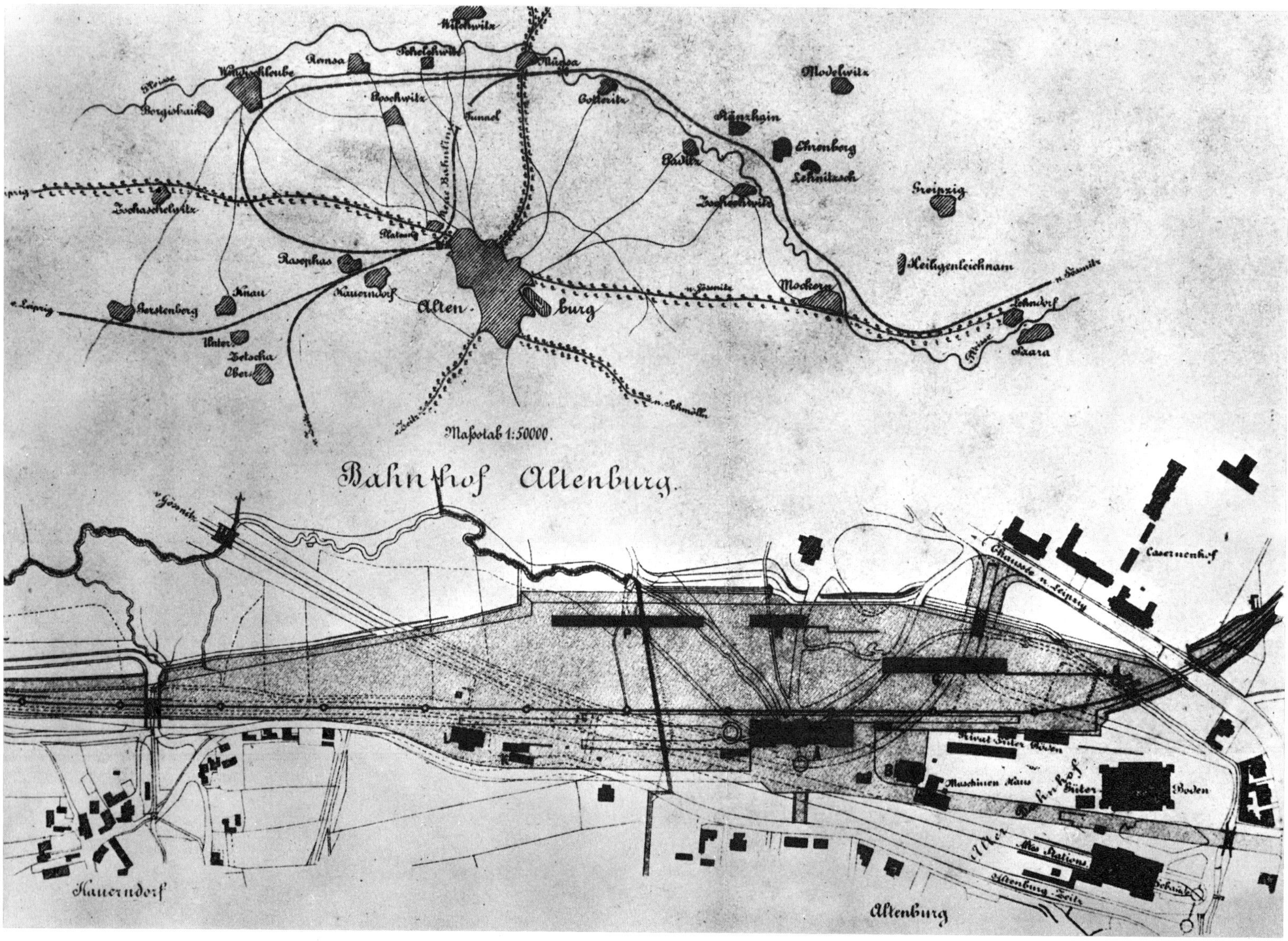

»Eisenbahncompagnie« die erste Probefahrt von Leipzig nach Altenburg erfolgen. Die Eröffnung der Bahn fand noch vor der Leipziger Herbstmesse am 19. September vormittags statt. Festlich war der Bahnhof mit Ehrenpforten, umkränzten Säulen und mit Flaggen Sachsens und Bayerns geschmückt. In der Höhe der noch im Bau befindlichen Wagenhalle stand eine Tribüne, und Tausende hielten die benachbarten Hügel besetzt. »Gegen 10 Uhr erhob der nächste Telegraph seinen Arm und bald darauf kam der Zug, bestehend aus 2 mit Guirlanden geschmückten Lokomotiven, »Saxonia« und »Bavaria«, und 25 Wagen, mit mehr als 500 Personen besetzt, im Bahnhofe an, begrüßt von Kanonendonner und Musik (Bild 91) ... Um 1 Uhr ging der festliche Dampfwagenzug nach Leipzig zurück ... Die Fahrt nach Leipzig ward in 42 Minuten zurückgelegt.«

Der Bahnhof Altenburg war ursprünglich eine Kopfstation. (Bild 92) Die herzogliche Regierung ließ die Bahn von Leipzig so nahe als möglich an die Stadt heranführen. Unter den damaligen bautechnischen Bedingungen hätte jedoch der Weiterbau nach Süden durch die Randhöhen der Leipziger Bucht erhebliche Schwierigkeiten bereitet und 800000 Taler Mehraufwand erfordert. Deshalb wurde die Strecke zunächst wieder nach Norden und dann östlich in weitem Bogen im Pleißetal zurückgeführt (Bild 94).

Major Kunz, der die Trasse bereits 1840 festgelegt hatte, wollte diese Kurve sogar erst von Gerstenberg abzweigen lassen, traf damit aber auf heftigsten Widerstand Altenburgs, das den Abzweig in möglichster Nähe des Bahnhofs forderte, weil sonst die Gefahr bestand, daß eines Tages das Kopfstück abgeschnitten und ein Teil der Züge an Altenburg vorbeifahren würde. Auf Vorschlag des Vorsitzenden des Eisenbahnkomitees, Prof. Lange, ist die Bahnlinie schließlich in die Senke zwischen dem Knauischen und dem Schanzenholz gelegt und damit auch die Lage des Bahnhofs auf dem Platz neben dem »Gasthof zur Schecke«, im September 1842 in »Bayrischer Hof« umbenannt, vorgegeben worden.

Das erste Bahnhofsgebäude umfaßte eine Personenhalle mit hölzernen »Perrons« sowie seitlich angegliederte Betriebs- und Verwaltungsräume. Östlich davon standen die ähnlich gestaltete Güterhalle (Bild 93), nördlich einige »Privat-Güterboden« und das Maschinenhaus. Vom Empfangsgebäude ist an der Fabrikstraße noch ein Seitenflügel mit den charakteristischen Ecktürmen erhalten geblieben. Allerdings sind die Fassaden und Dächer im Laufe der Zeit wesentlich verändert worden. Ursprünglich waren die Hallenwände zwischen den Türmen durch Strebepfeiler gesichert. Diese Zwischenräume wurden später ausgebaut.

Den Betriebsdienst innerhalb des »Landes Altenburg« verrichteten damals ganze 28 Personen: »1 Billeteur, 1 Güterexpedient, 1 Bahnhofsaufseher, 1 Maschinenverwaltungsassistent, 2 Schirrmeister, 4 Weichenleute, 1 Oberschaffner, 3 Kofferträger, 1 Portier, 1 Nachtwächter, 1 Oberbahnwärter und 7 Bahnwärter«.

Bild 95. Empfangsgebäude des 1878 verlegten Bahnhofs Altenburg (Ausschnitt). Zustand um 1900. Entwurf: Architekt Lehnert, Dresden

Zwischen Bahnhof und Stadt ließ diese wegen der mangelhaften Zufahrtsstraßen seit 1843 einen »Omnibus« verkehren, »worin für 1 Platz $2^1/_2$ Neugroschen bezahlt wurden und der zu den Stunden der Abfahrt und Ankunft der Dampfwagen regelmäßig vorhanden war«.

Infolge des sich schnell entwickelnden Eisenbahnverkehrs war der Kopfbahnhof bald ein erhebliches Hindernis, so daß das Altenburger Bundeskanzleramt 1871 dessen Beseitigung und den Bau einer Verbindungskurve zwischen Trebanz–Windischleuba empfahl. Nach Verhandlungen mit der Königlich Sächsischen Staatsregierung wurde aber von diesem Plan Abstand genommen und gegen einen von der Altenburgischen Regierung zu leistenden Beitrag von 241000 Talern die Weiterführung der Bahntrasse nach Süden durch die direkte Linie Altenburg–Münsa mit einem Tunnelbau beschlossen, wodurch Altenburg einen Durchgangsbahnhof in Nähe des alten Bahnhofs behielt (Bild 94).

Der Umbau der Strecke und des Altenburger Bahnhofs begann im März 1876. Mit Hilfe einer großen Zahl fremder, vor allem italienischer und böhmischer Arbeiter wurde das Gelände dieser Gegend total umgestaltet. Niveauerhöhungen vom Bahnhof bis an den Übergang bei Gerstenberg erforderten 400000 Kubikmeter Aufschüttung und 70000 Kubikmeter Dämme. Für den zwischen Jüdengrund und Münsa liegenden Tunnel wurde der am 1. April 1876 begonnene 870 m lange, 2,70 m hohe und 3 m weite Richt- und Sohlenstollen am 9. März 1877 durchgeschlagen und danach die Ausmauerung des eigentlichen 375 m langen Tunnels durchgeführt; am 25. September 1878 erfolgte »die erste Befahrung der neuen Schienenanlage mit Benutzung des Tunnels«.

Das neue 2000 m² große »Administrationsgebäude« entsprach in ansprechender Weise dem Repräsentationsbedürfnis der kleinen Residenzstadt (Bild 95). Im Vergleich zu anderen Empfangsgebäuden dieser Zeit wirkt das stattliche, auf barockem Grundriß mit Mittel- und Seitenrisaliten errichtete Bauwerk durch seine Proportionen und den sparsamen, nur am Mittelbau reicheren Schmuck mit Elementen der Renaissance und des Barock – Zeitgenossen nannten es »neue französische Renaissance« – fast klassisch.

Hervorzuheben ist auch die 400 m lange Bahnsteigüberdachung am neuen Empfangsgebäude, die heute noch längste Schnellzüge aufnimmt.

Außerdem wurden ein 1500 m² großer Güterschuppen, ein Zollschuppen, ein Beamtenwohngebäude, ein neues Maschinenanheizgebäude und Kohleschuppen errichtet (Bild 94).

Die Bahnhofsumbauten projektierte und beaufsichtigte das »Königliche Bau-Ingenieurbureau Altenburg« unter Leitung des Königlich Sächsischen Baubetriebsingenieurs Alexander Freiherr von Oer aus Dresden. Am 20. September 1878 konnte die Generaldirektion der Sächsischen Staatseisenbahnen anzeigen, »daß vom 25. dieses Monats früh 6 Uhr ab die Abfertigung der Züge auf Bahnhof Altenburg vom neuen Administrationsgebäude aus beabsichtigt wird«.

Bahnhof Crimmitschau

Ein architektonisch beeindruckendes, im wesentlichen noch original erhaltenes Empfangsgebäude aus der Anfangszeit besitzt der am 15. März 1844 eröffnete Bahnhof Crimmitschau (Bild 96). Es gehört neben den ersten Bahnhofsgebäuden in Altenburg und Leipzig zu den schönsten der Sächsisch-Bayrischen Eisenbahn.

Das in Seitenlage errichtete breitgelagerte Bauwerk wirkt mit seinen strenggegliederten Renaissancefassaden ausgesprochen monumental. Verhältnismäßig weite, gleichmäßige Fensterachsabstände wurden durch die Putzquaderung des stark vortretenden Mittelrisalits und der nur angedeuteten Seitenrisalite sowie durch zusätzliche Lisenen im Obergeschoß in barocker Weise differenziert. Obwohl aus Elementen verschiedener Stilperioden zwischen spätem Klassizismus und Romantik geschaffen, bewirkte diese Struktur, bekrönt vom kastellhaften Konsolgesims, dennoch einen überaus einheitlichen Baukörper. Die Klarheit seiner architektonischen Gestaltung ist heute noch augenfälliger, nachdem bedauerlicherweise bei der letzten Fassadeninstandsetzung der Quaderputz beseitigt wurde (Bild 97).

Bahnhof Reichenbach (Vogtl)

Sowohl im Interesse eines reibungslosen Betriebsablaufs als auch im Hinblick auf eventuell später einzuführende Anschlußstrecken wurde bereits in der Frühzeit der Eisenbahn für Zwischenbahnhöfe in größeren Orten die Form des Inselbahnhofs gewählt. Obwohl Reichenbach seinerzeit weder als Anschluß-, Berührungs- oder Kreuzungsbahnhof vorgesehen war – die Nebenbahn Reichenbach–Lengenfeld wurde erst 1895 bis 1905 fertiggestellt –, baute die Sächsisch-Bayrische Eisenbahn das Empfangsgebäude ihres am 31. Mai 1846 eröffneten Bahnhofs Reichenbach in Insellage (Bild 98).

Das noch in seiner ursprünglichen Gestalt erhaltene Bauwerk ist dem damals ebenfalls in Insellage errichteten ersten Bahnhofsgebäude Plauens (Bild 100) sehr ähnlich, durch betont herausgehobene Kopfbauten jedoch stärker dreiteilig gegliedert (Bild 99). Durch den hochaufragenden Glockenuhrturm über dem Mittelrisalit des Haupteingangs wirkt der sonst prunklose spätklassizistische Bau von der Auffahrt her fast monumental. Im übrigen wurde er wie alle größeren Bahnhofsgebäude der Sächsisch-Bayrischen Eisenbahn in der üblichen schlichten aber gediegenen Bauweise als gequaderter Putzbau mit Sandsteingewänden an Fenster- und Türöffnungen errichtet und mit Schieferdächern versehen. Als seltenes Beispiel eines Inselbahnhofsgebäudes aus den Anfängen der Eisenbahn stellt das stattliche Empfangsgebäude Reichenbachs ein wertvolles Denkmal der Verkehrsgeschichte dar.

Bild 96. Empfangsgebäude des Bahnhofs Crimmitschau mit Vorplatz. Ansicht von Westen 1931
Bild 97. Empfangsgebäude des Bahnhofs Crimmitschau von Südwesten. Zustand 1978
Bild 98. Bahnhof Reichenbach (Vogtl.). Ansicht von Osten 1925. Links hinten der Altbau von 1846
Bild 99. Bahnhof Reichenbach (Vogtl.). Empfangsgebäude um 1895

Bahnhof Plauen (Vogtl) ob Bf

Als der Bahnhof Plauen mit der am 20. November 1848 dem Betrieb übergebenen Strecke Plauen–Hof der Sächsisch-Bayrischen Eisenbahn eröffnet wurde, lag er noch weitab von der städtischen Bebauung am Rande des Waldes (Bild 100). Wie die meisten Empfangsgebäude dieser Bahn war auch das Plauener Bahnhofsgebäude klassisch einfach unter sparsamster Verwendung schmückender Fassadenelemente gestaltet. Die Seitenfronten des langgestreckten, gedrungenen Baukörpers erhielten lediglich durch den Wechsel von Fenstergruppen mit und ohne Fensterverdachungen gewisse Gliederung. Die Eingangsfront des als Inselempfangsgebäude

angeordneten Baues zierte ein Renaissance-Segmentgiebel mit der Bahnhofsuhr. Ein klassizistisches Konsolgesims nahm das flachgeneigte, schiefergedeckte Walmdach auf. Fenster- und Türöffnungen hatten Sandsteingewände. Schlichter, dauerhafter und zweckmäßiger ließ sich nicht bauen.

Vor Eröffnung der Linie Plauen–Oelsnitz am 1. November 1874 gab es am Empfangsgebäude nur einen Hausbahnsteig auf der »Hofer Seite«, der noch keine Bahnsteigüberdachung besaß. Die Fotografie des alten Bahnhofsgebäudes (Bild 100) gibt den Zustand nach Einführung der »Voigtländischen Bahn« Plauen–Oelsnitz–Eger wieder. Dazu wurde der Bahnhof 1873 mit Bahnsteigdächern versehen und teilweise umgebaut.

Wenig später erfolgte ein weiterer Umbau. Das rekonstruierte alte Empfangsgebäude bekam einen prunkhaften Kopfbau »im Stil der französischen Renaissance« (Bild 102). Ähnlichen Charakter besitzt sicher nicht zufällig der an derselben Strecke liegende, 1878 fertiggestellte neue Bahnhofsbau in Altenburg (Bild 95).

Im zweiten Weltkrieg erlitt der Bahnhof Plauen durch Luftangriffe starke Beschädigungen. Provisorisch für den Weiterbetrieb instandgesetzte Teile des alten Bahnhofsgebäudes dienten der Abfertigung des Personenverkehrs, bis am 21. Dezember 1973 das neue Empfangsgebäude, wohl der schönste und modernste Bahnhofsneubau der Deutschen Reichsbahn nach dem Kriege, seiner Bestimmung übergeben werden konnte (Bild 101).

Bild 100. Empfangsgebäude des oberen Bahnhofs Plauen (Vogtl.) um 1875
Bild 101. Empfangsgebäude Plauen (Vogtl.) ob.-Bf. 1978
Bild 102. Empfangsgebäude des oberen Bahnhofs Plauen (Vogtl.) um 1900

Die Sächsisch-Schlesische Eisenbahn

Bereits 1836 agitierten Vereine in Bautzen und Zittau für eine durch die Lausitz führende Eisenbahnverbindung der Elbestadt Dresden mit Schlesien und Böhmen; sie bildeten das »Oberlausitzer Eisenbahn-Comité«, nachdem die Leipzig-Dresdner Eisenbahn-Compagnie auf ihre Rechte zum Bau dieser Linie verzichtet hatte. Da jedoch preußischerseits über ihre Weiterführung von der sächsischen Landesgrenze nach Görlitz damals keine Einigung zustande kam, konnte das Komitee erst nach dem am 24. Juli 1843 zwischen Sachsen und Preußen abgeschlossenen Staatsvertrag über eine Verbindung Dresden–(Bautzen–Löbau–Görlitz–) Breslau weitere Schritte unternehmen und nach erfolgter Aktienzeichnung in der ersten Generalversammlung am 11. Dezember 1843 das Direktorium der »Sächsisch-schlesischen Eisenbahngesellschaft« mit seinem Sitz in Dresden bilden.

Die sächsische Staatsregierung war an dem mit 6 Millionen Taler vorgesehenen Anlagekapital zu einem Drittel beteiligt und hatte die Gesellschaft bei der Konzessionierung verpflichtet, darüber hinaus eine Zweigbahn von Löbau nach Zittau für Pferdebetrieb gleichfalls mit staatlicher Hilfe zu bauen, wenn die Erschließung der südlichen, industriereichen Oberlausitz mit dieser Bahn notwendig sei.

Mit dem Bau wurde am 10. Juni 1844 bei Dresden begonnen. Die Inbetriebnahme erfolgte
zwischen Dresden-Neustadt–Radeberg am 17. November 1845,
zwischen Radeberg–Bischofswerda am 22. Dezember 1845,
zwischen Bischofswerda–Bautzen am 23. Juni 1846,
zwischen Bautzen–Löbau am 23. Dezember 1846,
zwischen Löbau–Reichenbach am 1. Juli 1847,
zwischen Reichenbach–Görlitz am 1. September 1847.

Als der sächsische Staat im Zusammenhang mit dem Bau der Sächsisch-Böhmischen Eisenbahn im Interesse einer durchgehenden Verbindung Prag–Dresden–Görlitz–Breslau die Sächsisch-Schlesische Eisenbahn zu übernehmen beabsichtigte, verhandelte die Gesellschaft sogleich mit dem Staat, die Chance nutzend, um eine »günstigere Verzinsung der im Verkehr befindlichen Aktien durch deren Umwandlung in Staatspapiere« zu erzielen. Dar-

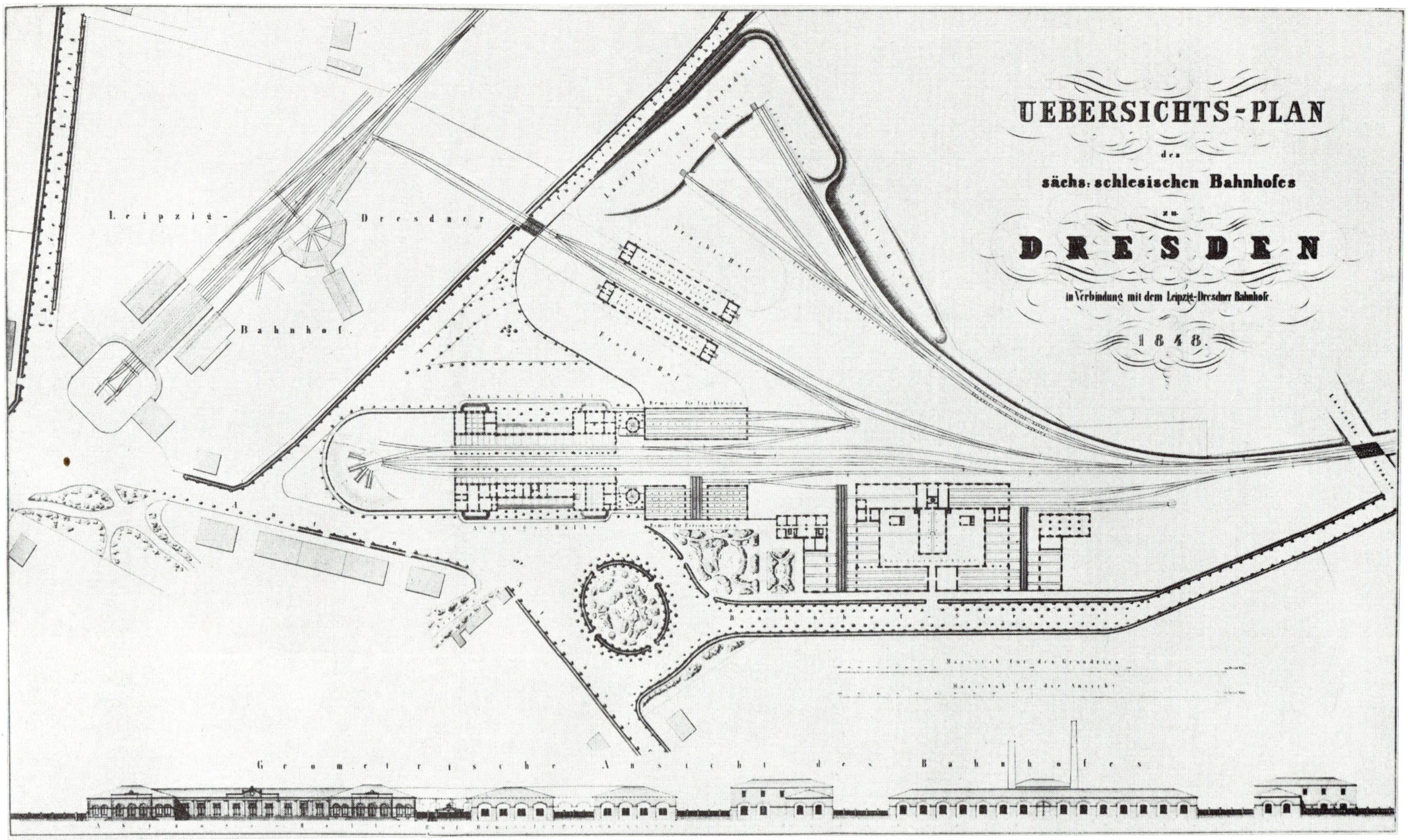

aufhin übernahm der Staat die Bahn am 31. Januar 1851, die danach von einer gemeinsamen »Königlichen Direktion der sächsisch-schlesischen und sächsisch-böhmischen Bahn«, seit 14. September 1852 »Königliche Staatseisenbahndirektion zu Dresden«, verwaltet wurde.

Die auf preußischem Gebiet befindliche Strecke Landesgrenze–Reichenbach–Görlitz wurde im Friedensvertrag zwischen Sachsen und Preußen 1867 dem preußischen Staat gegen eine Abfindung überlassen, jedoch danach auch weiterhin von der Königlich Sächsischen Staatseisenbahnverwaltung pachtweise betrieben.

Der Sächsisch-Schlesische Bahnhof in Dresden

Als vorläufiger Endpunkt der Sächsisch-Schlesischen Eisenbahn wurde 1844 bis 1847 nach Plänen und unter Leitung des Dresdner Ingenieurs und Architekten Julius Köhler im Winkel zwischen Anton- und Großenhainer Straße an der Stelle, wo sich heute der Bahnhof Dresden-Neustadt befindet, der Sächsisch-Schlesische Bahnhof gebaut (Bild 103). Seine Personenhallen lagen für den Passagierverkehr so nahe als möglich zum benachbarten Leipzig-Dresdner Bahnhof. Er war von vornherein nicht als Kopf- sondern als Durchgangsbahnhof geplant, dessen später nach Südwesten weiterzuführende Gleise über die schon im Bau befindliche neue Elbbrücke die Verbindung zu dem auf der Altstädter Seite zu erbauenden Bahnhofe der Sächsisch-Böhmischen Bahn herstellen sollten (Bild 104).

Der Bahnhof hatte dennoch den damals bei Kopfstationen üblichen Grundriß, allerdings ohne Kopfbauwerk. Beiderseits der viergleisigen Anlage befanden sich die symmetrisch gestalteten Abfahrts- und Ankunftshallen, davor die Drehscheibe zum Drehen der Lokomotiven nach Ankunft der Züge. An der Einfahrtsseite standen »Remisen« für Personen- und »Frachtwagen«, weiter östlich ein verhältnismäßig großer »Maschinen-Gebäude«-Komplex. An der Bahnhofseinfahrt zweigten rechts Gleise zu einem Ladeplatz für Rohprodukte und zum »Frachthof« ab. Die zu den »Frachtschuppen« geführten Gleise waren über die Großenhainer Straße hinweg mit dem Leipzig-Dresdner Bahnhof durch eine dort befindliche Drehscheibe verbunden (Bild 103). Im Hinblick auf diese Verbindung wurde die Planie des Sächsisch-Schlesischen

Bild 103. Übersichtsplan des Sächsisch-Schlesischen und Leipziger Bahnhofs in Dresden 1848. Entwurf Köhler
Bild 104. Lage der alten Dresdener Bahnhöfe
Bild 105. Sächsisch-Schlesischer Bahnhof in Dresden. Grundriß des Empfangsgebäudes. Entwurf Köhler

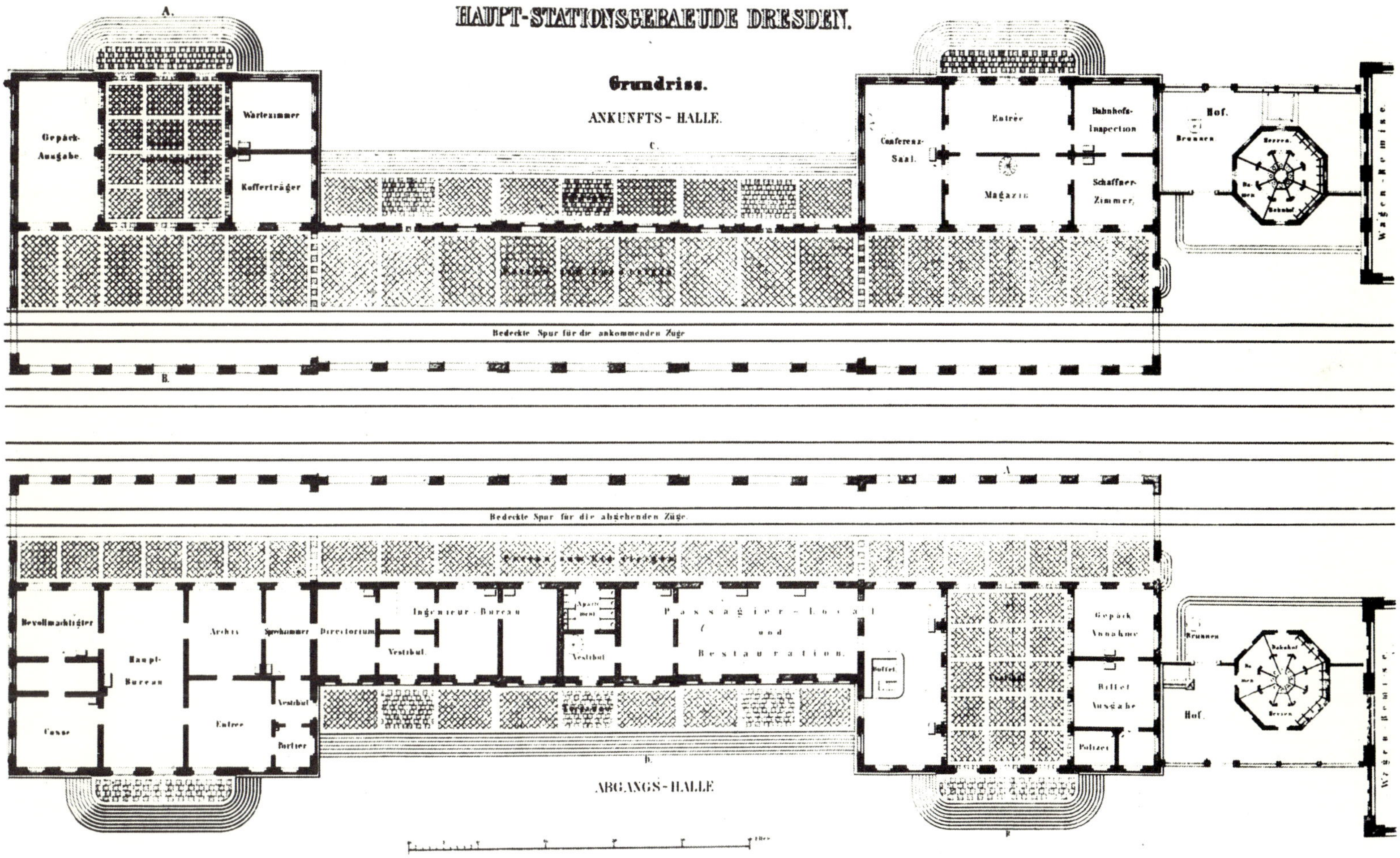

Bahnhofes auf 620 m Länge und 400 m Breite dem Niveau des Leipzig-Dresdner Bahnhofs durch Aufschüttung angepaßt.

Hervorzuheben ist die von Köhler geplante funktionelle Gliederung des Bahnhofs in »drei verschiedene Abtheilungen, deren jede für sich in ihren einzelnen Theilen möglichst zusammengedrängt und bequem verbunden, dagegen von jeder der anderen Abtheilungen soviel als möglich getrennt ist, so dass sowohl im äussern Verkehr, als für den innern Betrieb alle Collision, unter verschiedenartigem Fuhrwerke, sowie in der Expedition verschiedenartiger Transportgegenstände, soviel als durch den Bau zu ermöglichen, vermieden ist, indem für den Personenverkehr, die Güterexpedition und die Versendung von Rohprodukten, sowohl äusserlich besondere und von einander entfernte Vorplätze, als innerlich besondere Hauptspuren bestehen, was zur Aufrechterhaltung der Ordnung in jeder Beziehung viel beiträgt«.

Den Einwand, daß hierdurch die Bildung der damals üblichen gemischten Züge erschwert werde, weist Köhler mit einer Beschreibung des »Verfahrens vor Abfertigung eines Zuges« zurück: »Die Locomotive rückt zuerst vor die in der Ladespur für Rohproducte bereit gestellten Wagen, und geht mit diesen vor die im Frachtschuppen für abgehende Güter aufgestellten beladenen Güterwagen. Sobald diese angehängt, fährt der Zug wieder vorwärts nach dem Thore, und rückt sodann in der Abgangsspur vor die in der Abgangshalle aufgestellten und von den mitfahrenden Passagieren bereits besetzten Personenwagen, welche hier angehängt werden. Der Zug ist hierauf zum Abgange fertig. – Ganz ähnlich ist das »Verfahren« nach Ankunft eines gemischten Zuges ...«.

Die eingeschossigen Empfangsgebäude glichen sich in den äußeren Dimensionen. Sie bestanden aus zwei Eckgebäuden von 24,4 m Länge und 25 m Tiefe, verbunden durch einen 45,2 m langen, zurückgesetzten Mittelbau. Beide umfaßten 96 m lange Bahnsteighallen mit Rundbogenarkaden an den nicht überdachten mittigen Rangiergleisen (Bild 105). Dabei hatte der »Abfahrtsperron« entsprechend dem stetigeren Verkehrsstrom geringere Breite als der mit Stoßverkehr belastete »Ankunftsperron«. Von diesem gelangte man außer durch die Halle im Mittelteil direkt ins Freie, während der Abfahrtsbahnsteig nur durch das »Vestibül« oder »Hauptentrée«, wie die Eingangshalle damals hieß, betreten werden konnte. Dieser waren »Billetausgabe«, Gepäckannahme, das »Passagier-Local« und die »Restauration« zugeordnet, während sich an der Ausgangshalle Gepäckausgabe, Wartezimmer und ein Raum für Kofferträger befanden. Beide Hallen hatten bereits Oberlichter. Die übrigen Räumlichkeiten dienten dem Bahnhofsbetrieb und der Eisenbahnverwaltung.

Architektonisch waren die schlicht repräsentierenden klassizistisch-renaissanceartigen Gebäudekomplexe der Dresdner Schule verhaftet. Gottfried Semper begutachtete in dieser Zeit mehrfach Entwürfe der Bahnhofsbauten. Köhler bemühte sich wegen der optisch durch lange Freitreppen – der Bahnhofsfußboden lag 2 Ellen über dem Vorplatz und 1 Elle = 0,565 m über den Gleisen – »vorherrschenden Längendimension möglichst für Abwechslung zu sorgen« (Bild 106). So »wurde die gegen die Eckgebäude zurückspringende Mittelhalle in den von der Pilasterstellung gebildeten Feldern von Granitbruchsteinen, die in Farbe und Form sorgfältig ausgesucht, sowie mit Cement gehörig ausgefugt worden, hergestellt, während die Eckgebäude mit Quaderputz versehen sind«. (Bild 107).

Architektonisch ebenso überzeugend und ingenieurmäßig hervorragend durchdacht waren

ABGANGS HALLE

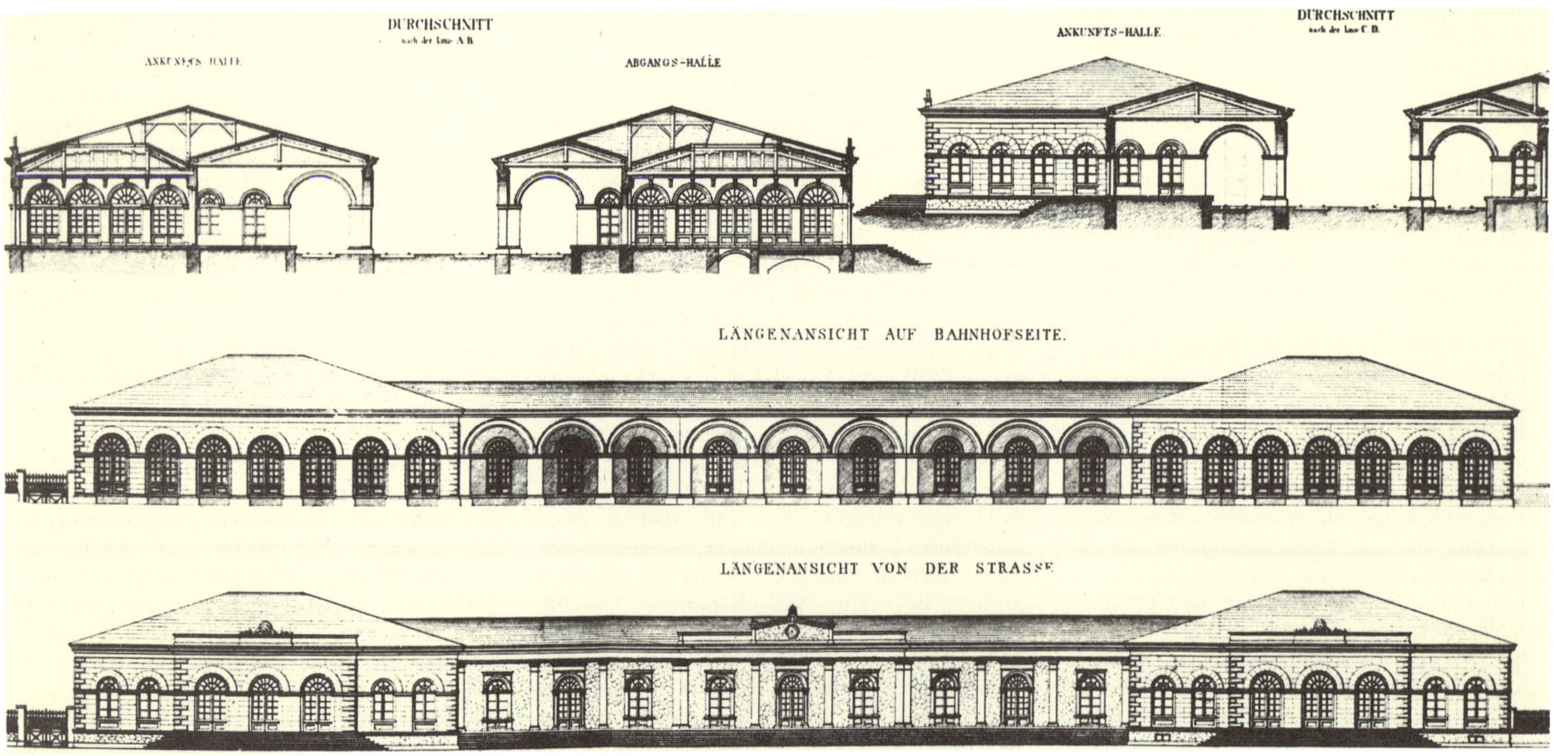
DURCHSCHNITT
nach der Linie A.B.
ANKUNFTS HALLE
ABGANGS-HALLE
ANKUNFTS-HALLE
DURCHSCHNITT
nach der Linie C.D.
LÄNGENANSICHT AUF BAHNHOFSEITE.
LÄNGENANSICHT VON DER STRASSE

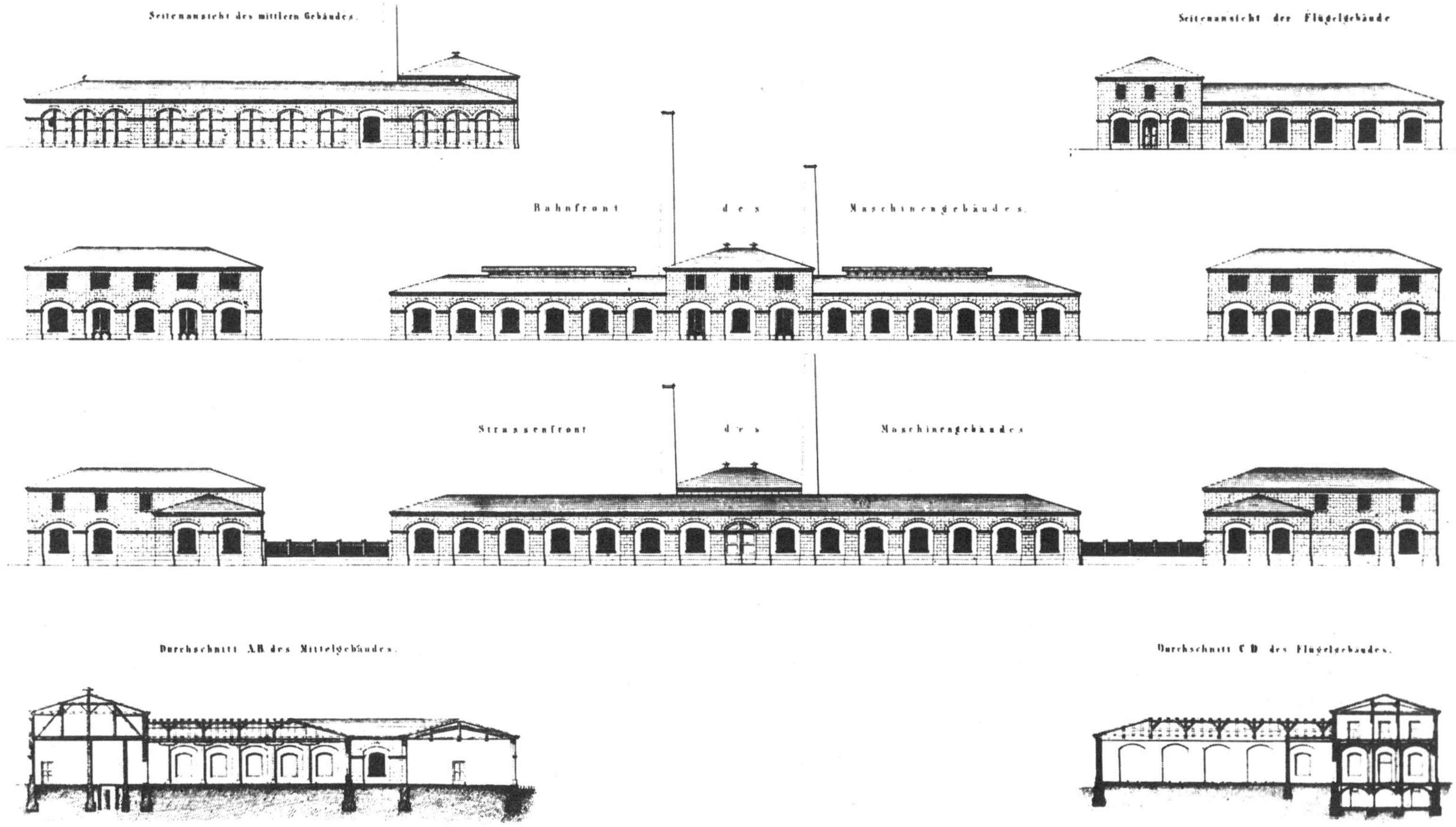

Bild 106. Sächsisch-Schlesischer Bahnhof in Dresden. Empfangsgebäude von Nordosten um 1850. Zeitgenössische Lithographie
Bild 107. Sächsisch-Schlesischer Bahnhof in Dresden. Ansichten und Schnitte des Empfangsgebäudes.

Bild 108. Sächsisch-Schlesischer Bahnhof in Dresden. Ansichten der Maschinengebäude.
Bild 109. Sächsisch-Schlesischer Bahnhof in Dresden. Grundriß und Ansicht der Personenwagenschuppen. Entwürfe Köhler

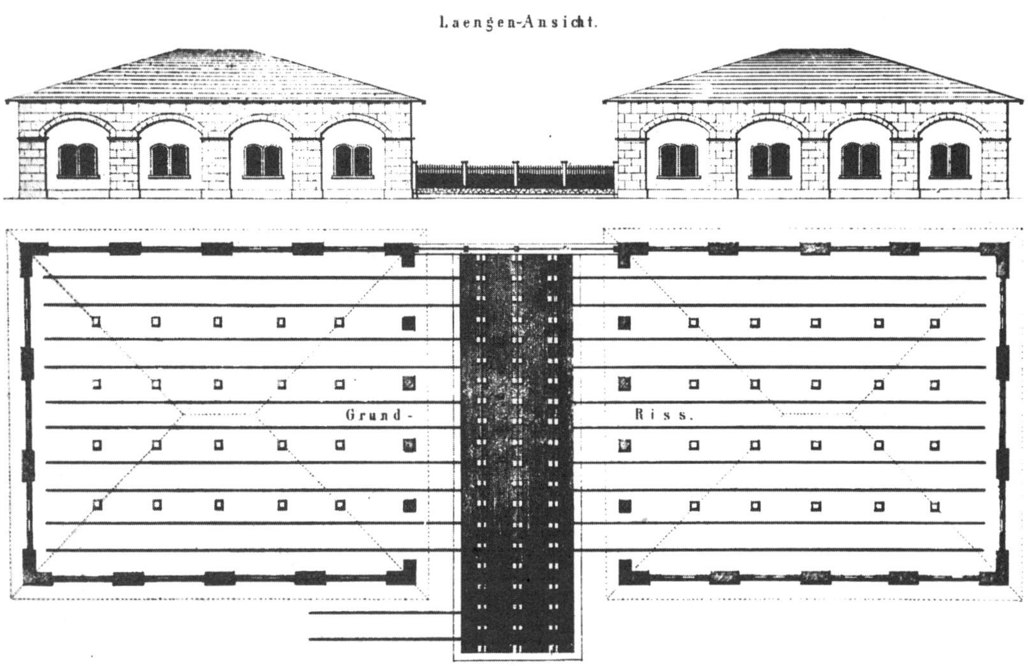

auch die Betriebsgebäude der durch einheitliche Bauweise und Bauelemente wie »aus einem Guß« gestalteten Bahnhofsanlage, ein selten schönes Beispiel technisch-industriellen Anlagenbaues aus der Frühzeit der industriellen Revolution (Bild 108).

Alle Betriebsbauten hatten »als Schildmauern mit stärkern und hervortretenden Pfeilern und Stirnwand« ausgeführte Umfassungswände aus Ziegelmauerwerk, die Maschinengebäude aus Sandstein. Die abgewalmten, einheitlich mit 17 grd geneigten Dächer waren mit englischem Schiefer als »englisches Doppeldach« gedeckt.

Technikgeschichtlich interessant sind die funktionell-konstruktiven Erläuterungen der Einzelobjekte durch Köhler:
Die »Remise für Personenwagen« bestand aus zwei »Personenwagenschuppen« mit 22 Ellen (12,40 m) Zwischenraum, in dem ein »versenktes Gleis«, eine handbetriebene Schiebebühne (Bild 113) die Wagen zwischen Bahnhofs- und Schuppengleisen bewegte. »Jedes der zwei Schuppengebäude hat bei einer Länge von 43 Ellen (24,30 m) eine Tiefe von $35^1/_2$ Ellen (20,65 m), wobei jede der fünf Spuren (Gleise) zwei sechsrädrige Wagen zu 40 bis 60 Plätzen eingerichtet, faßt. Es haben demnach in jedem Schuppen 10, in beiden zusammen 20 derartige Wagen Platz« (Bild 109).

Der »Frachtwagenschuppen« überspannte mit

einer zweireihigen Hängewerkskonstruktion auf 60 m Länge und 18,10 m Breite vier Gleise, von denen jedes »11 Stück vierrädrige Packwagen von 9 bis 10 Ellen Länge (5,08 bis 5,65 m) fasst, so dass im ganzen Schuppen 44 solche Wagen stehen können« (Bild 110). Im Gegensatz zum Personenwagenschuppen war hier die Tragkonstruktion auf nur eine Stützenreihe reduziert, die den Betrieb weniger behinderte.

Die Frachtschuppen waren mit ihren massiven Umfassungen 74,5 m lang, 11,3 m breit und innen stützenfrei. An den Längsfronten schlossen sich »Gallerien an, die mit hölzernen Säulen unterstützt sind und als Unterfahrt auf der einen Seite für die Frachtwagen, auf der anderen Seite dagegen für die Eisenbahnwagen, zum Ein- oder Ausladen der Frachten dienen. Von diesen Gallerien aus führen die großen auf Rollen gehenden Schiebethore nach dem innern Raume...

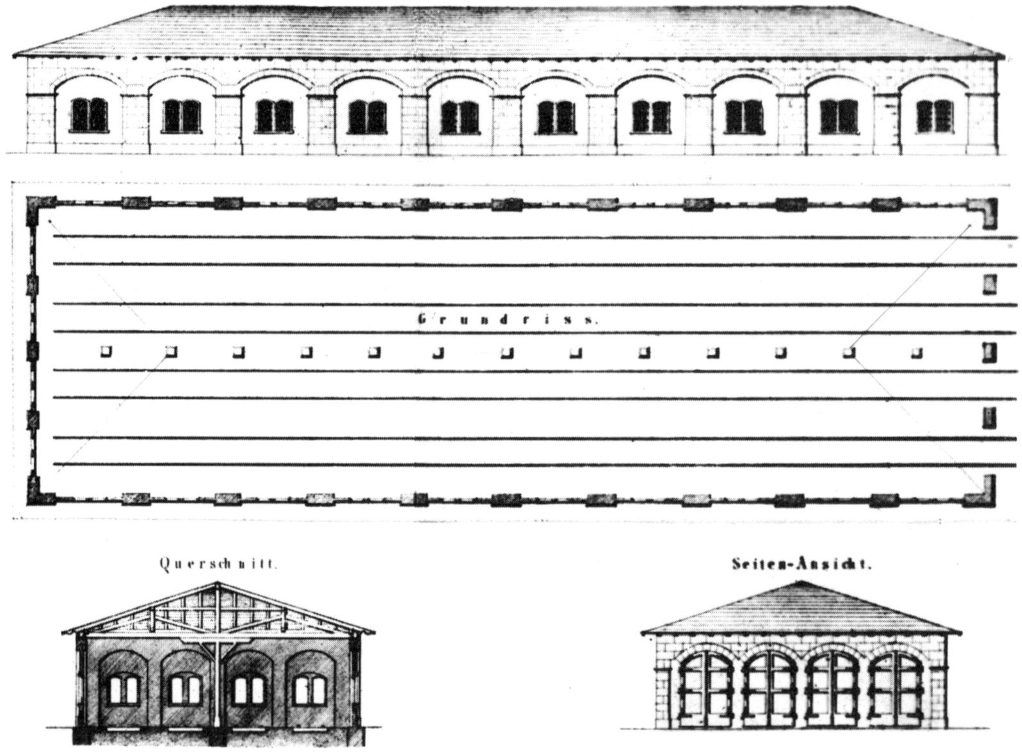

Bild 110. Sächsisch-Schlesischer Bahnhof in Dresden. Ansichten, Grundriß und Schnitt des »Frachtwagenschuppens«. Entwurf Köhler

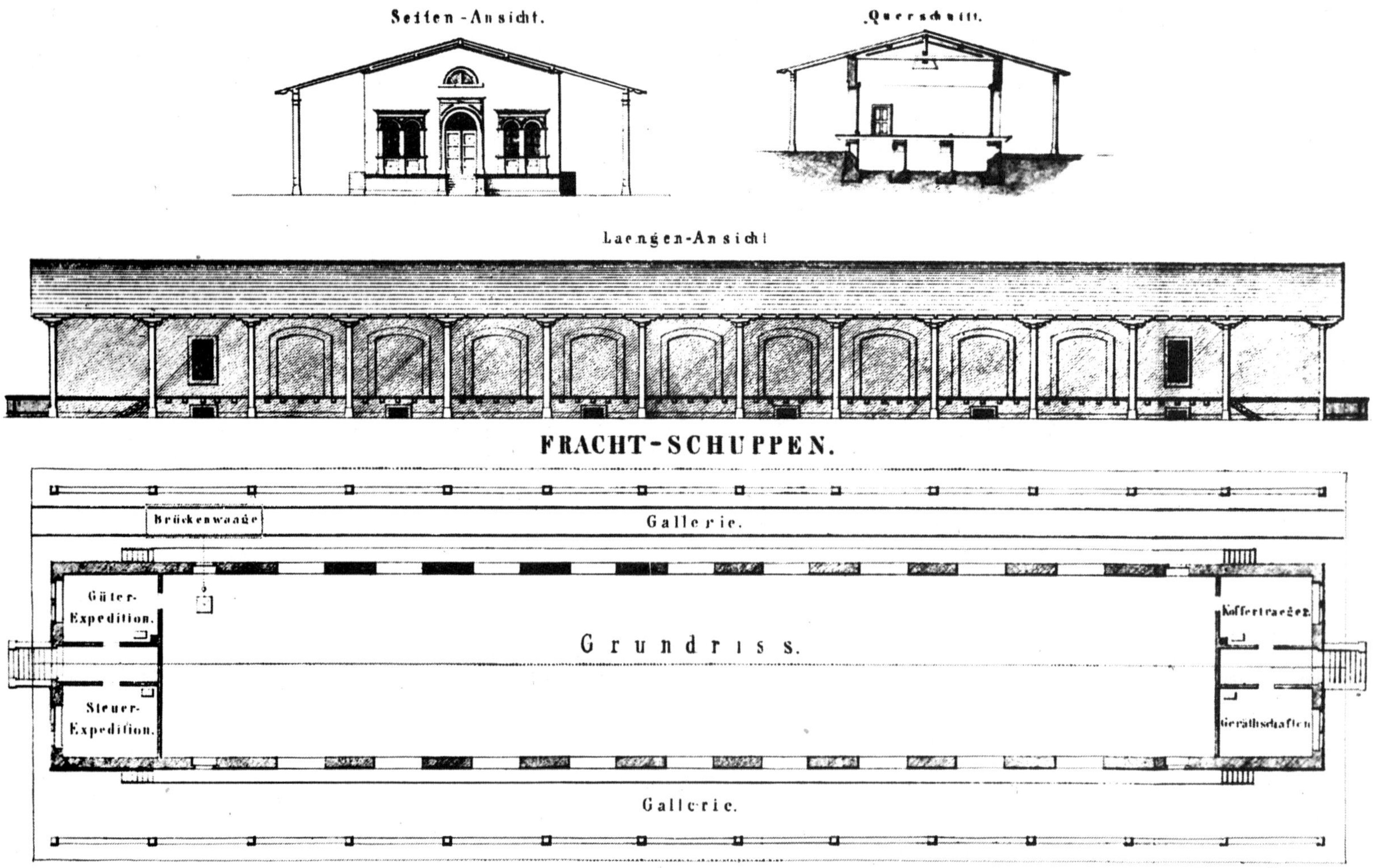

Bild 111. Sächsisch-Schlesischer Bahnhof in Dresden. Ansichten, Grundriß und Schnitt der »Frachtschuppen«. Entwurf Köhler

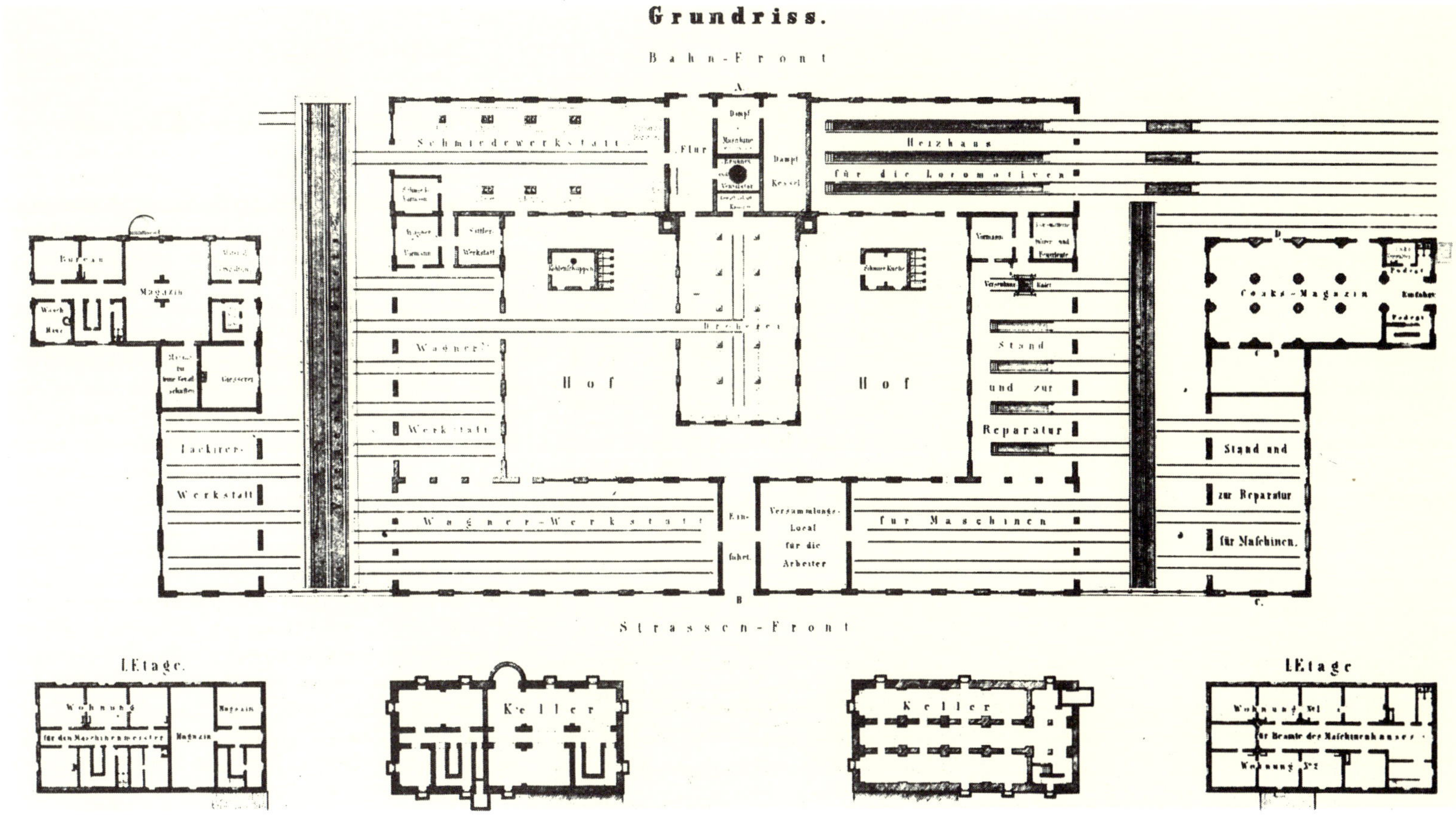

Bild 112. Sächsisch-Schlesischer Bahnhof in Dresden. Grundriß der Maschinengebäude. Entwurf Köhler

Der Fußboden des Schuppens, von 4 Zoll (10,16 cm) starken Pfosten gebildet, ist in einer Höhe, welche dem Boden der auf der Bahn gehenden Güterwagen entspricht, angelegt, so dass das Ueberladen mit Bequemlichkeit erfolgen kann. ... Noch ist zu bemerken, dass unter der Gallerie, in welcher sich die Spur befindet, in letzterer eine große Brücken-Dezimalwage, zum Wiegen ganzer Bahnwagen mit ihrer Ladung, eingebaut ist« (Bild 111).

Das Maschinengebäude wurde nach Angaben des Dresdner Maschinenmeisters entworfen (Bild 112). Es sollte sowohl der Unterhaltung der Betriebsmittel als auch zur Produktion von Güterwagen und Bahnunterhaltungsmitteln dienen. Die Gebäude waren derart einander zugeordnet, daß bei Anwendung der damals üblichen Schiebebühnen (Bild 113) eine bestmögliche innerbetriebliche Kommunikation erreicht wurde. Von der Straße aus konnte der Innenhof mit Lastfuhrwerken befahren werden.

Im mittleren Hauptgebäude stand eine Dampfmaschine »zum Treiben aller, in den verschiedenen Werkstätten aufgestellten Hilfsmaschinen« und zum Pumpen des Lokomotivspeisewassers vom Brunnen in den auf dem Dachboden befindlichen Wasserhochbehälter. Der Abdampf wurde »noch zur Heizung der Locale benutzt«. Rechts von diesem Gebäudeteil schloß sich das Heizhaus mit drei Gleisen und den »nöthigen Aschefällen« an, in dem »6 für den Dienst bestimmte Locomotiven mit ihren zugehörigen Tendern Platz fanden«. Diese drei Gleise waren durch Weichen »direct mit der Abgangsspur« des Bahnhofs und über eine Drehscheibe (Bild 114) mit den Lokomotivreparaturwerkstätten verbunden. Links vom Dampfmaschinenraume befand sich die Schmiedewerkstatt mit sieben Feuern, Schwanzhammer und Flammenofen, im Hof die Dreherei. In diese konnten »ganze Räderpaare«, in die Schmiede auch Waggons eingefahren werden. In der Dreherei, in der außer Drehbänken auch Hobel-, Bohr- und Schneidemaschinen standen, wurden die Räder mittels Kran von den Gleisen zu den Großdrehbänken geführt. In der Maschinenreparaturwerkstatt waren die Gleise mit Reparaturgruben, ein Gleis »mit Windevorrichtung zur Versenkung von Räderpaaren, die in den Maschinen ausgewechselt werden sollten, versehen«. In dem der Straße zugewandten Flügel standen die nicht im Dienst befindlichen Lokomotiven. An der Hofeinfahrt befand sich ein »Restaurationslocal zur Versammlung aller im Maschinenhause beschäftigten Arbeiter«. Links davon lagen die »Wagnerwerkstätten« mit Lackiererei, Sattlerei und Gießerei. Den Werkstätten waren die entsprechenden Magazine für Gerät, Öl, »Coaks«

Bild 113. Konstruktionszeichnung einer handbetriebenen Schiebebühne für den Sächsisch-Schlesischen Bahnhof in Dresden. Entwurf Köhler

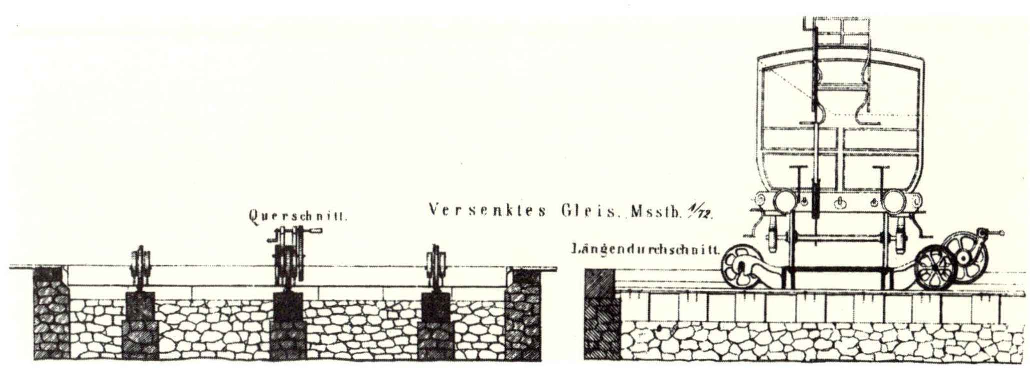

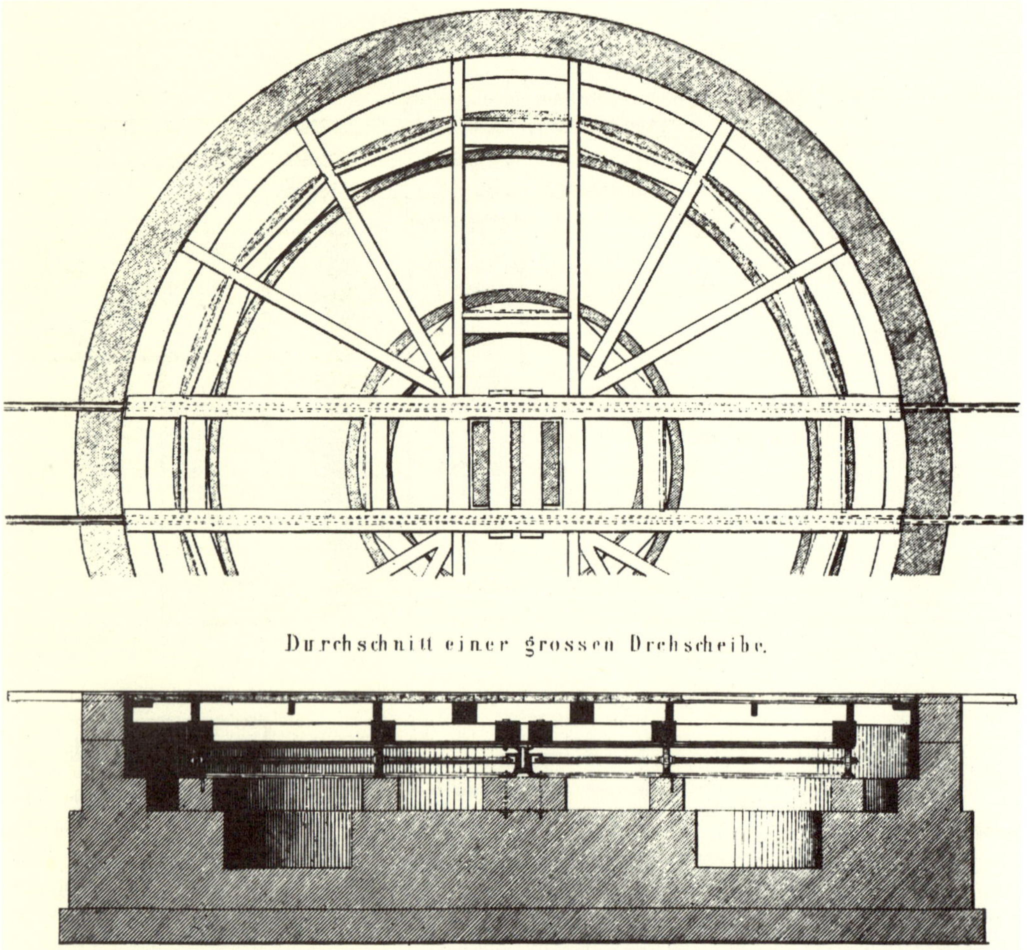

Bild 114. *Konstruktionszeichnung einer »großen Drehscheibe« für den Sächsisch-Schlesischen Bahnhof in Dresden. Entwurf Köhler*

usw. zugeordnet, ebenso eigene Räume für die »Vormänner« (Meister). Lokomotivführer und »Feuerleute« hatten am Heizhaus einen gemeinsamen Aufenthaltsraum. Im Hof standen als Einzelgebäude ein Kohleschuppen für die Schmiede und eine »Schmierküche« mit eingebauten Aborten für das Maschinenhauspersonal. In den beiden zweigeschossigen Flügelbauten hatten der Maschinenmeister und Beamte des Maschinenhauses ihre Wohnungen.

Liebevolle Behandlung erfuhren auch scheinbar nebensächliche Details, zum Beispiel die Einfriedung des Bahnhofes mit gußeisernen Gittern zwischen Sandsteinsäulen, deren Sockel »aus sorgfältig ausgesuchten Bruchsteinen, mit Fuß und Deckgesims aus Sandstein« wie die Sockel der Hallengebäude gemauert waren, oder die Gestaltung des Bahnhofsvorplatzes und der Zufahrtsstraßen, die »zur Bequemlichkeit für das Publikum mit Bäumen und Strauchwerk bepflanzt wurden (Bild 103).

Seit seiner Erbauung 1847 ist der Sächsisch-Schlesische Bahnhof zwar vielfach erweitert worden, seine Personenverkehrsanlagen blieben aber bis zum Baubeginn des Bahnhofs Dresden-Neustadt unverändert. Im Mai 1898 wurde zur Durchführung der Abbruch- und Neubauarbeiten eine Interimsbahnhofsanlage errichtet und damit der Sächsisch-Schlesische Bahnhof für den Personenverkehr geschlossen.

Bahnhof Bautzen

Bei Bautzen begannen die Bauarbeiten an der Sächsisch-Schlesischen Eisenbahn am 4. November 1844. Allein zwischen Seitschen und Bautzen waren über 2000 Männer, vorwiegend sächsische, aber auch preußische und böhmische Arbeiter für den Bahnbau eingesetzt. Nach Fertigstellung der großen Viadukte bei Demitz-Thumitz und über das Spreetal bei Bautzen traf schon am 23. Juni 1846 der erste Zug aus Dresden auf dem Bahnhof Bautzen ein. Im darauffolgenden Jahr verkehrten laut Fahrplan vom 15. November 1847 täglich bereits vier Personenzugpaare, die für die Strecke Dresden–Bautzen mit Halt in Langebrück, Radeberg, Fischbach, Harthau, Bischofswerda und Seitschen 1 Stunde und 40 Minuten benötigten.

In einem zeitgenössischen Aquarell (um 1850) ist uns die damalige Anlage des Bahnhofs Bautzen überliefert (Bild 115). 1846 lag er noch vor der Stadt zwischen Wiesen und Feldern, mit ihr zunächst durch die zur Äußeren Lauenstraße führenden neuen Bahnhofsstraße verbunden. Wenig später wurde eine Hauptstraße über den Postplatz und Kornmarkt vom Bahnhof direkt zur Stadt gebaut. Das alte Empfangsgebäude zeigt charakteristische architektonische Merkmale der unter Leitung Köhlers für die Sächsisch-Schlesische Eisenbahn errichteten Bahnhofsbauten. Den aus Elementen der Romanik und Renaissance gestalteten zweigeschossigen Bau überragte ein hoher Mittelrisalit mit Giebeln zur Gleis- und Vorplatzseite hin, dessen Dachgeschoß unter anderem auch den Wasserhochbehälter zur Versorgung der Lokomotiven mit Kesselspeisewasser barg. Darüber erhob sich ein

Bild 115. *Bahnhof Bautzen um 1850. Zeitgenössisches Aquarell von Taubert*

Dachreiter mit der Bahnhofsglocke. Auf Rundbogen und Pfeiler gestützte Altane gaben den Portalen der Empfangshalle Wetterschutz und Repräsentation, die gewiß durch die breiten Terrassen- und Freitreppenanlagen gefördert wurden.

Die Grundrißanordnung dieses in Seitenlage errichteten ersten Empfangsgebäudes des Bahnhofs Bautzen, der seinerzeit noch als Zwischenbahnhof fungierte, entsprach schon dem später immer wieder angewandten Schema. Beiderseits der Eingangs- und Empfangshalle, die quer durch das ganze Gebäude führte, befanden sich in den anschließenden Erdgeschoßflügeln die Wartesäle und das Bahnhofsrestaurant, Fahrkartenschalter, Gepäckabfertigung und Bahnhofsdiensträume, im Obergeschoß Wohnungen für Bahnhofsbeamte und Bahnhofswirt.

Aufgeführt waren seine Umfassungen aus heimischem Lausitzer Granit-Zyklopenmauerwerk, wobei die Eckverbände der Mittel- und die nur wenig vorspringenden Seitenrisalite sowie die Einfassungen und sonstige Details aus Sandstein bestanden.

Drei Jahrzehnte später begann sich der Bahnhof Bautzen zu einem bedeutenden Knotenpunkt zu entwickeln, obschon der 1855 erörterte Plan einer kürzesten Verbindung Wien–Prag–Berlin über Bautzen an den ungünstigen Trassierungsverhältnissen, besonders im Abschnitt Sohland–Schluckenau, scheiterte. Im April 1875 wurden die Bauarbeiten an der 64 km langen Strecke Bautzen–Neustadt–Sebnitz–Schandau auf-

Bild 116. Bahnhof Bautzen. Empfangsgebäude 1913
Bild 117. Bahnhof Bautzen. Teilansicht des Empfangsgebäudes um 1925

Bild 118. Bahnhof Bautzen. Empfangshalle 1925

genommen und am 1. September 1877 beförderte die Lokomotive »Friedrich der Weise« den ersten Zug vom wesentlich erweiterten Bahnhof Bautzen auf dem bis Wilthen eröffneten Streckenabschnitt. Seit 1888 war die Strecke Bautzen–Hoyerswerda im Bau, deren erster Abschnitt bis Königswartha am 2. Dezember 1890 eröffnet werden konnte. Schließlich kam dazu 1903 bis 1906 noch die Linie Bautzen–Radibor–Weißenberg (–Löbau).

In dieser Zeit bildete sich um den Bahnhof ein neues Stadtgebiet mit industriellen Anlagen, Verwaltungs- und Schulbauten.

Das alte Empfangsgebäude mußte deshalb 1877 einem größeren Neubau weichen (Bild 116). Seine fünfgliedrige Baukörperform ist typisch für die Gründerjahre und wurde auch für andere öffentliche Bauvorhaben, für Kasernen ebenso wie für Schulen und Verwaltungsgebäude gewählt. Damit besaß Bautzen ein relativ großes, repräsentatives Bahnhofsgebäude, dessen Empfangshalle jedoch für den sich rasch entwickelnden Verkehr zu klein bemessen war. Zur Aufnahme größerer Personenströme wurde die Halle 1921 erheblich erweitert und dazu auch zum Vorplatz hin weit vorgezogen, so daß sich an den Seiten genügend Platz für Fahrkartenschalter und andere, den Reisenden dienende Räumlichkeiten ergab (Bild 117). Da diese nur niedrige, eingeschossige Anbauten erforderten, konnte die großzügige neue Empfangshalle durch hohe Fenster von allen Seiten ausgezeichnet beleuchtet werden (Bild 118). Architektonisch ist die Hülle des funktionell modernen Erweiterungsbaues noch einer konservativen, neubarocken Strömung dieser Zeit verhaftet.

1945 brannte das Empfangsgebäude durch Kriegseinwirkung völlig aus. Unter Mithilfe der Eisenbahner wurde es in den alten Umfassungen nach neuzeitlichen Gesichtspunkten wiederaufgebaut und modern ausgestattet. Bemerkenswerte künstlerische Ausgestaltung erfuhren die Empfangshalle mit Sgraffito-Wandschmuck, die Warteräume und der Speisesaal.

Bahnhof Zittau

Festlich geschmückt verließ am 9. Juni 1848 der erste Zug den Bahnhof Zittau, dessen offizielle Betriebseröffnung tags darauf stattfand. Er wurde im Norden Zittaus, etwa 600 m vom Stadtrand entfernt angelegt (Bild 120). Der ursprünglich vorgesehenen stadtnäheren Lage am Webertor stimmten die Stadtväter nicht zu, um den Bahnhofsbetrieb und damit entstehende industrielle Anlagen möglichst weit von ihrer Stadt fernzuhalten. Für den Umgehungsbogen, der auch umfangreichere Erdarbeiten erforderte, entstanden der Löbau-Zittauer Eisenbahngesellschaft 300 000 Taler Mehrkosten.

Auf dem Bahnhof wurde bereits 1846 ein Bahnhofsrestaurant mit Aussichtsturm gebaut, das als lokale Attraktion des entstehenden Bahnhofes zunächst als Ausflugsetablissement auch den Erbauern der von Zittau aus begonnenen Löbau–Zittauer Eisenbahn offenstand und sich später zu einem gesellig-kulturellen Zentrum entwickelte. Es mußte 1907 wegen der Erweiterung des Schmalspurbahnhofs abgerissen werden.

Das später in Seitenlage errichtete großzügige Empfangsgebäude (Bild 119) gehört als Vorgänger von Freiberg (Bild 150) und Grimma (Bild 164) zu den frühen sächsischen Bahnhofsbauten, die, auf fünfteiligem Grundriß aufbauend, zwei- bis dreigeschossige Flügelbauten mit entsprechenden Verbindungsbauten aufweisen. Als eingeschossigen Flachbau hatte bereits Koehler kurz vorher das renaissancehafte Empfangsgebäude seines Schlesischen Bahnhofs in Dresden auf dem fünfteiligen Grundrißschema des barocken Schloßbaues entwickelt (Bild 103

Bild 119. Bahnhof Zittau. Empfangsgebäude mit überdachtem Hausbahnsteig 1910

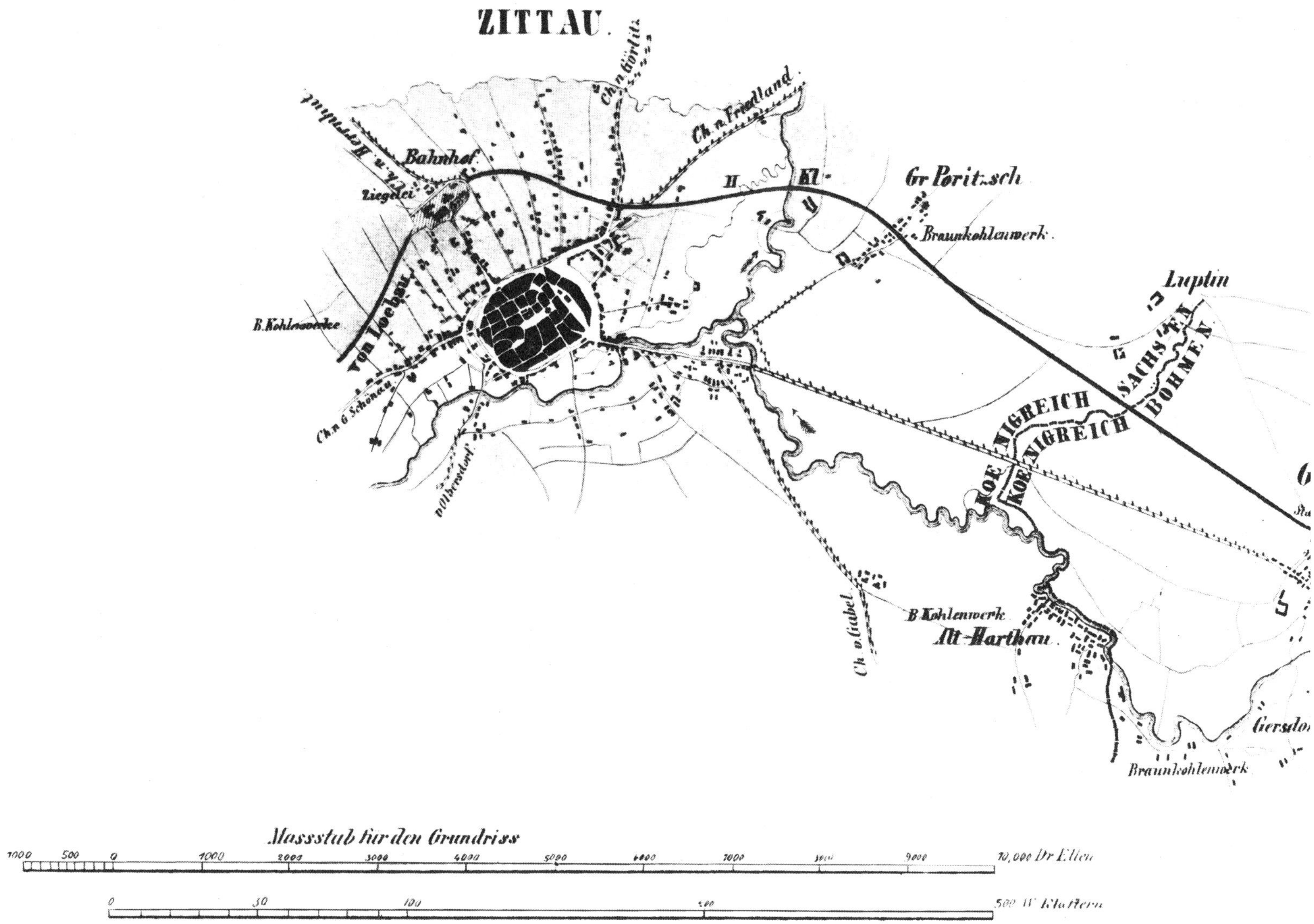

Bild 120. Lage des Bahnhofs Zittau 1860. Ausschnitt einer Karte der Eisenbahn Zittau–Reichenberg

Bild 121. Bahnhof Zittau. Mittelfront des Empfangsgebäudes am Vorplatz 1940

bis 107), das seit Mitte des 19. Jahrhunderts auch anderen öffentlichen Gebäuden, Verwaltungs- und Justizgebäuden, Schulen usw. zugrundegelegt wurde. Ihre Fassaden erhielten jedoch nicht die adäquate barocke Gestalt, sondern aus romantischer Vorliebe für das Mittelalter romanisierende und gotisierende Formen. Erst im letzten Drittel dieses Jahrhunderts erscheinen elektizistisch und zunehmend auch stillos gestaltete Baukörper dieser Art, z. B. in Schwerin (Bild 345).

Die Giebel der hohen Flügel des Zittauer Empfangsgebäudes wurden, wie später in Freiberg und Grimma, mit gotischen Elementen dekoriert (Bild 121). Der weit vortretende Mittelbau hat bahn- und straßenseitig etwas zurückgesetzte Anbauten, die den überhöhten Baukörper Repräsentation verleihen sollten. Leider ging diese Wirkung durch einen späteren Anbau am Bahnhofsvorplatz teilweise verloren.

Funktionell zeigt das Gebäude die allgemein übliche Anordnung. An der Empfangshalle im Mittelbau mit Fahrkartenschaltern, Gepäckabfertigung und allen notwendigen Räumen für die Reisenden befinden sich auch die Zugänge zu den Warte- und Speisesälen. Die übrigen Räumlichkeiten dienen Bahnhofs- und Betriebsdienststellen, in den Obergeschossen vorwiegend Wohnzwecken.

Zittau entwickelte sich allmählich zu einem nicht unbedeutenden Bahnknotenpunkt der Oberlausitz. Die Betriebseröffnung der Linien nach Reichenberg 1859, Großschönau–Warnsdorf 1868 bis 1871, Görlitz 1875, Bischofswerda 1874 bis 1879, Markersdorf 1884 bis 1900 und Oybin/Jonsdorf 1890 erforderte eine ständige Erweiterung der Gleis- und Bahnsteiganlagen. Bild 119 zeigt das Empfangsgebäude mit dem auf großer Länge überdachten Hausbahnsteig im Jahre 1910, der auf seiner rückwärtigen Seite westlich des Bahnhofs von hier endenden Zügen passiert wurde.

Die Drehscheibe vor dem Gebäude diente dem Umsetzen der Lokomotiven.

Die Sächsisch-Böhmische Eisenbahn

Für den Bau einer Eisenbahn von Dresden bis zur Landesgrenze bei Niedergrund wurde der »Leipzig-Dresdner Eisenbahn-Compagnie« zur Weiterführung ihrer Linie nach Böhmen bereits am 6. Mai 1835 die Konzession erteilt. Als die Gesellschaft ihre Rechte 1836 dem für eine Eisenbahn Prag–Dresden gebildeten Komitee übertragen wollte, genehmigte die Regierung dieses private Verfahren nicht. Nach langwierigen Verhandlungen der Regierungen Oesterreichs und Sachsens konnte schließlich am 30. Juli und 9. August 1842 ein Staatsvertrag über die Eisenbahnverbindung Prag–Dresden abgeschlossen werden. Der Ausführungsbeginn verzögerte sich ebenfalls, weil die Leipzig-Dresdner Eisenbahn-Compagnie die Strecke nicht ohne staatliche Unterstützung bauen wollte und, nach bedingter Zusage der Staatsregierung, dann den Bau überhaupt ablehnte. Trotz Verzichts auf ihre Rechte versuchte die Gesellschaft mit dieser Haltung in weiteren Verhandlungen von der Regierung vorteilhaftere Bedingungen zu erlangen.

Währenddessen hatte die Sächsisch-Schlesische Eisenbahngesellschaft der Regierung ihre Bereitschaft zum Bau der Bahn erklärt; aus finanziellen, technischen und betrieblichen Gründen ging die Regierung jedoch auf das Angebot nicht ein und gab auch der Leipzig-Dresdner Eisenbahngesellschaft zu verstehen, daß sie nun die Sächsisch-Böhmische Bahn als Staatsbahn zu bauen beabsichtige. Der Landtag 1845 bis 1846 stimmte den entsprechenden Regierungsvorlagen zu und genehmigte endlich den Bau der Strecke auf Staatskosten. Mit dem Bau war vorsorglich bereits am 1. Dezember 1845 mit den Erdarbeiten bei Dresden begonnen worden, um die Fertigstellungstermine des Staatsvertrages mit Oesterreich einhalten zu können. Wenig später, am 26. August 1846, wurde der Bau der Elbbrücke in Dresden mit dem Ersten Spatenstich eingeleitet. Den Bahnbau leitete eine Baukommission unter Vorsitz des Oberbaurats Major Kunz. Als Oberingenieur war der Ingenieur-Oberleutnant Otto Peters eingesetzt.

Die Betriebseröffnung erfolgte
zwischen Dresden–Pirna am 1. August 1848,
nachdem bereits am 31. Juli Eröffnungsfeierlichkeiten stattgefunden hatten (Bild 122, 133); weiterhin
zwischen Pirna–Königstein am 9. Mai 1850,
zwischen Königstein–Krippen am 9. Juni 1850,
und auf der Gesamtstrecke
am 6. bis 7. April 1851.

Die auf böhmischem Gebiet liegende Strecke Landesgrenze–Bodenbach (heute: Děčin hl. n.) war Eigentum der K. K. oesterreichischen Staatsregierung, wurde jedoch nach Eröffnung der Linie Dresden–Bodenbach von der Königlich Sächsischen Staatseisenbahn betrieben. Vom Leipziger Bahnhof in Dresden-Neustadt bis Bodenbach betrug die Streckenlänge 65,26 km, wovon 11,05 km auf oesterreichischem Staatsgebiet lagen.

Die Bahn ist von Pirna bis Bodenbach auf dem linken Elbufer durch die landschaftlich reizvolle Sächsische Schweiz geführt. Ihre technische Ausführung galt seinerzeit auch im Hinblick auf die natürlichen Terrainschwierigkeiten als hervorragend. Ihre Krümmungs- und Neigungsverhältnisse sind relativ günstig. Der teilweise kostspielige Unterbau wurde zweigleisig mit 7,93 m Kronenbreite hergestellt, wobei die Bahnkrone immer über dem höchsten Hochwasserstand der Elbe liegt. Daher war die für die 54,21 km lange sächsische Strecke und die Elbbrücke veranschlagte Bausumme in Höhe von 3 600 000 Talern nicht ausreichend.

Die Feierlichkeiten zur Eröffnung der Sächsisch-Böhmischen Staatseisenbahn begannen am Sonntag, dem 6. April 1851. An diesem Tage fuhren von Prag und Dresden Festzüge ab, die sich in Bodenbach, dem Endpunkt der von Sachsen gebauten Strecke, trafen (Bild 123). Die

Bild 122. Provisorisches Bahnhofsgebäude (Personenschuppen) des Böhmischen Bahnhofs in Dresden 1850. Zeitgenössischer Stich

sächsische Eröffnungsfahrt erfolgte am 7. April, um die österreichischen Gäste und die aus Prag zurückkehrenden Sachsen in Bodenbach feierlich abzuholen. Wie ein Teilnehmer berichtete, herrschte am Morgen des 6. April heftiges Schneetreiben. »Die meisten der Festteilnehmer mochten wohl mit sich zu Rathe gehen, ob es nicht gerathener sei, unter solchen Umständen auf die Theilnahme an der Fahrt Verzicht zu leisten. Indeß die Erwägung, daß ein solcher bedeutsamer Moment in der Geschichte beider Nachbarstaaten nicht alle Dezennien, ja kaum in einem halben Jahrhunderte wiederkehrt, ließ selbst das schlechteste der schlechten Wetter vergessen, und so fanden sich denn Morgens gegen 7 Uhr fast sämmtliche Theilnehmer auf dem provisorischen Bahnhofe in Dresden (Bild 122) in der freudigst erregten Stimmung ein ... Nach 8 Uhr brauste die mit Festons decorierte Locomotive mit dem Train seltener Art aus dem bekränzten Bahnhofsgebäude hinaus. Das dichte Schneegestöber verhüllte dem Auge die reizende Elbgegend. Auf der ganzen Strecke bis zu der böhmischen Grenze war, mit Ausnahme der mit grünen Kränzen und Guirlanden geschmückten Bahnwärterhäuschen, von einer festlichen Begrüßung wenig zu bemerken. Nur in Pirna wurden die sächsischen Prinzen von dem dortigen Offizierskorps begrüßt. Sonst schauten die Leute, wenn wir an ihren Fenstern vorüberfuhren, halb neugierig, halb mitleidig in ihrem oft keineswegs festlichen Morgenneglígé auf uns und unsern Zug herab. Wer den sächsischen Nationalcharakter kennt, wer weiß, wie sich die sächsische Bevölkerung und zumal bei unfreundlichem Wetter nicht so leicht für Etwas enthusiasmirt, der wird aus diesem Umstande keine falschen Folgerungen ableiten.

Die Scene änderte sich jedoch mit einem Male, sobald wir die grün-weißen Grenzphäle hinter uns hatten und das Gebiet des freundnachbarlichen Böhmens erreichten. Gleich an der Grenze wurden wir durch eine prachtvolle, in gothischem Style erbaute Ehrenpforte überrascht, an welcher vereint das österreichische, böhmische und sächsische Wappen prangten. Die Bahnarbeiter waren zu unserer Begrüßung aufgestellt und empfingen uns mit einem freudigen Hurrah. Böllerschüsse ertönten aus der Nähe und Ferne, sowie denn überhaupt die ländliche Bevölkerung Böhmens längs der ganzen Bahn bis Prag uns zu Ehren erstaunlich viel Pulver verplatzt hat.

Als unser Zug aus dem ziemlich langen, pittoresken bodenbacher Tunnel herausbrauste (Bild 123), begrüßten uns von dem reizend gelegenen Schlosse Tetschen (heute: Děčín), das mit seinen weißen Mauern und Fenstern durch das Schneegestöber auf uns herniederschaute, abermals Böllerschüsse, welche in den Bergen ein hundertfaches Echo fanden und in fernem Donner sich auflösten. Nach wenig Minuten befanden wir uns in dem Stationsgebäude von Bodenbach, wo uns die Oestereicher schon seit einer Stunde erwarteten.

Unmittelbar nach der Begrüßung erfolgte die Meßhandlung und der Einweihungsact durch den Vicar des Bischofs von Leitmeritz (heute: Litoměřice), dem eine zahlreiche Geistlichkeit assistirte. Der Altar befand sich unter einem auf einer Estrade erbauten Zelte. Die auf das Geschmackvollste mit Kränzen geschmückte Locomotive »Austria«, an welcher uns Sachsen, beiläufig gesagt, der Bau der Esse auffiel, fuhr vor das Zelt, das Glöcklein der Chorknaben ertönte – die Trommeln wirbelten – das Militair präsentierte das Gewehr – Alles entblößte das Haupt, die sächsischen Protestanten nicht ausgenommen – der Segensspruch des bischöflichen Vicars erfolgte und eine Gewehrsalve des Militairs und der bodenbacher Nationalgarde, sowie die donnernden Böllerschüsse vom Schloß Tetschen sagten drei Mal hinter einander ihr kräftiges Ja und Amen dazu. Gegen 12 Uhr schickte man sich zur Weiterfahrt nach Prag an. Sachsen und Oestreicher nahmen nun vereint in den östereichischen Waggons Platz, ganz wie es der Zufall wollte ...

Von Bodenbach bis Prag war die Bahn eigentlich eine ununterbrochene Ehrenpforte und Festaufstellung. An allen Stationen und Ortschaften, wo der Zug anhielt oder doch langsamer vorüberfuhr, waren Bürgergarden in ihrer bunten Uniformierung, Musikchöre, festlich geschmückte Schuljugend und eine zahlreiche Bevölkerung zu unserer Begrüßung aufgestellt ...

Endlich nach 4 Uhr Nachmittags verkündete uns Kanonendonner, daß wir uns der alten thurmreichen Moldaustadt näherten. Auf den Wällen derselben standen, trotz dem Schneewetter, dichte und lange Zuschauerreihen. Nach wenigen Minuten waren wir in dem festlich geschmückten Bahnhofsgebäude angelangt, dessen weite Räume sich augenblicklich derart mit Menschen, Festgenossen und Zuschauern füllten, daß das aufgestellte Grenadierbataillon, dessen Musikbande die sächsische Königshymne spielte, kaum im Stande war, die Ordnung einigermaßen aufrecht zu erhalten. Vor dem Bahnhofsgebäude stand eine förmliche Wagenburg von Equipagen, Fiakers und Droschken zur Aufnahme der Gäste aus Sachsen bereit, welche die Gäste über die berühmte Moldaubrücke zum Hradschin brachten, wo schon bald nach 5 Uhr ein glänzender Empfang stattfand. Die Stadt Prag übte gegen die Fremdlinge eine wahrhaft großartige Gastfreundschaft aus.«

Am Morgen des 7. April fuhren die Festzüge über Bodenbach nach Dresden zum Gegenbesuch der österreichischen Gäste zurück.

Ein Jahr später war die Sächsisch-Böhmische Eisenbahn bereits mit den Strecken nach Leipzig und Schlesien durch eine zweigleisige Bahn von Dresden-Altstadt nach Dresden-Neustadt direkt verbunden, als am 19. April 1852 die zugleich dem Straßenverkehr dienende steingewölbte Elbbrücke dem Verkehr übergeben wurde. Diese schon frühzeitig konzipierte Verbindungsbahn, eine der ersten »Stadtbahnen« in Deutschland, war der Grund, den Böhmischen und Schlesischen Bahnhof perspektivisch für den Durchgangsverkehr anzulegen.

Bild 123. Eröffnung der Sächsisch-Böhmischen Eisenbahn Dresden–Prag am 6./7. April 1851. Ankunft der Festzüge auf dem Bahnhof Bodenbach.

Der Böhmische Bahnhof in Dresden

Zur Eröffnung der Sächsisch-Böhmischen Eisenbahn am 6. April 1851 fuhr der Festzug nach Bodenbach noch aus einem schlichten Personenschuppen ab, der mit den österreichischen und sächsischen Wappen, Flaggen, umkränzten Fahnenmasten, Girlanden und Festons geschmückt war. Wegen der damals bereits beabsichtigten Vereinigung der Dresdner Bahnhöfe wurden die zugleich dem Personen- und Güterverkehr dienenden Anlagen zum Teil provisorisch gebaut, so auch der als Empfangsgebäude errichtete Personenschuppen. Der basilikale Fachwerkbau überspannte ursprünglich vier Gleise, im nördlichen Seitenschiff den »Perron«, Dienst- und Abfertigungsräume. Da sich der Bahnsteig etwa 2,50 m bis ins Mittelschiff erstreckte, lagen hier die Gleise nicht symmetrisch in der Gebäudemitte (Bild 124). In diesem Zustand blieb der Bahnhof bis 1861.

Der Böhmische Bahnhof wurde weit außerhalb Dresdens im Süden der »See-Vorstadt« ostwärts an der nach Räcknitz führenden Straße (jetzt Bergstraße) angelegt. Ludwig Richter wohnte bis 1847 vor dem Falkenschlage in einem »reizend gelegenen Gartenhause« ganz in der Nähe des im Bau befindlichen Bahnhofs. In seinen »Lebenserinnerungen« vermittelt er uns etwas vom damaligen Lokalkolorit dieser Gegend:

»Von den stillen Lauben schweifte der Blick ungehemmt über die gleich am Gartenhang beginnenden Kornfelder und Kirschbaumalleen bis hinaus zu den Anhöhen des Plauenschen Grundes. Jetzt lärmen die schrillen Pfeifen der Lokomotive und das Gerumpel der Lastkarren durch Bahngeleise und Straße, welche aus jenen stillen Kornfeldern in die neue, dampfselige Zeit hineingewachsen sind.«

Heute überspannt dort eine weittragende Betonbrücke die westlichen Ausfahrtsgleise des Hauptbahnhofes und die Ammonstraße.

Bereits seit Herstellung der Verbindungsbahn zwischen dem Leipziger bzw. Schlesischen und dem Böhmischen Bahnhof 1852 stieg der Durchgangsverkehr auf diesem stark an. Die 1855 eröffnete Albertbahn Dresden–Tharandt erhielt zunächst in Dresden-Altstadt einen eigenen Endbahnhof, den Alberts-Bahnhof, auf dem Gelände des jetzigen Güterbahnhofs Dresden-Altstadt. Nach dem Weiterbau dieser Strecke bis Freiberg–Chemnitz und zur Einführung der Chemnitzer Linie wurde die völlige Umgestaltung des Böhmischen Bahnhofs erforderlich. Das provisorische Empfangsgebäude genügte schon längst den Bedürfnissen der Residenzstadt nicht mehr.

In den Jahren 1861 bis 1864 wurde der Bahnhof daher grundlegend umgebaut, der Güterverkehr westlich verlegt. Projektierung und Bauausfüh-

Bild 124. Böhmischer Bahnhof in Dresden. Personenschuppen von 1851. Foto um 1860

Bild 125. Böhmischer Bahnhof in Dresden. Ursprünglicher Zustand des 1861 bis 1864 erbauten Empfangsgebäudes. Zeitgenössische Lithographie

Bild 126. Böhmischer Bahnhof in Dresden. Schnitt durch die Bahnsteigdächer mit Verbindungsperron, um 1872

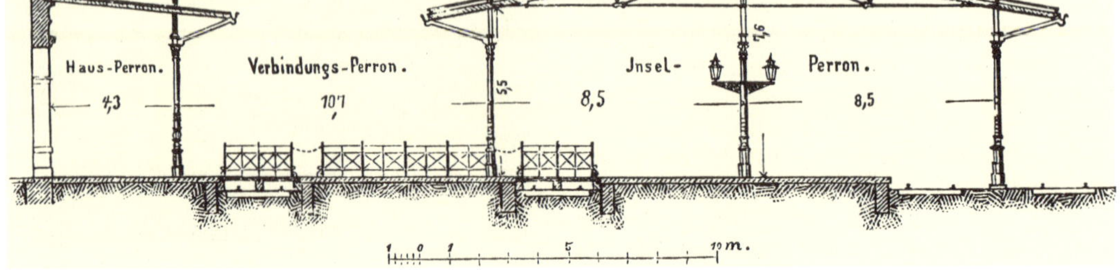

rung leiteten der Geheime Finanzrat, Major v. d. Armee Robert Wilke mit dem Sektionsingenieur E. A. Lehmann. Das am 1. August 1864 fertiggestellte neue Empfangsgebäude entwarfen die Oberlandbaumeister Moritz Haenel und Adolph Canzler. Es war in Seitenlage mit seiner Bahnfront südsüdwestlich einer zehngleisigen Bahnhofsanlage zugeordnet (Bild 125). Der 370 m lange »Hausperron« gestattete die Abfertigung von zwei Zügen. Auch der 1872 erbaute Inselbahnsteig war mit 358 m relativ lang. Beide besaßen Überdachungen auf 297 m beziehungsweise 280 m Länge (Bild 127). Der Zugang zum Inselbahnsteig erfolgte über einen ebenfalls bedachten, mit kleinen Rollbrücken ausgestatteten »Verbindungsperron« (Bild 126). Im Bedarfsfall konnten die Rollbrücken für durchgehende Züge von den Gleisen weggefahren werden. Bei der Umgestaltung und Erweiterung des Bahnhofs 1871 bis 1872 erhielten die beiden Endigungen des »Haus-Perrons« durch rückwärtige Stumpfgleise die Funktion von Zungenbahnsteigen (Bild 128).

Bereits nach dem Übergang der Albertsbahn in Staatsbesitz 1869 mußte der Böhmische Bahnhof auch den Personenverkehr aus Richtung Chemnitz aufnehmen.

Das Hauptgebäude war in den Formen der italienischen Renaissance gehalten, jedoch in seiner kräftigen plastischen Fassadengestaltung ganz der barocken Richtung zeitgenössischer Dresdner Architektur verwandt, die von Semper

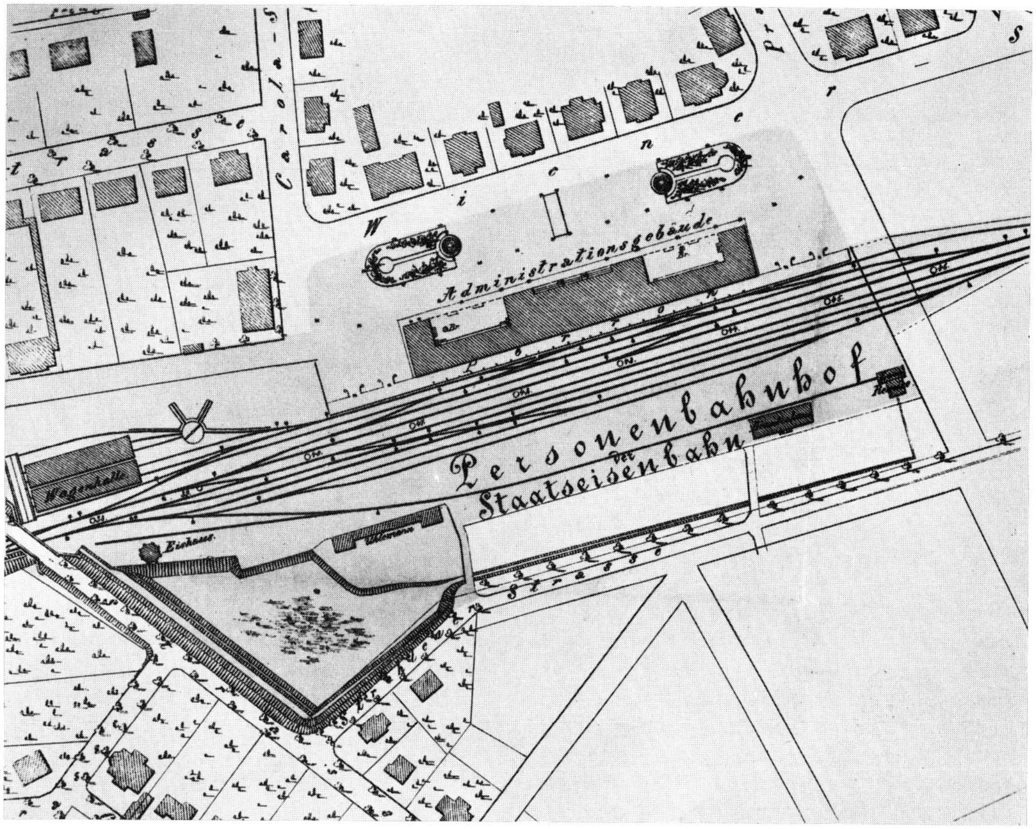

Bild 127. Lageplan des Böhmischen Bahnhofs in Dresden um 1865

Bild 128. Böhmischer Bahnhof in Dresden von Nordwesten um 1890

Bild 129. Böhmischer Bahnhof in Dresden. Mittelbau des Empfangsgebäudes, erbaut 1861 bis 1864

Bild 130. Böhmischer Bahnhof in Dresden. Empfangsgebäude nach der Erweiterung 1869. Foto um 1895

und seinen Nachfolgern unter dem Begriff der »Dresdner Schule« geprägt wurde. So fügte sich auch ein technischen Zwecken dienendes Bauwerk, wie der Böhmische Bahnhof, ohne Stilbruch in das Bild der Stadt. Das 184 m lange Gebäude hatte den typischen fünfteiligen Grundriß mit vier weit vortretenden Flügelbauten. Der verbindende Mittelbau war durch eine große Vorhalle im Erdgeschoß vorgerückt und mit ihrer repräsentativen Säulenarchitektur besonders prächtig gestaltet. In barocker Weise hatten die Giebel der Flügelbauten zur Betonung der vier Achsen attikabekrönte Risalite, die mittleren mit balustergeschmückten Balkons (Bild 129).

Die seitlichen Verbindungsbauten waren ursprünglich eingeschossig und wurden 1869 bis zur Traufe der Flügelbauten hochgeführt (Bild 130).

Von den 3700 m^2 Grundfläche des straff gegliederten Bauwerkes entfielen 1300 m^2 auf die Vorhalle, Wartesäle, Königs- und Restaurationsräume. Um die hufeisenförmige Vorhalle lagen Abfertigungsräume, in der Mitte die »Gepäck- und Billetexpedition«, rechts Wartesäle, Restaurants, Königszimmer und Büros, links vor allem Räume für den Betriebsdienst und das »Ingenieur-Hauptbureau« (Bild 131). In den Obergeschossen befanden sich Büros der Kgl. Generaldirektion der Sächsischen Staatseisenbahnen, Expeditionen und Wohnungen.

Über den Böhmischen Bahnhof verkehrten 1876 täglich 84 Fern- und »Localzüge« in Richtung Bodenbach, Chemnitz, Leipziger, Schlesischer und Berliner Bahnhof sowie nach Pirna und Tharandt, an schönen Sommertagen außerdem bis zu 24 »Extrazüge« für den Ausflugsverkehr. In diesem Jahr reisten 1 067 652 Personen ab und 1 051 230 kamen an. Damit war der Böhmische Bahnhof der am meisten benutzte Bahnhof Dresdens. Deshalb fand der spätere Personen-Hauptbahnhof am gleichen Platz seinen Standort. Mit Fertigstellung des südlichen Teiles des Hauptbahnhofes 1895 wurde der Betrieb des Böhmischen Bahnhofs von den Neuanlagen übernommen, dieser geschlossen und anschließend beseitigt (Bild 132).

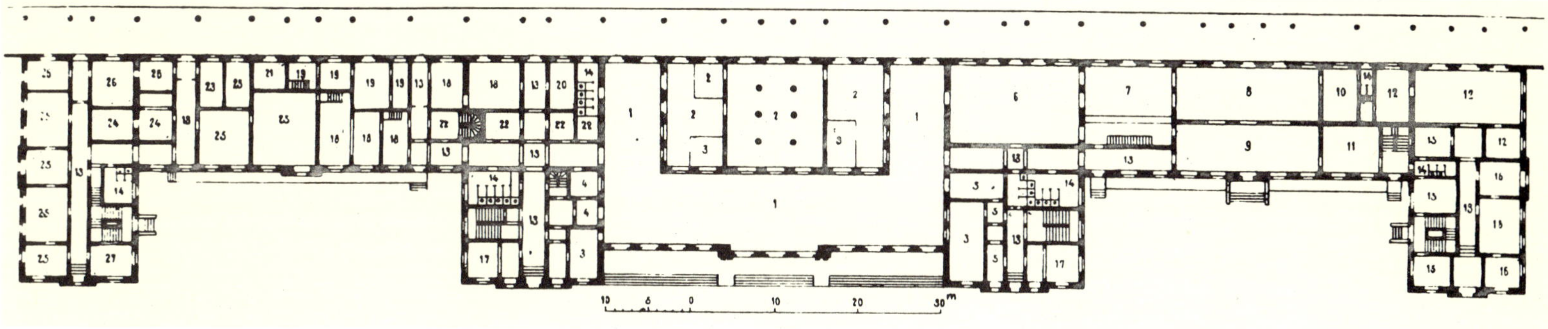

Bild 131. Böhmischer Bahnhof in Dresden. Erdgeschoß-Grundriß des Empfangsgebäudes, erbaut 1861 bis 1864
1 Vorhalle; 2 Gepäckexpedition; 3 Billetexpedition; 4 Portier; 5 Polizei; 6 Wartesaal III. Klasse; 7 Büffetzimmer; 8 Wartesaal I. und II. Klasse; 9 Speisesaal; 10 Toilettezimmer; 11 Reserviertes Zimmer; 12 Königssaal mit Zubehör; 13 Korridore; 14 Aborte; 15 Zimmer des Restaurateurs; 16 Rechnungsexpedition; 17 Zahlstelle der Hauptkasse; 18 Räume für die Bahnhofinspektion; 19 Telegraphenexpedition; 20 Post; 21 Steuer; 22 Geräte- und Magazinräume; 23 Krankenzimmer; 24, 25 Ingenieur-Hauptbüro; 26 Betriebsoberinspektion; 27 Telegraphen-Oberinspektor

Bild 132. Der Böhmische Bahnhof in Dresden von der alten Brücke der Kohlschütter- und Bergstraße aus gesehen. Vorn links alte Wagenhalle, dahinter das Empfangsgebäude von 1864, rechts die Südhalle des neuen Hauptbahnhofes im Bau, 1895

gewählt, da keine Reserveflächen zur Erweiterung der Bahnhofsanlagen zur Verfügung standen. Der Bahnhof konnte den Verkehrsanforderungen daher nur in den ersten Jahrzehnten als Durchgangsstation entsprechen. Auf dem heutigen geräumigen Standort war es nicht nur möglich, für den gestiegenen Güterverkehr ausreichende Gleis- und Abfertigungsanlagen zu schaffen und neue Strecken aufzunehmen, sondern diese auch trassengünstig einzuführen, insbesondere die 1875 eröffnete Strecke Pirna–Dürröhrsdorf (–Arnsdorf/Neustadt), aber auch die inzwischen stillgelegten Strecken nach Berggießhübel–Gottleuba, eröffnet 1880 bis 1905, und nach Großcotta, eröffnet 1894. Das wesentlich größere Empfangsgebäude des neuen Bahnhofs wurde in Insellage errichtet. Architektonisch zeigt es Gestaltungselemente, die schon dem ersten Bahnhofsbau eigen sind, erreicht jedoch nicht dessen Qualität.

Bild 133. Bahnhof Pirna. Erstes Empfangsgebäude anläßlich der Eröffnung der Sächsisch-Böhmischen Staatseisenbahn am 31. Juli 1848

Bahnhof Pirna

Das wohl älteste erhaltene Bahnhofsgebäude der Sächsisch-Böhmischen Eisenbahn steht noch in Pirna, etwa 600 m östlich des heutigen Bahnhofs. Hier entstand die erste Bahnhofsanlage an der Nordwestecke der Pirnaischen Altstadt, wo in Nähe des ehemaligen Klosters die Bahntrasse ans Elbufer heranführt. Sein in Seitenlage südlich der beiden Gleise errichtetes Empfangsgebäude wurde anläßlich der Eröffnungsfeierlichkeiten der Sächsisch-Böhmischen Eisenbahn am 31. Juli 1848 mit der Strecke Dresden–Pirna eingeweiht (Bild 133). Von diesem dreiteiligen Gebäudekomplex, der schon damals einen langüberdachten Hausbahnsteig besaß, ist der östliche zweigeschossige Bau und ein Teil der Zwischentrakte noch vorhanden (Bild 134). Er dient jetzt betrieblichen Zwecken der Bahnmeisterei Pirna.

Das spätklassizistische, mit einigen Elementen der römischen Renaissance gestaltete schlichte Empfangsgebäude wurde außergewöhnlich gediegen aus glattflächigem Elbsandstein-Quadermauerwerk ausgeführt. Es sollte als Baudenkmal der Sächsisch-Böhmischen Eisenbahn erhalten werden.

Die Lage des ersten Pirnaer Bahnhofs zwischen Elbe und Altstadt war recht ungünstig

Bild 134. Erstes Empfangsgebäude des Bahnhofs Pirna, Fragment. Jetzt Bahnmeisterei. Zustand 1977

Die Chemnitz-Riesaer Eisenbahn

Bereits 1835 bildete sich auf Anregung der Generalversammlung des »Industrievereins für das Königreich Sachsen« ein Komitee, das die Eisenbahnverbindung des Erzgebirges und Vogtlandes mit Leipzig und Dresden vorbereiten sollte. Der am 1. Mai 1837 vorgelegte Bericht mit Zeichnungen für eine erzgebirgische Eisenbahn Zwickau–Chemnitz–Riesa erhielt die Zustimmung der Generalversammlung und die staatliche Genehmigung. Nicht nur die auf 3 455 200 Taler kalkulierten Baukosten, sondern auch die technische Ausführbarkeit wurden aber in diesem Bericht unterschätzt. Um das Tal bei Limmritz zu umgehen, wollte man nach englischem Vorbild an den Hängen bei Saalbach zwei feste Dampfmaschinen aufstellen, welche die von Riesa kommenden Züge mit Seilzug über die Steigungen befördern sollten, die von den damaligen Lokomotiven nicht bewältigt werden konnten.

Der Kapitalbedarf stieg im Laufe der Zeit durch die sich bereits beim Bau der Leipzig-Dresdner Eisenbahn erhöhenden Löhne und Materialpreise beträchtlich, infolge der Zurückstellung zugunsten der Strecken Leipzig–Hof und Dresden–Görlitz auf über 5 Millionen Taler. Inzwischen wurden Vermessungsmarken herausgerissen und auf der projektierten Trasse sogar Gebäude errichtet, um höhere Entschädi-

Bild 136. Empfangsgebäude des Bahnhofs Döbeln in Großbauchlitz um 1850. Rechts die alte Wasserstation

Bild 137. Bahnhof Döbeln in Großbauchlitz. Lageplan 1878

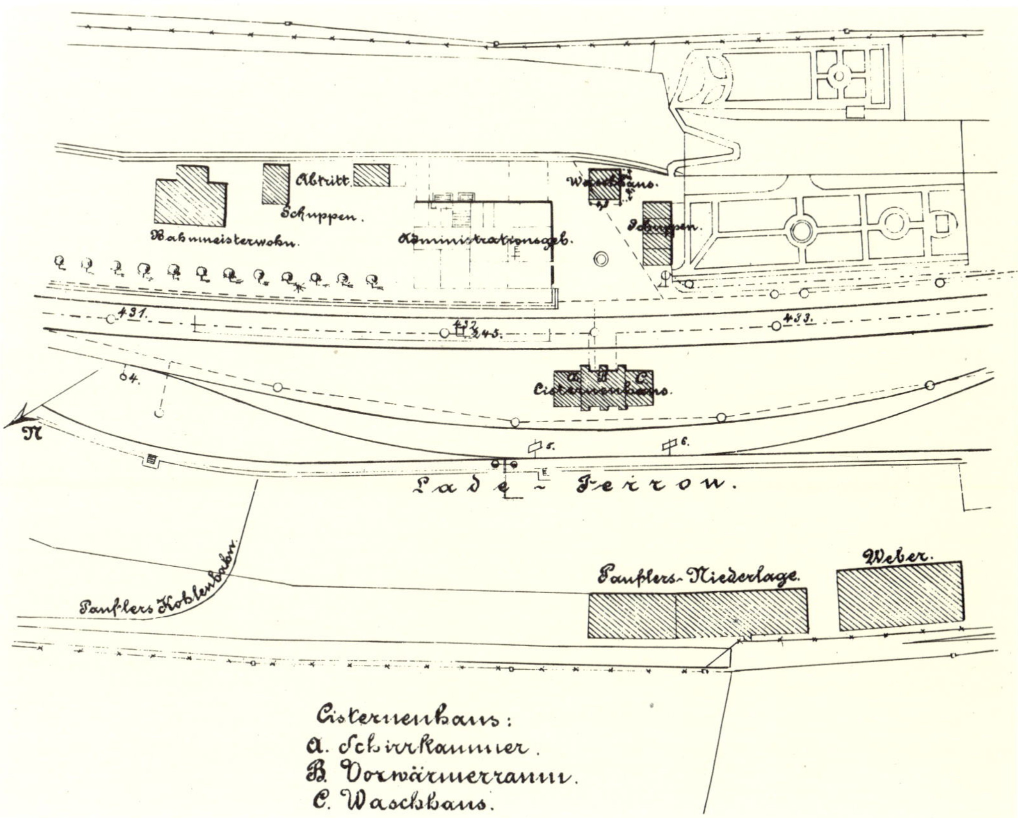

Bild 135. Bahnhof Döbeln in Großbauchlitz. Wasserstationsgebäude von 1847. Ansicht und Grundriß

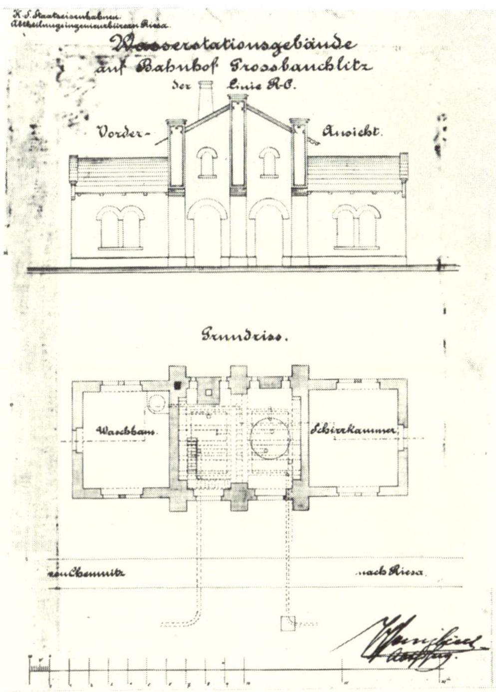

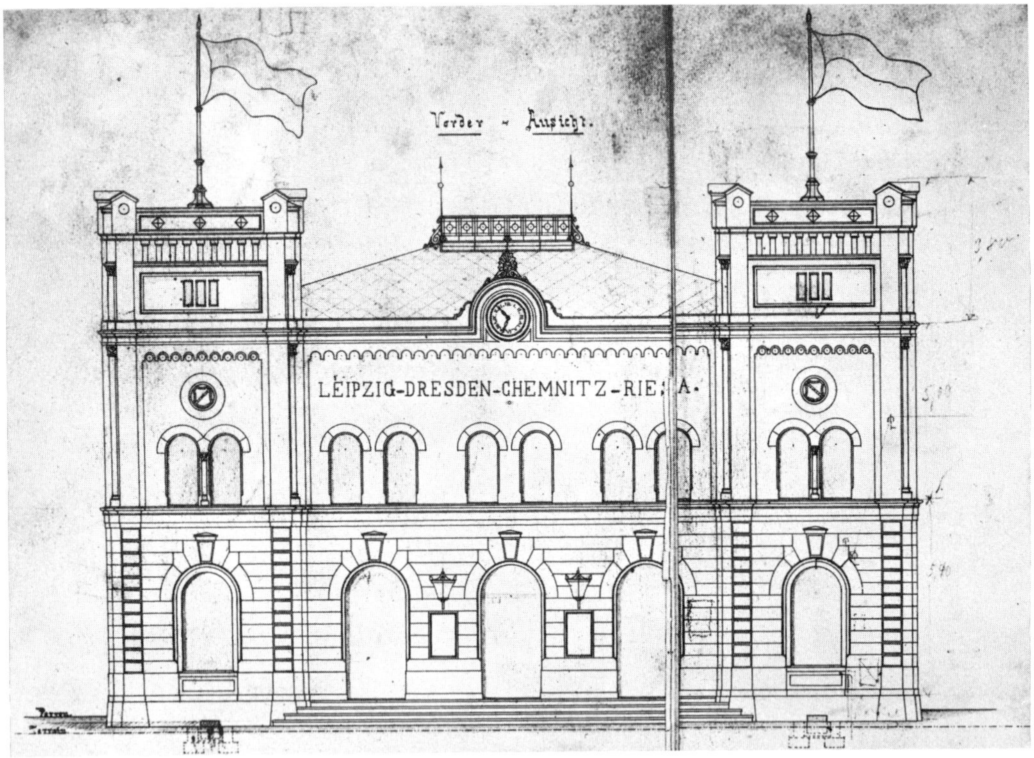

Bild 138. Hauptbahnhof Döbeln. Fassade der Eingangsfront des Empfangsgebäudes. Bauzeichnung, undatiert

Bild 139. Empfangsgebäude des Hauptbahnhofs Döbeln um 1930

gungen zu erzielen! Nach vielen Denkschriften, Audienzen beim König und schwierigen Verhandlungen erhielt die Gesellschaft endlich am 1. Juli 1845 die Konzession für die Teilstrecke Chemnitz–Riesa. Da schon damals voraussehbar war, daß der Bau ohne staatliche Hilfe nicht durchgeführt werden konnte, stellte die Staatsregierung $^{1}/_{4}$ des Aktienkapitals zur Verfügung.

Der Bau begann am 9. Mai 1845 bei Riesa. Am 3. August 1847 konnte die Lokomotive »Elbe« auf der Strecke bis Döbeln die erste Probefahrt ausführen; am 28. August 1847 reiste das Königspaar von Riesa nach Döbeln und am 29. fand hier die erste öffentliche Fahrt statt. Während die Teilstrecke Döbeln–Limmritz daraufhin schon am 22. September eröffnet wurde, gestaltete sich der Weiterbau nach Chemnitz wegen der ungünstigen Geländeverhältnisse außerordentlich schwierig. Gewaltige Viadukte, Stützmauern, kostspielige Fels- und Erdarbeiten verschlangen Riesensummen, so daß diese Strecke als eine der teuersten deutschen Bahnen die »Bankrottmeile« genannt wurde. Die Baurapporte verzeichnen von 1845 bis 1848 21 tödlich verunglückte Bauarbeiter, deren Zahl sich bis zur Fertigstellung der Strecke 1852 wahrscheinlich noch erhöhte. Der Abschnitt Waldheim–Chemnitz spielte im Revolutionsjahr 1848 eine unrühmliche Rolle, indem man hier 1000 Erwerbslose einstellte, um Unruhen in Chemnitz

vorzubeugen! Mitte März 1848 wurden 720 Arbeiter entlassen!

Als das Aktienkapital verbraucht war und auch durch Anleihen neue Mittel nicht zu beschaffen waren, bot die Gesellschaft 1848 die unvollendete Bahn dem Staat an, der sie nach längeren Verhandlungen am 31. Dezember 1850 übernahm und am gleichen Tag die »Königliche Direktion der Chemnitz-Riesaer Staatseisenbahn« mit Sitz in Chemnitz bildete. Danach wurde der Bau fortgesetzt und die Direktion später nach Döbeln verlegt. Der Bau schritt nun zwischen Limmritz und Chemnitz rasch fort, und am 1. September 1852 konnte die Gesamtstrecke Riesa–Chemnitz eingeweiht werden.

Bahnhof Döbeln

Die Stadt Döbeln hatte ihren Bahnhof ursprünglich in Bauchlitz, dem heutigen Großbauchlitz. Als zur Eröffnung der Strecke Riesa–Döbeln am 29. August 1847 der Festzug mit »seinen prachtvollen Wagen« hier gegen 10 Uhr mit Musik und Böllerschüssen begrüßt wurde, bestand das »Empfangsgebäude« nur aus einem leichten Leinwandzelt. Lediglich die für den Betrieb unbedingt notwendigen Einrichtungen, Brunnen und Wasserstation (Bild 136) waren bereits im Juni 1847 fertiggestellt. Güterschuppen und Empfangsgebäude (Bilder 136, 137) wurden wenig später errichtet. Zu dieser Zeit standen schon die »Expeditionsgebäude« in Heiligenborn, Diedenmühle, Steina und Limmritz, die bereits im Mai 1846 fertiggestellt wurden. Offenbar zögerte man mit dem Bau in Bauchlitz wegen der ungünstigen Lage zur Stadt.

Bereits vor der offiziellen Eröffnung reiste das Königspaar am 28. August mit dem ersten Zug von Riesa nach Döbeln. Und als Erste erreichte die Lokomotive »Elbe« den Bahnhof in Bauchlitz am 3. August 1847 nach einer Probefahrt von Riesa aus.

Zwanzig Jahre später, bedingt durch den Bau der Strecke Borsdorf–Döbeln–Meißen, erhielt Döbelns Bahnhof erst seinen jetzigen Standort, wo sich zwangsläufig die Verbindung der Linien Riesa–Chemnitz und Leipzig–Dresden ergab. Der alte Bahnhof Bauchlitz war hierzu topographisch ungeeignet und bot zudem keine Erweiterungsmöglichkeiten. Nachdem auch auf dem neuen Bahnhof Döbeln zunächst »interimistisch« ein »Personeneinsteigeschuppen« als Empfangsgebäude diente, wurde 1868 bis 1870 unter Leitung des Abteilungsingenieurs Bassenge der heutige Hauptbahnhof in Form eines Keilbahnhofs gebaut. Das am 1. Januar 1870 vollendete Empfangsgebäude ist im Aufbau dem alten Zwickauer Bahnhofsgebäude ähnlich, gehört jedoch mit seinen romanischen und gotischen Details und den wehrhaftrepräsentativen Ecktürmen mehr als dieses noch der späten Romantik an. Erstaunlich, wie das aus so vielen unterschiedlichen historischen Elementen und mehreren Baukörpern zusammengesetzte Bauwerk durch die renaissanceartige Fassadengliederung zu einer architektonischen Einheit gestaltet wurde (Bilder 138, 139).

Der Grundriß des Empfangsgebäudes war einfach und zweckentsprechend. Er wurde auch durch den Umbau von 1925 nach Entwürfen von Mirus prinzipiell nicht wesentlich verändert.

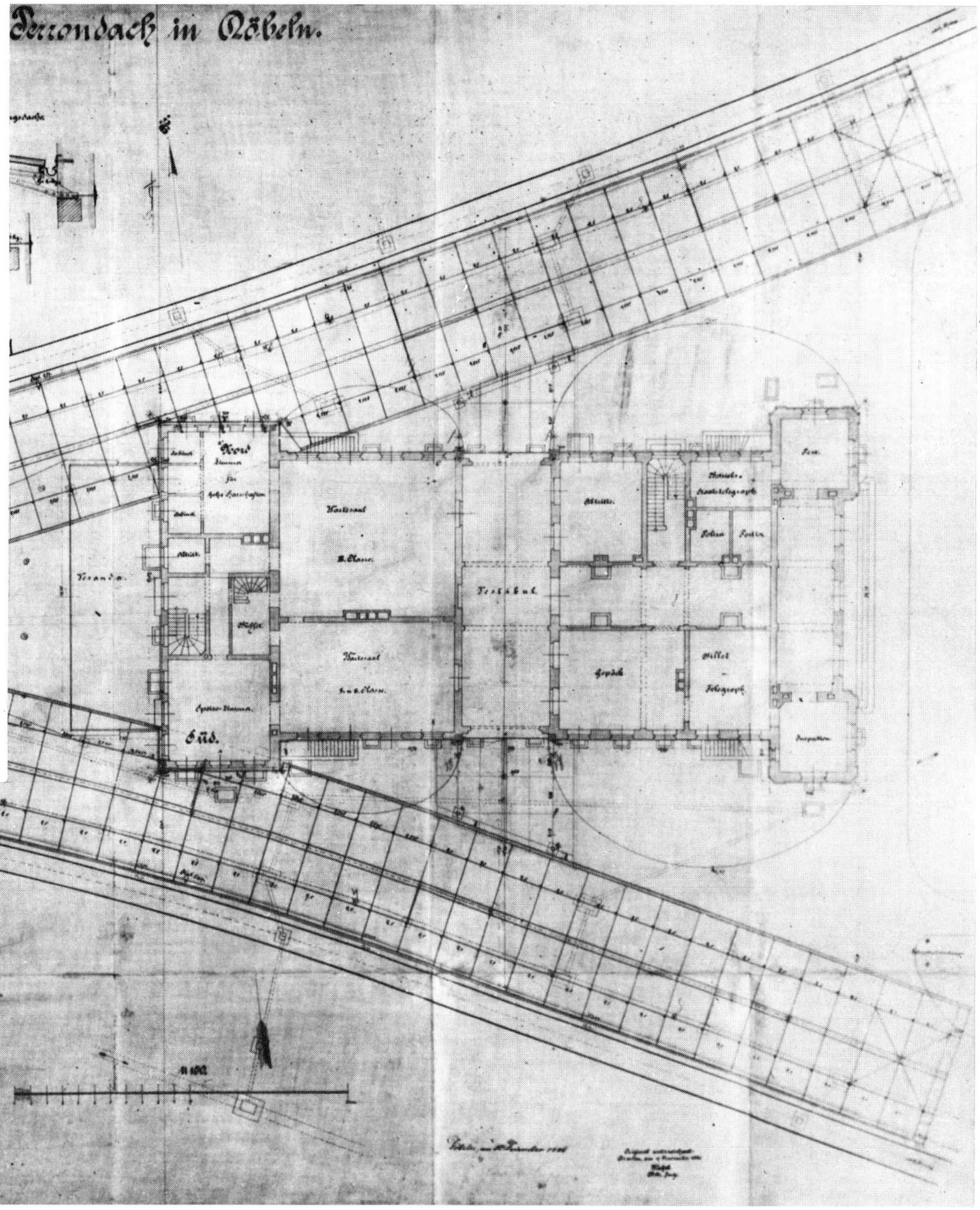
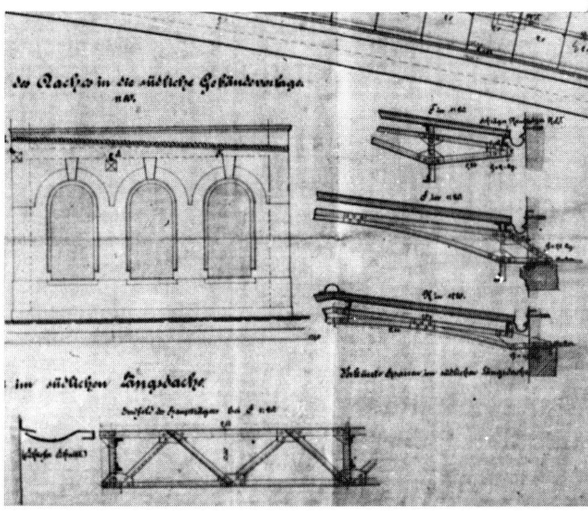

Bild 140. Hauptbahnhof Döbeln. Grundriß des Empfangsgebäudes mit Bahnsteigdächern, 1886

Bild 141. Hauptbahnhof Döbeln. Bahnsteigdach mit verziertem Giebelabschluß aus Zinkblech, 1886

Bild 142. Hauptbahnhof Döbeln. Lageplan von 1892 mit projektierter Pferdebahn

Ursprünglich nahm das Vestibül am Haupteingang die gesamte Breite zwischen den Ecktürmen ein. Im Erdgeschoß des rechten Turms befand sich die Post, im linken die Bahnhofsinspektion. Am anschließenden Durchgang waren rechts Polizei, Portier, Betriebs- und Staatstelegraph, links Billetschalter und Telegraph untergebracht. Dieser Mitteldurchgang stößt auf eine Querhalle, die den Personenverkehr zwischen den Bahnsteigen ermöglicht. Hier sind auf einer Seite Gepäckabfertigung und »Abtritte«, auf der anderen Wartesäle I. und II. sowie III. Klasse gelegen. Von diesen und den Bahnsteigen her zugänglich waren ein Speisezimmer, Büfett und ein »Zimmer für hohe Herrschaften« mit Kabinetten sowie eine diesen Räumen vorgelagerte Veranda am Keilbahnsteig (Bild 140).

1886 erhielten die Bahnsteige »Perrondächer« (Bild 141), deren Konstruktion wegen der Durchdringung und des Anschlusses des Empfangsgebäudes besondere Lösungen erforderte. Im gleichen Jahr wurde das Projekt einer »Straßeneisenbahn« vorgelegt, die zunächst als Pferdebahn den Hauptbahnhof mit der Stadt verband (Bild 142). Größere Veränderungen der Bahnhofsanlage brachten seit 1896 Gleiserweiterungen und Neubauten von Lokomotiv- und Güterschuppen nach 1903. 1925 wurde das Empfangsgebäude umgebaut. Weitere Baumaßnahmen, vor allem gleistechnischer Art, die zur

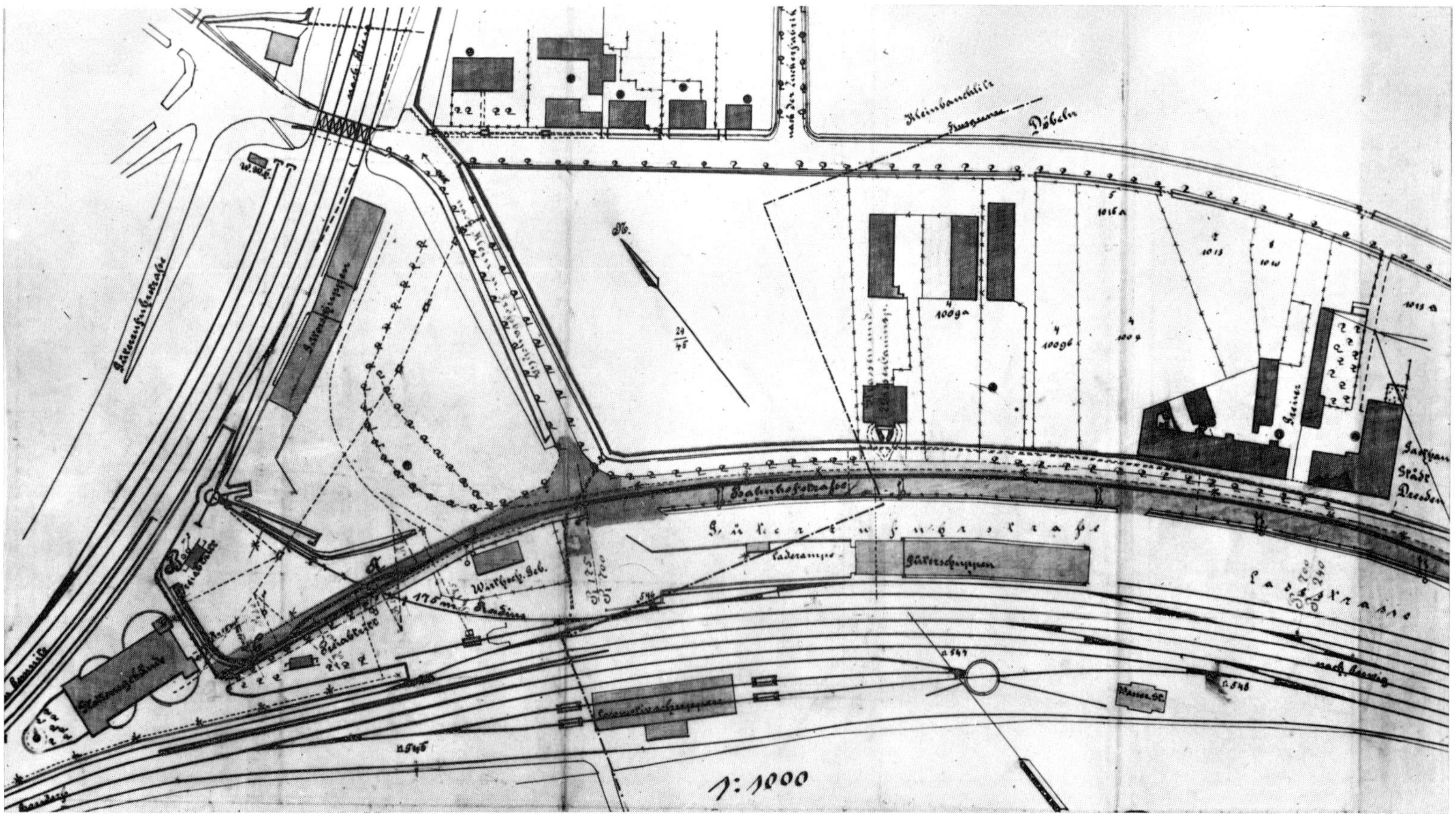

Verbesserung des Knotenpunktes Döbeln beitrugen, erfolgten bis in die Gegenwart.

Nach Eröffnung der »Haltestelle Döbeln Ost« der Borsdorf-Döbeln-Meißner Linie am 25. Oktober 1868 wurde der Bahnhof Döbeln »Hauptbahnhof«. Der Bahnhof Bauchlitz, später Großbauchlitz, führte seit 8. Oktober 1933 die Bezeichnung »Bahnhof Döbeln Nord«.

Mit Inbetriebnahme des letzten Abschnitts Großbauchlitz–Döbeln der Schmalspurbahn Döbeln–Mügeln am 1. November 1884 hatte der Bahnhof Döbeln auch Schmalspurbetrieb, der mit dem Bau der Strecke Döbeln–Lommatzsch später noch wesentlich erweitert wurde. Die Schmalspurbahn Döbeln–Mügeln benutzte zunächst von Döbeln bis zum Abzweig Gadewitz auf 4,31 km Länge die Regelspurstrecke Döbeln–Riesa, während die Schmalspurbahn nach Lommatzsch diese Strecke bis zum ehemaligen Bahnhof Gärtitz mitbenutzte. Dazu war eine dritte Schiene zwischen die Regelspurgleise verlegt. Als bemerkenswerte technische Leistung galt die Führung der Schmalspur durch den vorher nur regelspurigen Anschlußbahnhof Großbauchlitz, der deshalb dreischienige Gleisanlagen erhalten mußte. Sein Weichennetz bot nach Ledig und Ulbricht »eine Fülle von Konstruktionen gemischtspuriger Gleis-, Weichen- und Kreuzungsanlagen, welche – abgesehen von der Größenausdehnung – an Vielseitigkeit den auf den gemischtspurigen Bahnen Englands ausgeführten derartigen Anlagen nicht nachstehen und gegen letztere noch manches Neue bieten«.

Der Personenverkehr ist auf der Strecke Döbeln–Mügeln am 15. Dezember 1964 eingestellt worden; am 31. Mai 1968 beziehungsweise am 30. Mai 1970 wurde abschnittsweise auch die Strecke Döbeln–Lommatzsch stillgelegt.

Bahnhof Chemnitz

Als die Strecke Riesa–Chemnitz am 1. September 1852 eröffnet wurde, traf der festlich geschmückte Zug, gezogen von den Lokomotiven »Riesa« und »Chemnitz«, in der »im Schmuck von Laub- und Blumengewinden, von Teppichen, bunten Fahnen und Spruchbändern« prangenden Stadt »unter Geschützdonner, Glockengeläut und Hochrufen der weit hinaus an den Gleisen zusammengeströmten Massen« noch auf einem provisorischen Bahnhof ein. Er war ursprünglich als 800 m lange Kopfstation inmitten der ehemaligen »Stadtfelder« an der Dresdner Straße angelegt, etwa dort, wo die Petersstraße einmündet. Für den Personenverkehr diente ein im Güterschuppen als »Wartesaal« eingerichtetes zweifenstriges Zimmer (Bild 143).

Die Arbeiten am Bahnhof hatten im Sommer 1845 begonnen, als 250 Erdarbeiter das Bahnhofsgelände planierten und den Unterbau der Strecke nach Riesa in Richtung Furth–Glösa herstellten.

Erst 1854 ist das erste »Administrationsgebäude« des Bahnhofs Chemnitz, der Vorgänger des jetzigen Hauptbahnhofs Karl-Marx-Stadt, vollendet worden. Es befand sich westlich der Gleisanlagen an einem mit Grünanlagen symmetrisch gestalteten Bahnhofsvorplatz. Die Zufahrt geschah über die von der Waisenhausstraße ausgehende »Personenstraße« (heute: Philipp-Müller-Straße) und von der Großen Lindenstraße (heute: Straße der Nationen) durch die Querstraße (Bahnhofsstraße) und Bahnhofsstraße (heute: Kurt-Fischer-Straße).

Der T-förmig verbundene Gebäudekomplex wurde von einem zweigeschossigen Empfangsbau und dem 210 Dresdner Fuß = 59,5 m langen Abfertigungs- und Wartesaalbau mit einem von der Bahnsteigkante zurückgesetzten Laubengang gebildet (Bild 144). Davor lagen fünf Gleise, zwei für den Personenverkehr, zwei für den Güterverkehr sowie ein Rangiergleis (Bild 145).

Bild 143. Eröffnung der Chemnitz-Riesaer Eisenbahn auf dem »interimistischen« Bahnhofe zu Chemnitz am 1. September 1852 mit Ankunft des Königs Friedrich August von Sachsen. Zeitgenössischer Stich von 1852
Bild 144. Empfangsgebäude des Bahnhofs Chemnitz, Gleisseite um 1860. Zeitgenössische Lithographie

Vier Gleise waren bis zur Drehscheibe am Ende des Bahnhofs geführt.

Diese Seitenlage des Empfangsgebäudes gestattete später ungehindert die wohl von vornherein vorgesehene Umgestaltung der Anlage zum Durchgangsbahnhof. Seit der Eröffnung der »Personenhaltestelle« Nikolaivorstadt der nach Zwickau weitergeführten Strecke am 18. November 1858 trug der Chemnitzer Bahnhof, dessen Anlagen damals erstmalig erweitert wurden, die Bezeichnung »Hauptbahnhof«.

Die architektonische Gestalt dieses ersten Chemnitzer Empfangsgebäudes prägten die damals so beliebten, bei vielen öffentlichen Bauten verwendeten mittelalterlich-romantischen, vorwiegend gotisierenden Formen und Details. Bemerkenswert ist seine Komposition nach funktionellen Gesichtspunkten. Dem Vorplatz zugewandt repräsentierte ein barock-risalitartig gegliederter höherer Baukörper die Portalfunktion des Bahnhofs; anschließend entsprach bahnseitig ein verhältnismäßig langer Abfertigungsbau den Verkehrsanforderungen seinerzeit optimal hinsichtlich Größe, Bequemlichkeit und Schutz der Reisenden. Seitens der Stadt bemühte man sich in der Folgezeit, durch die Gestaltung der an den Bahnhof herangeführten Bebauung und weiterer Parkanlagen des Schillerplatzes den ankommenden Reisenden erste beste Eindrücke von der oft geschmähten Industriestadt Chemnitz zu vermitteln.

Natürlich genügte der erste Bahnhof den Verkehrsbedürfnissen der sich sprunghaft entwikkelnden Industriestadt und ihrer industriereichen Umgebung schon bald nicht mehr, obwohl er nach Ansicht von Zeitgenossen »viel zu groß angelegt war«. Neue Verbindungen nach Zwickau (1858), Annaberg (1866), Freiberg und Hainichen (1869), Leipzig und Limbach (1872), nicht zuletzt der enorm wachsende Güterverkehr,

Bild 145. Lageplan des Bahnhofs Chemnitz 1854
Bild 146. Empfangsgebäude des Bahnhofs Chemnitz, erbaut 1869 bis 1872. Zeitgenössischer Stich von Strassberger 1873

Bild 147. Empfangsgebäude des Bahnhofs Chemnitz, erbaut 1869 bis 1872. Inneres der Empfangshalle. Zeitgenössischer Stich von Strassberger 1873

veranlaßten eine laufende Erweiterung des Hauptbahnhofs, zunächst in den Jahren 1858 bis 1860 vor allem für den Güterverkehr. Die rasche Entwicklung der Anlagen des Hauptbahnhofs Chemnitz wird in folgenden Zahlen deutlich:

	1854	1858	1873
Grundfläche der Gebäude	6 095 m²	16 364 m²	47 126 m²
Fläche der Bahnsteige	538 m²	1 283 m²	8 093 m²
Gleislänge insgesamt	5 113 m	19 214 m	41 949 m
Weichen	34	143	233
Drehscheiben	2		13

Nach einem Generalplan begann 1869 die vollständige Umgestaltung des Hauptbahnhofs, die ein neues Empfangs- und ein Postgebäude, Um- und Erweiterungsbauten des Bahnhofs sowie neue Bahnhofswerkstätten auf dem Gelände an der Emilienstraße (heute Reichsbahnausbesserungswerk) umfaßte.

Das neue Empfangsgebäude (Bild 146) wurde nach Entwürfen des Dresdner Architekten Professor R. Eck unter der Oberbauleitung des Betriebsingenieurs für den Bahnhof Chemnitz, M. A. B. Engelhardt, 1869 bis 1872 errichtet. Es besaß für die sieben in Chemnitz einmündenden Linien östlich einen 400 m langen Bahnsteig für den Durchgangsverkehr Dresden–Reichenbach und nördlich drei je 170 m lange Bahnsteige für die hier in einer Kopfstation endenden Züge aus Leipzig, Limbach, Riesa, Annaberg und Hainichen. Die »Perrons« waren mit Dächern aus Guß- bzw. Schmiedeeisenkonstruktionen versehen. Der stattliche Bau umfaßte bei 90,6 m Länge und 43 m Breite 3 900 m² Grundfläche, eingeschlossen eine nach zeitgenössischen Berichten großartige Empfangshalle, die als Lichthof mit Oberlichten ausgebildet war. Mit 54,4 m Länge und 18,1 m Breite hatte sie 985 m² Fläche (Bild 147). Hier befanden sich Kioske für die »Billet-Ausgabe«, Zugänge zu 674 m² großen »Restaurationslocalitäten«, Dienst- und Nebenräume.

Die Ausführung des repräsentativen, wohlproportionierten in leicht-beschwingter Neurenaissance gestalteten Bauwerkes war sehr gediegen. »So lieferte die eisernen Dächer der Perrons (8 127 Ctr.) und des Lichthofes (971 Ctr.) die Maschinenfabrik und Eisengießerei von Jacobi in Meißen, die Granitplatten das bairische Hochgebirge und die Seidlerschen Brüche bei Bautzen, die in Cement auf Betonunterlage ausgeführte Täfelung des Lichthofs (30 400 Plättchen) die Fabrik Villeroy und Boch in Dresden, die Parquetfußböden Voigt und Wenck in Leipzig, die schöne Serpentinsteinlamperie nebst Thürverkleidungen im königlichen Zimmer die sächsische Serpentinsteinwaarenfabrik in Zöblitz im Erzgebirge und das treffliche Uhrensystem die berühmte Uhrenfabrik von Hipp in Neuenburg. Die zur Erwärmung der Parterreräume im Souterrain hergestellten Caloriféren und die zu dieser Luftheizung nöthigen Kanäle wurden vom Civilingenieur Kelling in Dresden ausgeführt, und hat sich diese Einrichtung vortrefflich bewährt ...«.

Doch schon nach wenigen Jahren waren auch die neuen Bahnanlagen von 1872 dem laufend stärkeren und mit moderneren Betriebsmitteln durchgeführten Verkehr nicht mehr gewachsen. Bereits 1873 verkehrten auf dem Hauptbahnhof täglich 82 Personen- und 50 Güterzüge (1854 waren es nur sechs Personen- und vier Güterzüge). Im Dienst befanden sich 39 Lokomotiven, davon acht Rangiermaschinen. Durchschnittlich liefen schon damals 2382 Wagen täglich ein und aus. Eine Zählung ergab seinerzeit, daß eine einzige Weiche an der lebhaftesten Stelle des Rangierbetriebes täglich 354 mal von Maschinen befahren wurde. 1871 kamen in Chemnitz 516283 Reisende an und 445210 fuhren ab.

Deshalb wurde 1896 der Bau des großen Verschiebe- und Umladebahnhofs Chemnitz-Hilbersdorf mit 70 km Gleisen begonnen. Im Stadtgebiet sind zwischen Hauptbahnhof und Kappel die außerordentlich verkehrsbehindernden schienengleichen Wegübergänge durch Unter- und Überführungen ersetzt worden. Dazu mußte die Strecke zum Teil hochgelegt und teilweise in Einschnitte gelegt werden.

1910 erfolgte die letzte große Umgestaltung des Hauptbahnhofes. Die erweiterten Gleisanlagen des Personenverkehrs wurden mit einer modernen 174 m langen, 150 m breiten und 14 m hohen verglasten Bahnsteighalle überspannt (Bild 148). Das Empfangsgebäude von 1872 blieb dabei äußerlich im wesentlichen unverändert. Lediglich im Inneren erfolgten Umbauten.

Die Zerstörungen des zweiten Weltkrieges überstanden die Fassaden des Empfangsgebäudes ebenfalls fast ohne elementare Schäden. Dagegen brannten am 5. März 1945 Wartesäle und Diensträume aus, nachdem kurz zuvor ein abgeschossenes Flugzeug auf das Gebäude gestürzt war.

Bild 148. Bahnhof Chemnitz. Bahnsteighalle, erbaut 1910, von der Albertstraße aus

Die Eisenbahn Dresden–Freiberg–Zwickau

Interessen des Steinkohlenbergbaues, den Plauenschen Grund mit Dresden durch eine Kohlebahn zu verbinden, und der sächsischen Regierung an einer erzgebirgischen Bahn von Dresden nach Freiberg–Chemnitz–Zwickau veranlaßten diese, unter der Bedingung des Rückkaufsrechtes einer Aktiengesellschaft den Bau der Strecke Dresden–Tharandt als ersten Abschnitt zu genehmigen. Daraufhin bildete sich am 11. August 1852 in Dresden ein Komitee, nachdem bereits am 14. April 1852 die Aktienzeichnung stattgefunden hatte. Am 4. Mai 1853 konstituierte sich die Generalversammlung der Aktiengesellschaft für den Bau und Betrieb dieser Bahn sowie einiger zu den Kohlegruben des Plauenschen Grundes führenden Zweigbahnen.

Der Bau begann am 12. September 1853 unter technischer Leitung des Oberingenieurs Brescius. Am 20. Juni 1855 wurde die 13,56 km lange Hauptbahn als »Albertsbahn« in Betrieb genommen. Das teilweise enge, tief eingeschnittene

und gefällereiche Weißeritztal gestaltete die Ausführung der zweigleisigen Strecke recht schwierig. So betrug der Minimalradius 283 m, die Maximalsteigung 1:95 und die Gesamtsteigung von Dresden bis Tharandt 93,73 m (Bild 149). Ausgangspunkt in Dresden war bis zum 1. März 1869 der an der Weißeritz gelegene Albertsbahnhof. An diesem Tage wurde als letzter Bauabschnitt die Strecke Freiberg–Flöha eröffnet und der Personenverkehr aus Richtung Zwickau–Chemnitz auf den Böhmischen Bahnhof eingeführt. Zwischen diesem und der Ausfahrt des Albertsbahnhofes hatte bereits seit 1862 der Bau des Güterbahnhofes Dresden-Altstadt der Sächsisch-Böhmischen Bahn begonnen. Der Albertsbahnhof ist danach in einen Kohle- und Verladebahnhof verwandelt worden.

Der zweite Abschnitt Tharandt–Freiberg kam nicht unmittelbar nach Fertigstellung der Albertsbahn zur Ausführung, obwohl der Bahnanschluß Freibergs und der Kohletransport aus dem Plauenschen Grunde in Richtung Freiberg–Chemnitz ökonomisch dringend geboten waren. Erst nach mehrmaliger Regierungsvorlage stimmte die Ständeversammlung am 22. Juli 1858 dem Projekt zu. Diese geländemäßig noch schwierigere Strecke wurde durch den sächsischen Staat in der Zeit vom 13. September 1859 bis zum 11. August 1862 erbaut. Sie überwindet in den engen Tälern der Wilden Weißeritz und des Seerenbaches bis Klingenberg Steigungen bis 1:40 bei Minimalradien von 225 m. Deshalb waren bis zur Elektrifizierung der Strecke zwischen Tharandt und Klingenberg-Colmnitz in jedem Falle Schiebeloks erforderlich. Neben umfangreichen Felsarbeiten, hohen Stützmauern und einem Tunnel oberhalb Tharandt mußte die Bahn bei Muldenhütten mit hohem Viadukt über die Freiberger Mulde geführt werden. Die 26,39 m lange, im Hinblick auf ihre große Bedeutung als künftige sächsische Ost-West-Verbindung von vornherein zweigleisig ausgeführte Strecke kostete etwa 400 000,– Mark je Kilometer.

Auch beim dritten Streckenabschnitt Freiberg–Flöha mußten erhebliche Geländeschwierigkeiten, vor allem bei der Überquerung der süd-nördlich eingeschnittenen Erzgebirgstäler und zur Bewältigung der großen Höhendifferenz, die mit dem »Oederaner Berg« eine 10 km lange Gefällestrecke 1:50 erforderte, überwunden werden. Der Abschnitt Freiberg–Flöha, 27,14 km, wurde als letzter von 1865 bis zum 1. März 1869 ausgeführt und damit erst die Gesamtstrecke Dresden–Zwickau als große Durchgangslinie befahrbar.

Der vierte, 12 km lange Abschnitt Flöha–Chemnitz kam als Teil der Chemnitz-Annaberger Bahn auf Staatskosten zur Ausführung. Mit dem Bau wurde am 3. September 1862 begonnen und am 1. Februar 1866 konnte der Betrieb eröffnet werden. Zur Zeit der Betriebsaufnahme zwi-

Bild 149. Bahnhof Tharandt der Albertsbahn. Das 1854 bis 1855 erbaute erste Empfangsgebäude zeigte – wie der später errichtete Freiberger Bahnhofsbau Heuchlers – neugotische Elemente. Zeitgenössische Lithographie
Bild 150. Bahnhof Freiberg (Sachsen). Empfangsgebäude um 1910

schen Dresden und Chemnitz erhielt die ursprünglich eingleisig angelegte Strecke ein zweites Gleis.

Als fünfter Abschnitt wurde die Strecke Chemnitz–Zwickau zur Fortsetzung der Linie Riesa–Chemnitz unter der Bezeichnung »Niedererzgebirgische Bahn« geschaffen. Der Bau dieser Staatsbahn begann am 25. Juni 1855. Am 15. November 1858 erfolgte ihre Inbetriebnahme. Mit diesem Tage wurde die Königliche Direktion der Chemnitz-Riesaer Staatseisenbahn in Chemnitz aufgelöst und mit der Königlichen Direktion der sächsischen Staatseisenbahn in Leipzig zu einer »Königlichen Direktion der westlichen Staatseisenbahnen« vereinigt, während die Dresdner Staatseisenbahndirektion die Bezeichnung »Königliche Direktion der östlichen Staatseisenbahnen« erhielt. Damals waren beide Verwaltungen noch nicht durch eigene Bahnen verbunden, da die Leipzig-Dresdner Eisenbahn noch einer Aktiengesellschaft gehörte. Ihre Verbindung erfolgte erst mit Fertigstellung des Abschnittes Freiberg–Flöha am 1. März 1869, nachdem die Albertsbahn als einziger privat gebauter Streckenabschnitt bereits am 1. Juli 1868 mit allen Kohlezweigbahnen für 2 862 800 Taler vom Staat übernommen wurde.

Die technische Oberleitung hatte für alle Abschnitte der Strecke Dresden–Zwickau das technische Mitglied des königlich sächsischen Finanzministeriums, Geheimer Finanzrat Ingenieurmajor v. d. A. Robert Wilke. Bauleitende Oberingenieure waren beim Abschnitt Freiberg–Flöha Karl Sorge, anderweitig Hermann Kell.

Bahnhof Freiberg (Sachs)

Von der Eröffnung des Eisenbahnverkehrs in Freiberg berichtet der »Freiberger Anzeiger«: »Am 11. August 1862 ist endlich auch die Eisenbahnstrecke Freiberg–Tharandt–Dresden dem Verkehre überwiesen worden, und zwar erfolgt die Eröffnung der Linie ab Freiberg mit dem am 11. August früh 6 Uhr nach Dresden abgehenden Zuge. Seitens der Staatsregierung war von der Veranstaltung besonderer Eröffnungsfeierlichkeiten abgesehen worden; doch wurde der Tag seitens der Stadt durch Abhaltung eines Volksfestes und eines anderen Tags stattgehabten Schulkinderfestes gefeiert. Auch traf am Eröffnungstage von Dresden zur Begrüßung der Stadt Freiberg ein vollbesetzter, 19 Waggons zählender, von der Lokomotive »Glückauf« gezogener Extrazug ein, namens dessen Teilnehmer der zu diesen zählende Redakteur der »Dresdner Nachrichten« Drobisch, nach Eintreffen des Dresdner Besuchs auf dem hiesigen Obermarkt an die daselbst versammelte Menge eine zündende Ansprache hielt«. Den »Extrazug« zog übrigens nicht die erste, von Hartmann 1848 gebaute Lokomotive »Glückauf«, die mit ihrer geringen Kraft die Steilstrecke Tharandt–Dresden nicht bewältigt hätte, sondern die 1855 mit der Fabriknummer 231 von Hartmann gelieferte H V^{a}-Güterzuglokomotive gleichen Namens.

Das nach damaligen Begriffen ungewöhnlich großzügig bemessene Empfangsgebäude des Bahnhofs (Bild 150) entwarf der Freiberger Architekt und Professor an der Bergakademie, Eduard Heuchler, nach dessen Plänen unter anderem auch das ganz ähnlich gestaltete Bahn-

Bild 151. Bahnhof Freiberg (Sachsen) um 1865. Zeitgenössische Sepiazeichnung von Gustav Täubert
Bild 152. Bahnhof Freiberg (Sachsen). Empfangsgebäude 1977

hofsgebäude Grimma ob Bf entstand. Als denkmalpflegerisch engagierter Architekt hat sich Heuchler in Freiberg besonders der Erhaltung gotischer Bauwerke gewidmet. Seine Vorliebe für diese Kunstperiode kommt in der Fassadengestaltung der von ihm geschaffenen Bauten zum Ausdruck.

Gotische Halbsäulen, Haupt- und Zwischengesimse gliederten die Flügel- und Verbindungsbauten des fünfteiligen Freiberger Bahnhofsgebäudes skelettartig ähnlich der damals aufkommenden Pfeiler-Wand-Bauweise des Industriebaues. Über Dach geführte zinnenbekrönte Säulenköpfe, Mauerzinnen und ein gotischer Dachreiter für die Bahnhofsglocke sollten das Bauwerk dem Charakter der von der Gotik geprägten sächsischen Silberbergbaustadt anpassen (Bild 151). Selbst die gußeisernen Stützen des langen Hausbahnsteigdaches waren gotisch modelliert.

Bis zur Jahrhundertwende besaß der Bahnhof noch Zwischenbahnsteige mit der Gefahr des Gleisüberschreitens für die Reisenden. Der stark gewachsene Personen- und Güterverkehr erforderte 1900 neben modernen Bahnsteiganlagen den völligen Umbau des Bahnhofs, der nach Eröffnung der Freiberg-Chemnitzer Bahn am 1. März 1869 noch folgende Linien aufnahm:

Freiberg–Nossen	seit 15. Juli 1873,
Freiberg–Mulda	seit 2. November 1875,
bis Bienenmühle	seit 15. August 1876,
bis Moldau	seit 18. Mai 1885,
Freiberg–Mulda–Sayda	seit 1897,
Freiberg–Berthelsdorf–Großhartmannsdorf/Langenau	seit 1890,
Freiberg–Halsbrücke	seit 1890.

Dazu mußten die Gleisanlagen nach Süden erweitert, die Zwischenbahnsteige durch überdachte Inselbahnsteige mit Zugang durch Personentunnel, Straßenübergänge in Gleisebene durch Unterführungen ersetzt werden.

Bei späteren Instandsetzungsarbeiten des Empfangsgebäudes wurden die Fassaden größtenteils ihrer schmückenden Details beraubt und auch die vorwiegend waagerecht betonte Quaderstruktur nicht wiederhergestellt. Von den alten Schmuckelementen blieben lediglich die Sandstein-Halbsäulen der Flügelbauten erhalten (Bild 152). Wenn auch die Modernisierung des Gebäudes architektonisch geschmackvoll ausgeführt ist, so verlor es doch damit seinen ursprünglichen romantischen Charakter gänzlich.

Bahnhof Zwickau

Begünstigt durch einst reiche Steinkohlevorkommen entwickelte sich Zwickau seit Mitte des 19. Jahrhunderts zu einem der bedeutendsten Knotenpunkte der westlichen sächsischen Staatsbahnen. Bereits am 6. September 1845 eröffnete die Sächsisch-Bayrische Eisenbahn ihre Zweigstrecke Werdau–Zwickau und schuf sich damit nicht zuletzt die betriebswichtige Verbindung zu den dortigen Steinkohlebergwerken, die mit zahlreichen Zweigbahnen angeschlossen wurden, von welchen die am 1. November 1854 in Betrieb genommene »Staatskohlenbahn« Zwickau–Bockwa auch allgemeine Verkehrsbedeutung erlangte. Sie bildete später den ersten Abschnitt der am 15. Mai 1858 dem öffentlichen Verkehr übergebenen »Obererzgebirgischen Bahn« Zwickau–Schwarzenberg. Vor ihrer Vollendung wurde diese Bahn bis zur »Königin-

Marien-Hütte« in Cainsdorf, dem größten Eisenwerk Sachsens, noch mit Pferden betrieben.

Schon zwei Jahre vorher erhielt Zwickau 1856 durch den Bau der Verbindungskurve bei Steinpleis eine direkte Linie nach Reichenbach (Vogtl.). Seit 15. November 1858 war Zwickau Kopfstation der Niedererzgebirgischen Linie nach Chemnitz (–Riesa), und am 29. November 1875 eröffnete eine private Gesellschaft die Strecke nach Lengenfeld–Falkenstein mit eigenem Bahnhof in Zwickau; nach Übergang in das Eigentum des sächsischen Staates wurde diese Linie in den Staatsbahnhof Zwickau eingeführt und ihr Bahnhof am 1. Juli 1877 geschlossen.

Der Bahnhof Zwickau galt nicht nur als der verkehrsreichste Sachsens, sondern auch Deutschlands. 1870 »frequentierten« den Bahnhof über 100 fahrplanmäßige Personenzüge, 1895 dazu täglich etwa 200 Kohlezüge. 1900 waren im Zwickauer Gebiet noch 19 Steinkohlebergwerke mit 55 Schächten in Betrieb.

Bild 153. Bahnhof Zwickau (Sachsen). Empfangsgebäude mit Schwarzenberger Abfahrtsseite, um 1858
Bild 154. Hauptbahnhof Zwickau (Sachsen). Empfangsgebäude mit Anbau von 1902. Foto um 1930

Bild 155. Hauptbahnhof Zwickau (Sachsen). Empfangsgebäude 1941

Das Empfangsgebäude der bereits 1845 vorausschauend für die Werdau–Chemnitzer und die später gebaute, hier nach Südosten abzweigende Schwarzenberger Linie als Keilbahnhof konzipierten Anlage wurde vor 1854 vollendet (Bild 153). Mit seiner zweitürmigen, verhältnismäßig schlichten Schauseite war dieser Bau weniger romantisch gestaltet als die ganz ähnlichen Bahnhofsgebäude in Döbeln (Bild 139) und Görlitz (Bild 288) mit ihren Zinnen und anderen mittelalterlichen Architekturformen. Während der mehr als 80 Jahre, die es der Abfertigung des ständig steigenden Personenverkehrs diente, wurde es durch mehrere Anbauten zunehmend verunstaltet (Bild 154).

Doch schließlich konnten weder die alten Bauten des Personenbahnhofs noch der Güterbahnhof die gestiegenen, neuzeitlichen Verkehrsanforderungen erfüllen, so daß in den zwanziger Jahren mit einem großzügigen Umbau und Erweiterung der Anlagen des Hauptbahnhofs Zwickau begonnen wurde. Nach mehrjährigen Vorarbeiten, die neue Gleisanlagen, Über- und Unterführungen einschlossen, begann auch der Bau eines ‚neuen, modernen Empfangsgebäudes, das endlich die oft kritisierten unzulänglich gewordenen Einrichtungen des alten Personenbahnhofs ablöste.

Das vor 1933 von Reichsbahnoberbaurat Falk entworfene hervorragende Bauwerk gehört gestalterisch an die Seite der besten Industriebauten dieser Zeit; der Industriebau nahm damals eine fortschrittliche architektonisch-ästhetische Entwicklung, die ihn vor anderen Gebieten des Bauens auszeichnete. Der überaus schlichte und dennoch repräsentative Klinkerbau des Hauptbahnhofs (Bild 155) wurde in den Jahren 1933 bis 1936 errichtet und am 17. Dezember 1936 eingeweiht. Seine geräumige Empfangshalle, die großzügig gestalteten Verbindungen zu den Bahnsteigen und reichliche Ausstattung mit allen erforderlichen Nebenanlagen genügten bisher jedem Anspruch.

Bild 156. Bekanntmachung der Eröffnung der Borsdorf-Meißner Eisenbahn von Grimma bis Leisnig. Die Eröffnung fand offiziell am 27. Oktober 1867 statt

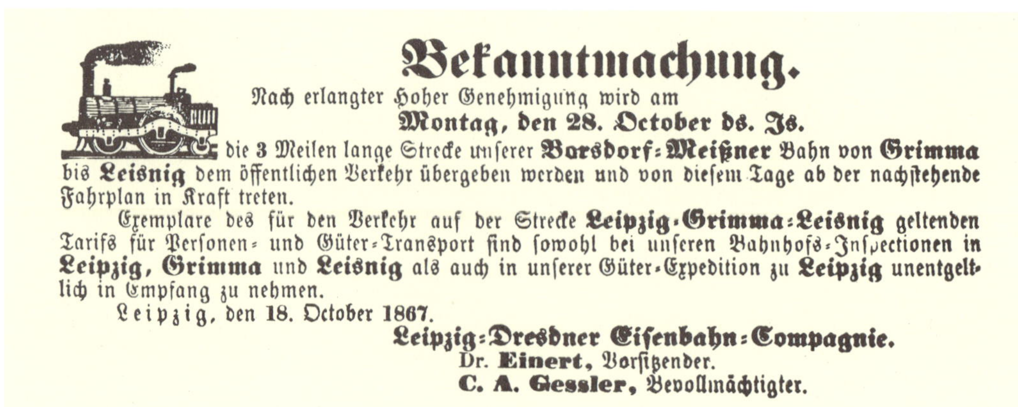

Bekanntmachung.

Nach erlangter Hoher Genehmigung wird am

Montag, den 28. October ds. Js.

die 3 Meilen lange Strecke unserer **Borsdorf-Meißner** Bahn von **Grimma** bis **Leisnig** dem öffentlichen Verkehr übergeben werden und von diesem Tage ab der nachstehende Fahrplan in Kraft treten.

Exemplare des für den Verkehr auf der Strecke **Leipzig-Grimma-Leisnig** geltenden Tarifs für Personen- und Güter-Transport sind sowohl bei unseren Bahnhofs-Inspectionen in **Leipzig, Grimma** und **Leisnig** als auch in unserer Güter-Expedition zu **Leipzig** unentgeltlich in Empfang zu nehmen.

Leipzig, den 18. October 1867.

Leipzig-Dresdner Eisenbahn-Compagnie.
Dr. **Einert**, Vorsitzender.
C. A. Gessler, Bevollmächtigter.

Die Borsdorf-Meißner Eisenbahn

Bereits 1857 veranlaßten die Städte Grimma, Leisnig und Döbeln die »Leipzig-Dresdner Eisenbahn-Compagnie« und die Sächsische Regierung, Verhandlungen wegen des Baues einer Eisenbahn zwischen Borsdorf und Döbeln aufzunehmen, die hier an die Riesa-Chemnitzer Linie angeschlossen werden sollte. Doch entsprechende Vorarbeiten kamen nicht zum Abschluß. 1861 regte der Stadtrat zu Grimma die »Leipzig-Dresdner Eisenbahn-Compagnie« erneut an, Plänen einer Eisenbahn von Borsdorf nach Grimma näherzutreten. Damals setzte sich überdies ein Komitee für die direkte Verbindung Leipzig–Grimma–Döbeln ein, die in Leipzig die Verbindungsbahn bei Stötteritz verlassen und über Fuchshain in Richtung der alten Poststraße Naunhof erreichen sollte. Erst Vorschläge der Stadt Meißen, die Linie Borsdorf–Döbeln bis Meißen zu verlängern und damit eine zweite Verbindung Leipzig–Dresden durch das industriereiche Gebiet zwischen Grimma und Meißen zu schaffen, veranlaßten die Staatsregierung nach schwierigen Verhandlungen, ein entsprechendes Konzessionsersuchen der »Leipzig-Dresdner-Eisenbahn-Compagnie« vom 7. Juli 1864 den Kammern zur Bewilligung zu empfehlen. Daraufhin beschloß die Generalversammlung der Gesellschaft am 23. März 1865 den Bau, der auf $8^1/_2$ Millionen Taler veranschlagt war. Von dieser Summe sollten $2^1/_2$ Millionen in neuen Aktien und 6 Millionen durch eine Anleihe aufgebracht werden.

Unter gewissen Bedingungen, bei deren Nichteinhaltung die Strecke Leipzig–Döbeln auf Staatskosten gebaut werden sollte, wurde am 16. Januar 1866 die Konzession für die Linie Leipzig–Döbeln–Dresden erteilt. Unter anderem übernahm die Gesellschaft darin die Verpflichtung, den direkten Verkehr zwischen Leipzig und Dresden über Döbeln durchzuführen; den Bahnhof Grimma so anzulegen, daß eine direkte Verbindung nach Leipzig, »nach Befinden auch ein Anschluß an eine Chemnitz-Leipziger Bahn ausführbar ist«, im Hinblick auf den beabsichtigten Bau der Muldentalbahn; ferner verpflichtete sich die Gesellschaft zur Herstellung oder Gestattung von Anschlüssen in Döbeln, Riesa und zwischen Röderau und Riesa.

Mit dem Bau wurde schon ein halbes Jahr zuvor am 14. August 1865, 10 Uhr, bei Borsdorf begonnen. Der durch relativ günstiges Gelände führende erste Abschnitt Borsdorf–Grimma konnte bereits am 14. Mai 1866 eröffnet werden.

Am Morgen dieses Tages kam 7 Uhr 15 der erste festlich geschmückte Zug auf dem Bahnhof Grimma an. Der Weiterbau erforderte dann zwischen Großbothen und Meißen wesentlich größeren baulichen und finanziellen Aufwand, vor allem große Brücken, Uferbauten und Felsarbeiten im Muldetal und bei Meißen. Vorübergehend unterbrach außerdem der Krieg 1866 die Bauarbeiten.

Die Betriebseröffnung erfolgte
zwischen Grimma und Leisnig (Bild 156) am 27. Oktober 1867,
zwischen Leisnig und Döbeln am 2. Juni 1868,
zwischen Döbeln und Nossen am 25. Oktober 1868,
zwischen Nossen und Meißen am 22. Dezember 1868.

Bild 157. Bahnhof Beucha-Brandis um 1890. Empfangsgebäude als Typenbau
Bild 158. Bahnhof Beucha. Freiabort 1977

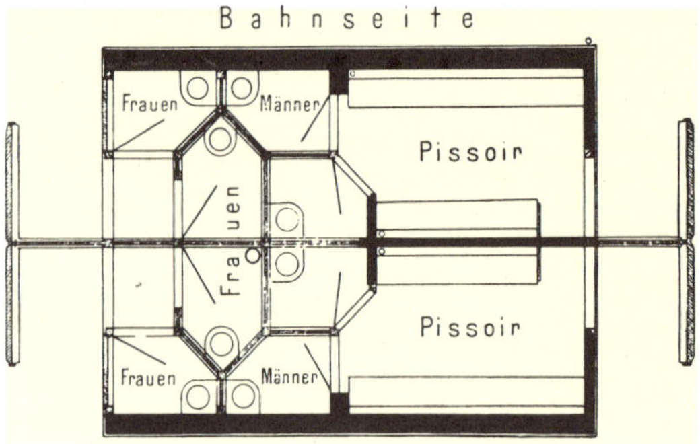

Bahnhof Beucha

Zur Zeit seiner Eröffnung am 14. Mai 1866 diente der Bahnhof Beucha zugleich als Station für die noch nicht an das Eisenbahnnetz angeschlossene, 3 km entfernte Kleinstadt Brandis (Bild 157), die ihren eigenen Bahnhof erst 1898 bekam, als die 3,18 km lange Zweigbahn nach Brandis und später weiter nach Seelingstädt-Trebsen gebaut wurde.

Das kleine Empfangsgebäude erfuhr viele bauliche Veränderungen. Zunächst beherbergte ein niedriger Giebelanbau die Räumlichkeit für Aufsicht, Stellwerk und Telegraph mit 2 Bahnhofsläutewerken in unmittelbarer Nähe (Bild 157). Vor dem Gebäude stand, weit vom Gleis entfernt, ein zweiflügeliges Bahnhofssignal. Später wurden die Diensträume in den südlichen Anbau verlegt und der Giebel des Empfangsgebäudes wieder freigelegt. Die Gleiserweiterungen nach 1898 erforderten besondere Stellwerke.

In einiger Entfernung vom Bahnhofsgebäude ist auf dem Bahnsteig noch ein typischer Freiabort der Sächsischen Staatsbahnen erhalten (Bilder 158, 159). Man sollte über diese seinerzeit kaum anders lösbaren Sanitäreinrichtungen nicht die Nase rümpfen. Sie existierten wenigstens, waren bestens gelüftet und funktionierten ohne Wasser, auch im Winter. Wie steht es heute um diese Bedürfnisse bei vielen Bus-Stationen?

Bahnhof Naunhof bei Leipzig

Bei den kleineren Empfangsgebäuden der Bahnhöfe zwischen Borsdorf und Meißen, ausgenommen die gleichzeitig mit dem Bau der Strecke errichteten, architektonisch aufwendiger gestalteten Bauten in Grimma, Leisnig und Döbeln, ist bereits eine gewisse Typisierung erkennbar. Dies dürfte darauf zurückzuführen sein, daß der größte Teil erst nach Verstaatlichung der »Leipzig-Dresdner Eisenbahn-Compagnie«, die am

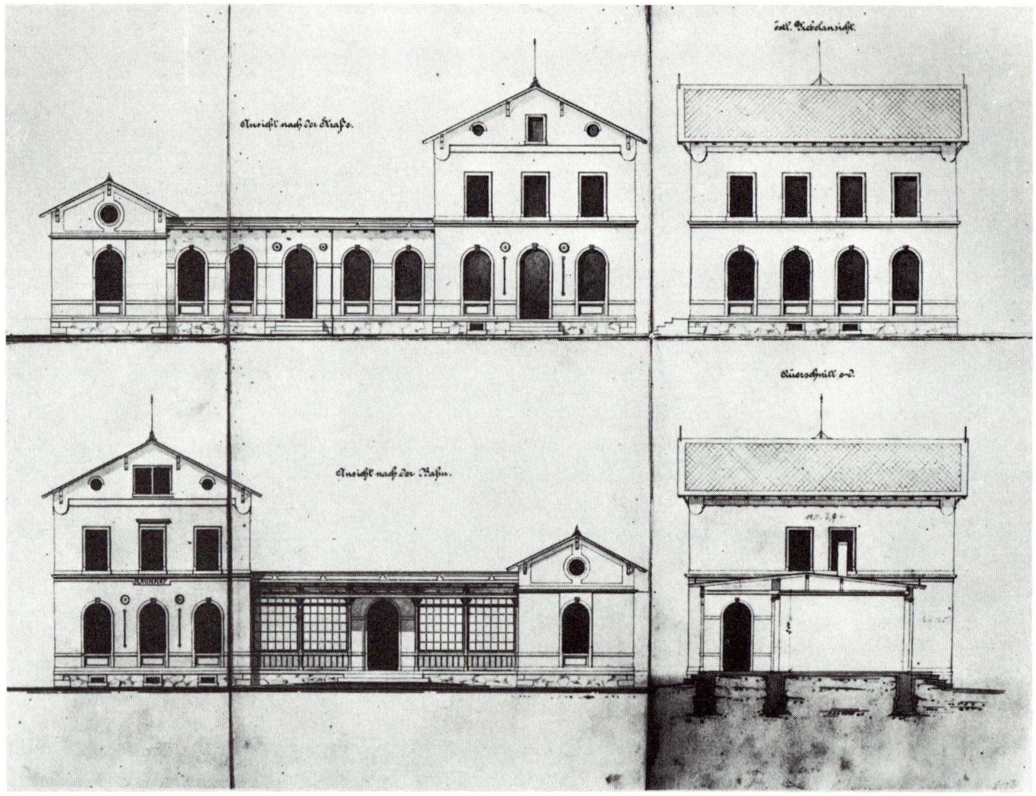

Bild 159. Freiabort auf den Bahnhöfen der sächsischen Staatseisenbahnen. Grundriß. Abgeteilte Toiletten für Bahnsteig- und Straßenseite
Bild 160. Bahnhof Naunhof. Ansichten und Schnitt des Empfangsgebäudes. Bauzeichnung 1885

Bild 161. Bahnhof Naunhof. Empfangsgebäude 1977
Bild 162. Bahnhof Naunhof. Erdgeschoß-Grundriß des Empfangsgebäudes. Bauzeichnung 1885
Bild 163. Bahnhof Naunhof. Alte Wasserstation 1977. Kurz darauf abgebrochen

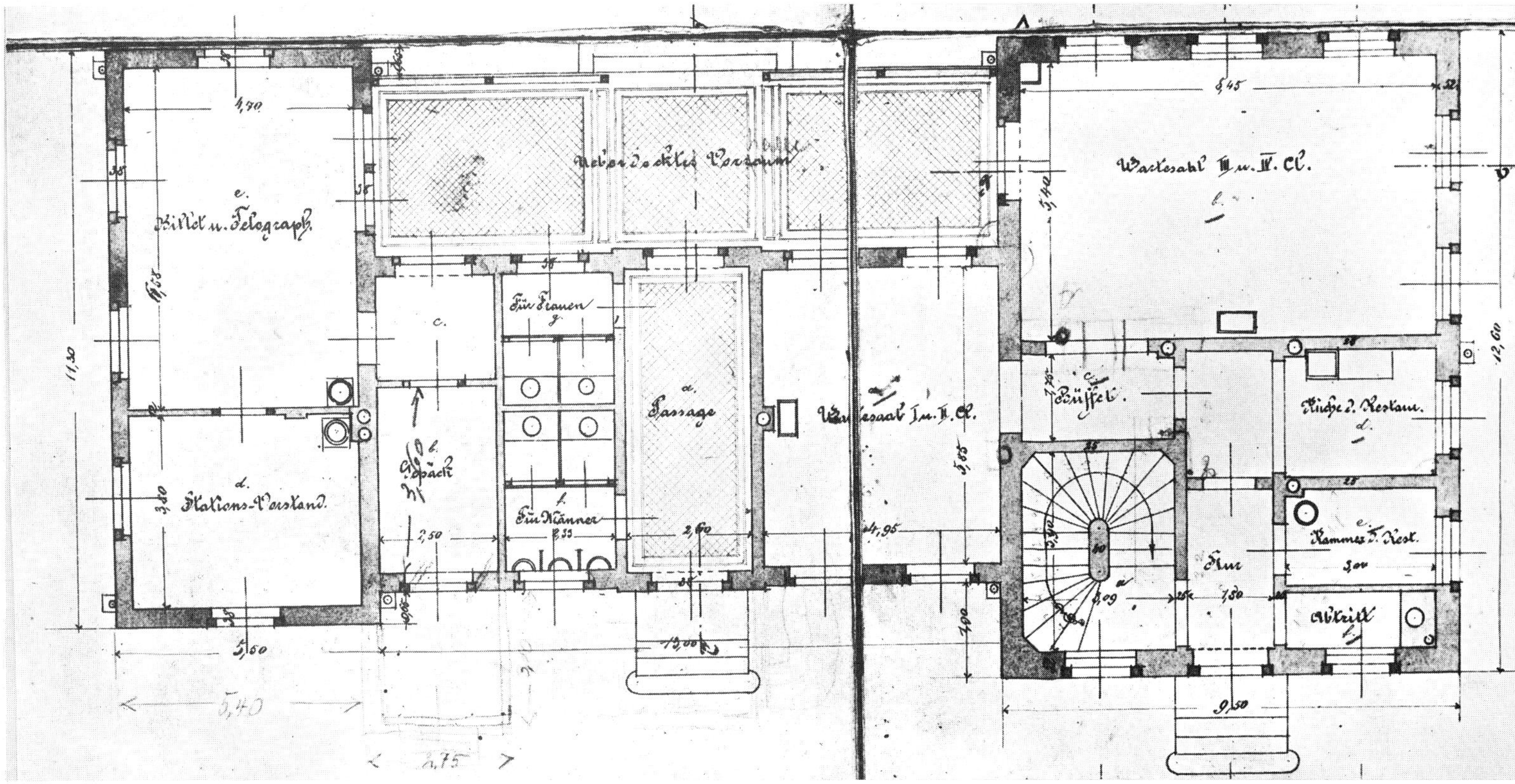

1. Januar 1876 erfolgte, durch die Abteilungs-Ingenieurbüros der »Königlich Sächsischen Staats-Eisenbahnen« errichtet wurde. Je nach Größe und Verkehrsaufkommen des jeweiligen Bahnhofes setzte man Baukörper verschiedener Größe meist in der üblichen Dreiteilung »Betriebsteil-Empfangshalle-Wartesaal und Restaurant« zusammen. Doch wurden die Hauptelemente, vom Bruchsteinsockel bis zur Dachausbildung, und die Einzelheiten der Fassaden, Fenster und Türen so variiert, daß jeder Bahnhof sein eigenes Gesicht erhielt. Wie in Naunhof (Bild 160) sind fast alle Empfangsgebäude dieser Strecke, abgesehen von geringfügigen Umbauten, noch im Originalzustand erhalten. Beim Naunhofer wurde lediglich das kleine Vorhallendach am Bahnsteig verlängert (Bild 161). Natürlich gab es auch damals schon Abweichungen bei der Ausführung der Baupläne. Im Grundriß bekamen Betriebsteil und »Passage«, die verlegt wurde, größere Abmessungen (Bild 162). Der Entwurf zum Stationsgebäude Naunhof stammt von 1885. Bis zu dieser Zeit diente für den Personenverkehr ein provisorischer Bau. Zur Eröffnung des Bahnhofs am 27. Oktober 1867 waren nur die betriebswichtigen Gebäude vorhanden. Die alte Wasserstation (Bild 163) wurde im Dezember 1976 durch Sprengung beseitigt.

Der obere Bahnhof Grimma

Für den oberen Bahnhof in Grimma entwarf Eduard Heuchler das Empfangsgebäude im englischen Tudorstil, einem Gemisch aus Elementen der Spätgotik und der Renaissance (Bild 164). Das im wesentlichen in seiner Ursprungsform erhaltene dreigliedrige Bauwerk

Bild 164. Oberer Bahnhof Grimma. Empfangsgebäude um 1900
Bild 165. Oberer Bahnhof Grimma. Südliche Teilansicht des Empfangsgebäudes mit Bahnsteigdach 1977
Bild 166. Oberer Bahnhof Grimma. Lageplan 1893

(Bild 165) ist ein seltenes Baudenkmal aus der Zeit jener romantischen Architekturauffassung. Von Heuchler stammt auch der Entwurf für das Empfangsgebäude des Bahnhofs seiner Heimatstadt Freiberg (Bilder 150, 151); der ähnlich gestaltete Bau wurde aber bei einer Fassadeninstandsetzung leider vieler Schmuckelemente beraubt (Bild 152).

Die Hauptfront des Grimmaer Bahnhofsgebäudes ist zum geräumigen Vorplatz besonders bewegt gruppiert, und die Eingangsfunktion des weit vorgezogenen Mittelbaues überdies durch den risalitartigen Hallengiebel mit Uhr und Glockentürmchen betont (Bild 164). Beiderseits der Empfangshalle findet sich die übliche Lösung: voneinander getrennt sind im nördlichen Flügel Warte- und Speisesäle der Bahnhofsgastwirtschaft, im südlichen Abfertigungs- und Diensträume untergebracht.

Abgesehen von Gleiserweiterungen und -umbauten zeigt sich die Bahnhofsanlage (Bild 166) mit Stationsgebäude, Wasserstation und Güterschuppen noch im Zustand ihrer Eröffnung am 14. Mai 1866. Nur die kleine Drehscheibe mit 11,80 m Durchmesser an Wasserstation und Kopframpe wurde vor einigen Jahren abgebaut.

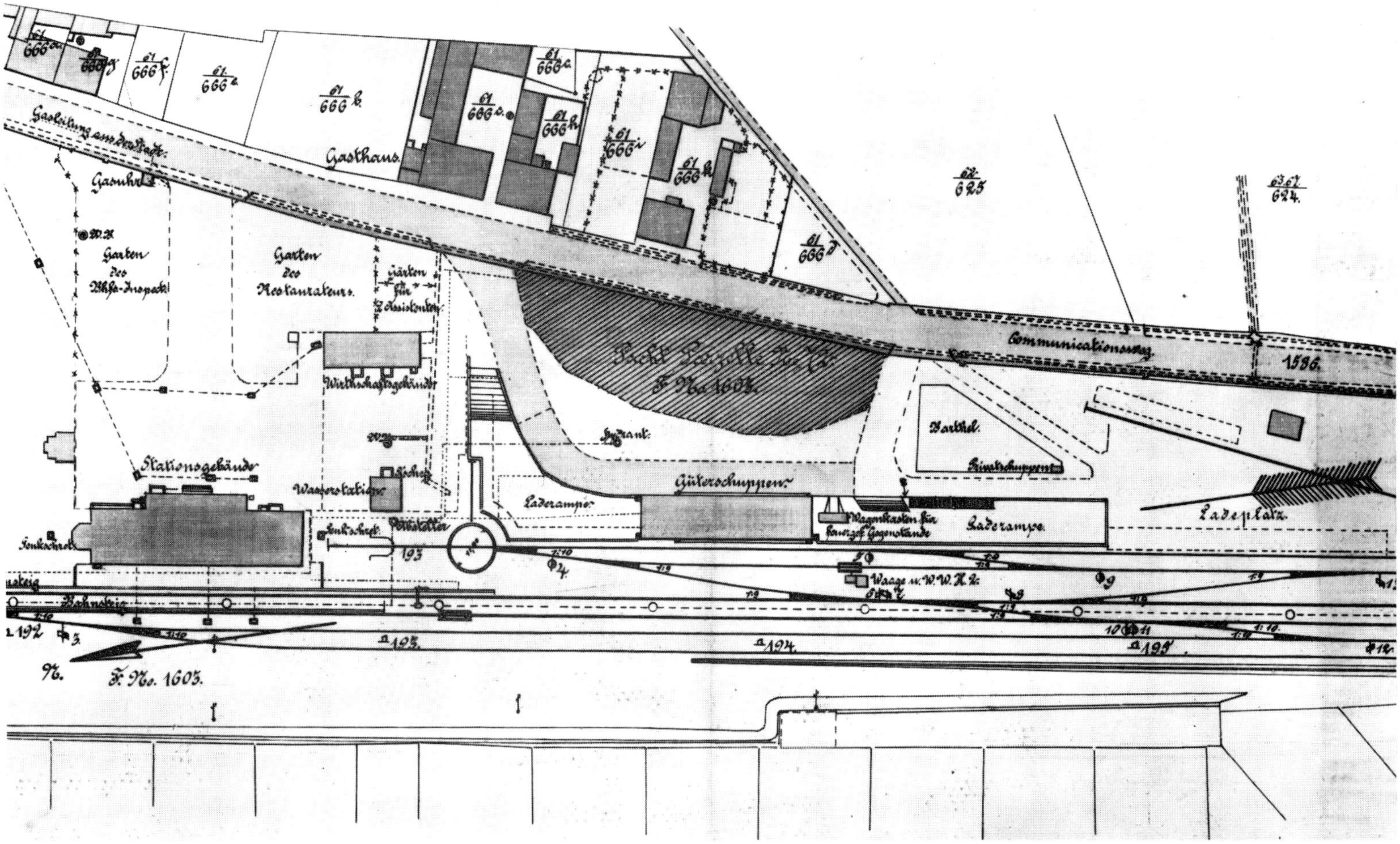

Bahnhof Großbothen

Zur Zeit der Eröffnung des Abschnittes Grimma–Leisnig der Borsdorf-Meißner Eisenbahn am 28. Oktober 1867 galt die zwischen beiden Städten auf Kleinbothener Flur eingerichtete Haltestelle als »Bahnhof für Colditz in Großbothen«. Die bis zum Bau der Muldentalbahn abseits vom Eisenbahnverkehr gelegene Stadt Colditz erhielt vorläufig Verbindung durch »Fahrposten« (Postkutschen) zwischen dem Postamt Colditz und dieser Haltestelle, die zu den Zügen verkehrten. Das südlich der Gleise in Seitenlage errichtete, jetzt Wohnzwecken dienende Empfangsgebäude war damals noch nicht fertiggestellt. Ein zeitgenössischer Bericht schildert die primitiven Verhältnisse auf dem Bahnhof: »In Großbothen mangelt gegenwärtig jede Unterkunft der Passagiere. Doch soll hierzu demnächst provisorisch eine Baracke aus Holz errichtet werden. Sogar ein Handwagen für die Postumladungen wird zugesagt.«

Auch das stattliche von der Muldental-Eisenbahngesellschaft 1875 bis 1876 gebaute »Insel«-Empfangsgebäude (Bild 167) hatte zunächst einen behelfsmäßigen Vorgängerbau, als am 9. Dezember 1875 der Abschnitt Rochlitz–Großbothen der Muldentalbahn eröffnet wurde. Wie allgemein üblich, kamen besonders auf kleineren Bahnhöfen zuerst die für den Betrieb unentbehrlichen Bauten, Wasserstation und Lokomotivbehandlungsschuppen (Bild 168) zur Ausführung.

Bild 167. Bahnhof Großbothen. »Insel«-Empfangsgebäude von Nordwesten um 1914

Als Schnittpunkt zweier Bahnlinien entwikkelte sich der Bahnhof Großbothen allmählich zu einer ausgedehnten Anlage. Sein Einzugsbereich vergrößerte sich noch durch Aufnahme des Vorortverkehrs von Leipzig und der am 3. Oktober 1937 eröffneten Strecke Borna–Bad Lausick–Großbothen. Vier neue Stellwerke gestalteten den Betriebsablauf auf den etwa 1,5 km langen Gleisanlagen übersichtlicher. Der angestiegene Zug- und Rangierbetrieb führten dazu, daß die Colditzer Straße und die hier zwischen zwei niveaugleichen Bahnübergängen abzweigende Stichstraße zum Insel-Empfangsgebäude häufig blockiert waren. Schon 1934 wurden daher beide Kreuzungen an der westlichen Bahnhofsausfahrt durch Stahlbetonbrükken über die in Einschnitte tiefergelegte Straße beseitigt. 1938 erhielt der Bahnhof moderne

Bild 168. Bahnhof Großbothen. Wasserstation und Lokomotivschuppen von Nordosten 1977. 1981 Abriß
Bild 169. Bahnhof Tanndorf. Empfangsgebäude um 1900

Bahnsteiganlagen mit Quertunnel und zwei großen Inselbahnsteigen zusätzlich zu den beiden Hausbahnsteigen, die weitgehend überdacht waren. Damit entfielen die nicht gefahrlosen Zwischenbahnsteige.

Nach dem zweiten Weltkrieg verlor der Bahnhof Großbothen seine Funktion als Knotenpunkt, nachdem die Strecken nach Bad Lausick–Borna und die Muldentalbahn nach Grimma unt Bf–Wurzen außer Betrieb gesetzt wurden.

Bahnhof Tanndorf

Beim Bau der meisten Empfangsgebäude der 1866 bis 1868 geschaffenen Borsdorf-Meißner Eisenbahn bediente sich die wirtschaftlich geleitete Leipzig-Dresdner Eisenbahn-Compagnie des schon seinerzeit als vorteilhaft erkannten Typenbaues. Nur die Städte Grimma, Leisnig und Döbeln erhielten architektonisch individuell gestaltete Empfangsgebäude. Sonst wurden Typenbauten errichtet, zum Beispiel Gebäude mittlerer Größe in Nossen (Bild 173) und Roßwein (Bild 174), kleine Empfangsgebäude in Beucha (Bild 157) und für den am 27. Oktober 1867 eröffneten Bahnhof Tanndorf (Bild 169), die in allen Einzelheiten, auch der später für den Stationsdienst angefügten Giebelanbauten, völlig gleich ausgeführt waren.

Bahnhof Leisnig

Der am 27. Oktober 1867 mit dem Streckenabschnitt Grimma–Leisnig der Borsdorf-Döbeln-Meißner Eisenbahn eröffnete Bahnhof Leisnig besitzt ein sehenswertes Ensemble alter Dienst- und Betriebsgebäude in meist ursprünglichem Zustand, wie man es nur noch selten antrifft.

Vermutlich wurde das Empfangsgebäude (Bild 170), dessen architektonische Verwandtschaft mit dem Grimmaer Bahnhofsbau (Bild 164) unverkennbar ist, auch von Eduard Heuchler entworfen. Gliederung und Gesamtgestaltung der fünfteiligen Bauten, die sich im wesentlichen nur in den Details unterscheiden, lassen diesen Schluß zu. Bemerkenswert, daß trotz Verwendung verschiedener Einzelelemente, Segmentbogen- statt Rundbogenfenster, zusätzlicher Rundbogenfriese usw. sowie trotz variierter Komposition der Baukörper Gebäude

Bild 170. Bahnhof Leisnig. Empfangsgebäude um 1930
Bild 171. Bahnhof Leisnig. Alte Wasserstation 1977
Bild 172. Bahnhof Leisnig. Lokomotivschuppen 1977

mit so verwandtem Gesamteindruck entstanden.

Funktionell ist das Leisniger Empfangsgebäude wie das Grimmaer nach dem üblichen Schema gegliedert: an die mittige durchgehende Eingangshalle schließen sich auf der einen Seite Wartesäle mit Bahnhofswirtschaft, auf der anderen Fahrkarten- und Gepäckabfertigung sowie Diensträume an. In den Stockwerken der Flügelbauten sind Wohnungen.
Da Leisnig seine ursprüngliche Funktion als Zwischenbahnhof behielt und auch später weitere Strecken hier nicht angeschlossen wurden, erfuhren die Bahnhofsanlagen, abgesehen von einigen zusätzlichen Gleisen und der Anlage des Inselbahnsteigs mit Personentunnel zur flüssigeren und gefahrlosen Kreuzung der Personenzüge, keine größeren Veränderungen. Die alten Betriebsgebäude genügten im wesentlichen bis in die Gegenwart den Anforderungen. Noch erhalten ist die alte Wasserstation in typischem dreiteiligen Aufbau, das »Wasserhaus« mit Hochbehälter und darunterliegender Vorwärmanlage im Erdgeschoß sowie beiderseits eingeschossige Anbauten, die als Pumpenhaus, »Schirrkammer« und Kohleschuppen dienten. (Bild 171)

Auch der etwas später ganz aus Holz hergestellte eingleisige Lokomotivschuppen für zwei Maschinen in Tandemaufstellung steht noch (Bild 172). Interessant sind seine eigentümlichen Lüftungsaufsätze mit verspannten Rauchabzügen. Die Form der Fensterschrägen ergibt sich durch die aussteifenden Kopfbänder der Holzkonstruktion.

Bahnhof Roßwein

Fast gleiche typische Empfangsgebäude wurden für die am 25. Oktober 1868 eröffneten Bahnhöfe Nossen (Bild 173) und Roßwein (Bild 174) errichtet. Diese bei kleineren Bahnhöfen bevorzugte Gebäudestruktur mit quergestellten Seitenflügeln hatte funktionelle Gründe. An der eingeschossigen Eingangs- und Wartehalle waren jeweils in einem Flügel Betriebs- und Abfertigungsräume, im anderen Wartesaal und Bahnhofsgastwirtschaft, in den Obergeschossen Dienst- beziehungsweise Privatwohnungen. Die

Bild 173. Bahnhof Nossen. Empfangsgebäude um 1880
Bild 174. Bahnhof Roßwein. Teilansicht des Empfangsgebäudes um 1890. Die Lokomotive im Hintergrund ist eine 1B n2, sä. II, gebaut von Hartmann etwa 1864 bis 1865
Bild 175. Bahnhof Roßwein 1910. Die Lokomotive ist eine 1B n2v, sä. IIIb V, von Hartmann ab 1889 gebaut für 70 km/h Höchstgeschwindigkeit

im Obergeschoß freistehenden Flügelbauten konnten allseitig mit Fenstern versehen werden.
Am Roßweiner Empfangsgebäude ist nur wenig verändert worden. Die Südwestfassaden der Obergeschosse erhielten wetterschützende Holzverschalungen und das Vorhallendach wurde bis an die Hausbahnsteigkante vorgezogen (Bild 175). Das etwa 1890 hergestellte Foto (Bild 174) zeigt den ursprünglichen Zustand des Empfangsgebäudes ohne Bahnsteigdach. Auch die Bahnhofsanlage (Bild 176) hat im wesentlichen noch die ursprüngliche Gestalt. Seit 28. August 1874 nahm der Bahnhof noch die Linie Roßwein–Hainichen auf.

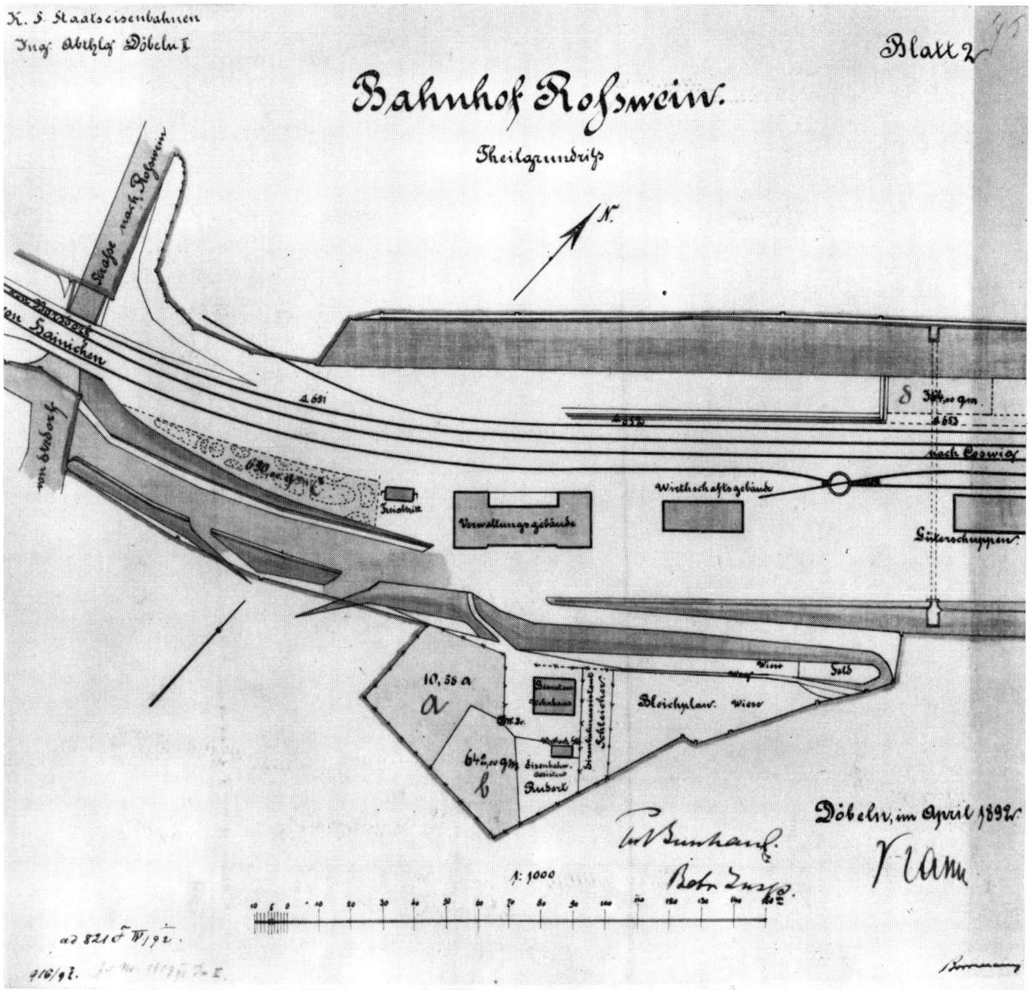

Bild 176. Bahnhof Roßwein. Lageplan 1892

Die Sächsisch-Thüringische Eisenbahn

Fast zwanzig Jahre später als Plauen, Reichenbach und andere an der »Sächsisch-Bayrischen Eisenbahn« gelegene Orte wurde Greiz, die »Perle des Vogtlandes«, bereits in der Mitte des 19. Jahrhunderts eine Stadt mit bedeutender Textilindustrie, an das Eisenbahnnetz angeschlossen. Der 1864 gebildeten »Greiz-Brunner Eisenbahn-Gesellschaft« gelang es, Greiz mit der sächsisch-bayrischen Bahn zu verbinden. Ihre Linie Greiz–Neumark wurde am 23. Oktober 1865 dem öffentlichen Verkehr übergeben. Sie endete als Stichbahn im ersten Bahnhof von Greiz, dem heutigen Bahnhof Greiz-Aubachtal.
Zur Erschließung des Vogtlandes um Elsterberg und des landschaftlich reizvollen Elstertales sowie zur Herstellung einer Verbindung nach Böhmen (Eger) gelang es 1872 der aus einem Verein Greizer Bürger hervorgegangenen »Sächsisch-Thüringischen Eisenbahn-Gesellschaft« nach schwierigen Verhandlungen mit der Königlich Sächsischen, Großherzoglich Sächsischen und Fürstlich Reußischen Regierung, die Konzession zum Bau und Betrieb einer Eisenbahn von Wolfsgefährt (Gera) über Greiz nach Weischlitz (Plauen) zu erhalten. Diese »Sächsisch-Thüringische Bahn« wurde
zwischen Wolfsgefährt und Greiz am 17. Juli,
zwischen Greiz und Plauen am 8. September
und zwischen Plauen und Weischlitz am 20. September 1875 eröffnet.

Bahnhof Greiz

Im Bereich der Stadt Greiz mußte die Bahn mittels Tunnel durch den Schloßberg geführt werden, um die Parkanlagen der Greizer Fürsten nicht zu berühren. Das alte Empfangsgebäude des unweit des Schloßbergtunnels gelegenen Bahnhofs war ein schlichtes Bauwerk mit geräumigem Kernbau und Anbauten verschiedener Höhe und Tiefe (Bild 177). Im niedrigen Flügel befand sich die »Restauration«. Denselben Bau mit gleicher Gliederung der aufgetragenen Putzfassaden, rundbogigen Fenstern und Türen, flachgeneigten Pfettendächern mit Giebelzier der Windbretter und Firste errichtete die Bahngesellschaft an der Strecke auch für den unteren Bahnhof in Plauen (Bild 178). Die Bahnanlagen

projektierten der Landbaumeister Oberländer, Greiz, und die Dresdener Eisenbahnbauingenieure Sorge und Stabenow. Die bereits früher beabsichtigte, aus technischen und finanziellen Gründen noch nicht ausgeführte direkte Verbindung der Greiz-Brunner mit der Wolfsgefährt-Weischlitzer Linie zwischen den Bahnhöfen Greiz und Greiz-Aubachtal konnte erst am 15. Oktober 1879 fertiggestellt werden, nachdem im Stadtgebiet ein weiterer, über 200 m langer Tunnel unter dem Nordwestausläufer des Hainberges hindurchgeführt war. Danach wurde der ältere Bahnhof Greiz-Aubachtal für den Personenverkehr geschlossen und nur noch als Ladestelle für den Güterverkehr benutzt. Seit dem 1. Oktober 1886 ist er auch wieder Personenhaltestelle beziehungsweise Personenbahnhof.

Bild 177. Bahnhof Greiz um 1890

Bild 178. Unterer Bahnhof Plauen (Vogtland) um 1890. Empfangsgebäude von Osten

Bahnhof Plauen (Vogtl) unt Bf

Mit Inbetriebnahme der Elstertalbahn Greiz–Plauen wurde am 8. September 1875 als dritter Bahnhof Plauens der »$^{1}/_{4}$ Stunde südwestlich des Altmarktes« an der Elster angelegte Untere Bahnhof eröffnet. Der gewählte Standort war sowohl für die Herstellung der Gleis- und Bahnhofsanlagen als auch für Industrieanschlüsse recht günstig. Sein Empfangsgebäude (Bild 178), einen mit stark profiliertem Quaderputz und Gesimsen gegliederten, mehrteiligen Bau, ließ die Bahngesellschaft nach dem gleichen Entwurf, wie er dem Bahnhof Greiz zugrunde lag (Bild 177), errichten. Diese schlichten, gegenüber vielen späteren »Repräsentationsbauten« vergleichsweise klassisch erscheinenden Bahnhofsbauten sind schöne Beispiele für die Bemühungen unbekannter zeitgenössischer Baumeister um die Gestaltung auch bei kleineren Bauaufgaben.

Der restliche Streckenabschnitt der Elstertalbahn bis Weischlitz konnte bereits am 20. September 1875 dem Betrieb übergeben werden. Seit der Fertigstellung der Nebenbahn Plauen–Chrieschwitz–Lottengrün bestand außerdem eine – inzwischen stillgelegte – direkte Verbindung nach Falkenstein. Heute besitzt der Bahnhof Plauen unt Bf noch große Bedeutung für den Personen- und Güterverkehr der Strecke Gera–Plauen–Weischlitz (–Bad Brambach–Karlovy Vary). Das alte, im zweiten Weltkrieg bei Luftangriffen zerstörte Empfangsgebäude wurde durch einen modernen Neubau ersetzt.

Die Berlin-Dresdner Eisenbahn über Elsterwerda

Unter den günstigen wirtschaftlichen Bedingungen des Jahres 1870 bildete sich ein Komitee für die Eisenbahn Berlin–Zossen–Baruth–Kirchhain–Dobrilugk–Elsterwerda–Großenhain–Dresden. Diese Verbindung war gegenüber der Strecke über Röderau 14,8 km kürzer. Aufgrund der 1871 eingereichten Vorarbeiten wurde am 24. Juni 1872 die landesherrliche Konzession erteilt. Am 6. Juli 1872 kam es zum Abschluß eines Staatsvertrages zwischen Preußen und Sachsen wegen der Herstellung der Bahn, die 1873 durch eine Aktiengesellschaft begann. Im Vergleich zu manchen anderen Privatbahnbauten dieser Zeit erfolgte der Streckenausbau sehr großzügig und sorgfältig. Kurven unter 1000 m Radius und größere Steigungen als 1 : 100 wurden vermieden, so daß die Strecke mit der Linie Berlin–Röderau–Dresden konkurrieren konnte. Dagegen führte die Gesellschaft die Hochbauten in einfachster Bauweise aus.

Der Berliner Endbahnhof befand sich auf dem linken Ufer des Landwehrkanals zwischen dem Anhalter und Potsdamer Güterbahnhof; das Empfangsgebäude des Personenbahnhofs stand auf dem Gelände südlich der Luckenwalder und östlich der Schöneberger Straße.

Am 17. Juni 1875 erfolgte die Betriebseröffnung der 174,7 km langen Bahn bis zum Berliner Bahnhof in Dresden-Friedrichstadt, der mit dem Böhmischen Bahnhof der Sächsischen Staatsbahn verbunden war. Bereits am 15. Oktober 1882 wurde der Güterverkehr, am 1. Februar 1883 auch der Personenverkehr der in preußischer Staatsverwaltung stehenden Berlin-Dresdner Eisenbahn auf den Anhalter Bahnhof in Berlin verlegt.

Im Rahmen der umfassenden Neugestaltung der Dresdner Bahnhöfe 1890 bis 1901 ist der Berliner Bahnhof unter wesentlicher Flächenvergrößerung zum Rangierbahnhof Dresden-Friedrichstadt umgestaltet worden. Um die von Berlin über Elsterwerda kommenden Personenzüge verkehrsgünstig in den neuen Hauptbahnhof einzuführen und sie die ganze Stadt durchlaufen zu lassen, wurden diese Züge seit 1894 durch eine neue Verbindung bei Coswig mit auf die Leipziger Strecke übernommen, die Güterzüge aus diesen Richtungen jedoch weiterhin auf der alten Berliner Linie unmittelbar am linken Elbufer, ohne die Stadt zu berühren, in den neuen Rangierbahnhof eingeleitet. Dazu war es erforderlich, den Streckenabschnitt Coswig–Dresden-Friedrichstadt zweigleisig auszubauen und deshalb die Elbbrücke bei Nieder-Wartha zu erweitern.

Der Berliner Bahnhof in Dresden

Endpunkt der Berlin-Elsterwerda-Dresdner Eisenbahn war in Dresden der zwischen Löbtauer Straße und Cotta gelegene Berliner Bahnhof. Wegen seiner Lage auf dem Gebiet der Friedrichstadt wurde er auch Bahnhof Dresden-Friedrichstadt genannt. Diese Bezeichnung führt er seit seiner Umgestaltung zum größten Ran-

Bild 179. Berliner Bahnhof in Dresden. Lageplan des Personenbahnhofs 1875

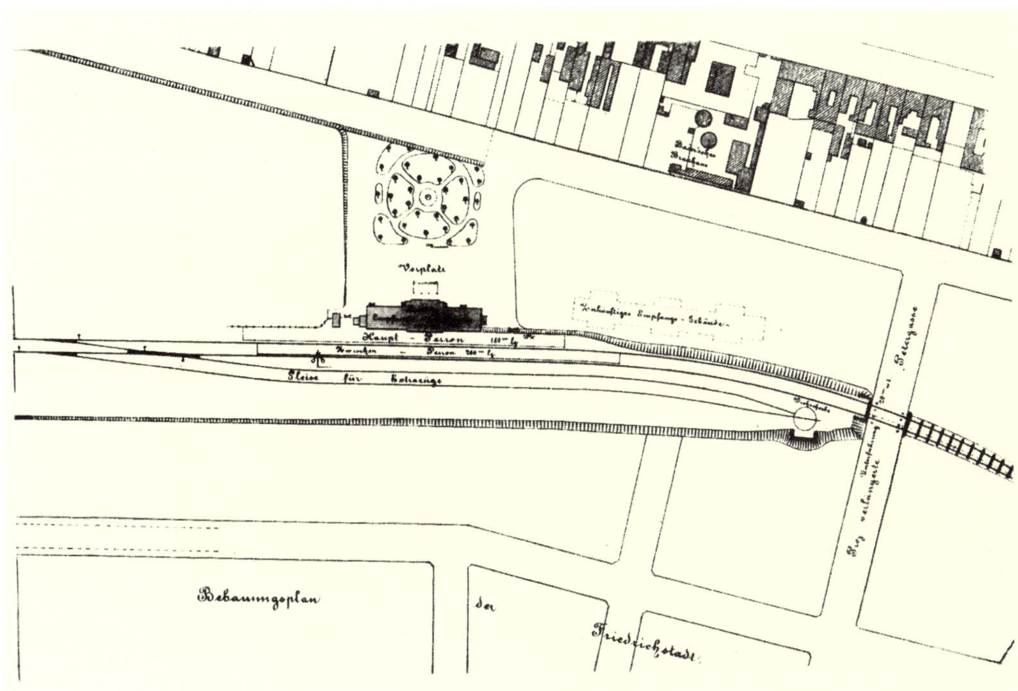

gierbahnhof Dresdens 1894 bis heute. Er erstreckte sich ursprünglich 2070 m lang auf 28,5 ha Fläche, wovon auf den Personenbahnhof 500 m entfielen (Bild 179). Das für Dresdner Verhältnisse relativ kleine Empfangsgebäude wurde 1875 im romantischen Stil großer städtischer Villen errichtet (Bild 180). Es besaß zwei überdachte Bahnsteige mit zwei Durchfahrtsgleisen zum Böhmischen Bahnhof und weitere zwei Gleise für das Aufstellen von »Extrazügen«, die zu einer an der östlichen Bahnhofsausfahrt gelegenen Lokomotivdrehscheibe führten.

Der Güterbahnhof war mit 1000 m Gleislänge für den Rangierbetrieb damals großzügig bemessen. Auf seiner Nordseite befanden sich die Verladeanlagen für den »Productenverkehr«: fünf Kopfgleise, Laderampen und »Ueberladekrahn«, nördlich parallel dazu zwei große 80 m und 99 m lange, 14 m breite Güterschuppen mit vier dazwischenliegenden Kopfgleisen, die am Ende durch eine Lokomotivschiebebühne und an der Einfahrt durch vier Wagendrehscheiben miteinander verbunden waren, so daß sie paarweise für abgehende und ankommende Güter getrennt werden konnten. Die mittleren Gleise dienten zum Rangieren (Bild 181).

Zum bequemen Verladen hatten die Schuppen bahnseitig 1,6 m und straßenseitig 1 m breite »Perrons«. Giebelseitig waren dem in Fachwerk-Ziegelbauweise errichteten Güterschuppen massive Expeditionsgebäude zugeordnet.

An der westlichen Bahnhofsausfahrt stand ein halbrunder Lokomotivschuppen für 12 Maschinen mit Wasserstation und »Kohlenbansen«. Große vorbehaltene Geländereserven für die Längsausdehnung sowie beiderseits der gesamten Bahnhofsanlage gestatteten die spätere großzügige Entwicklung des Berliner Bahnhofs zum Rangierbahnhof Dresden-Friedrichstadt. Seit 1894 verkehren hier nur noch Nahverkehrspersonenzüge zwischen Dresden Hauptbahnhof–Cossebaude–Weinböhla. Dazu wurde damals die Personenhaltestelle Dresden-Friedrichstadt eingerichtet.

Bild 180. Berliner Bahnhof in Dresden. Empfangsgebäude 1875

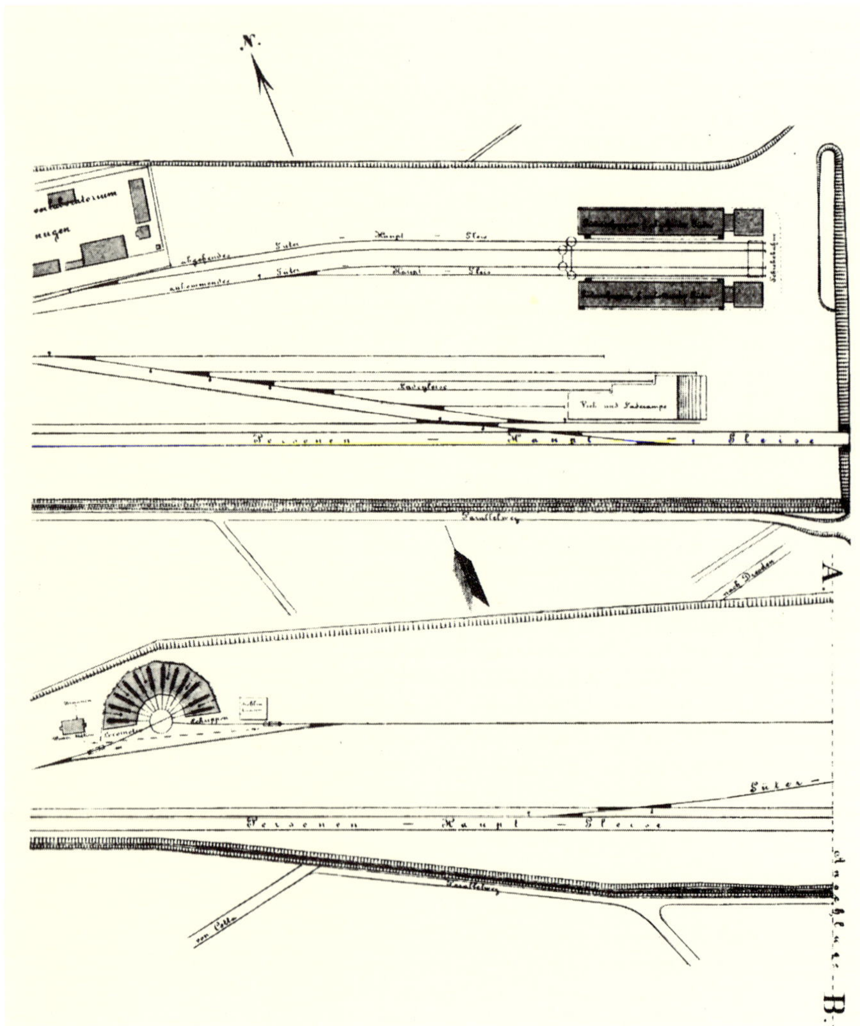

Bild 181. Berliner Bahnhof in Dresden. Lageplan des Güterbahnhofs und Lokomotivschuppens 1875

Die Schmalspurbahn Oschatz–Mügeln–Döbeln und Mügeln–Neichen

Die fruchtbare Agrarlandschaft zwischen den Eisenbahnlinien Döbeln–Riesa–Wurzen–Großbothen–Döbeln blieb trotz vieler Petitionen noch lange nach Eröffnung dieser Strecken vom Eisenbahnverkehr unerschlossen und ohne Anschluß an das Bahnnetz. Diese Situation wäre auch durch eine in Erwägung gezogene Verbindung Döbeln–Torgau über Dahlen nicht wesentlich verbessert worden, weil in diesem Fall eine regelspurige, über die Höhenzüge geführte Bahn auch die größeren Orte nicht berührt und damit die örtlichen Verkehrsbedürfnisse unberücksichtigt gelassen hätte. Nur mit einer schmalspurigen »Secundärbahn« war es möglich, die zur Erschließung vieler Ortschaften erforderlichen kurven- und neigungsreichen Bahntrassen kostengünstig zu bauen sowie den lokalbezogenen Betrieb wirtschaftlich zu gestalten.

Die Staatsregierung entschied daher 1883, zunächst eine Schmalspurbahn von Döbeln über Mügeln nach Oschatz zu bauen, die den Bahntransport der Agrarprodukte, Düngemittel und Industrieerzeugnisse, insbesondere des Kaolins, nach Döbeln und Oschatz sowie weiter über das Staatsbahnnetz nach beliebigen Zielen ermöglichte. Nach Klärung des zweckmäßigsten Anschlusses einer Flügelbahn wurden Mügeln und die Station Nerchau-Trebsen (Neichen) der Muldentalbahn gewählt und von der Ständeversammlung 1885/86 der Bahnbau mit Rücksicht auf die Landesanstalt Hubertusburg über Wermsdorf–Mutzschen beschlossen.

Die Betriebseröffnung erfolgte
zwischen Mügeln und Großbauchlitz
am 15. September 1884,
zwischen Großbauchlitz und Döbeln
am 1. November 1884,
zwischen Oschatz und Mügeln
am 7. Januar 1885,
zwischen Mügeln und Neichen
am 1. November 1888.

Auf einer Länge der Strecke Oschatz–Mügeln–Döbeln von 30,91 km und Mügeln–Neichen von 23,94 km, zusammen 54,85 km, waren 32 Bahnhöfe bzw. Haltepunkte mit einer durchschnittlichen Entfernung der Stationen von 1,77 km eingerichtet. Neben 31 Viadukten, Brükken und Wegeunterführungen sowie 254 Wasserdurchlässen wurden seinerzeit vier Empfangsgebäude, 17 Wartehäuschen, 12 Güterschuppen, fünf Lokomotivschuppen, zwei Kohleschuppen, elf Wirtschaftsgebäude, sechs Materialdepots und drei Wasserstationen erbaut. Von den Anlagen sind 29 Bahnsteige mit 7034 m^2 bebauter Grundfläche, zwei Drehscheiben, 22 Laderampen (davon drei Kopframpen, vier Gleisbrückenwagen sowie als Sicherheitseinrichtungen ein Blockstationstelegraph und ein optischer Telegraph erwähnenswert. Zwischen Döbeln und der Signalstation Gadewitz benutzte die Schmalspurbahn das normalspurige Gleis der Riesa-Chemnitzer Bahn mit. Dazu war hier eine dritte Schiene eingelegt. Schwierige technische Konstruktionslösungen ergaben sich bei den gemischtspurigen Gleis-, Weichen- und Kreuzungsanlagen des Bahnhofs Großbauchlitz. Die Bahn kostete 2761101,72 Mark, je km durchschnittlich 50339,14 Mark. Davon beliefen sich die Baukosten für Bahnhöfe und Haltestellen auf 357203,– Mark.

Die Bahn verkehrt nicht mehr. Ab 15. Dezember 1964 wurde der Personenverkehr zwischen Döbeln und Mügeln eingestellt. Am 27. August 1967 fuhr der »Wilde Robert«, wie der Volksmund das Bähnle nannte, zum letzten Mal von Wermsdorf nach Neichen und seit 28. September 1975 war mit der Strecke Oschatz–Mügeln der Reiseverkehr auf der gesamten Bahn eingestellt. Zur Zeit findet nur noch Güterverkehr zwischen Oschatz und den Industriebetrieben bei Mügeln statt.

Bahnhof Mügeln

Größter Bahnhof beider Strecken war der Bahnhof Mügeln. Mit fünf Bahnsteigen und über 30 Gleisen war er sogar der größte Schmalspurbahnhof Europas! Wenn auch von Anfang an der Güterverkehr die Hauptrolle spielte – 1894 wurden 104296 Tonnen Güter transportiert (1646037 Tonnenkilometer) – so erreichte der Personenverkehr mit 241740 beförderten Personen (2789019 Personenkilometer) ebenfalls beträchtliche Leistungen. 20 bis 22 Personenzüge verkehrten täglich über den Bahnhof der kleinen Landstadt Mügeln, dessen Empfangsgebäude (Bild 182) deshalb mehrfache Umbauten und Erweiterungen erfuhr, denn auch die Verwaltungsaufgaben waren gewachsen.

Dem Betriebsdienst stand ein verhältnismäßig großer Lokomotivbahnhof mit viergleisigem Lokschuppen für acht Maschinen, Lokbehandlungsanlagen und Werkstätten zur Verfügung (Bild 183), der seit 1951 bis zur teilweisen Betriebsstillegung selbständiges Bahnbetriebswerk wurde. Der schnelleren Abwicklung des starken Bahnhofsbetriebs dienten ein Befehls- und ein Wärterstellwerk, seltene Einrichtungen auf Schmalspurbahnen.

Bild 182. Bahnhof Mügeln. Empfangsgebäude, aufgenommen im Oktober 1970

Bild 183. Bahnhof Mügeln. Bahnbetriebswerk 1967

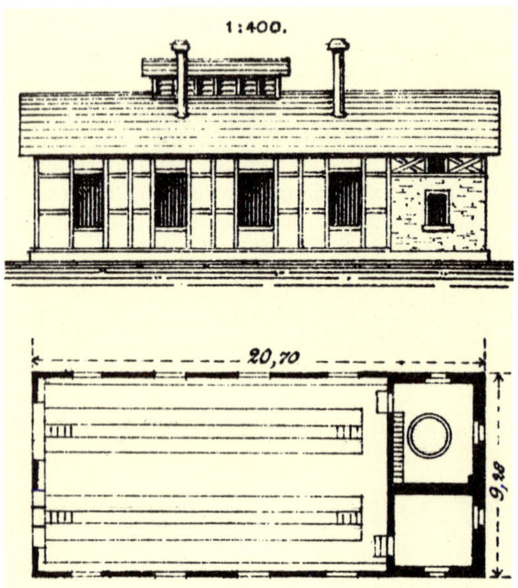

Bild 184. Bahnhof Wermsdorf. Maschinenhaus um 1895
Bild 185. Bahnhof Wermsdorf. Lageplan 1895
Bild 186. Bahnhof Wermsdorf. Empfangsgebäude, aufgenommen im Oktober 1970

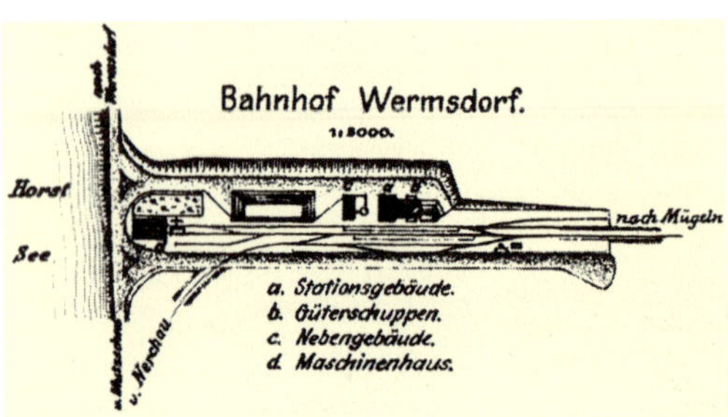

Bahnhof Wermsdorf

Im ursprünglichen Zustand erhielt sich bis zuletzt das Wermsdorfer Empfangsgebäude (Bild 186), gebaut nach den Typenentwürfen der sächsischen Schmalspurbahnen. Dem Stationsgebäude schloß sich ein niedrigerer Güterschuppen mit Abfertigung an. Davor befanden sich zwei Zwischenbahnsteige, die nur bis Schienenoberkante aufgefüllt waren, was im Hinblick auf die niedrigen Trittbretter der Personenwagen genügte. Am Kopfende des Bahnhofs befand sich ein zweigleisiger Lokomotivschuppen für vier Maschinen (Bild 184) mit Wasserstation und den erforderlichen Einrichtungen zur Lokbehandlung. Ein kleines Wirtschafts- oder Nebengebäude und eine Laderampe vervollständigten die beispielhafte, für die sächsischen Schmalspurbahnen typische Bahnhofsanlage (Bild 185).

Haltepunkt Thalheim

Kleinere Bahnhöfe und Haltepunkte wurden oft mit nur einfachen Wartehäuschen und einem ausgedienten Güterwagenkasten für die Güter- und Gepäckabfertigung ausgestattet. Neben dem Warteraum befand sich ein kleiner Dienstraum für Fahrkartenverkauf und Fernsprecher. Am Haltepunkt »Thalheim (b Oschatz)« stand eines jener bescheidenen und doch so reizvollen Pultdachhäuschen mit senkrechter Schalung und farblich abgesetzten Deckleisten, Bahnbauten, die gleichfalls für die sächsischen Schmalspurbahnen ganz typisch und als vertrautes Zubehör aus ihrem Erscheinungsbild nicht wegzudenken sind (Bild 187).

Bild 187. Thalheim (bei Oschatz). Wartehalle 1971

Bild 188. Bahnhof Wilsdruff. Empfangsgebäude um 1900

Bild 189. Stationsgebäude Reichenau. Typenentwurf um 1895

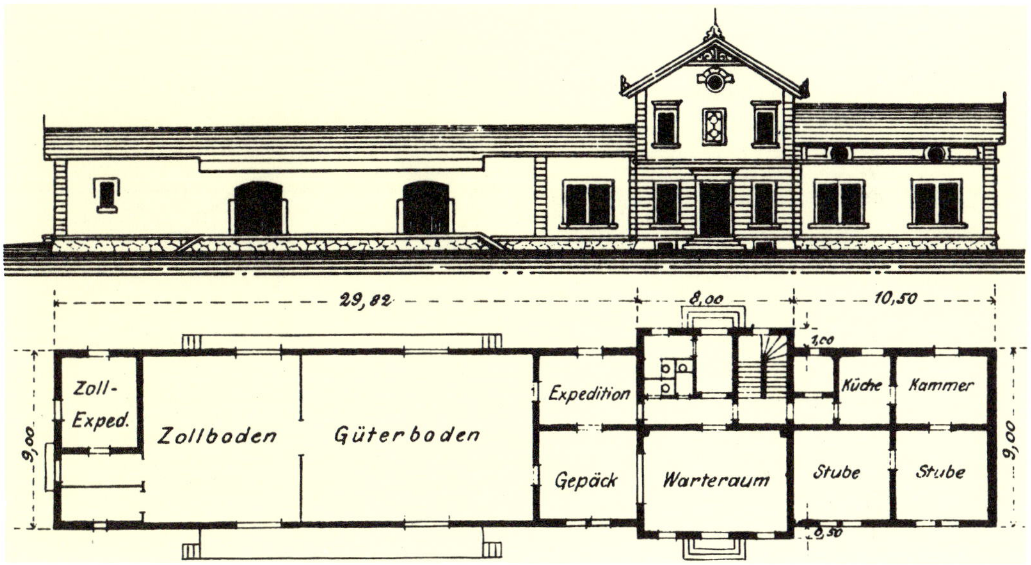

Wie konsequent die Sächsischen Staatseisenbahnen den Typenbau auch bei den später gebauten Schmalspurstrecken anwendeten, zeigt der Vergleich mit dem Empfangsgebäude des Bahnhofs Wilsdruff der am 1. Oktober 1886 eröffneten Linie (Freital–)Potschappel–Wilsdruff (Bild 188). Das architektonisch und funktionell gleiche Stationsgebäude des ehemaligen Bahnhofs Reichenau (Sachs) (heute: Bogatynia) wurde den örtlichen Verhältnissen entsprechend nach demselben Typenentwurf kurzerhand spiegelbildlich aufgeführt (Bild 189).

Die Dresdner Bahnhofsumbauten 1890 bis 1901

Seit Eröffnung der Leipzig-Dresdner Eisenbahn nahm die Bevölkerung Dresdens innerhalb von 60 Jahren um das Viereinhalbfache zu. Noch wesentlich höher stiegen in dieser Zeit die Beförderungszahlen des Personen- und Güterverkehrs. Gleichzeitig behinderten sich Eisenbahn- und Straßenverkehr gegenseitig immer mehr infolge vieler niveaugleicher Kreuzungen. Daher wurde schließlich die generelle Um- und Neugestaltung der Dresdner Bahnhöfe unumgänglich.

Der 1888 bis 1889 erarbeitete großzügige Entwurf sollte den Bedürfnissen auf lange Zeit Rechnung tragen, und tatsächlich entsprachen die 1890 bis 1901 ausgeführten Anlagen im allgemeinen bis heute den Verkehrsansprüchen. Im Frühjahr 1890 legte die Regierung dem sächsischen Landtag die zunächst mit 34,9 Millionen Mark veranschlagte Umbauplanung vor (Bild 190).

Der von den Kammern angenommene Entwurf wurde im Interesse einer künftig allen Ansprüchen genügenden optimalen Lösung anschließend nochmals erweitert und auch der entsprechend auf 53,78 Millionen Mark erhöhte Voranschlag gebilligt. Dazu kamen weitere 13,5 Millionen Mark für den Bau eines großen Verkehrs- und Winterhafens in Verbindung mit den Bahnanlagen.

Für die Umgestaltung der Dresdner Bahnanlagen galten folgende Gesichtspunkte:

Wichtigster Grundsatz war die vollständige Trennung des Güter- und Personenverkehrs. Das erforderte den viergleisigen Ausbau jeder Eisenbahnlinie innerhalb des Stadtgebietes, unter anderem auch den Bau einer neuen Eisenbahnbrücke mit vier Gleisen unterhalb der Marienbrücke. Der Güterverkehr von Berlin und Leipzig wurde von Coswig über die Strecke Berlin–

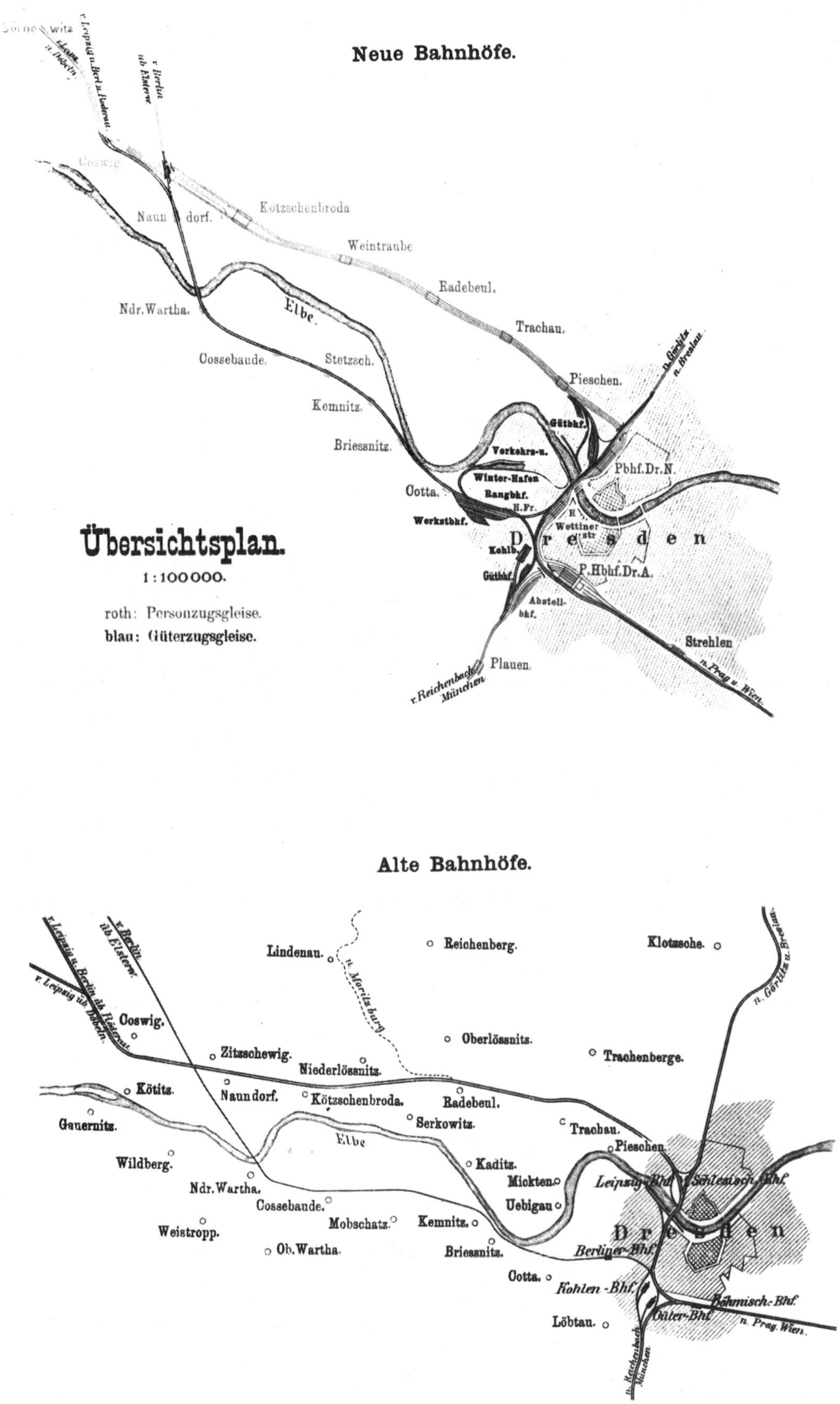

Bild 190. Übersichten der alten Bahnhöfe Dresdens und der 1890 bis 1901 geschaffenen neuen Bahnhofsanlagen

Elsterwerda–Dresden auf dem linken Elbufer bis zum neuen Rangierbahnhof Dresden-Friedrichstadt geführt, ohne die Stadt zu berühren, während der Personenverkehr von Berlin über Elsterwerda durch eine neue Verbindung bei Coswig auf der Leipziger Strecke über Dresden-Neustadt zum Hauptbahnhof die ganze Stadt durchlaufen konnte.

Um den Betrieb zu vereinfachen, wurde anstelle des alten Böhmischen Bahnhofs ein neuer Personen-Hauptbahnhof errichtet, auf dem alle Personenzüge aus- und einfahren, Durchgangswagen um- und die Personenzüge zusammengestellt sowie Postwagen behandelt werden sollten.

Darüber hinaus erforderte die Verkehrsstruktur der durch die Elbe getrennten Stadtteile in der Neustadt ebenfalls einen größeren Fernbahnhof auf dem Gelände des alten Schlesischen Bahnhofs. Für die Einführung der Leipziger Strecke war von Pieschen bis zum Bischofswege ein neuer Anschluß zu schaffen.

Zwischen Hauptbahnhof und dem Bahnhof Dresden-Neustadt wurde nahe am Stadtzentrum die neue Haltestelle »Wettiner Straße« für Vorortzüge errichtet. Weitere Haltestellen für den Vorortverkehr entstanden in Dresden-Strehlen, Pieschen und anderen nahegelegenen Orten.

Auch die Zahl der Güterbahnhöfe – bis dahin gab es in Dresden fünf: Dresden-Altstadt, Dresden-Friedrichstadt, den Kohlebahnhof Dresden-Altstadt und die Güterbahnhöfe des Leipziger und Schlesischen Bahnhofs – wurde auf drei beschränkt und der Berliner Bahnhof unter erheblicher Flächenerweiterung zum zentralen Rangierbahnhof Friedrichstadt umgestaltet. Während der Güterbahnhof Dresden-Altstadt im wesentlichen unverändert blieb, erhielt der Leipziger Bahnhof nach entsprechendem Umbau die Funktion eines Lokalgüterbahnhofs. Beide waren durch Gütergleise mit dem Rangierbahnhof Friedrichstadt verbunden. In Dresden-Friedrichstadt entstand außerdem ein ausgedehnter, verhältnismäßig moderner Werkstättenbahnhof (Bilder 191, 192). Mit 192 000 m^2 Fläche und 17,3 km Gleislänge, unmittelbaren Weichenverbindungen zu den Werkstättengebäuden und elektrischem Antrieb aller Arbeitsmaschinen fand er damals große Beachtung. Zur Elektroenergieversorgung sämtlicher Bahnhöfe wurde am nordwestlichen Ende des Rangierbahnhofs neben dem Flügelweg ein bahneigenes Elektrizitätswerk von der Firma Siemens & Halske errichtet, dessen vier Drehstromgeneratoren bei 150 Volt Spannung je Maschine 200 Kilowatt erzeugten.

Um niveaugleiche Kreuzungen von Bahngleisen und Stadtstraßen zu vermeiden, wurde die Verbindungsbahn als Hochbahn ausgeführt. Für die Höhenlage der Stadtbahn und der Bahnhöfe war maßgebend, daß westlich vom Böhmischen Bahnhof drei Straßen so hoch lagen, daß sie nur überführt werden konnten (Bild 193), während östlich nur Unterführungen möglich waren. Deshalb erhielt der Hauptbahnhof nur eine Höhe von 4,5 m über Straße, so daß die weiter östlich kreuzenden Straßen noch etwas gesenkt werden mußten. Erst hinter Strehlen befanden sich die Gleise wieder auf dem alten Niveau. Beim Hauptbahnhof gestatteten es die örtlichen Verhältnisse, die dem Vorortverkehr dienenden Gleise tief liegen zu lassen und nur die Gleisanlagen des Fernverkehrs zu heben. Bis zur Elbe steigen die Gleise soweit, daß die Gleise der Haltestelle »Wettiner Straße« und des Personenbahnhofs Dresden-Neustadt etwa 6 m über den kreuzenden Straßen liegen. Erst bei Pieschen erreichten die Gleise wieder die ursprüngliche Höhenlage.

Die Entwürfe zum gesamten Umbauvorhaben arbeitete das »Bureau für die Dresdner Bahnhofsbauten« unter Oberleitung des Baurats Klette aus, dem als Mitarbeiter die Regierungsbaumeister Oehme, Voigt, Decker und Bley zur Seite standen. Als technische Referenten des Finanzministeriums wirkten Geheimrat Köpcke bei der Entwurfsbearbeitung der Anlagen in Dresden-Altstadt und Geheimer Finanzrat Schulze für diejenigen in Dresden-Neustadt entscheidend mit. Finanzrat Peters hatte die Oberleitung bei der Bauausführung, die durch fünf, den Bauinspektoren Krüger, Wolf, Menzner, Toller und Rüden unterstellte Sektionsbüros geleitet und überwacht wurde. Sowohl beim Entwurf als auch bei der Ausführung waren viele weitere Ingenieure und Architekten tätig. Bedingt durch den technischen Fortschritt konnten neuzeitliche Bahnhofsanlagen dieser Größenordnung nur noch von einer großen Gruppe Techniker, Eisenbahningenieure und Architekten bewältigt werden.

1890 begannen die Bauarbeiten am Rangierbahnhof Friedrichstadt, am zweiten Gleis Friedrichstadt–Naundorf, zur Verbreiterung der Elbbrücke bei Niederwartha und an den Verbindungen bei Coswig, die im Frühjahr 1894 vollendet waren.

Bild 191. Bahnhof Dresden-Friedrichstadt. Heizhaus 1895

1892 wurde der Bau des ersten Abschnitts des Hauptbahnhofes eingeleitet.

1895 konnte dieser Abschnitt vollendet, der alte Böhmische Bahnhof geschlossen und danach abgebrochen werden. Gleichzeitig erfolgte der Baubeginn am zweiten Abschnitt des Hauptbahnhofs und die Inbetriebnahme des Werkstättenbahnhofs Friedrichstadt.

1896 wurde die Stahlkonstruktion der neuen viergleisigen Elbbrücke der Stadtbahn montiert und der Elbhafen fertiggestellt.

1898 sind Hauptbahnhof und Haltestelle Wettiner Straße vollendet worden. Am Bahnhof Dresden-Neustadt begannen die Bauarbeiten.

1901 Mit der Eröffnung des Bahnhofs Dresden-Neustadt waren die Umbauarbeiten abgeschlossen.

Bild 192. Bahnhof Dresden-Friedrichstadt. Halleninneres der Werkstätten 1895
Bild 193. Hauptbahnhof Dresden im Bau 1890 bis 1898. Westliche Straßenüberführungen: Falkenbrücke, Chemnitzer Brücke und Hohe Brücke
Bild 194. Hauptbahnhof Dresden. Bahnsteighalle der südlichen Hochgleisgruppe im Bau, 1893. Rechts die Bahnsteighalle des alten Böhmischen Bahnhofes, davor die Prager Straße

Der Hauptbahnhof Dresden

1892 begannen auf dem Gelände des Böhmischen Bahnhofs zwischen Bismarck-, Strehlener und Wiener Straße die Bauarbeiten für den neuen Hauptbahnhof. Der Bauablauf war so geplant, daß der Eisenbahnbetrieb währenddessen unbehindert voll aufrechterhalten werden konnte. Als erster Abschnitt kam daher die südliche Hochgleisgruppe mit ihrer Halle zur Ausführung (Bild 194).

Aufgrund örtlicher Verhältnisse und betrieblicher Forderungen wurde der Hauptbahnhof als Durchgangsstation mit beiderseits einer Kopfgleisgruppe um 4,50 m erhöhten Hochgleisanlagen entworfen. Er war Durchgangsstation für die von Berlin und Leipzig nach Tetschen-Bodenbach (heute: Děčin) führenden Linien und Kopfstation für die Linie Chemnitz–Dresden–Görlitz sowie für alle in Dresden endigenden Linien (Bild 195).

Die in verschiedenen Höhen liegenden Abzweige und Kreuzungen an der westlichen Bahnhofsausfahrt ermöglichen unabhängigen, kreuzungsfreien Verkehr zwischen den Linien der Kopf- und Durchgangsgleisgruppen.

Zum Standort des neuen Empfangsgebäudes wurde die Prager bzw. Reichsstraße als günstigste Verbindung mit dem Zentrum und der sich entwickelnden Südvorstadt bestimmt. Damit war seine funktionelle Gestaltung bereits weitgehend festgelegt. Entsprechende generelle Bedingungen lagen auch der Ausschreibung eines Wettbewerbs unter den deutschen Architekten zugrunde. So verblieb wenig architektonischer Gestaltungsspielraum. Bei der Planung des von den Hallen der Hochgleise und der Kopfstation umschlossenen Empfangsgebäudes konnte allein für das Erdgeschoß die gesamte Grundrißfläche von 66 m × 130,9 m genutzt werden, während für die Anlage des Obergeschosses nur der Raum zwischen den Hochgleishallen zur Verfügung stand. Und lediglich in dieser Breite der Mittelhalle konnte es mit seiner Hauptschauseite zwischen den Unterführungen an der Prager Straße in Erscheinung treten (Bild 196). Im übrigen dominierten die großen Baukörper der

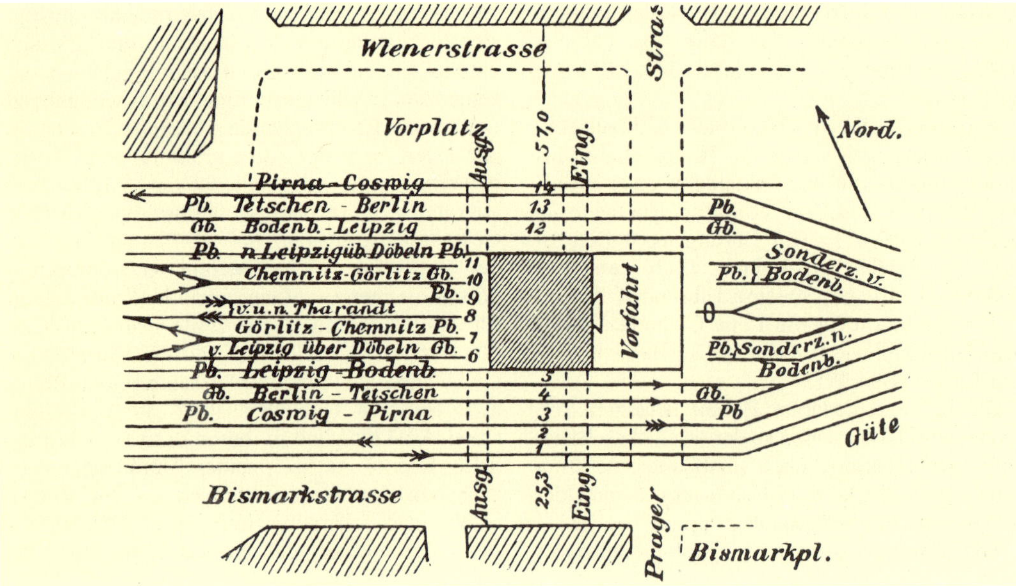

Bahnsteighallen aus Stahl und Glas, deren Gestaltung die Architekten nicht wesentlich zu beeinflussen vermochten. Ihre Dimensionen waren vorgegeben. Der endgültigen Projektierung des Bahnhofsgebäudes lagen die im Wettbewerb 1892 mit je einem ersten Preis ausgezeichneten Entwürfe der Bauräte Giese & Weidner, Dresden, und Roßbach, Leipzig, zugrunde (Bilder 197, 198). Mit der Bearbeitung der Ausführungsprojekte wurden die Erstgenannten beauftragt; ihre Arbeit galt vor allem der Detaillierung des bereits durch den Wettbewerb gewonnenen Grundschemas, das

Bild 195. Hauptbahnhof Dresden. Lageplanschema mit den wichtigsten Zugläufen um 1900

Bild 196. Hauptbahnhof Dresden. Empfangsgebäude und Bahnsteighallen von Südosten. Rechts darüber Luftschiff »Graf Zeppelin«. Aufgenommen am 19. September 1928

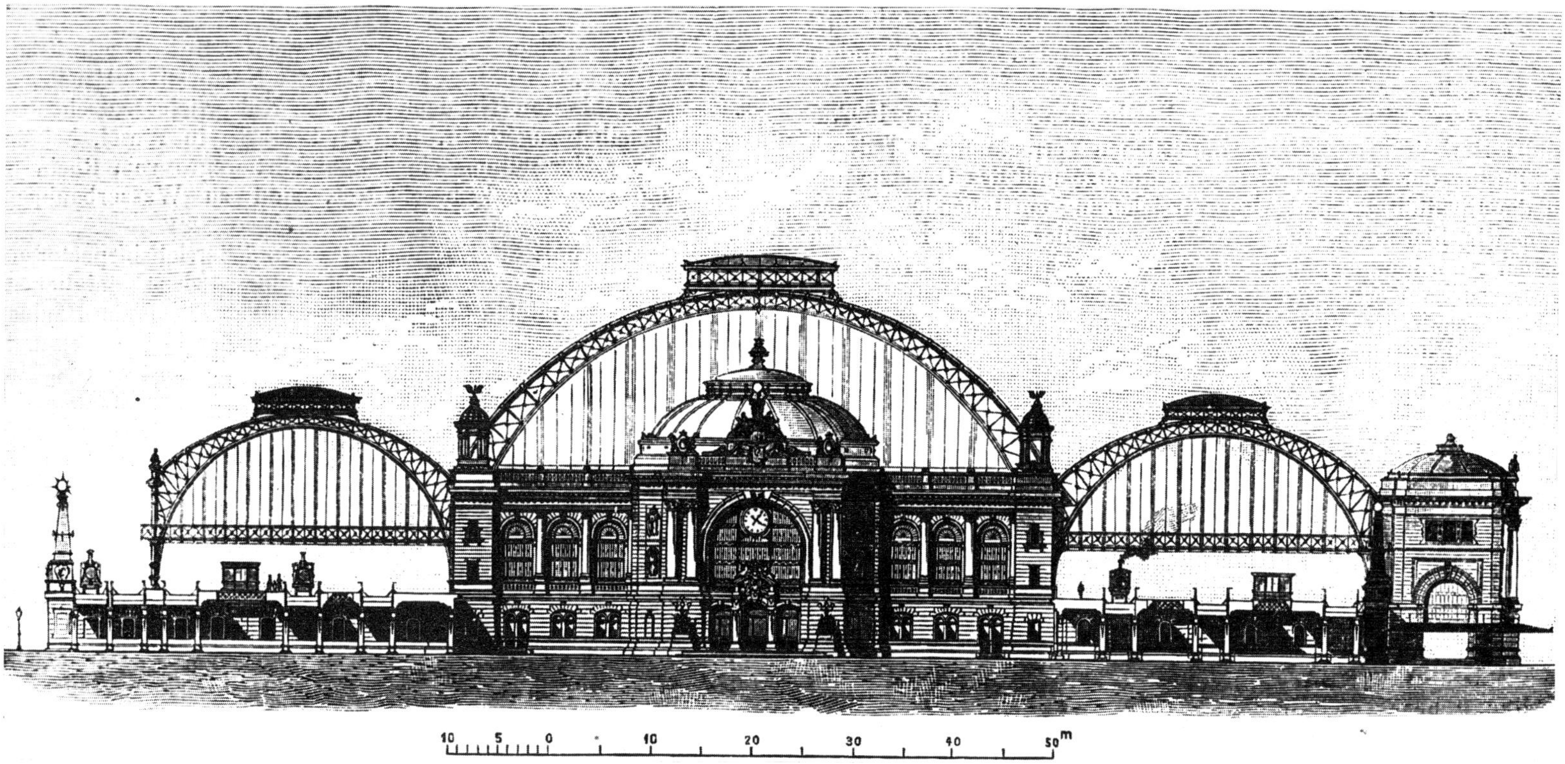

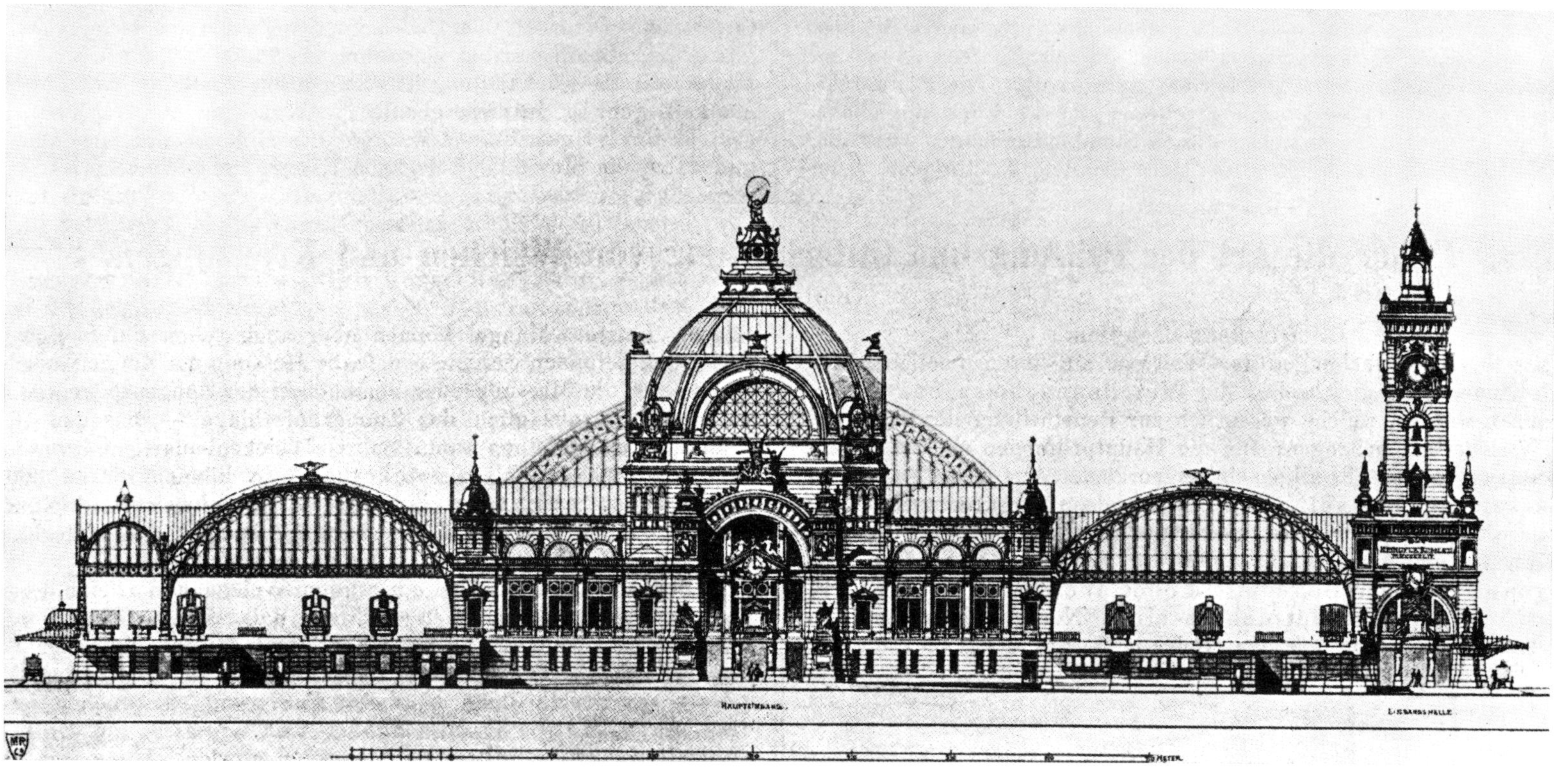

Bild 197. Hauptbahnhof Dresden. Wettbewerbsentwurf von Giese und Weidner (ein Erster Preis). Ansicht von der Prager Straße
Bild 198. Hauptbahnhof Dresden. Wettbewerbsentwurf von Roßbach (ein Erster Preis). Ansicht von der Prager Straße

den Haupteingang an der Prager Straße, eine Haupteingangshalle mit seitlich anschließenden Eingangshallen von der Wiener und Strehlener Straße, eine Durchgangshalle zu den Kopfgleisen mit rechts- und linksseitigem Aufgang zu den Hochgleisen, dem Querbahnsteig mit weiteren Ausgangshallen zur Wiener und Strehlener Straße, Wartesäle zu beiden Seiten der Durchgangshalle, Gepäckannahme und -aufbewahrungsräume in direkter Verbindung mit der

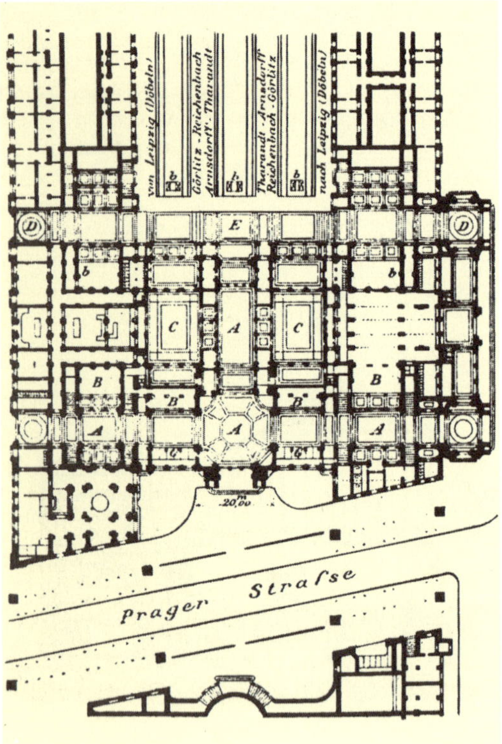

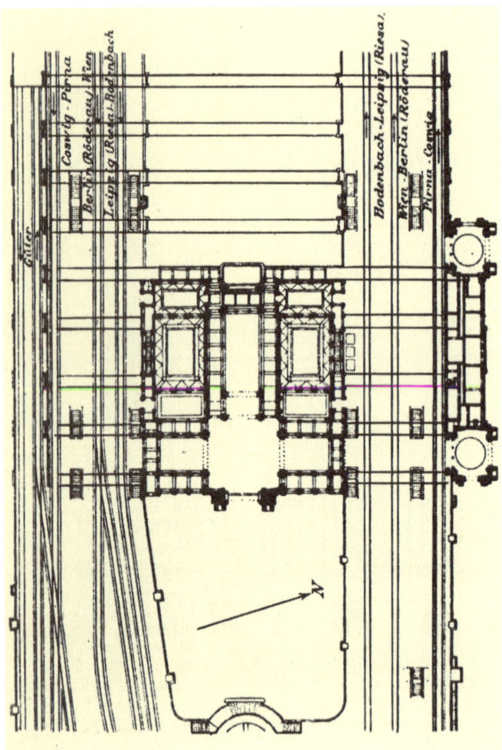

Bild 199. Hauptbahnhof Dresden. Entwurf des Empfangsgebäudes. Grundrisse des Unter- und Obergeschosses. Die vorgezogenen Ausgangspavillons an der Wiener Straße wurden nicht ausgeführt
Bild 200. Hauptbahnhof Dresden. Kuppelraum der Empfangshalle 1898

Durchgangshalle sowie Toiletten etc. in ausreichender Zahl vorsah. Den Architekten gelang es, diese Forderungen und das Raumprogramm unter geschickter Ausnutzung der vorhandenen Raummassen hervorragend zu erfüllen (Bild 199).

Die durch zwei Geschosse geführten Empfangs- und Durchgangshallen sowie die großen Wartesäle wurden künstlerisch besonders ausgestaltet – natürlich entsprechend dem Geschmack dieser Zeit. Deckenmalereien und die 26 Wappen der Amtshauptmannschaften des Königreichs Sachsen in heraldischen Farben ließen die gut beleuchteten Hallen sehr lebendig und repräsentativ erscheinen (Bild 200). Für die Wartesäle 1. und 2. Klasse schuf Professor Julius Storm, Meißen, große Wandbilder aus Meißner Porzellanfliesen. Auch die an den Hochgleisanlagen befindlichen Speisesäle und Büffets besaßen entsprechende Ausstattung.

Bei der Fassadengestaltung vermochten die Architekten sich nicht von den traditionellen, eklektizistischen Vorstellungen zu lösen, obwohl Dutert und Contamin wenige Jahre zuvor auf der Pariser Weltausstellung mit ihrer Halle den Weg zum modernen material- und strukturechten Bauen gewiesen hatten. Als Hauptmotive der Giebel-Schauseite wurden daher das Hauptportal mit kuppelbekrönter Eingangshalle und die übrigen flankierenden Uhrtürme in Mischformen aus Renaissance und Barock beibehalten (Bild 201). Über dem Hauptportal thronte eine von Professor Rentsch, Dresden, aus Sandstein gearbeitete »Kolossalgruppe«, in der Mitte die »Saxonia« mit »Wissenschaft« und »Technik« zu beiden Seiten. Und um eine einheitliche Fassadenwirkung zu erreichen, erhielt die Stahlkonstruktion der Hallenfronten am Wiener Platz und an der Bismarckstraße dem Natursteinmauerwerk des Untergeschosses entsprechende ornamentale Blechverkleidung (Bild 202).

Anstelle der ursprünglich vorgesehenen Pavillonvorlagen der Eingangs- und Ausgangshallen am Wiener Platz (Bild 199) traten ebenfalls große Portalarchitekturen aus Stahl, Glas und Blech (Bild 202). Von den geplanten drei Vorlagen wurde an dieser Seite nur der verhältnismäßig kleine neobarocke »Königspavillon« am Westende der Bahnsteighalle gebaut (Bild 202), der deshalb ohne organische Beziehung zum Gesamtwerk bleibt.

Die Bahnsteighallenkonstruktion besteht aus einer großen Mittelhalle über den sechs tiefgelegenen Kopfgleisen mit 59 m Spannweite und zwei Hallen über den Hochgleisanlagen mit je drei Gleisen (Bild 203). Von diesen überspannt die südliche Halle 30,75 m, die nördliche 32 m (Bild 204). An der Südseite wurde außerdem eine seitlich offene Halle mit 9,2 m Lichtweite für zwei Güterdurchfahrtsgleise angeordnet (Bild 205). Die Hallenbinder sind als Dreigelenkbogenträger ausgeführt, ihre Kämpfergelenke durch Bolzen, die Scheitelgelenke durch federnde Winkel gebildet (Bild 206). Zu den Bahnsteigen der Hochgleise führen von den Unterführungen der seitlichen Ein- und Ausgangshallen 3 m breite Treppen empor. Die Bahnsteige für Sonderzüge nach Bodenbach wurden durch besondere Treppenanlagen östlich der Prager Straße erschlossen. Unter den Hochgleisanlagen fanden Betriebs-, Dienst- und Wirtschaftsräume, Restaurationen und Läden Platz. Ihre Decken bestanden aus genieteten Trägern und Hängeblechen, gestützt von ebenfalls genieteten Stahlsäulen. Die Abdeckung unter den Gleisen war durch mehrere Lagen Asphaltfilz und Asphaltbeton wasserdicht ausgeführt. Ebenso sorgfältig wurden die überdachten Bahnsteige fugenlos mit Gußasphalt abgedeckt, während die im Freien liegenden einen Belag aus heiß in Asphalt verlegten und vergossenen Asphaltplatten erhielten.

Im Ganzen haben Bahnsteighallen und Empfangsgebäude 32 700 m^2 Grundfläche. Mit 19 Bindern überspannt die 30 m hohe Mittelhalle die Gleisanlagen auf 184 m Länge, während die über Schienenoberkante 17,30 m hohen Seitenhallen etwa 250 m Bahnsteiglänge überdecken. Für die Hallenkonstruktion wurden 1946 t Stahl

Bild 201. Hauptbahnhof Dresden. Empfangsgebäude und östliche Hallenausfahrten über die Prager Straße um 1910

verbraucht. Die Baukosten betrugen für die Gesamtanlage des Hauptbahnhofes von der Falkenstraße bis zur Palaisstraße in Strehlen 26 Millionen Mark; davon erforderten das Empfangsgebäude und die Bahnsteighallen 8 Millionen. Der Bau des Empfangsgebäudes beanspruchte $2^1/_2$ Jahre. Mit der Oberbauleitung war der Bau- und Oberfinanzrat Peters beauftragt, der damals alle Dresdner Bahnhofsumbauten leitete.

Die 1892 begonnenen Bauarbeiten an den südlichen Hochgleisen außerhalb der alten Bahnhofsanlage waren ohne jede Betriebsstörung ausführbar (Bild 207) und bereits am 18. Juni 1895 soweit fortgeschritten, daß an diesem Tage der gesamte Verkehr provisorisch auf die südliche Hochgleisgruppe übergeleitet und der alte Böhmische Bahnhof geschlossen werden konnte (Bild 208). Die unter den Hochbahngleisen an der Bismarckstraße gelegenen Räume, die später Betriebszwecken dienen sollten, wurden behelfsmäßig als Eingangshallen, Warteräume und zur Abfertigung der Reisenden eingerichtet. Im Sommer 1895 begann der Abbruch der Anlagen des Böhmischen Bahnhofs und zugleich der Bau am zweiten Abschnitt des neuen Hauptbahnhofs. Da sich im abgebrochenen Empfangsgebäude des Böhmischen Bahnhofs die Generaldirektion der Sächsischen Staatseisenbahnen befand, war ein neues Gebäude für diese Verwaltung erforderlich. Auch die Eisenbahn-Hauptverwaltung brauchte ein neues Dienstgebäude. Beide wurden an der Wiener und Strehlener Straße neben den östlichen Gleisanlagen des Hauptbahnhofs errichtet. 1896 waren der Abstellbahnhof westlich des Hauptbahnhofs fertiggestellt, der Bau des Empfangsgebäudes und der nördlichen Hochgleisgruppe bereits weit fortgeschritten. Die Hochgleisgruppe östlich der Prager Straße konnte schon in Betrieb genommen werden. Anfang 1898 wurden die Bauarbeiten am Hauptbahnhof in Dresden-Altstadt beendet.

Im zweiten Weltkrieg ist der Hauptbahnhof durch die Luftangriffe des 13. Februar 1945 schwer beschädigt worden. Empfangshalle, Wartesäle, Fahrkartenausgaben, Gepäckabfertigung usw. sowie zehn im Bahnhof haltende Wagenzüge brannten aus. Durch Schäden an allen Stellwerken, Gleis- und Bahnsteiganlagen betrug der Betriebsausfall zunächst 100%. Nach dem Krieg wurde der Bahnhof unter Weglassung verschiedener Schmuckelemente, der Blechverkleidungen usw. wiederhergestellt, seine ursprüngliche Struktur jedoch weitgehend beibehalten.

Bild 202. Hauptbahnhof Dresden. Ansicht des Empfangsgebäudes und der Bahnsteighallen von Osten. Zeichnung von Limmer 1898
Bild 203. Hauptbahnhof Dresden. Blick von der südlichen Hochgleishalle in die mittlere Bahnsteighalle. Foto Wiehr 1927
Bild 204. Hauptbahnhof Dresden. Schnitt durch die Bahnsteighallen

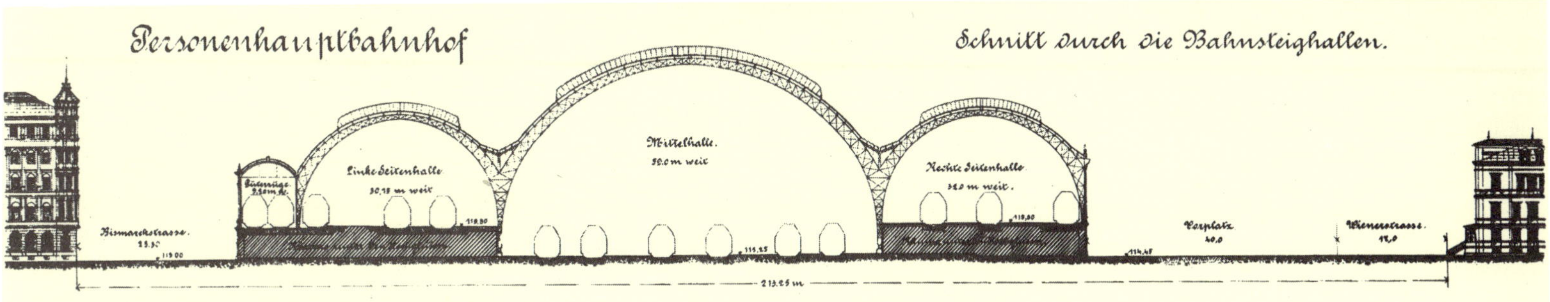
Personenhauptbahnhof
Schnitt durch die Bahnsteighallen.
Linke Seitenhalle
30,15 m weit
Mittelhalle.
50,0 m weit
Rechte Seitenhalle
32,0 m weit.
Bismarckstrasse.
Vorplatz
40,0
Wienerstrasse.
213,25 m
Maßstab.
30 m

Bild 205. Hauptbahnhof Dresden. Bahnsteighallen von der Hohen Brücke aus um 1910. Ganz rechts die zweigleisige Güterzugdurchfahrthalle
Bild 206. Hauptbahnhof Dresden. Inneres der mittleren Bahnsteighalle

Bild 207. Hauptbahnhof Dresden im Bau 1895. Vorn Fragment der alten Brücke der Kohlschütter- und Bergstraße, links dahinter der alte Böhmische Bahnhof, in der Mitte des Bildes die neue Südhalle
Bild 208. Hauptbahnhof Dresden. Südhalle kurz vor der Fertigstellung. Ansicht der östlichen Schürze. Rechts im Hintergrund das Empfangsgebäude des alten Böhmischen Bahnhofs vor dem Abbruch

Bild 209. Bahnhof Dresden Wettiner Straße. Bahnhofshalle von Süden 1908

Bahnhof Dresden Wettiner Straße

Bereits bei der Planung der neuen Verbindungsbahn zwischen Altstädter und Neustädter Bahnhof war an der Wettiner Straße eine »Station« vorgesehen, die zunächst nur dem Vorortverkehr dienen, aber von vornherein so geräumig angelegt werden sollte, um später im Bedarfsfall auch den Fernverkehr mit aufnehmen zu können und diesen damit so nahe als möglich an das Stadtzentrum heranzuführen.

Im Rahmen der umfassenden Dresdner Bahnhofsumbauten 1890 bis 1901 wurde daraufhin die »Haltestelle Wettiner Straße« in ähnlicher Anordnung wie die Bahnhöfe »Alexanderplatz« und »Friedrichstraße« der Berliner Stadtbahn als Durchgangsbahnhof angelegt. Die Räumlichkeiten des Empfangsgebäudes befinden sich dabei in »Längsunterlage« unter der Gleisanlage bzw. Bahnsteighalle (Bild 209). Gleise und Bahnsteige liegen etwa 6 m über der kreuzenden Straße; unter der Hochgleisanlage sind Eingangshalle, Fahrkartenschalter, Wartesäle, Gepäckabfertigung und Betriebsräume untergebracht. Zu den Bahnsteigen führen Treppen.

Architektonisch zeigten die Fassaden der Bahnhofshalle gleiche Stilelemente wie der zur selben Zeit gebaute Hauptbahnhof. Die Hallenkonstruktion mit ihren Rundbogenfenstern war ebenfalls mit Blechprofilen verkleidet. Auf beiden Seiten der Hallenschürzen verdeckten Ecktürmchen mit den Wappen der Wettiner die Auflage der Stahlkonstruktion.

Der Bahnhof Wettiner Straße wurde 1898 vollendet. Auf ihm wurden bis heute Vorort- und Fernpersonenzüge, jedoch keine Schnell- und Eilzüge abgefertigt. Seine im zweiten Weltkrieg 1945 stark beschädigte Bahnsteighalle wurde nicht wieder aufgebaut. Als Bahnhof »Dresden Mitte« erfüllt er weiter seine Funktion als zentrumnaher Stadtbahnhof.

Bahnhof Dresden-Neustadt

Den Abschluß der umfassenden Dresdner Bahnbauten bildete der von 1898 bis 1901 gebaute Personenbahnhof Dresden-Neustadt. Damit konnte der bisher nach Görlitz und Leipzig auf zwei getrennt liegenden Bahnhöfen – dem Schlesischen und dem Leipziger Bahnhof – abgewickelte Verkehr in dem neuen hoch gelegenen Durchgangsbahnhof zusammengefaßt werden. Zugleich war die erwünschte Durchführung aller Personenzüge auf der Stadtbahn über Wettiner Straße bis und ab Dresden-Hauptbahnhof möglich. Vordem konnten von Leipzig oder Görlitz nach Dresden-Altstadt verkehrende Züge infolge des starken Straßenverkehrs über die vielen niveaugleichen Übergänge nur im Schrittempo und unter besonderen Sicherheitsvorkehrungen fahren.

Im Mai 1898 wurde auf dem heutigen Bahn-

hofsvorplatz eine Interimsbahnhofsanlage mit drei durchgehenden Gleisen geschaffen, um ohne jede Betriebsunterbrechung des Personenverkehrs den alten Sächsisch-Schlesischen Bahnhof abbrechen und an seiner Stelle das neue Empfangsgebäude mit den hoch zu legenden Gleisanlagen bauen zu können. So war es auch möglich, den Verkehrsablauf bei der Inbetriebnahme des neuen Bahnhofs nach und von allen Richtungen kontinuierlich zu gestalten. Am 1. März 1901 sind der alte Leipziger Bahnhof nach Abfertigung des Schnellzuges 2 nach Leipzig und der Interimsbahnhof nach Abfertigung des Schnellzuges 122 von Görlitz früh 4 Uhr für jeden öffentlichen Verkehr geschlossen und der neue Personenbahnhof »Dresden-Neustadt« mit dem früh 5.38 Uhr nach Coswig abfahrenden Personenzug in Betrieb genommen worden.

Vorher wurden in der Nacht die Gleisanschlüsse für die neue Bahnhofsanlage mit ihren Verbindungskurven in Pieschen an die Leipziger Strecke, in Nähe der Heerstraße an die Görlitzer Bahn und am Stellwerk Friedrichstraße an die neue viergleisige Elbbrücke soweit vorbereitet, daß diese nach Verkehren der letzten Züge über die alten Verbindungen bis zum Verkehr des ersten Zuges über die neuen Gleisanlagen in kürzester Zeit fertiggestellt waren.

Das Empfangsgebäude des Neustädter Bahnhofs umfaßt mit der Hochgleisanlage 19500 m^2. Es ist architektonisch durch einen zurückgesetzten Baukörper mit einer dreischiffigen Bahnsteighalle verbunden (Bild 210). Beide sind 177 m lang, ihre Gesamttiefe beträgt 110 m. Die Hochgleisanlage mit ausgebautem Unterbau liegt etwa 6 m über den umgebenden Straßen. Zwei durch stark plastisch profilierte, torbogenförmige Risalite hervorgehobene Haupteingänge erschließen die 52 m breite, 30 m tiefe, 17 m hohe Eingangshalle des Empfangsgebäudes (Bild 211). Dabei liegen die Eingänge in der Achse der Personentunnels, so daß sich kurze übersichtliche Verkehrswege ergeben. Dazwischen befinden sich in einer Reihe zehn Fahrkartenschalter, links große Wartesäle, rechts Diensträume und an der Rückseite der Halle drei Reisegepäckschalter. Beiderseits führen einige Stufen zu den beiden Personentunnels mit seitlichen Aufgängen zu den vier Bahnsteigen. Der Gepäcktransport zu den Bahnsteigen erfolgt mit Aufzügen. Die basilikaförmige Bahnsteighalle überspannt mit weittragenden, halbrundbogenförmigen Dreigelenkbindern und seitlichen Pultdächern acht Gleise (Bild 212). Sie erhält Tageslicht durch Lichtbänder und Oberlichtaufsätze über den Seitenschiffen, Firstoberlichte sowie durch die nicht verbaute Hallenaußenwand und natürlich von den Hallenschürzen her. Unter der Hochgleisanlage waren außer den Personentunnels und Gepäckverteilungsanlagen eine Niederdruckdampfheizung und sanitäre Einrichtungen untergebracht.

Architektonisch unterscheidet sich das mit verhältnismäßig schlichten Elementen dennoch repräsentativ gestaltete Empfangsgebäude des Neustädter Bahnhofs wesentlich von dem erst wenige Jahre vorher fertiggestellten Hauptbahnhofsgebäude. Seine Sandsteinfassade ist Verkleidung und wird nur zum Betonen der Portale – auch hier außerordentlich einfach – geformt. Denkbar unaufdringliche Zier sind ebenfalls die jonischen Säulen am Mittelbau

Bild 210. Bahnhof Dresden-Neustadt. Bahnsteighalle und Teil des Empfangsgebäudes von Süden 1960
Bild 211. Bahnhof Dresden-Neustadt. Empfangsgebäude von Süden. Foto Hartmann 1932
Bild 212. Bahnhof Dresden-Neustadt. Inneres der Bahnsteighalle, um 1910

(Bild 213). Gestalterisch und funktionell galt die gesamte, bis in alle Details sorgfältig ausgeführte Bahnhofsanlage seinerzeit als eine der hervorragendsten in Deutschland. Sie entstand unter Oberleitung des Geheimen Baurats Peters. Die Bauausführung leitete der Architekt Dürichen.

Bild 213. Bahnhof Dresden-Neustadt. Mittelbau des Empfangsgebäudes mit Portalen 1960

Die Neugestaltung der Leipziger Bahnanlagen 1902 bis 1915

Die verstreute Lage der von verschiedenen Eisenbahngesellschaften betriebenen sechs Bahnhöfe Leipzigs, der zunehmende Verkehr der von ihnen ausgehenden Strecken, das rasche Wachstum der Messestadt, die steigenden Ansprüche des großstädtischen Verkehrs und die Unmöglichkeit einer Koordinierung des zersplitterten Verkehrssystems ohne totale Neugestaltung des Knotenpunktes Leipzig hatten bereits in den siebziger Jahren des 19. Jahrhunderts das Reichseisenbahnamt veranlaßt, sich mit der Lösung dieses schwierigen Problems zu beschäftigen (Bilder 214, 215).

Besonders beschwerlich waren die Entfernungen zwischen den Bahnhöfen für Reisende im Durchgangsverkehr, die zum Beispiel zwischen

Bayrischem und Eilenburger Bahnhof = 1,7 km,
Dresdner und Eilenburger Bahnhof = 1,9 km,
Thüringer und Berliner Bahnhof = 1,85 km,
Dresdner und Bayrischem Bahnhof = 2,12 km und
Berliner und Bayrischem Bahnhof sogar = 4,0 km

betrugen und mit Gepäck nur mit der Pferdedroschke zurückgelegt werden konnten.

Betrug die Einwohnerzahl Leipzigs 1837 zur Zeit der Eröffnung der Leipzig-Dresdner Eisenbahn nur 49 076 Einwohner, so waren es 1871 106 225, 1890 295 025, 1900 456 156 und 1910 bereits 589 850 Einwohner. Davon wurden etwa

310 000 als »Erwerbstätige« registriert. Handel und eine vielseitige Industrie von Weltgeltung erreichten im Leipziger Raum eine beträchtliche Konzentration. So stieg der Güterverkehr zwischen den preußischen und sächsischen Eisenbahnen von 1 148 730 t im Jahr 1887 auf 2 426 450 t im Jahre 1899. Im Übergabebahnhof mußten 1879 317 026, 1899 811 000 Wagen behandelt werden.

Die schnell veraltenden Bahnhofsanlagen, die bis auf wenige Ausnahmen nicht großzügig-perspektivisch gestaltet wurden, konnten in dieser Situation natürlich den wachsenden Ansprüchen nicht mehr gerecht werden. Untragbare Zustände, tage- und wochenlange Verkehrsstockungen machten sie schließlich zu Zielen des Spottes.

Die nicht eben leichte Aufgabe einer Umgestaltung der geplanten Eisenbahnverhältnisse Leipzigs erforderte naturgemäß langjährige Vorbereitungszeit für die Planung und schwierige Verhandlungen zwischen den Eisenbahnverwaltungen, der Stadt, der Reichspostverwaltung und anderen Stellen. In den achtziger Jahren entstanden erste Entwürfe für einen „Centralbahnhof", der die neun großen Hauptstrecken und die Nebenstrecken entweder als Durchgangs- oder als Kopfbahnhof oder auch als kombinierter Durchgangs- und Kopfbahnhof wie der geplante Dresdner Hauptbahnhof vereinigen sollte.

Interessant ist ein Projekt von Professor A. Rincklake, das er 1888 vorstellte (Bild 216). Er schlägt einen Durchgangsbahnhof vor, bei dem die vorhandenen Hauptstrecken so zusammengeführt werden, daß durchgehende Fernstrecken entstehen, zum Beispiel Berlin–Hof, Dresden–Halle, Corbetha–Eilenburg. Außerdem sieht er eine Ringbahn vor. Der Bahnhof entspricht dem Prinzip des kreuzungsfreien Verkehrs. Rincklake bezeichnete die Unfallgefahr als einen Hauptmangel der derzeitigen Durchgangsbahnhöfe, »... daß das Publikum sich auf dem Hauptperron sammeln und die entlegenen Abfahrtsperrons über die Gleise erreichen muß. Auf dem Hauptperron drängen sich nicht selten die Fahrgäste für 3 oder 4 Fahrtrichtungen sowie die Gepäck- und Postwagen für ankommende und abgehende

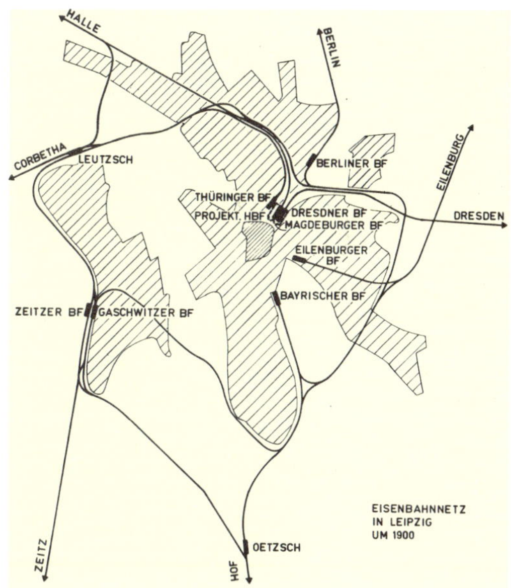

Bild 214. Das Eisenbahnnetz und die alten Bahnhöfe Leipzigs im Jahre 1858. Die Verbindungsbahn zwischen der Sächsisch-Bayrischen, Leipzig-Dresdner und Magdeburg-Leipziger Eisenbahn folgte seinerzeit der Trasse: Johannisallee–Breitkopfstraße–zwischen Klasing- und Reclamstraße–Lutherstraße–Kreuzung Thälmann- und Rosa-Luxemburg-Straße!
Bild 215. Das Eisenbahnnetz in Leipzig um 1900

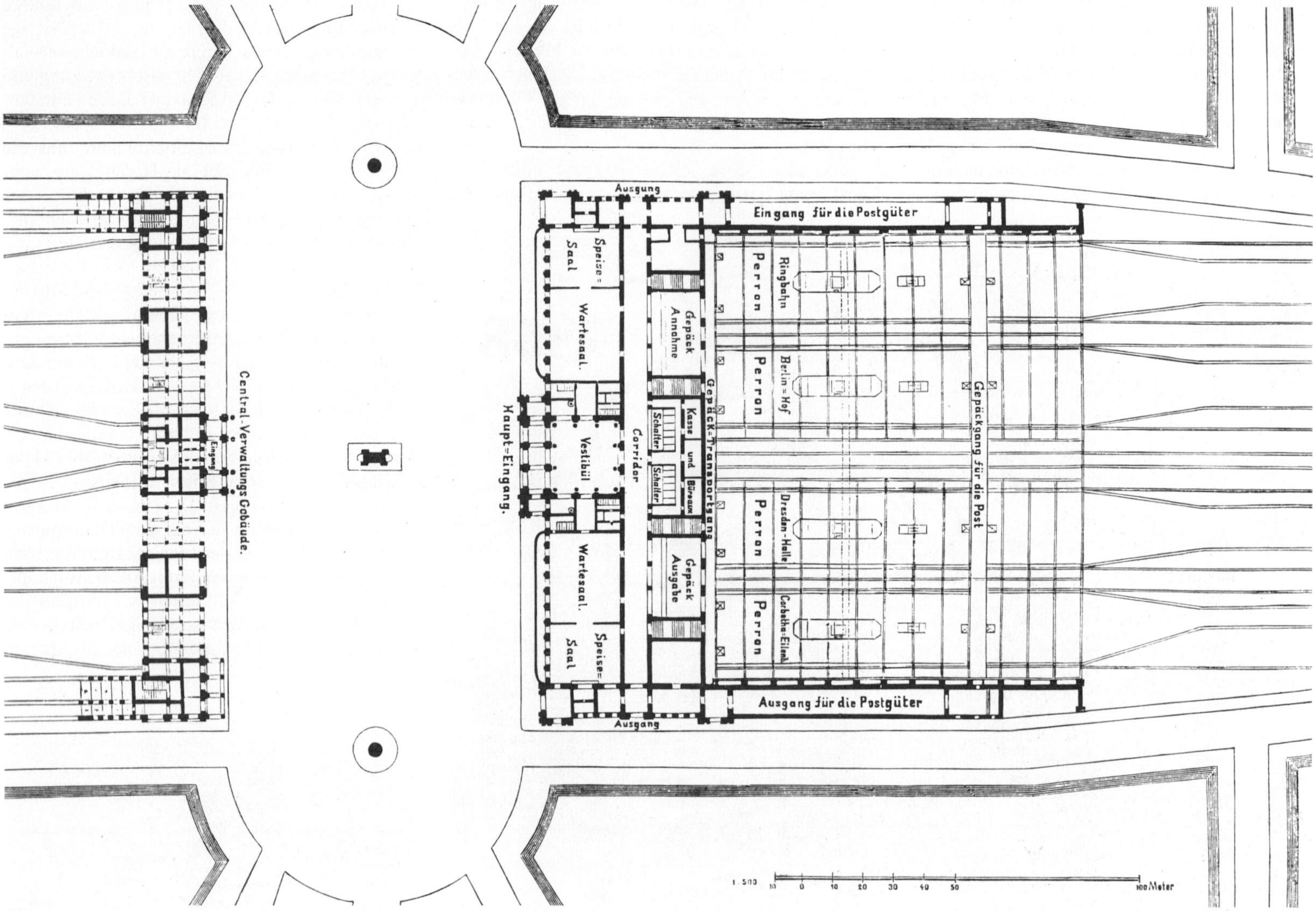

Bild 216. Entwurf für einen Zentralbahnhof in Leipzig von Professor Rincklake. Grundriß des Empfangsgebäudes (1888)

Passagier- und Postzüge. Es entsteht ein Chaos, bei dem einem Angst und bange werden muß!«

Dementsprechend entwirft er einen Centralbahnhof mit einer unteren Ebene für den Zugverkehr und einer oberen mit dem Empfangsgebäude, der Verteilung der Personenströme, des Gepäcks und der Postgüter durch Aufzüge. ... »Mittels langsam ansteigenden Radialstraßen gelangt man links und rechts vom Bahnkörper auf einen hoch über den Gleisen angelegten freien Platz, unter welchem die Bahnzüge mittels Tunnels durchgeführt werden sollen. An diesen ist quer zur Schienenrichtung über die Gleise hin das Empfangsgebäude projektiert, so daß die Züge auch unter diesem hinfahren. Es wäre damit zunächst die völlig gleiche Zugänglichkeit des Empfangsgebäudes von beiden Seiten des Bahnkörpers her erreicht, ein Gewinn, der es endlich möglich machen würde, daß ein in der Nähe des Bahnhofs entstehender Stadtteil sich um den Bahnhof wie ein Kern zusammenschlösse und letzterer nicht mehr wie jetzt der Ausdehnung der Stadt eine fast unüberschreitbare Grenze steckte«. Mit diesem Entwurf verfocht Rincklake ein noch heute modernes Prinzip, nach dem zum Beispiel auch der neue Zentralbahnhof von Warschau, Warszawa Centralna, gestaltet wurde.

Die Verhandlungen zwischen Sachsen und Preußen, in denen die Sächsischen Staatsbahnen für einen Durchgangsbahnhof bei Schönefeld eintraten, den Preußen aber als Konkurrenz ihres Halleschen Durchgangsbahnhofs ablehnte, führten 1898 zur Entscheidung für einen Kopfbahnhof am jetzigen Standort. Dabei spielte der Wunsch der Stadt Leipzig, die einen nahe am Stadtzentrum gelegenen Bahnhof wünschte, eine ausschlaggebende Rolle. Es wurde daher vereinbart, den gemeinschaftlichen Bahnhof auf dem Gelände der drei alten Bahnhöfe am Georgiring zu errichten und diesen durch ein Empfangsgebäude hufeisenförmig nach der Stadt zu abzuschließen. Alle Anlagen für den großen Güterumschlag und Übergabeverkehr waren an die Grenzen der Stadt zu verlegen. Nur die Ortsgüterabfertigungsanlagen sollten seitlich an den Haupt-Personenbahnhof angelehnt werden und so in unmittelbarer Nähe des geschäftlichen Schwerpunktes bleiben. Diese umfassende Neugestaltung der Leipziger Bahnanlagen, die den Zeitraum von 1902 bis 1915 beanspruchte, gehört zu den bedeutendsten Werken der deutschen Verkehrs- und Baugeschichte.

Bild 217. Hauptbahnhof Leipzig im Bau vor Abbruch des Magdeburger Bahnhofs im Oktober 1912. Von links: die bereits fertiggestellte preußische Seite, mit Magdeburger Bahnhof und Dresdner Bahnhof
Bild 218. Hauptbahnhof Leipzig. Ansicht des Empfangsgebäudes von Südosten um 1930

Der Hauptbahnhof Leipzig

Das gewaltige Bauvorhaben begann 1902 mit dem ersten Spatenstich bei Wahren. Bis 1907 wurden im ersten vorbereitenden Bauabschnitt zunächst errichtet der Bahnhof Paunsdorf-Stünz, das sächsische Elektrizitätswerk Connewitz, der Werkstättenbahnhof mit Lokomotivausbesserungswerk in Engelsdorf als Voraussetzung für den Abbruch der alten sächsischen Werkstätten des Dresdner Bahnhofs, sowie die Rangierbahnhöfe in Engelsdorf und Wahren einschließlich der Verbindungsbahnen.

Die neuen Übergabebahnhöfe Schönefeld, Plagwitz sowie die Bahnhöfe Gaschwitz, Mockau und Thekla konnten eröffnet oder größtenteils fertiggestellt werden. 1911 wurde von der Reichspost der neue Postbahnhof in Betrieb genommen, der als gegenübergestellter Kopfbahnhof dem Betriebsablauf des Hauptbahnhofs entsprechen sollte. Allein der Aufwand für diese Anlagen und die dafür erforderlichen Streckenbauten, Brükken, Unterführungen usw. war ungeheuer und übertraf die für den Hauptbahnhof zu leistenden Arbeiten sowie die Kosten um ein Vielfaches. Zur Herstellung der Baufreiheit des Hauptbahnhofsgebäudes wurde am 1. Oktober 1906 der Berlin–Hofer Schnellzugverkehr nach dem Bayrischen Bahnhof verlegt, am 1. Oktober 1907 der Thüringer Bahnhof an der Blücherstraße geschlossen und anschließend abgebrochen sowie der Leipzig–Magdeburger Verkehr vom Berliner Bahnhof übernommen.

Währenddessen hatten die Sächsische und Preußische Staatsregierung 1906 einen Wettbewerb für die Gestaltung des Empfangsgebäudes ausgeschrieben. In den Wettbewerbsbedingungen war festgelegt, daß der Bau als repräsentatives Architekturdenkmal der Messestadt den wirtschaftlichen Aufschwung Deutschlands dokumentieren solle. Dabei war die verwaltungsmäßige Zweiteilung in eine sächsische und preußische Seite durch zwei Eingangshallen zum Ausdruck zu bringen. Auch die Größe und Lage des Empfangsgebäudes, seine Zuordnung zu den Bahnsteighallen und der Betriebsablauf lagen fest.

Der Wettbewerb fand die Rekordbeteiligung von 76 Architekten. Ausgeführt wurde der in einigen Details veränderte preisgekrönte Entwurf mit dem Kennwort »Licht und Luft« der Dresdner Architekten Prof. William Lossow und Prof. Max Kühne, die übrigens auch das Hotel »Astoria« westlich des Hauptbahnhofes gestalteten.

Die schöpferische Leistung beider Architekten war nicht möglich ohne die vorher vorbereiteten Grundlagen eines großen Kreises von Verkehrs-, Finanz- und Wirtschaftsfachleuten, Städtebauern, Eisenbahnbauingenieuren, Künstlern und Technikern, die den Bahnhofsgrundriß und -betrieb bereits konzipiert hatten.

Am 16. November 1909 erfolgte die Grundsteinlegung für das Empfangsgebäude, im Frühjahr 1910 wurde mit den Gründungsarbeiten für die Bahnsteighallen begonnen. Die Ausführung des imposanten Bauwerkes, dessen Dimensionen

Bild 219. Hauptbahnhof Leipzig. Eine der Eingangshallen. Entwurfszeichnung Lossow und Kühne
Bild 220. Hauptbahnhof Leipzig. Grundriß des Empfangsgebäudes in Vorplatzhöhe. Entwurf Lossow und Kühne
Bild 221. Hauptbahnhof Leipzig. Grundriß des Empfangsgebäudes in Bahnsteighöhe. Entwurf Lossow und Kühne

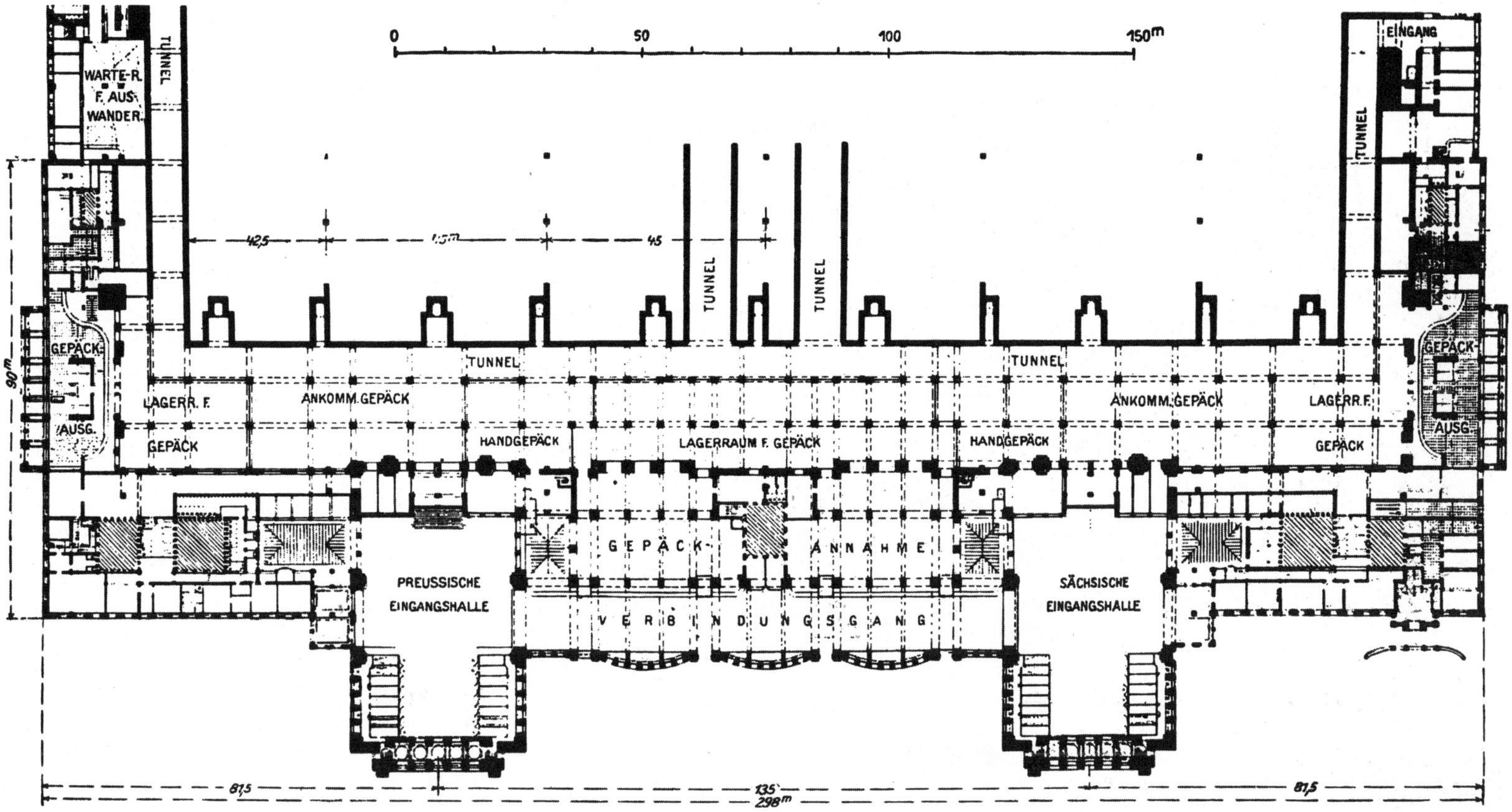
0
50
100
150m
TUNNEL
WARTE-R. F. AUS WANDER.
EINGANG
42,5
45
GEPÄCK AUSG.
LAGERR. F. GEPÄCK
ANKOMM. GEPÄCK
HANDGEPÄCK
LAGERRAUM F. GEPÄCK
GEPÄCK-ANNAHME
PREUSSISCHE EINGANGSHALLE
SÄCHSISCHE EINGANGSHALLE
VERBINDUNGSGANG
90m
87,5
135
298m

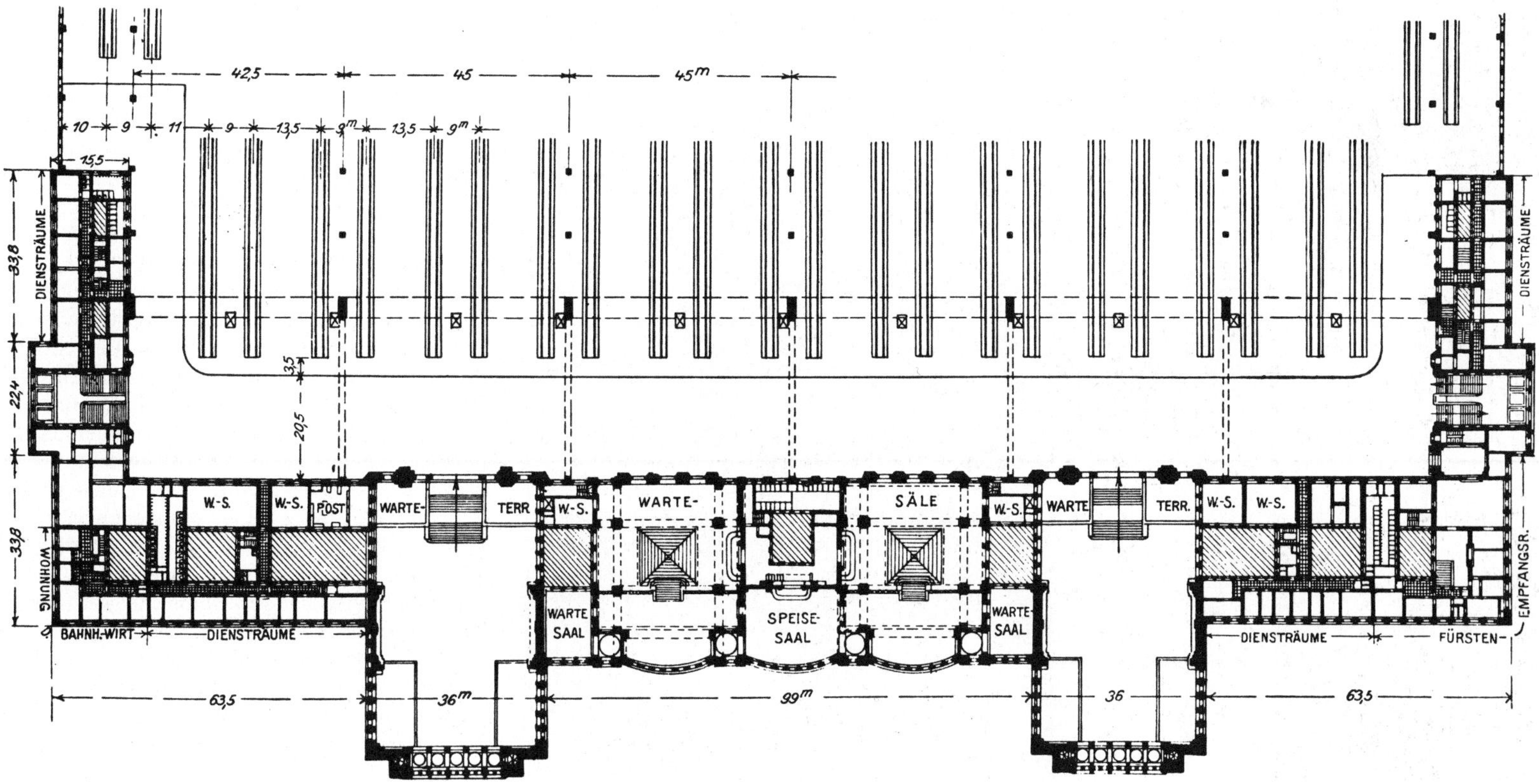
42,5
45
45m
10
9
11
9
13,5
9m
15,5
DIENSTRÄUME
33,8
22,4
3,5
20,5
WOHNUNG
W.-S.
POST
WARTE-
TERR.
WARTE-
SÄLE
WARTE
WARTE SAAL
SPEISE-SAAL
BAHNH.-WIRT
DIENSTRÄUME
FÜRSTEN-
EMPFANGSR.
63,5
36m
99m
36

Bild 222. Hauptbahnhof Leipzig. Querbahnsteighalle im Bau
Bild 223. Hauptbahnhof Leipzig. Querbahnsteighalle. Entwurfszeichnung Lossow und Kühne

alles bisherige in den Schatten stellten, war erst mit der Entwicklung des Stahlbaues, vor allem aber des Stahlbetonbaues in dieser Zeit zu verwirklichen. Ebenso konnte der schwere Baukörper nur mit modernen Verfahren des Grundbaues auf dem vorhandenen schlechten Untergrund gegründet werden. Dafür wurden 3 125 meist aus Stahlbeton bestehende Gründungspfähle bis 7 m tief ins Erdreich gerammt.

Der kompakte Bahnhofsbau umschließt Bahnsteighallen und Empfangsgebäude mit insgesamt 83 640 m^2 Grundfläche und 1 560 000 m^3 umbautem Raum, heute noch einzigartige Dimensionen. Das 300 m breite Empfangsgebäude wird von zwei Eingangshallen gegliedert, die beherrschend aus der Schaufront heraustreten und so ihre Empfangsfunktion deutlich erkennen lassen (Bild 218). Beeindruckend sind die Dimensionen dieser Hallen. Mit je 1 620 m^2 Grundfläche, 26 m lichter Höhe und ihren an Stahltragwerken aufgehängten Stahlbetonkassettengewölben erinnert ihre Monumentalität an antike römische Thermen (Bild 219). 400 m^2 Oberlichtfläche und hohe Fenster der Eingangsfront erzielen in den großen Hallen eine hervorragende Tageslichtbeleuchtung. Nicht zu Unrecht trug der Entwurf für den überall bestens beleuchteten und belüfteten Bahnhofsbau das Kennwort »Licht und Luft«.

Die beiden Eingangshallen sind durch einen 100 m langen, ursprünglich 12 m breiten Verbindungsgang gekoppelt, von dem 15 Türen zu der überdachten Droschkenunterfahrt führen, während sich auf der gegenüberliegenden Seite eine großzügig angeordnete Gepäckabfertigung mit Unterflurförderung direkt zu den Gepäckbahnsteigen befand (Bild 220).

Von den Hallen führen 10 m breite Freitreppen aus Lausitzer Granit zu dem 3,80 m höher liegenden Querbahnsteig, dem Hauptverteiler der Personenströme von und zu den Bahnsteigen, den Wartesälen und Restaurants (Bild 221). Die 276 m lange, 33 m breite und 27 m hohe Halle war ebenso wie die Eingangshallen mit einem abgehängten Kappengewölbe aus Stahlbeton überdeckt, das sich nach den Längsbahnsteighallen auf sechs mächtige Stahlbetonbogen von 45 m bzw. 42,5 m Systemweite stützte (Bilder 222, 223). Das Auflager über der inneren Umfassung des Empfangsgebäudes mußte zur Auffangung des starken Horizontalschubs durch zusätzliche Stahlbetonstreben gesichert werden. Außerdem wurde das oberste, der Querbahnsteighalle zugewandte Stockwerk des Empfangsgebäudes als 8 m breites Windstockwerk monolithisch aus Stahlbeton hergestellt, um jedem möglichen

Gewölbedruck wirksam zu begegnen. Auch die Querbahnsteighalle hatte bei 8 810 m² Grundfläche mit 2 640 m² Oberlichten und weiteren seitlichen Fensterreihen eine vortreffliche Beleuchtung. Durch ihre gewaltigen Dimensionen war sie bisher, wie alle Verkehrsräume des Hauptbahnhofsgebäudes, auch dem stärksten Messe- und Urlauberreiseverkehr gewachsen. Unübertroffen ist die Übersichtlichkeit, die sie vor allem ortsunkundigen Reisenden beim Finden des gesuchten Bahnsteiges bietet.

An der Querbahnsteighalle, die kopfseitig Ausgänge an der Ost- und Westseite besitzt, liegen zwei je 1 100 m² große, repräsentativ und einladend gestaltete Wartesäle (Bild 224), ein 315 m² großes Speiserestaurant (Bild 225) sowie

Bild 224. Hauptbahnhof Leipzig. Empfangsgebäude. Einer der beiden Wartesäle. Entwurfszeichnung Lossow und Kühne

Bild 225. Hauptbahnhof Leipzig. Empfangsgebäude. Speiserestaurant. Entwurfszeichnung Lossow und Kühne

Bild 226. Hauptbahnhof Leipzig. Erste (westliche) Längsbahnsteighalle im Bau 1910
Bild 227. Hauptbahnhof Leipzig. Eine der Längsbahnsteighallen 1925

verschiedene Dienst- und Betriebsräume; im südöstlichen Teil waren »Fürsten-Empfangsräume« mit entsprechender Ausstattung eingerichtet. Die Flächen unter der Halle wurden bzw. werden zum Teil noch als Lagerräume für Gepäck genutzt. Verteilertunnel und Aufzüge ermöglichten den Gepäcktransport zu jeder beliebigen Stelle.

Den Stützbögen der Querbahnsteighalle sind die Längsbahnsteighallen mit 26 Bahnsteigen vorgelagert (Bilder 226, 227). Die verkürzten seitlichen Bahnsteige werden anschließend an die 90 m langen Seitenflügel des Empfangsgebäudes von 19 m breiten Seitenschiffen überspannt. Die Stützweite der Stahlbinder beträgt 45 m bzw. 42,5 m, die Höhe der Halle 20 m, ihre Länge vom Empfangsgebäude aus 240 m und ihre Grundfläche 60000 m^2. Davon waren 24000 m^2 mit kittlos verglasten Oberlichten versehen. Dazu sind für Reisende bequeme hohe Personenbahnsteige, für den Gepäcktransport den Ladeflächen angepaßte niedrige, mit Fahrzeugaufzügen ausgestattete Gepäckbahnsteige vorhanden, so daß der Verkehr von und zu den Bahnsteigen unterirdisch erfolgen kann. In der Bahnsteighalle verbindet ein seitlich bis ins Freie führender Personentunnel nochmals die Bahnsteige untereinander.

Für die Bahnsteighallenkonstruktion wurde 1909 ein Wettbewerb ausgeschrieben, an dem sich 25 deutsche Stahlbaufirmen und -ingenieure beteiligten. Die ausgeführte Halle konstruierten die Ingenieure Eilers und Karig (Bild 228).

Trotz der Zweiteilung der Verwaltung, der Entwurfsbindungen und der Vielzahl von Architekten und Ingenieuren entstand ein einheitliches Bauwerk aus einem Guß. Seine Formensprache entspricht den zwiespältigen Erscheinungen des in dieser Zeit beginnenden Umbruchs in der deutschen Architektur: klassische Traditionen, Einflüsse des Jugendstils, Repräsentationswillen und funktionsgerechte Gestaltung vermischen sich zu einem in jeder Beziehung außergewöhnlich solide ausgeführten Bauwerk. Dazu hat nicht zuletzt die Verwendung von Elbsandstein für die Fassaden und ihren figürlichen Schmuck beigetragen. Die Außenfassaden wurden mit wetterbeständigem Material aus Schöna, die Innenwände der Hallen mit warmgetöntem Steinmaterial aus Cotta verkleidet. Die Figuren verkörpern an den Fensterpfeilern der Westhalle Bauberufe, an der Osthalle typische Leipziger Berufe und an den Außenwänden der Eingangshallen Volksgruppen Sachsens und seiner Nachbarländer in Volkstrachten.

Am 1. Oktober 1915 konnte der Hauptbahnhof in Betrieb genommen werden, nachdem alle

Bild 228. Hauptbahnhof Leipzig. Schürze der Bahnsteighallen 1924. Entwurf und Berechnung: Eilers und Karig

Linien planmäßig eingeordnet waren. Die Ausführung und schrittweise Inbetriebnahme hatte nach 1910 folgenden Verlauf genommen:
1. Mai 1912:
Die fertiggestellte Westseite nimmt den Verkehr der Thüringer Strecken auf.
24. September 1912:
Der Zerbst-Magdeburger Verkehr wird in den Hauptbahnhof aufgenommen.
1. Oktober 1912:
Der Schnellzugverkehr nach Hof wird in den Hauptbahnhof aufgenommen. Dem Bayrischen Bahnhof verbleibt nur der Personenverkehr nach Hof. Der Magdeburger und der Berliner Bahnhof werden geschlossen und danach abgebrochen.
1. Februar 1913:
Der Verkehr nach Dresden und nach Lausick–Chemnitz wird in die Westseite eingegliedert. Der letzte Zug nach Dresden verläßt mit bekränzter Lokomotive den alten Dresdner Bahnhof, der darauf abgebrochen wird.
1. Mai 1915:
Der Eilenburger Fernverkehr wird in den Hauptbahnhof eingeführt.
August 1915:
Der Verkehr nach Geithain–Chemnitz erfolgt vom Hauptbahnhof. Der Querbahnsteig ist in ganzer Länge fertiggestellt und für die Erschließung der Längsbahnsteighallen nutzbar.

Am 4. Dezember 1915 – während des ersten Weltkrieges – wurde in der östlichen Halle der Grundstein des ehemaligen Dresdner Bahnhofes als Schlußstein des Hauptbahnhofsgebäudes nach einer Bauzeit von sechs Jahren eingefügt.

Bild 229. Hauptbahnhof Leipzig. Querbahnsteighalle nach der Zerstörung durch Luftangriffe 1943 und 1944

Die Bauzeit der Gesamtanlagen hatte 13 Jahre betragen.

Die Baukosten betrugen für das Empfangsgebäude ohne Ausstattung mit 250000 m^3 umbautem Raum = 6,85 Millionen Mark, für die Bahnsteighallen mit 1310000 m^3 umbautem Raum = 4,39 Millionen Mark, für die Gesamtanlagen rund 140 Millionen Mark. Davon trugen Sachsen 60, Preußen 53, die Reichspost für Posttunnel, Briefpostamt und Postpaketbahnhof 10 und die Stadt Leipzig 17 Millionen Mark einschließlich Bahnhofsvorplatz usw.

Der Hauptbahnhof gilt als der letzte Großbahnhof des 19. und als erster des 20. Jahrhunderts. Seine großzügige Anlage gestattete bisher alle betrieblich notwendigen Veränderungen, Ein- und Umbauten.

Die seinerzeit vorsorglich in seine Anlagen und das Empfangsgebäude bereits auf 700 m Länge eingefügte Untergrundbahnstrecke, die als direkte Verbindung zum Bayrischen Bahnhof fortgeführt werden sollte, blieb bisher unvollendet.

Durch Luftangriffe im zweiten Weltkrieg wurde der Leipziger Hauptbahnhof 1943 und 1944 schwer getroffen. Die Querbahnsteighalle, deren Abschlußbogen infolge des Bombenvolltreffers eines Bogens einstürzten, bildete einen gigantischen Trümmerhaufen (Bild 229). Die Bahnsteighallen waren verwüstet. Der Wiederaufbau des Bahnhofs bei laufendem vollen Betrieb war eine großartige Leistung, die auch internationale Anerkennung fand. Der Deutschen Reichsbahn gelang es, bei weitgehender Wahrung des originalen Zustandes ein modernen Anforderungen entsprechendes Bauwerk zu rekonstruieren.

Der Postbahnhof Leipzig

In enger Verbindung mit dem Hauptbahnhof errichtete die Reichspost gleichzeitig mit diesem 1,2 km nordöstlich zwischen Brandenburger Straße und Rohrteichstraße einen eigenen Postbahnhof. Als Kopfbahnhof mit 29 Gleisen, 16 Bahnsteigen und einem Querbahnsteig sollte er dem Betriebsablauf des Hauptbahnhofs entsprechen. Das Rangieren und die Behandlung der Postwagen, die damals in der Regel von den meisten Zügen mitgeführt wurden, erfolgte nach einem Fahrplan analog der Ankunft und Abfahrt der Züge auf dem Hauptbahnhof (Bild 230).

Die Abmessungen dieses seinerzeit größten Postbahnhofes der Welt sind beachtlich. Das Bahnhofsgelände umfaßt 58000 m^2, die Bahnhofsgebäude und -hallen haben 16000 m^2 Grundfläche. Die Räume des 200 m langen Hauptgebäudes, Lagerräume, Brief- und Paketschalter sind für einen sehr großen Umschlag bemessen. Der Querbahnsteig ist 180 m lang und 8 m breit. 1912 passierten bereits 10,4 Millionen abgehende sowie 4,8 Millionen ankommende Paketsendungen den Bahnhof. Die 1911 fertiggestellte Anlage kostete über 5 Millionen Mark.

Bild 230. Postbahnhof des Hauptbahnhofs Leipzig 1912. Querbahnsteig

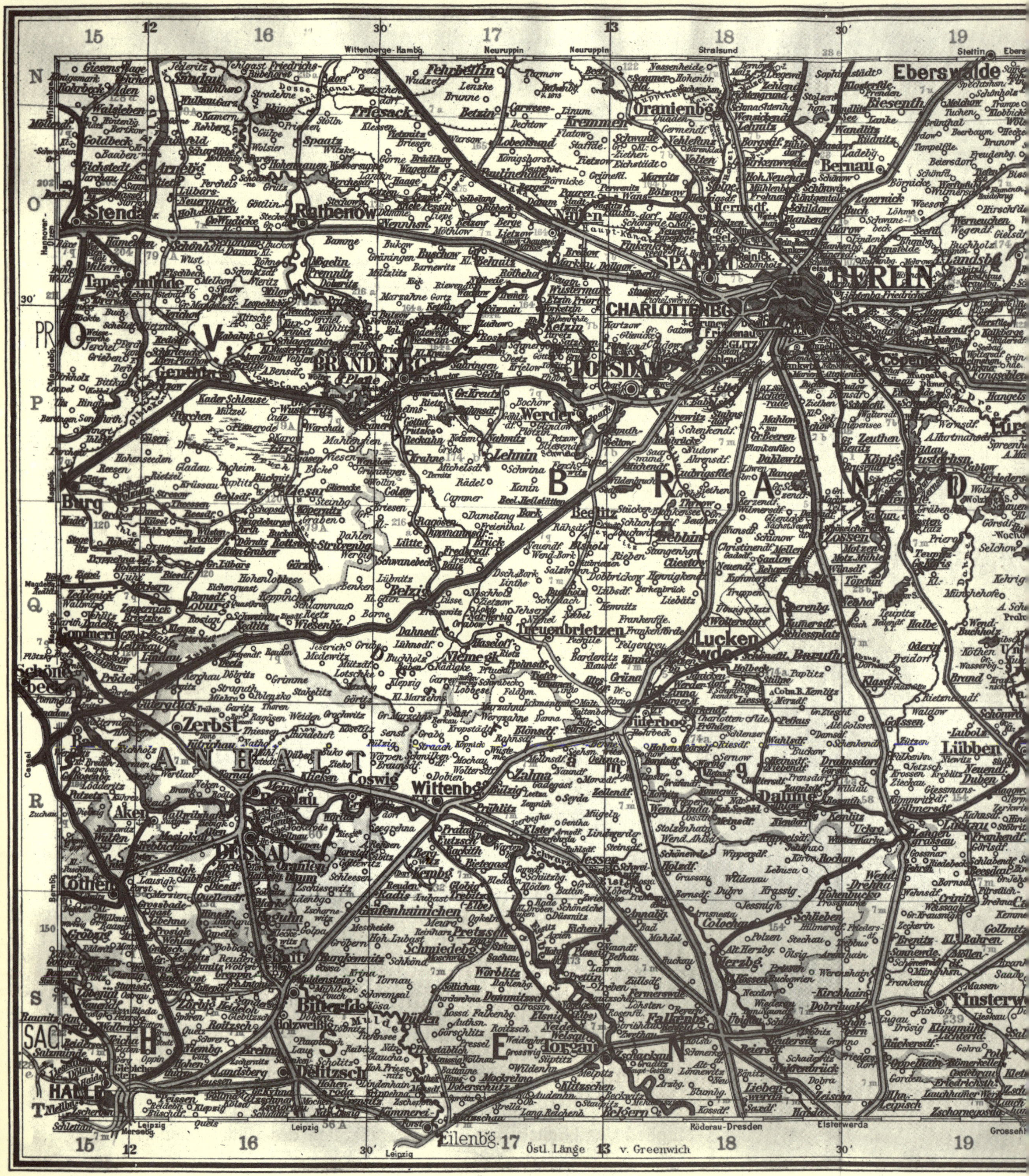

15
12
16
30′
17
13
18
30′
19
Wittenberge-Hambg.
Neuruppin
Neuruppin
Stralsund
Stettin
Eberswalde
Fehrbellin
Friesack
Kremmen
Oranienbg.
Bernau
Biesenthal
Stendal
Rathenow
Nauen
Spandau
BERLIN
CHARLOTTENBG.
Tangermünde
Brandenbg.
Potsdam
Werder
Genthin
Burg
Lehnin
Beelitz
Zossen
Belzig
Treuenbrietzen
Luckenwalde
Baruth
Niemegk
Zerbst
Jüterbog
Lübben
ANHALT
Coswig
Wittenbg.
Zahna
Dahme
Luckau
Dessau
Cöthen
Jessen
Schlieben
Kemberg
Gräfenhainichen
Bitterfeld
Torgau
Delitzsch
Eilenbg.
Halle
Finsterwalde
Dobrilugk
Elsterwerda
Liebenwerda
Herzberg
B R A N D E N B U R G
P R O V.
S A C H S E N
N
O
P
Q
R
S
T
Leipzig
Röderau-Dresden
Elsterwerda
Östl. Länge 13 v. Greenwich

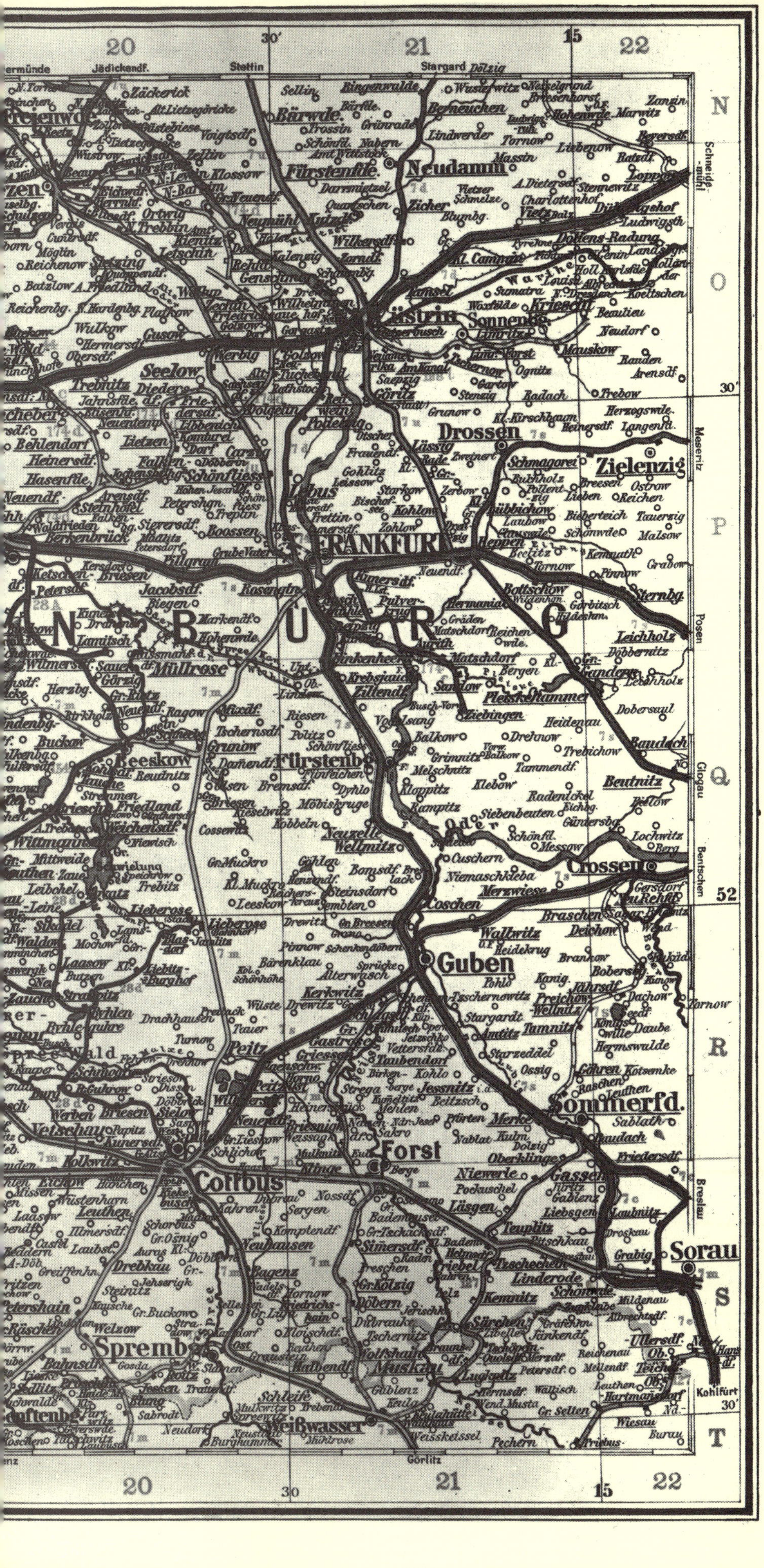

II. Preußische Eisenbahnen

Staatsbahnen
5 Preuß. Militärbahn
7 Preußische Staatsbahnen, Direktions-Bezirke: a Altona, b Berlin, c Breslau, d Bromberg, m Halle a. S., n Hannover, q Magdeburg, s Posen, u Stettin

Privatbahnen
13 a Altlandsbg. Klb., d Dessau-Radegast-Cöth. Klb.
28 b Königswusterh.-Mittenwalde-Töpchiner Klb.
d Lübben-Cottbuser-Kreisb., e Reinickendorf-Liebenwalde-Gr.-Schönebecker E.
28 A Beeskow-Fürstenwalde Kreisb.
32 Bergwitz-Kemberger Kleinb.
44 Buckower Kleinb.
54 A Cöpenick-Mahlsdf.-Str.-B.
56 A Crensitz-Crostitz Kleinb.
58 Dahme-Uckroer E.
60 Dessau-Wörlitzer E.
74 Frankfurter Güter-E.
79 A Genthiner Kleinbahn u. Ziesar-Großwusterw. Klb.
83 Cöpenick-Niederschöneweide
88 Gr. Lichterfelder Kleinb.
107 A Industr.-Bahn Tegel-Friedrichsfelde
120 Kreis Jerichow Kleinbahn
122 Kremmen-Neurupp.-Wittst. E.
128 r Strausberg.-Herzfld. Klb.,
d Goldbeck-Werben-Elbe, e Halle-Hettstedter E.
150 Nauendf.-Gerlebogker E.
154 Niederlausitzer Eisenb.
164 a Westhavell. Kreis-Klb., b Nauen-Veltener Klb.
165 Paulinenaue-Neurupp. E.
173 Prettin-Annaburger Klb.
174 a Jüterbog Luckenwalder Kreis-Kleinb.,
b Lehniner Kleinb., c Müncheberger Kleinb.,
b Oderbruchbahn, e Strausberger Eisenb.
175 Rathenow-Nauen-Paulinenauer Kreis-Klb.
198 Spremberger Kleinbahn
202 Stendal-Arendsee-Klb.
203 Stendal-Arneburger Klb.
204 Stendal-Tangermünder E.
211 Tangermünde-Lüderitzer Klb.
216 a Brandenburger Städteb.
218 i Neukölln-Mittenwalder E.
222 Wallwitz-Wettiner Kleinb.
239 Zschipkau-Finsterwald. E.

Koch, W. und C. Opitz:
Eisenbahn- und Verkehrsatlas von Europa. Leipzig 1912. Blatt Nr. 13

Die Berlin-Potsdam-Magdeburger Eisenbahn

Obwohl bereits seit 1833 verschiedene Persönlichkeiten und Gesellschaften Gesuche an den preußischen König und dessen Staatsregierung richteten, um die Genehmigung für einen Bahnbau zwischen Berlin und Potsdam zu erhalten, sollten noch vier Jahre vergehen, bis endlich nach langwierigen Verhandlungen der preußischen Verwaltung für Handel, Fabrikation und Bauwesen am 23. September 1837 die Konzession erteilt wurde.

Da grundlegende Voraussetzungen, wie das am 16. Januar 1836 erteilte Enteignungsrecht und die schon am 19. Dezember 1835 gegebene vorläufige Erlaubnis zur Anlage der Eisenbahn zwischen Berlin und Potsdam erfüllt waren, hatte man bereits am 10. August 1837 mit den Erdarbeiten begonnen. Nach nur 14monatiger Bauzeit konnten am 22. September 1838 der Betrieb auf der Strecke Zehlendorf–Potsdam und am 29. Oktober 1838 die ganze Strecke Berlin–Potsdam eröffnet werden.

Ein Zeitgenosse berichtet, daß diese Bahn täglich 2000, an Festtagen sogar 4000 Menschen benutzten. Schon nach einem Jahr mußte die Gesellschaft, natürlich mit behördlicher Genehmigung, ihre Züge auch in der Dunkelheit fahren lassen, entsprechend langsam und mit vielen Sicherheitsvorkehrungen.

Nur der König fuhr noch einige Zeit mit der Kutsche neben der Bahn nach Potsdam, bis er begriff, »daß selbst seine edlen Trakehner Rappen mit der Lokomotive nicht Schritt halten konnten«.

1842 erfolgte die Konzessionserteilung für die Weiterführung der Bahn von Potsdam nach Magdeburg, eine Linie, die als direkte Verbindung Berlins mit Westdeutschland und Westeuropa große wirtschaftliche und militärische Bedeutung hatte. Gegen die Einsprüche der Berlin-Anhalter-Eisenbahngesellschaft, die verständlicherweise diese Konkurrenz ihrer Bahnlinie Berlin–Wittenberg–Roßlau–Köthen fürchtete, kam aber der Bahnbau nach Magdeburg unter der Bedingung des Anschlusses der thüringischen Bahn in Halle zustande. Am 6. Juli 1845 wird die Linienführung durch »Kabinettsordre« genehmigt und der Bau unter der technischen Leitung des Regierungs- und Baurats Unruh in Potsdam und des Oberingenieurs Hess der Magdeburg-Halberstädter Eisenbahn begonnen.

Die Trasse führte in Anlehnung an die alte Poststraße in weitem Bogen um die Höhen des Flämings herum, so Geländeschwierigkeiten weitgehend vermeidend. Von Burg verlief die Bahn dann in der Elbaue auf einem Damm über Lostau zum Magdeburger Elbbahnhof. Diese Linienführung wurde wegen ständiger Gefährdung durch Hochwasser später korrigiert und die Bahn im Zusammenhang mit dem Neubau des Magdeburger Hauptbahnhofes 1873 nach Gerwisch–Möser über die Ausläufer des Fläming verlegt.

Schon ein Jahr später, Mitte 1846, war die Strecke Potsdam–Magdeburg–Friedrichstadt rechtsseitig der Elbe fertiggestellt und am 7. August 1846 konnte der Personenverkehr offiziell aufgenommen werden.

Nachdem auch die Brückenbauten vollendet waren, wurde am 19. August 1848 der durchgehende Betrieb Berlin–Magdeburg eröffnet und damit nicht nur ein ununterbrochener Schienenweg Berlin–Paris, sondern auch die direkte Dampferverbindung mit London und New York (via Bremen) hergestellt, ein für diese Zeit ungeheurer verkehrstechnischer Fortschritt. Am 1. Mai 1851 verkehrte auf dieser Strecke von Berlin nach Köln der erste deutsche Schnellzug mit 16 Stunden Reisedauer und einem Reisedurchschnitt von fast 40 km/h, ab 15. November 1852 befuhr ein zusätzliches Schnellzugpaar als »Kurierzug« die 600 km lange Strecke in nur $14^1/_2$ Stunden!

Dementsprechend und im Zusammenhang mit der Entwicklung des Vorortverkehrs ist diese Strecke und ihre Ausstattung ständig verbessert worden. So wurde 1848 und 1849 zwischen Potsdam und Magdeburg eine elektromagnetische Telegraphenleitung installiert.

1862 ließ der preußische König bei Neuendorf in der Nähe des Schlosses Babelsberg, wo er sich öfters aufhielt, einen Haltepunkt, die spätere »Station« Neubabelsberg einrichten. Am 1. Mai

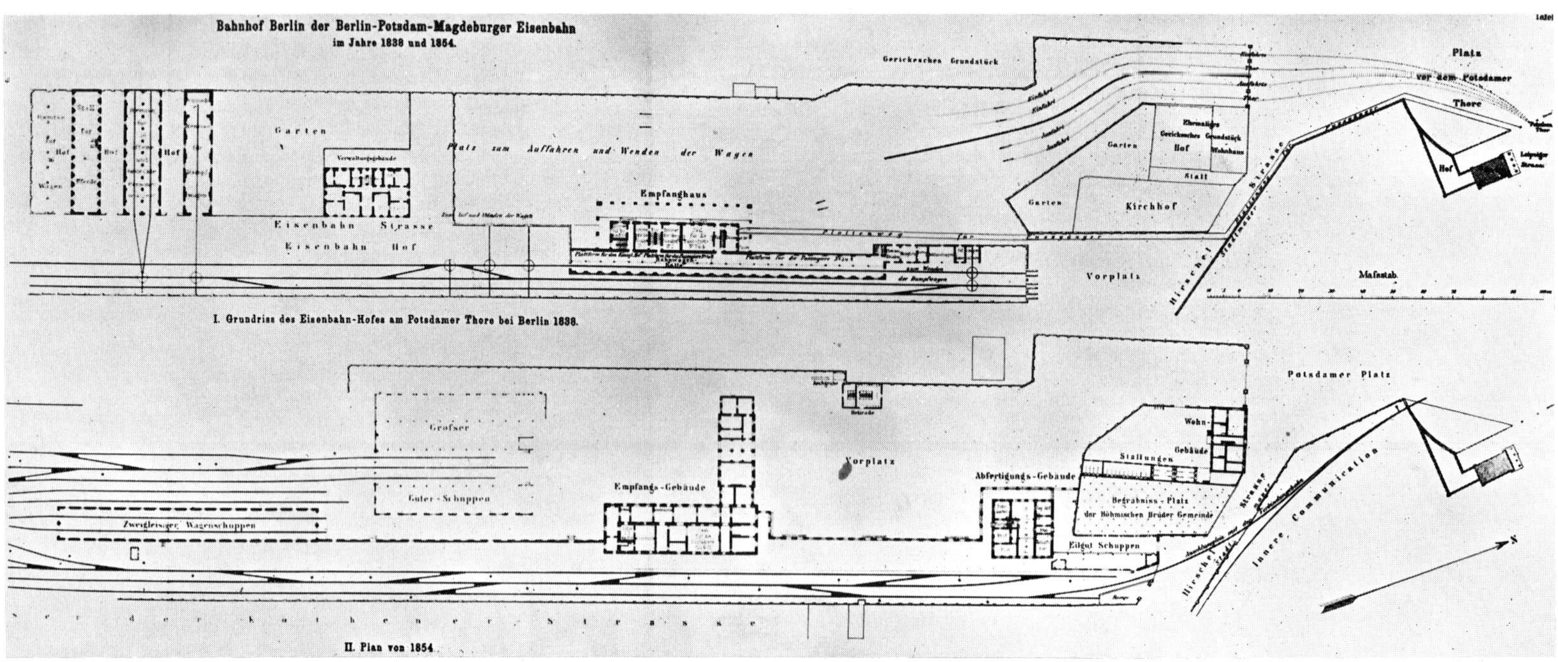

Bild 231. Potsdamer Bahnhof in Berlin. Lagepläne der Anlagen von 1838 (oben) und 1854 (unten)

1864 bekam Steglitz eine »Haltestelle« für Lokalzüge und 1869 Wildpark eine Einsteigehalle für den »Hof«. Im Berliner Stadtgebiet wurde zur Vermeidung von Kreuzungen durch Fuhrwerke an der Linkstraße eine Unterführung hergestellt. Am 15. Dezember 1872 erhielt Lichterfelde eine Haltestelle.

Erwähnenswert ist noch, daß der Berlin-Potsdam-Magdeburger Eisenbahn eine der ersten Vorortbahnen angegliedert wurde, die der großstädtischen Bevölkerung eines der schönsten Erholungsgebiete Berlins am Wannsee erschloß, die Wannseebahn.

Bereits am 31. Mai 1871 lag die landesherrliche Genehmigung zur Erschließung der Erholungsgegenden in Berlins Umgebung vor, und 1872 begann man mit dem zweigleisigen Ausbau der Bahn, um später nach Herstellung eines dritten und vierten Gleises neben den beiden Hauptgleisen zwischen Berlin-Zehlendorf und Kohlhasenbrück-Potsdam durchgängig vier Gleise verfügbar zu haben. Die durchschnittliche Entfernung zwischen den Stationen war mit 2,9 km festgelegt. Am 1. Juni 1874 wurde der Abschnitt Zehlendorf–Kohlhasenbrück eröffnet. Erst 13 Jahre später konnte infolge der schlechten Finanzlage der Bau des geplanten dritten und vierten Gleises wieder aufgenommen und am 1. Oktober 1891 die neue Wannseebahn vollendet werden.

Der Potsdamer Bahnhof in Berlin

Der erste Bahnhof von 1838 lag mit seinem Empfangsgebäude parallel zur späteren Köthener Straße außerhalb der Stadtmauer vor dem Potsdamer Tor. Wie bei den meisten »Eisenbahnhöfen« dieser Zeit waren auch hier die Betriebsgrundstücke und der Bahnhofsvorplatz eingefriedigt. Die Zufahrt erfolgte vom »Platz vor dem Potsdamer Thore«, dem heutigen Potsdamer Platz, durch zungenartig mit Gittern voneinander getrennte Ein- und Ausfahrten, die den Verkehrsablauf reibungslos gestalten sollten (Bild 231). Für Fußgänger führte ein »Plattenweg« entlang der Stadtmauer zum »Empfangshaus«, das auf drei Seiten einen wetterschützenden Laubengang besaß. Der vordere diente als Unterfahrt und Zugang zu den Warteräumen sowie zur »Casse«. Diesen war eine massive »Bahnwagenhalle« mit der »Plattform« und einem Gleis vorgelagert, die entsprechend der damaligen Klassengesellschaft nicht nur eine reservierte Fläche für den königlichen Hof, sondern auch jeweils getrennte Abteilungen für die 1. und 2. sowie für die 3. und 4. Klasse aufwies. Anschließend daran lagen die betreffenden Warteräume. Die Dachterrasse über der Bahnsteighalle gehörte zur Bahnhofswirtschaft (Bild 232).

Das Bahnsteiggleis war nördlich der Halle mit zwei außen vorbeiführenden Gleisen durch Drehscheiben »zum Wenden der Dampfwagen« verbunden. Hier stand außerdem ein Schuppen mit Wiege- und Abladeplatz für die Güterabfertigung, Kohlelager, Ölkammer und Abstellraum für einen Tender in der Achse der Drehscheiben. Am südlichen Bahnhofsende befanden sich »Remisen für Dampf- und Personenwagen« sowie ein Stall für 45 Pferde, zwischen diesen und dem Empfangsgebäude ein Verwaltungs- und Wohngebäude für den Bahningenieur. Der alte Potsdamer Bahnhof in Berlin kostete komplett 88 000 Taler.

Die Bahnanlagen erwiesen sich schon nach kurzer Zeit als unzureichend, so daß laufend Erweiterungen vorgenommen werden mußten. 1846 bis 1848 wurde das Empfanggebäude umgebaut, anstelle der kleinen kurzen Bahnsteighalle ein fast dreimal so langer mit Arkaden wettergeschützter Bahnsteig angelegt, in nördlicher Richtung der Anschluß an die Verbindungsbahn hergestellt sowie neue größere Güterabfertigungs- und entsprechende modernisierte Gleisanlagen geschaffen. So war bereits 1854 von

Bild 232. Der Potsdamer Bahnhof in Berlin im Jahre 1848. Zeitgenössische Darstellung

Bild 233. Westliche Ansicht des Potsdamer Bahnhofs in Berlin vom Vorplatz aus (nach dem Umbau 1848 bis 1849). Vorn links neues Abfertigungsgebäude, rechts hinten das erweiterte Empfangsgebäude, dazwischen ein Teil des mit seitlich verglasten Arkaden geschützten Bahnsteigs. Um 1860

den ersten Bahnhofsbauten fast nichts mehr vorhanden (Bilder 231, 233).

Nachdem noch 1862 ein neues Gebäude für Fahrkarten-, Gepäck- und Eilgutabfertigung entstand, wurde 1863 der Umbau des Potsdamer Bahnhofs in Berlin beschlossen. 1863 bis 1864 errichtete die Berlin-Potsdam-Magdeburger Eisenbahn einen großen halbkreis-polygonalen Lokomotivschuppen für 13 Maschinen mit innenliegender Drehscheibe und einem 16 m hohen Turm für den Wasserhochbehälter sowie mit Unterkunftsräumen (Bilder 234, 235).

Inzwischen war das Umbauprojekt fertiggestellt worden und kam 1865 zur Vorlage beim

Bild 234. Potsdamer Bahnhof in Berlin. Lokomotivschuppen für 13 Maschinen (1/2-Kreispolygon) mit innenliegender Drehscheibe sowie 16 m hohem Turm mit Wasserhochbehälter und Personalunterkünften. Erbaut 1863 bis 1864. Ansicht vom Landwehrkanal

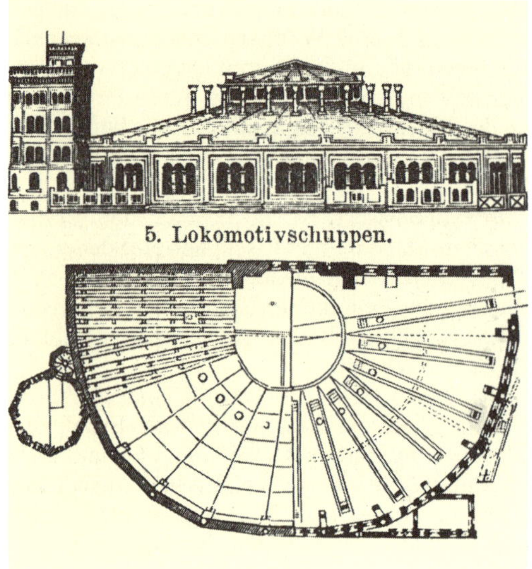

Bild 235. Potsdamer Bahnhof in Berlin. Lokomotivschuppen mit Wasserstation. Grundriß und Ansicht

Bild 236. Empfangsgebäude des Potsdamer Bahnhofs in Berlin. Ansicht vom Potsdamer Platz. Zeichnung von Theuerkauf 1876

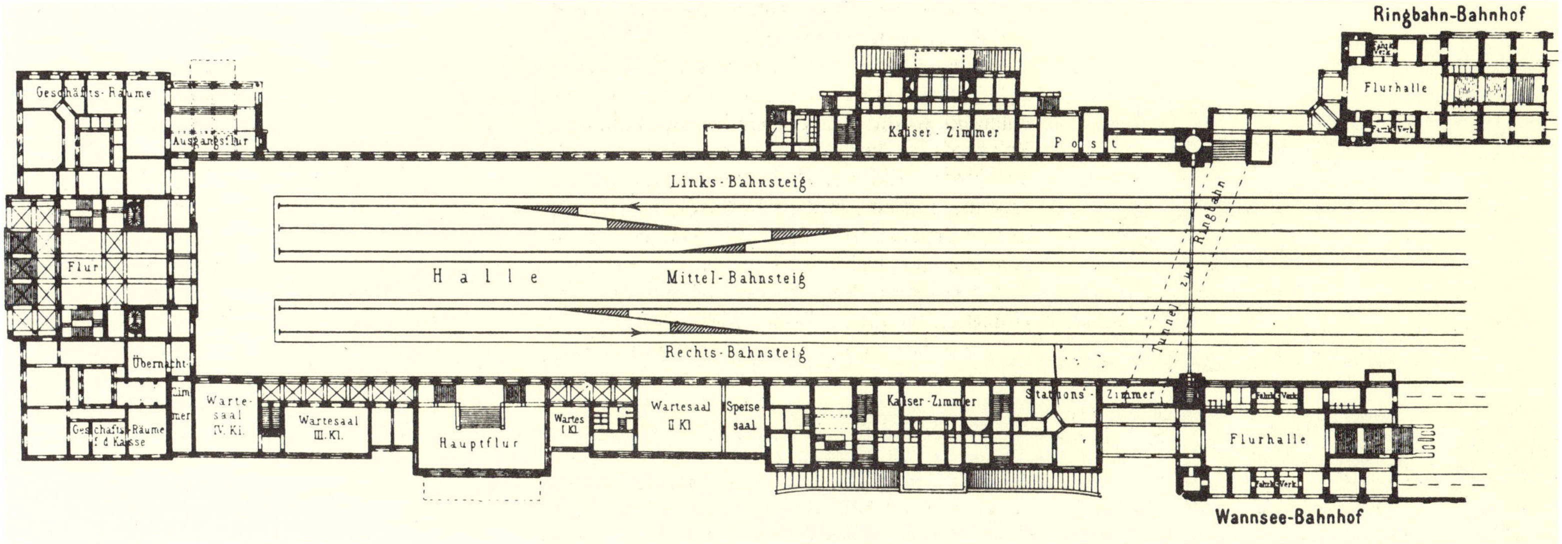

Bild 237. Potsdamer Bahnhof in Berlin. Grundriß des 1868 bis 1872 erbauten Empfangsgebäudes. Beiderseits der Bahnsteighallenausfahrt wurden 1891 die Bahnhöfe der Ringbahn und der Wannseebahn angegliedert
Bild 238. Potsdamer Bahnhof in Berlin. Bahnsteighalle des 1868 bis 1872 erbauten neuen Empfangsgebäudes. Fast voll verglastes Hallendach mit Blechkastenbindern und Zugankern, darüber eine verglaste Lüftungslaterne. Zeitgenössische Zeichnung 1876

Magistrat, der unter anderem gefordert hatte, daß der bis zum Landwehrkanal reichende »Innenbahnhof« ausschließlich dem Personenverkehr dienen durfte und die Bahn hochzulegen sei, da Lenné's Bebauungsplan eine prächtige 56,5 m breite Alleestraße als Gürtelstraße von der Hasenheide bis zur Charlottenburger Chaussee vorsah, die nicht unterbrochen werden sollte. Nach Erteilung der Baugenehmigung durch Kabinettsorder am 16. Oktober 1868 wurde noch im gleichen Jahr mit den Bauarbeiten begonnen, die bis zum Herbst 1872 dauerten. Am 30. August 1872 erfolgte die Einweihung des neuen Potsdamer Bahnhofs in Berlin durch Kaiser Wilhelm I. und am 1. Oktober 1872 die Eröffnung des öffentlichen Verkehrs (Bild 236).

Das Empfangsgebäude mit einem langen westlichen Abfahrtsflügel und einem kleineren,

hauptsächlich dem kaiserlichen Hof vorbehaltenen Ankunftsbau auf der Ostseite umschloß die 3,60 m über dem Niveau der Zufahrtsstraße liegende Bahnsteighalle. Westlich lagen in Straßenhöhe der »Hauptflur«, Fahrkartenausgabe und Gepäckabfertigung, in Bahnsteighöhe Warte- und Speisesäle, Kaiserzimmer sowie sonstige Betriebsräume (Bild 237). Vom Potsdamer Platz führten im Kopfbau repräsentative Freitreppen über die mittlere Eingangshalle zum Querbahnsteig. Darüber hinaus beherbergte der Kopfbau vor allem Geschäftsräume der Bahnverwaltung.

Für Vertikaltransporte war das Bahnhofsgebäude mit damals aufsehenerregenden technischen Einrichtungen ausgestattet. Zwischen den in Straßenhöhe liegenden Post- und Gepäckabfertigungsräumen mit den Bahnsteigen verkehrten »Wasserdruckaufzüge«, die im Kellergeschoß durch Gleisanlagen für den Karrentransport verbunden waren. Am nördlichen Bahnsteighallenende befand sich ursprünglich eine hydraulisch angetriebene Lokomotivschiebebühne ohne versenktes Gleis, die erst nach 22 Jahren Betriebszeit durch Weichen ersetzt wurde, weil sie für die Lokomotiven zu kurz geworden war.

Die 171,50 m lange eiserne Bahnsteighalle überspannte mit 36,07 m Stützweite fünf Gleise und drei Bahnsteige (Bild 238). Zeitgenossen rühmten die von Oberingenieur Schmid entworfene Dachkonstruktion aus Blechbogenträgern mit Kastenquerschnitt, eingespannten Pfetten sowie Zugstangen gegen Horizontalschub und Windkräfte im Vergleich zu den sonst üblichen, unruhig wirkenden Fachwerkbindern. Durch die fast vollständig verglaste Dachfläche, über deren First sich ebenfalls eine verglaste, durchlaufende Lüftungslaterne befand, erhielt die Halle eine vorzügliche Tageslichtbeleuchtung.

Die repräsentative Architektur des Empfangsgebäudes entsprach seiner Bedeutung als Bindeglied zwischen Berlin und Potsdam. Unter Oberleitung des Baurats und späteren Eisenbahndirektionspräsidenten Quassowski, entwarfen die Baumeister Doebner, Sillich und Weise das der Renaissance nachgestaltete, gut proportionierte Bauwerk (Bild 239). Im Mittelteil seines Kopfbaues waren die großen Geschosse mit übereinandergestellten Säulenhallen ähnlich Palladios schon in den Barock weisender Säulenordnung zusammengefaßt (Bild 240). Hervorragend haben die Architekten dieses Bahnhofs nicht nur das Verhältnis zwischen dem groß-

Bild 239. Kopfbau des Empfangsgebäudes des Potsdamer Bahnhofs in Berlin, erbaut 1868 bis 1872. Entwurfszeichnung
Bild 240. Potsdamer Bahnhof in Berlin. Eingangsportal im Kopfbau des Empfangsgebäudes

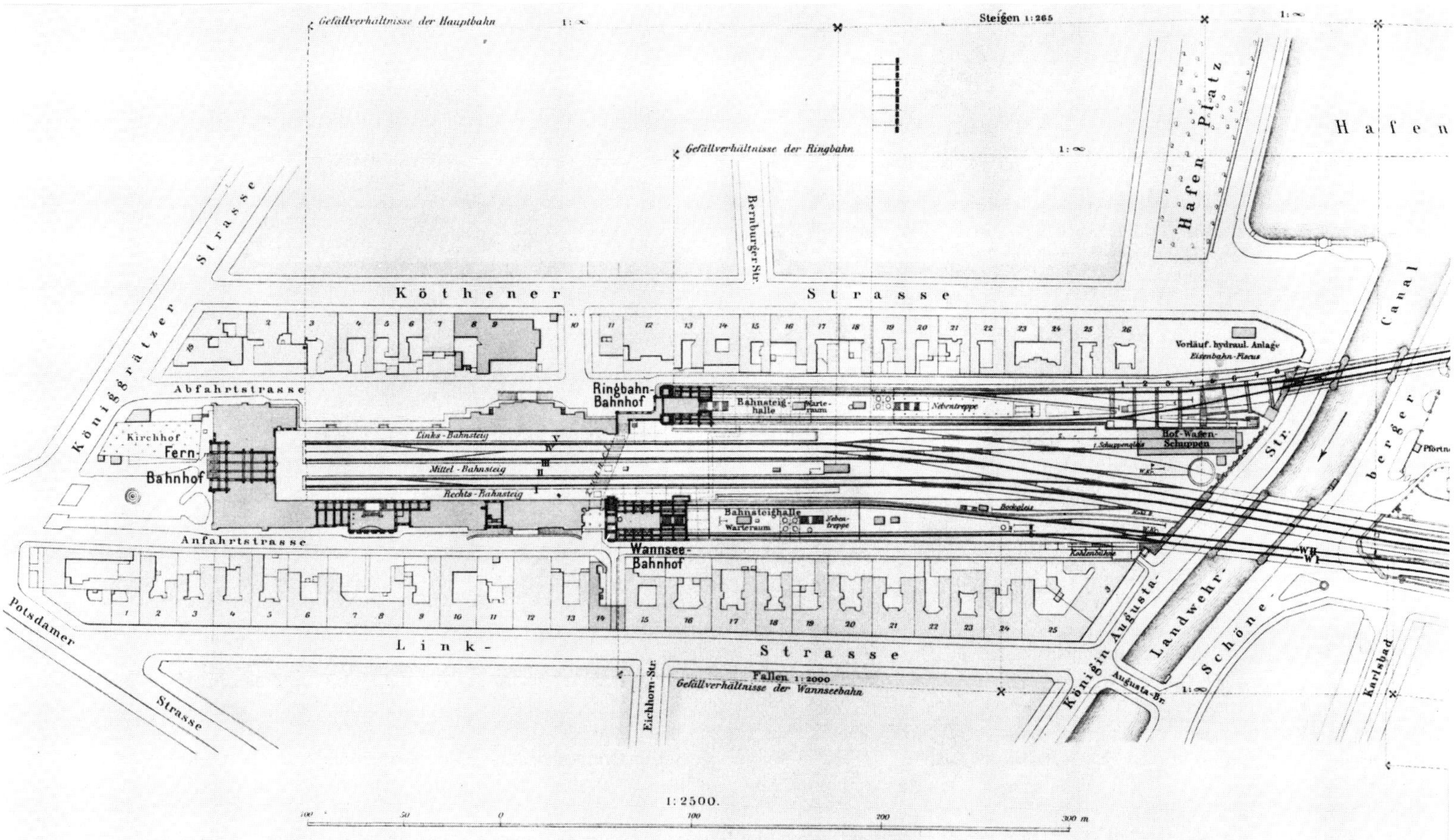

angelegten Mittelrisalit und den feingliedrigen Seitenflügeln, sondern auch die Überleitung zu den Rasterfassaden dieser Gebäudeteile gelöst. Als Baumaterial wurden Greppiner Ziegel und vor allem am Kopfbau, an den Sockeln, Fenster- und Portalumrahmungen, Simsen und Balustraden Werksteine oder Werksteinverkleidungen aus Sandstein verwendet. Die Baukosten betrugen $3^1/_2$ Millionen Mark, mit Güterschuppen sowie sonstigen Betriebsgebäuden und -anlagen 4 Millionen Mark.

1875 richtete die »Große Berliner Pferdebahngesellschaft« ein »Omnibus-Etablissement« für Durchreisende nach dem Niederschlesisch-Märkischen Bahnhof und dem Ostbahnhof am Ostende der Stadt ein. Diese damals als bemerkenswerter Verkehrsfortschritt herausgestellte innerstädtische Verbindung war zugleich eine historische Neuerung für die Gestaltung von Bahnhofsvorplätzen.

Infolge des ständig weiter ansteigenden Verkehrs war der Potsdamer Bahnhof mit seinen vier Bahnsteiggleisen und einem Reservegleis bald nicht mehr aufnahmefähig. 1886 kamen 176 fahrplanmäßige Züge täglich zur Abfertigung. Um den Fernverkehr vom Vorortverkehr zu trennen, wurden daher beiderseits des Fernbahnhofs Kopfbahnhöfe für die Ring- sowie für die Wannseebahn angegliedert und am 1. April bzw. 1. Oktober 1891 in Betrieb genommen (Bild 241).

Bild 241. Potsdamer Bahnhof in Berlin. Lageplan nach Errichtung besonderer Bahnhöfe für die Ringbahn und Wannseebahn 1891

Bild 242. »Der Eisenbahnhof in Potsdam« um 1840. Zeitgenössischer Stich nach einer Zeichnung von Loeillot

Bahnhof Potsdam

Anschaulich schildert die »Königlich Preußische Staats-, Kriegs- und Friedenszeitung« Nr. 257 vom 2. November 1838 die Einweihung der Strecke Berlin–Potsdam und das erste Eintreffen eines Zuges auf dem Potsdamer Bahnhof:

»Berlin, 29. Oktober. Die feierliche Eröffnung der ganzen Berlin-Potsdamer Eisenbahn fand heute statt. Die Gebäude und die Wagen waren mit Blumen und Fahnen geschmückt, ein Musikkorps befand sich auf dem Balkon des Bahnhofs, ein anderes auf dem Tender (Kohlenwagen), und um 12 Uhr setzte sich ein Zug von 11 Wagen mit 280 Personen und von 2 Lokomotiven gezogen in Bewegung. In 41 Minuten gelangte der Zug nach Potsdam, und nachdem die Gesellschaft dort Erfrischungen eingenommen hatte, kehrte sie in $38^1/_2$ Minuten wieder zurück und traf in Berlin gegen 2 Uhr ein«.

Der mit königlicher Bewilligung vom 18. November 1837 in Potsdam angelegte »Eisenbahnhof« besaß damals neben den notwendigen Betriebsgebäuden eine langgestreckte »Einsteigehalle« mit laubengangartigen Arkaden über dem »Perron«. Frei daneben stand an der Kopfseite ein Uhr- und Glockenturm (Bild 242). Diese Stellung entsprach der Vorliebe für klassische und mittelalterliche Baukunst, mit der Anfang des 19. Jahrhunderts im Kirchenbau der italienischen »Campanile« wieder erschien. Im seinerzeit klassizistisch geprägten Potsdam wurde schließlich auch dem Bahnhof dieser architektonische Akzent beigestellt.

Die Potsdamer Bahnhofsanlage fand ihren Standort vor dem Teltower Tor, südöstlich der Langen Brücke, wo sich jetzt der Bahnhof Potsdam-Stadt befindet. Sie kostete insgesamt 46 000 Taler, etwa die Hälfte der Berliner Bahnhofsanlagen.

Durch die neue Eisenbahnverbindung entwickelte sich natürlich sofort ein reger Ausflugsverkehr. Das daraufhin am 9. Mai 1839 eröffnete »Neue Etablissement – Caffeehaus und Restauration im Eisenbahnhofe zu Potsdam« erfreute sich großen Zuspruchs, lag doch der Bahnhof zwar günstig in Stadtnähe, aber immerhin fast 3 km vom Park Sanssouci entfernt.

Als die Potsdam-Magdeburger Eisenbahn am 7. August 1846 ihren Betrieb zwischen Potsdam und Magdeburg-Friedrichstadt eröffnete (Bild 243), fuhr der Zug nach Magdeburg noch von der Brandenburger Vorstadt ab. Die auf dem zeitgenössischen Stich dargestellten provisorischen Bahnsteiganlagen dienten bis zur Fertigstellung der Havelbrücken dem Personenverkehr und sind nicht, wie oft fälschlich angenommen, die ersten Anlagen des Bahnhofs Potsdam.

Der durchgehende Betrieb zwischen Berlin und Magdeburg wurde erst am 19. August 1848 eröffnet. Damit war Potsdam nicht mehr End-, sondern Zwischenbahnhof. Seine Baulichkeiten mußten entsprechend verändert werden. Der freistehende Turm stand den durchlaufenden Gleisen im Wege, das bescheidene Empfangsgebäude aus der Anfangszeit wurde westwärts erweitert und später östlich in Verlängerung der »Perronhalle« ein größeres, klassizistisches Bahnhofsgebäude errichtet (Bild 244). Von diesen im zweiten Weltkrieg zerstörten Bauten sind wesentliche Teile nicht mehr vorhanden. Ihr Wiederaufbau erfolgte nicht, da der Bahnhof durch den neu geschaffenen Hauptbahnhof seine frühere Bedeutung verlor. Seit 2. Oktober 1960 führt der alte Bahnhof Potsdam die Bezeichnung »Potsdam Stadt«.

Die Magdeburg-Leipziger Eisenbahn

Ludwig Wucherer, Stadtrat und später Handelskammerpräsident Halles, setzte sich bereits 1829 für eine Eisenbahnverbindung Leipzig–Halle–Magdeburg ein, noch bevor Friedrich List seine bekannten Denkschriften veröffentlichte. Wucherers Projekt sah allerdings eine Pferdebahn nach dem Vorbild der seit 28. Juli 1825 im Bau befindlichen »Holz- und Eisenbahn« Budweis–Linz vor. Die geplante Trasse war jedoch denkbar günstig, da sie durch ebenes Gelände führte und außer einer Saalebrücke weitere kostspielige Brückenbauten nicht erforderte. Außerdem wies Wucherer auf den Vorteil hin, daß Leipzig durch die Linienführung über Halle auch eine schiffbare Verbindung bis Hamburg erhalte. Natürlich trat aus all diesen Gründen die Mehrheit der Leipziger Bürger ebenfalls für die Linie über Halle ein. Doch Magdeburg lehnte das Vorhaben schon Ende 1829 ab.

Erst 1834 kam der nächste Anstoß, diesmal durch den Berliner Justizkommissarius Robert, der, angeregt von Lists Plänen, das Projekt einer Eisenbahn Berlin–Potsdam–Magdeburg–Leipzig und Magdeburg–Hamburg einreichte.

1835 richtete der Oberbürgermeister Magdeburgs, Franke, beeindruckt von dem überwältigenden Erfolg der Aktienzeichnung für die Leipzig-Dresdner Eisenbahn am 14. Mai 1835, ein Gesuch wegen des Baues einer Eisenbahn Leipzig–Magdeburg an die preußische Staatsregierung. Schon am 29. Juni 1835 bildete Franke ein Eisenbahn-Komitee, das die Bau- und Betriebskosten ermittelte. Obwohl die Bahn bereits gesichert war, versuchte er noch im letzten Moment eine kürzere Streckenführung durchzusetzen und richtete am 20. März 1836 an den Chef der »Verwaltung für Handel, Fabrikation und Bauwesen« ein Gesuch, die Eisenbahn nicht über Halle, sondern direkt über Brehna nach Leipzig zu bauen, das er mit der »Schnelligkeit und Wohlfeilheit des Transports gegenüber dem Vorteil einer einzelnen Stadt« (Halle) begründet. Es wurde jedoch abgelehnt. Kurz darauf fanden vom 11. bis 13. August 1836 Aktienzeichnungen statt, die 5 209 400 Taler brachten. Das daraufhin unter Vorsitz Frankes in der ersten Generalversammlung am 20. Oktober 1836 beschlossene Statut wurde durch »Allerhöchste Kabinetts-Ordre« vom 13. November 1837 bestätigt und wenig später konnten nach der am 24. Januar 1838 erteilten Genehmigung die technischen Vorarbeiten für den auf preußischem Gebiet liegenden Bahnabschnitt beginnen. Den Streckenabschnitt von der sächsischen Grenze bis Leipzig sollte die Leipzig-Dresdner Eisenbahn-Compagnie bauen.

Der Bau machte so rasche Fortschritte, daß der Personenverkehr schon am 29. Juni 1839 zwischen Magdeburg und Schönebeck, am 18. August 1840 auf der gesamten 123 km langen Strecke eröffnet werden konnte. Ab 1. November 1843 verkehrten dann auch fahrplanmäßig Güterzüge. Vorher, am 15. Mai 1843, hatte die ganze Strecke ein zweites Gleis erhalten. Laut Fahrplan verkehrten 1843 zwischen Leipzig und Magdeburg täglich je drei Personenzüge mit 40 km/h und zwei Güterzüge mit 20 km/h Grundgeschwindigkeit, die auch Passagiere beförderten, außerdem je einen Güterzug von Cöthen nach Leipzig und Magdeburg. In Cöthen hatten die Personenzüge Anschluß an die Züge der Berlin-Anhaltischen Eisenbahn von Wittenberg und nach Berlin; in Leipzig bestand Verbindung nach Dresden.

Bahnhöfe wurden zunächst in Magdeburg, Schönebeck, Gnadau, Saale, Cöthen, Stumsdorf, Halle, Schkeuditz und Leipzig angelegt. Dazu kamen die Stationen Westerhüsen, Wulffen, Niemberg und Gröbers, wo seit 1843 Güterzüge hielten, »um Passagiere aufzunehmen und abzusetzen«.

Die Magdeburger Bahnhöfe

Bis zum Jahre 1873 besaß Magdeburg zwei Personenbahnhöfe, und zwar einen für die Verkehrsverbindungen in Richtung Berlin, Leipzig, Braunschweig und Halberstadt, den anderen für den Verkehr nach Wittenberge und Hamburg. Der Festungscharakter der Stadt ließ eine Anlage der Bahnhöfe im Festungsbereich zunächst nicht zu. Daher lag der als erster angelegte Leipziger Bahnhof auch außerhalb der Befestigungswerke, und zwar ebenso wie der Bahnhof der Wittenberger Strecke zwischen Festungsmauer und Elbe. Dazu waren enorme Geländebewegungen und Uferbefestigungen erforderlich. Ein Verbindungsgleis zwischen diesen Bahnhöfen vermittelte den Güterverkehr. Als erste Eisenbahnstrecke wurde von Magdeburg aus von der Magdeburg-Leipziger Eisenbahn der Teilabschnitt bis Schönebeck bereits am 29. Juni 1839 eröffnet. Die Strecke Potsdam–Magdeburg, am 7. August 1846 für den Personenverkehr in Betrieb genommen, endete zunächst in Magdeburg-Friedrichstadt (Bild 245). Erst am 19. August 1848, nach Fertigstellung der Brücken, konnte der Verkehr auf der bis in die Stadt geführten Berliner Bahn durchgehend mit Verbindung nach West- und Süddeutschland aufgenommen werden. Beide Bahnhöfe konnten den zunehmenden Ansprüchen schon bald nicht mehr gerecht werden. Die generelle Neugestaltung der Magdeburger Bahnhöfe zu einem »Zentralbahnhof« wurde jedoch zwingend notwendig, als die Berlin-Potsdam-Magdeburger Eisenbahn, teilweise durch die Konkurrenz der Berlin-Lehrter Bahn veranlaßt, ihre Projekte für die Linien Magde-

Bild 243. Abfahrt des Eröffnungszuges der Potsdam-Magdeburger Eisenbahn am 7. August 1846 vom provisorischen Bahnhof in Potsdam. Zeitgenössischer Stich
Bild 244. Bahnhof Potsdam. Ansicht der Empfangsgebäude von Nordwesten 1938. Im Mittelgrund des Bildes Reste des alten Empfangsgebäudes, hinten links das zweite Empfangsgebäude
Bild 245. Der Bahnhof der Potsdam-Magdeburger Eisenbahn zu Magdeburg 1845. Zeitgenössischer Stich 1845

H A N N O V E R
L ü n e b u r g e r
H e i d e
Bremen
Bassum
Langwedel-Bremen
Visselhövede
Harburg
Hannover
Celle
Nienbg.
Neustadt
Minden
Herford
Bielefd.
Detmold
Lemgo
Hameln
Springe
Hildeshm.
Peine
Braunschw.
Alfeld
Holzmind.
Einbeck
Northeim
Göttingen
Osterode
Goslar
Clausthal
Duderst.
Paderborn
Büren
Warburg
Hofgeismar
Grebenstein
Volkmarsen
Beverungen
Höxter
Brakel
Driburg
Steinheim
Blomberg
Rinteln
Bückeburg
Stadthagen
Wunstorf
Sarstedt
Elze
Gronau
Bockenem
Seesen
Gandersheim
Dassel
Uslar
Moringen
Hardegsen
Dransfeld
Münden
Friedland
Herzberg
Lauterbg.
Gifhorn
Burgdf.
Lehrte
Nordheim
Walsrode
Schwarmstedt
Rethem
Liebenau
Stolzenau
Uchte
Lübbecke
Espelkamp
Sulingen
Diepholz
Osnabrück
Westfal
Waldeck
Hessen-Nassau
W A L D E C K H E S S E N - N A S S A U
Östl. Länge 9 v. Greenwich
Corbach
Cassel
Caslel-Frankfurt
Bebra-Frankfurt
Leinefelde-Gotha
O
P
Q
R
S
T
8
9
10
11
12
30'
52

Staatsbahnen
7 Preußische Staatsbahnen, Direktions-Bezirke: e Cassel, n Hannover, m Halle, q Magdeburg, r Münster

Privatbahnen
13 b Aschersleben-Schneidlingen-Nienhagener Klb., m Mansfelder elektr. Klb.
16 Altmärkische Kleinbahn
27 Bebitz-Alslebener Klb.
35 Bismark-Gardelegen-Wittingen (Kleinbahn)
39 Braunschw. Landes-E.
40 Braunschw.-Schöninger E.
41 Braunschweig-Wolfenbüttel
46 Calvörder Kleinbahn Celle-Soltau u. -Munster
48 Celle-Wittingen
49 b Osterwieck-Wasserleben-E.
49 c Südharz-Eisenbahn, e Neuhaldensleber E.
61 e Voldagsen-Duingen-Delligsen
67 Ellrich-Zorge (Kleinb.)
78 A Gardelegen-Neuhaldensleb. (Klb.)
80 b Wallückebahn
82 Gernrode-Harzgeroder E.
85 Gittelde-Grund (Kleinb.)
87 Groß-Ilsede-Lengeder Klb.
91 Halberstadt-Blankenburger E.
95 Hannov. Straßenb. A.-G.
98 Herforder Kleinbahnen
101 Hildeheim-Peiner Kreis-E.
118 b Löderburg-Staßfurt-Hecklinger Straßenb.
128 c Göttinger Klb. (Gartetalbahn), e Halle-Hettstedter E.
142 Mindener Kreis-Kleinbahn
150 Nauendorf-Gerlebogker E.
151 Neuhaldensleb.-Weferlgn. (Klb.)
158 A Nordhausen-Wernigeroder E.
163 Osteroder Kreis-Kleinbahn
166 Peine-Ilseder E.
188 Salzwedeler Kleinbahn
201 Steinhuder Meer-Bahn (Klb.)
202 Stendal-Arendsee Klb.
211 Tangermünde-Lüderitzer Klb.
216 b Marienborn-Beendorfer Klb.
218 m Vorwohle-Emmertaler E.
222 Wallwitz-Wettiner Kleinb.
225 d Rinteln-Stadthagener E.
228 Westfälische Kleinbahn-Ges.
232 A Wittingen-Öbisfelder Klb.
234 A Wolmirstedt-Colbitz

Koch, W. und C. Opitz:
Eisenbahn- und Verkehrsatlas von Europa. Leipzig 1912. Blatt Nr. 12

burg–Helmstedt–Braunschweig und Magdeburg–Schöningen zum Anschluß an die Braunschweigischen Bahnen ausführen wollte sowie die Magdeburg-Halberstädter Bahn die projektierten Linien Stendal–Uelzen–Bremen und Magdeburg–Neuhaldensleben zu bauen beabsichtigte. Dazu waren Verhandlungen mit dem preußischen Kriegsministerium wegen der Erweiterung der Festungswerke im Westen der Stadt sowie des für die Anlage des Zentralbahnhofes und für die Stadterweiterung erforderlichen Terrains von zirka 350 Morgen (90 ha) zu führen.

Die Bahnhofsumgestaltung bedingte außerdem die Herstellung einer neuen Elbbrücke für die Berlin-Potsdam-Magdeburger Eisenbahn im Norden Magdeburgs und natürlich die Aufgabe der alten Personenbahnhöfe. Zugleich war es möglich, zwei neue Güterbahnhöfe für die Berlin-Potsdam-Magdeburger und Magdeburg-Leipziger Eisenbahn anzulegen.

Da die neue Befestigungslinie in einer Länge von $^3/_4$ Meilen bereits zur Zeit des Krieges 1870 bis 1871 verteidigungsfähig hergestellt war, konnten schon im Mai 1873 provisorische Personenbahnhöfe für die drei in Magdeburg mündenden Eisenbahnen eröffnet werden, nachdem die Potsdam-Magdeburger Bahn ihre Linie Burg–Magdeburg korrigiert und damit um 4 Meilen verkürzt hatte. Gleichfalls zuvor waren 1872 die Linien Magdeburg–Braunschweig und Magdeburg–Schöningen erbaut und der Güterverkehr auf dem Zentralbahnhof eingerichtet worden. Dieser wurde im August 1874 auch für den Personenverkehr in Betrieb genommen.

Die Gleisanlagen des sich in Nord-Süd-Richtung fast parallel zur Elbe erstreckenden Bahnhofes hatten danach eine Länge von ca. $^1/_4$ Meile = fast 2 Kilometer. Nach Westen wurden die Bahnhofsanlagen von den Befestigungswerken umschlossen, so daß der Verkehr zu den Strecken außerhalb des Bahnhofs durch »Eisenbahntore« erfolgen mußte, südlich durch das Buckauer, südwestlich durch das Helmstedter und nördlich durch das Berliner Tor. Die Hauptstraßen in Verlängerung des Breiten Wegs und der Ulrichstraße wurden durch »eiserne Viaducte« unter den Gleisen hindurchgeführt. Auch diese Einfahrten in die befestigte Stadt waren mit schweren Eisentoren versehen.

Der Zentralbahnhof hatte zwei Empfangsgebäude, westlich eine »Inselstation« (Bild 246) für den Hauptverkehr der Berlin-Potsdam-Magdeburger Eisenbahn in Richtung Berlin, Leipzig »via Dessau« und nach Kreiensen–Braunschweig, stadtseitig das Empfangsgebäude (Bild 247) und die »Ostperrons«, die für die Magdeburg-Halberstädter und Magdeburg-Leipziger Eisenbahnen in Richtung Leipzig, Halberstadt, Hamburg, Bremen, Stendal und Neuhaldensleben bestimmt waren. Das westliche Empfangsgebäude errichtete die Berlin-Potsdam-Magdeburger, das östliche, erst 1882 vollendete, die Magdeburg-Leipziger Eisenbahn. Mitnutzer war die Magdeburg-Halberstädter Eisenbahn.

Die Höhenlage des Bahnkörpers führte zwangsläufig zur Errichtung zweigeschossiger Empfangsgebäude. Während sich im Erdgeschoß die »Hauptvestibüle« mit »Billet- und Gepäckexpeditionen« befanden, lagen in der »Perronetage« die Wartesäle und Bahnhofsdiensträume mit direktem Zugang zu den Bahnsteigen. Gepäck und Postgüter wurden durch hydraulische Hebevorrichtungen gefördert, die an kleinen, mit den Expeditionen durch Tunnel verbundenen Schienenwegen so angelegt waren, daß man den Verkehr mit Karren auf den Bahnsteigen weitgehend vermied.

Alle Bahnhofsräume waren großzügig konzipiert. Das Hauptvestibül des Inselgebäudes hatte einschließlich des zu den Wartesälen führenden

Bild 246. Hauptbahnhof Magdeburg 1874. Ansicht der Empfangsgebäude und Bahnsteighallen von Norden. Das Inselgebäude (rechts) wurde im zweiten Weltkrieg zerstört, das in Seitenlage befindliche (links) wieder-aufgebaut. Die Bahnsteighallen sind nicht mehr vorhanden. Zeitgenössischer Stich

Bild 247. Hauptbahnhof Magdeburg. Östliches Empfangsgebäude von Nordosten nach Umgestaltung des Bahnhofsvorplatzes 1938. Aufgenommen im Mai 1939

Bild 248. Hauptbahnhof Magdeburg. Östliches Empfangsgebäude von Nordosten. Aufgenommen im Januar 1939

Würstchen
Würstchen
Einfahrt

Treppenhauses 105 Fuß Länge, 46 Fuß Breite und 60 Fuß Höhe. Die beiden großen Wartesäle erstreckten sich von einem Hauptbahnsteig zum anderen 100 Fuß lang, 48 Fuß breit und 38 Fuß in die Höhe. Beiden waren außerdem Speisesäle, Damenzimmer, Toiletten und andere Nebenräume zugeordnet. Vor und hinter den Wartesälen ebenso wie vor und hinter dem Gebäude gestatteten breite Passagen einen reibungslosen Personenverkehr. Beide Empfangsgebäude wurden durch drei Tunnel verbunden, wovon einer dem Gepäck- und Postguttransport diente.

Das Gebäudeinnere besaß gediegene Ausstattung. Architektonischer Höhepunkt war das kuppelartig überspannte Hauptvestibül mit dreiteiligem, säulengetragenen Treppenhaus und hochgelegenen Seitengalerien, darüber reichgeschmückten Kassettendecken.

Die »Perrons« zwischen den Empfangsgebäuden besaßen zwei in »Eisenkonstruction« ausgeführte Bahnsteighallen von 73 Fuß Spannweite und 410 Fuß Länge, während die westlichen Bahnsteige mit einer 87 Fuß überspannten Halle überdacht waren.

Die Architekturformen der repräsentativen, von Otto Peters entworfenen Empfangsgebäude sind der italienischen Hochrenaissance entlehnt. Wirkt die Haupteingangsfront des Inselbaues (Bild 246) fast barock, so bildet die mächtige stadtseitige Front des östlichen Empfangsgebäudes, das die Bahnsteighallen dem Blick entzog (Bild 247), einen noch heute beeindruckenden städtebaulichen Akzent. (Bild 248) Als Material für die plastisch hervortretenden Architekturelemente des Inselbaues wurden Nebraer Sandstein, für die Wandflächen Verblendziegel verwendet. Die Fassaden des Ostbaues sind ganz aus Sandstein ausgeführt.

Im zweiten Weltkrieg wurden die Empfangsgebäude schwer beschädigt. Das am meisten zerstörte Inselgebäude ist nicht in der ursprünglichen Gestalt, der Ostbau im wesentlichen mit seinen charakteristischen Fassaden wiederaufgebaut worden. Von frühen Bahnhofsbauten Magdeburgs sind heute noch das an der Elbe gelegene, jetzt der Reichsbahndirektion Magdeburg dienende Gebäude, ein Lokomotivschuppen (Langschuppen) und ein langer Güterschuppen der Berlin-Potsdam-Magdeburger Eisenbahn auf der Westseite des Güterbahnhofs vorhanden.

Der Magdeburger Bahnhof in Leipzig

1840 wurde westlich neben dem Dresdner Bahnhof der Magdeburger Bahnhof der Magdeburg-Leipziger Eisenbahn eröffnet (Bild 249). Sein erstes Bahnhofsgebäude bestand aus einer vierschiffigen Bahnsteighalle, die an der Promenadenseite von zwei kleinen, hochgestelzten zweigeschossigen Gebäuden symmetrisch flankiert wurde.

Die als traditionelle Zimmermannskonstruktion, jedoch unter Verwendung großer Holzquerschnitte und plastischen Schmucks repräsentativ ausgeführte Holzhalle war stadtseitig mit einer säulengetragenen Attika, an der Ausfahrtseite durch eine fast antik anmutende Giebelfront abgeschlossen (Bild 250).

Später erhielt das schlichte klassizistische Bauwerk an den Längsseiten noch kleine Einbeziehungsweise Ausgangshallen und einen wetterschützenden Laubengang an der Abfahrtseite, im Laufe der Zeit weitere basilikaartige Anbauten (Bild 251). Vor der Halle befand sich eine Drehscheibe, an der Promenade ein Kassen- und Portiergebäude. Die Gleisanlagen erstreckten sich nördlich bis zur Parthe, westlich bis zu den Steuergebäuden und dem Thüringer Bahnhof.

Zu den ältesten Bauten, die noch bis zur Jahrhundertwende standen, gehörte auch der Güterschuppen neben dem Empfangsgebäude.

Nachdem die ursprüngliche Bahnhofsanlage den gestiegenen Anforderungen nicht mehr genügte, wurden 1862 bis 1863 neue Empfangsgebäude (Bild 48), und zwar getrennt für Abfahrt und Ankunft beiderseits einer dreigleisigen Anlage (Bild 252) errichtet. Je ein schmaler Bahnsteig war auf Gebäudelänge mit einem Pultdach

Bild 249. Leipzig, Panorama von der Promenade aus um 1840. Von links: Magdeburger Bahnhof; Dresdner Bahnhof; Hotel Stadt Rom. Zeitgenössische Darstellung
Bild 250. Magdeburger Bahnhof in Leipzig. Empfangsgebäude und Bahnsteighalle von Südwesten 1840. Zeitgenössische Lithographie von Apelt
Bild 251. Magdeburger Bahnhof in Leipzig. Bahnsteighalle und Empfangsgebäude von Nordosten (Ausfahrtseite) 1844. Zeitgenössischer Stich

geschützt, während die Gleise selbst nicht überdacht wurden.

Preußische Sparsamkeit hatte hier auf eine Halle verzichtet. Diese zwei Jahre vor dem Neubau des Dresdner Bahnhofs geschaffenen Bauten zeigten jene romantischen, aus verschiedenen Epochen entlehnten Architekturformen, die damals so beliebt waren: Gesimse mit romanischen Rundbogenfriesen, gotische Zinnenkränze, fialenähnliche Türmchen und andere Elemente mittelalterlichen Burgenbaues. Dazu gehörte natürlich auch ein Uhrturm vor dem Abfahrtsgebäude! Als 1864 der Dresdner Bahnhof ein neues Empfangsgebäude erhielt, wurde trotz Bestehens strikter verwaltungsmäßiger und betrieblicher Trennung der preußischen von der sächsischen Eisenbahn Wert auf eine einheitliche architektonische Gestaltung der Schauseiten gelegt. So bildeten die Empfangsgebäude mit ihren Türmen nach der Promenade hin sogar eine gewisse Symmetrie (Bild 48).

Die eingeengte Lage des Magdeburger Bahnhofs ließ eine Erweiterung am ursprünglichen Standort nicht zu. 1890 wurde daher nördlich der Berliner Straße ein neuer Rangierbahnhof angelegt, der es gestattete, vor allem den Übergabeverkehr und die Abfertigung der Güterzüge aus dem Innenbahnhof herauszunehmen. Der hier gewonnene Raum bot in späteren Jahren die einzige Möglichkeit, Erweiterungen für den Personenverkehr zu schaffen.

Als der Bau des Hauptbahnhofs begann, übernahm der Magdeburger Bahnhof seit 1907 nach Abbruch des Thüringer Bahnhofs zunächst provisorisch dessen Funktion mit. Am 1. Oktober 1912 wurde er geschlossen und danach ebenfalls abgebrochen.

Bild 252. Magdeburger Bahnhof in Leipzig. Lageplan um 1890

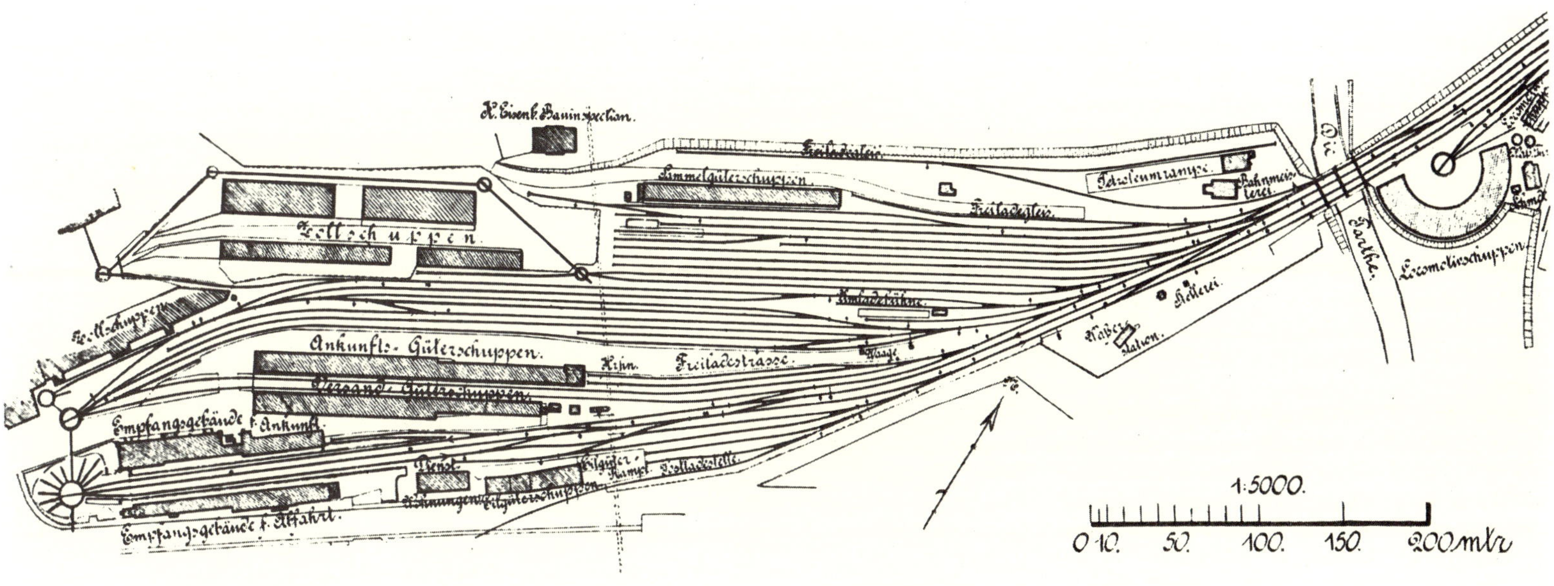

Die Berlin-Anhaltische Eisenbahn

Bereits im Frühjahr 1836 bildete sich in Berlin ein Komitee, das die Verbindung der Berlin-Potsdamer und Magdeburg-Leipziger Eisenbahn anstrebte. Diese durch Allerhöchste Kabinettsorder vom 11. Juni 1836 vorläufig genehmigte Gesellschaft »Berlin-Sächsische Eisenbahn« beabsichtigte, ihre Bahn von Potsdam aus in Richtung Riesa bis nach Nieska an der sächsischen Grenze zu führen, und von dort sollte die Leipzig-Dresdner Eisenbahn-Compagnie weiterbauen. Wegen der schwierigen Geländeverhältnisse in der seenreichen Umgebung Potsdams wurde aber später Berlin als Ausgangspunkt festgelegt.

Die geplante Bahn stieß auf heftigen Widerstand verschiedener Kreise. Der Hallenser Stadtrat und Handelskammerpräsident Wucherer bangte um seine Leipzig-Halle-Magdeburger Linie, die auch der Berliner Justizkommissar Robert vertrat. Und der preußische Kriegsminister forderte aus strategischen Gründen eine Eisenbahnlinie über die Festung Torgau nach Oschatz zur Leipzig-Dresdner Linie.

In dieser Situation wurde der Berlin-Sächsischen Eisenbahn-Gesellschaft durch Kabinettsorder der Bahnbau nach Riesa ohne jede staatliche Unterstützung genehmigt. Wie voraussehbar war, nahm die Gesellschaft von diesem Projekt Abstand und schlug statt dessen die Linie Berlin–Luckenwalde–Wittenberg–Dessau–Cöthen mit Anschluß an die Leipzig-Halle-Cöthen-Magdeburger Eisenbahn vor, der die preußische Regierung am 18. März 1838 zustimmte. Im Verlauf zwischenzeitlich geführter Verhandlungen wurde nun der von der Gesellschaft vorgeschlagenen »Berlin-Anhaltischen Eisenbahn« seitens der Regierungen Preußens, Anhalt-Dessaus und Anhalt-Cöthens die Konzession erteilt und deren Statuten durch Kabinettsorder vom 15. Mai 1839 bestätigt. Der Staatsvertrag vom 26. April 1839 verpflichtete die Anhaltische Regierung zur Anwendung des preußischen Eisenbahngesetzes auf ihrem Gebiet und befreite durchgehende Eisenbahnfrachten vom Zoll. Anhalt-Dessau, das an der Eisenbahn natürlich stark interessiert war, trug 236 000 Taler Baukostenanteil, stellte Bauholz und die erforderlichen Grundstücke unentgeltlich zur Verfügung.

Am 3. Juni 1839 begann der Bahnbau mit dem ersten Spatenstich bei Dessau. Das verhältnismäßig ebene Gelände und auch die diluviale Erhebung des Fläming boten kaum Schwierigkeiten. Als Elbübergang wurde die vorhandene Straßenbrücke bei Roßlau mitbenutzt. So ging der Bau derart zügig voran, daß bereits am 1. September 1840 der erste Streckenabschnitt Cöthen–Dessau eröffnet werden konnte. Es folgten die Abschnitte

Berlin–Jüterbog	am 1. Juli 1841,
Coswig–Dessau	am 18. August 1841,
Coswig–Wittenberg	am 28. August 1841,
Jüterbog–Wittenberg	am 10. September 1841.

Damit war die gesamte 153 km lange Strecke dem Verkehr übergeben, waren Berlin, Magdeburg, Halle, Leipzig und Dresden durch den Schienenweg miteinander verbunden. 1843 konnte man schon an einem Tag mit Zügen der Berlin-Anhaltischen, Magdeburg-Leipziger, Braunschweiger und Leipzig-Dresdner Eisenbahn von Berlin über Cöthen nach Dresden, Magdeburg und Braunschweig gelangen.

Zur Streckeneröffnung befanden sich Bahnhöfe oder Haltepunkte nur in Berlin, Großbeeren, Ludwigsfelde, Trebbin, Luckenwalde, Jüterbog, Zahna, Wittenberg, Coswig, Roßlau, Dessau und Cöthen. Bis zur Eröffnung der direkten Verbindung Berlin–Potsdam–Magdeburg (siehe Seite 138) war die Berlin-Anhaltische Eisenbahn sehr rentabel. Doch nun büßte sie das Verkehrsaufkommen nach Magdeburg, etwa 100 000 Taler jährliche Einnahmen ein. Um ähnlicher Konkurrenz vorzubeugen, baute die Gesellschaft daraufhin unverzüglich die Strecke Jüterbog–Riesa, die insgesamt mit Anschlüssen nach Dresden am 1. Oktober 1848 eröffnet wurde. Aus gleichem Grund sah sie sich genötigt, zehn Jahre später die Forderungen der Industrie und Militärs nach einer Direktverbindung Wittenberg–Leipzig/Halle zu erfüllen. Vorher war bereits am 17. August 1857 die Strecke Dessau–Bitterfeld in Betrieb genommen worden. Es folgten die Eröffnungen der Strecken

Bitterfeld–Leipzig	am 1. Februar 1859,
Bitterfeld–Halle	am 1. Februar 1859,
Bitterfeld–Wittenberg	am 3. August 1859.

Als letzte größere Bahn baute die Berlin-Anhaltische Eisenbahn vor ihrer Verstaatlichung am 1. Juli 1882 noch die 54,5 km lange Verbindung Wittenberg–Falkenberg, deren Eröffnung am 15. Oktober 1875 stattfand.

Der Anhalter Bahnhof zu Berlin

Als die Berlin-Anhalter Eisenbahn gebaut wurde, hatte Berlin 324 000 Einwohner, und eine Stadtmauer umgab noch die Stadt, die zugleich Steuergrenze war. Daher durfte die Berlin-Anhalter Eisenbahn ebenso wie andere Eisenbahngesellschaften zu dieser Zeit ihren Bahnhof nicht innerhalb der Stadtmauer anlegen. So fand er seinen Platz zwischen dem Hallischen Tor und dem Bahnhof der Berlin-Potsdamer Eisenbahn. Dazu mußte die Gesellschaft ein neues Stadttor und eine Zufahrtstraße, die Anhalter Straße in

Bild 253. Erstes Empfangsgebäude des Anhalter Bahnhofs in Berlin, beiderseits Verwaltungsgebäude. Ansicht des Vorplatzes 1841

Bild 254. Anhalter Bahnhof in Berlin. Empfangsgebäude mit Bahnsteighalle. Ansicht vom Askanischen Platz um 1895

Bild 255. Empfangsgebäude des Anhalter Bahnhofs in Berlin. Zeichnung von Theuerkauf 1879

Richtung Wilhelmstraße, auf ihre Kosten bauen, Ersatz für einen Exerzierplatz und eine Rennbahn schaffen sowie andere kostspielige Investitionen durchführen, die der Bahnbau indirekt verursachte.

Das erste Empfangsgebäude war ein schlichter klassizistischer Bau. Beiderseits flankierten es Verwaltungsgebäude der Gesellschaft, so daß dieses Ensemble dem Bahnhofsvorplatz einen repräsentativen Charakter verlieh (Bild 253). Wie damals üblich, war auch dieser Bahnhof eine Kopfstation mit einer Drehscheibe am Ende der Einfahrt. Die Bahnsteige überspannte eine Säulenhalle, die allerdings schon bald die länger werdenden Züge nicht mehr faßte. Obwohl diese Anlage nicht kleinlich bemessen war, erwies sich dieser erste Bahnhof der 1841 eröffneten Strecke bereits zwei Jahrzehnte nach seiner Erbauung als unzureichend für die raschwachsende Großstadt, so daß grundlegende Veränderungen notwendig wurden.

So begann 1872 unter Leitung von Franz Schwechten der großzügige Umbau des Anhalter Bahnhofes zunächst mit umfangreichen verkehrstechnischen Umbaumaßnahmen der Gesamtanlage, die sich vom Askanischen Platz fünf Kilometer nach Süden bis Südende erstreckte, wo die ehemalige Dresdner und die Militärbahn über die Anhalter Bahn hinweggeführt wurden. Der neue Bahnhof bestand aus dem Personenbahnhof und einem Güterbahnhof, dem sogenannten Außenbahnhof auf der östlichen Seite. Dieser besaß einen eigenen Rechtecklokomotivschuppen mit Schiebebühne für 21 Güterzuglokomotiven. Westlich der Hauptgleise des Außenbahnhofes lagen die Abstellgleise für die Reisezüge, die Werkstätten mit zwei Ringlokomotivschuppen für 28 Reisezuglokomotiven und ein Eilgutschuppen sowie in Tempelhof ein Werkstättenbahnhof, von dem Teile heute noch als Ausbesserungswerk existieren.

Der Magistrat forderte außerordentlich weiträumige und verkehrsgünstige Straßenanlagen mit teilweise 26,4 m breiten Unter- und Überführungen der kreuzenden Straßen. Alle Umbauentwürfe mußten auf der Grundlage gleisfreier Kanaluferstraßen eingereicht werden. Dies erforderte, den Unterbau des Bahnhofs ca. 4,50 m über die Straßenkrone zu erhöhen.

Im Herbst 1874 wurden provisorische Anlagen und ein Stationsgebäude in Fachwerkbauweise in Betrieb genommen, im Herbst 1876 die Grundmauern für den neuen Personenbahnhof hergestellt.

Am 15. Juni 1880 konnte das neue Empfangsgebäude dem Betrieb übergeben werden. Konstruktion und architektonische Gestaltung lassen bereits den Beginn einer fortschrittlichen Auffassung im Bahnhofsbau erkennen, die darin zum Ausdruck kommt, daß der Hauptbaukörper, die mächtige stählerne Wölbkonstruktion der Bahnsteighalle dominierend hervortritt und nicht mehr bewußt verdeckt wird (Bild 254). Daher schildern auch Zeitgenossen das damals zu den größten Bahnhofsgebäuden der Erde gehörende Bauwerk, »das nur in der Breite, nicht aber in der Höhe von der Londoner St. Pancras-Station übertroffen wird«, in überschwenglicher Weise: »Alles ist echt und wahr, kein Surrogat täuscht

uns. Norddeutsche Ziegelarchitektur unter Verwendung bräunlicher Formziegel feinster Art aus den Greppiner Werken ist mit Terrakotten verziert. Blenden und Figuren sind aus weißem Sandstein. Den ersten Eindruck von einer Stadt vermittelt der Bahnhof: Am Askanischen Platz erstreckt sich der 100 m lange, 15 m hohe Vorderbau, dahinter erhebt sich majestätisch der 40 m hohe Abschluß des Hallenbaues, beide mit angenehm gegliederten Fassaden (Bild 255).

Die Empfangshalle ist großartig beeindruckend. Das Licht fällt durch große seitliche Bogenfenster mit farbigen Scheiben. Reiche Renaissancearchitektur beherrscht den gewaltigen Raum, der durch 28 electrische Kerzen erleuchtet wird, die ein taghelles Licht ausströmen«.

Die sechs Bahnsteig- und zwei Zwischengleise 62,50 m weit überspannende Halle war 170 m lang, ihre Seitenwände bis zum Dachbinderauflager 19 m hoch. Die in 14 m Abstand paarweise angeordneten, auf Doppelpfeilern ruhenden Stahlfachwerkbogenbinder wurden gegen den Horizontalschub durch aufgehängte Zugstangen verbunden. Sie können schon als frühe Vorgänger heutiger Metalleichtkonstruktionen angesehen werden. Das Dach war mit Wellblech gedeckt und besaß zur bestmöglichen Raumausleuchtung Firstoberlichtaufsätze.

Mit 34,25 m Firsthöhe besaß der Anhalter Bahnhof damals die höchste Bahnsteighalle in Deutschland (Bild 256, 257, 260).

Glanzvolle Repräsentation vermittelte der Empfangsbau am Askanischen Platz. Durch eine Arkadenunterfahrt gelangten die Reisenden in die Empfangshalle, der Fahrkartenschalter und Gepäckabfertigung angegliedert waren. Die 390 m^2 große, 16 m hohe Halle (Bild 258) wird von Zeitgenossen überschwenglich als »... wahres Meisterstück der Renaissancearchitektur von edler Harmonie und Großartigkeit des Raumes ...« geschildert. Sie hatte einen teppichartigen Fußboden aus Mettlacher Fliesen mit farbigem Mittelstück; ringsum standen »18 Säulen aus poliertem rotbunten Stuckmarmor mit reichen Compositkapitellen aus weißem Stuck«, dazwischen befanden sich hohe Füllungen, deren Architekturteile »aus poliertem schwarzen Marmor mit weißen Adern bestehen«. Die Architrave schmückten zwei Gruppendarstellungen der Wissenschaft und Industrie in allegorischen Figuren. Besonders dekorativ wirkten darüber hinaus farbige Wappen sämtlicher Städte, die die Berlin-Anhalter Bahn berührte.

Beleuchtet wurde die Halle durch drei runde Fenster und eine Oberlichtdecke, bei Dunkelheit durch Kandelaber aus Goldbronze. Von hier führte eine prächtige zweigeteilte Treppenanlage zu der den Bahnsteigen vorgelagerten, fast 90 m

Bild 256. Bahnsteighalle des Anhalter Bahnhofs in Berlin. Innenansicht. Zeichnung von Theuerkauf 1880

Bild 257. Anhalter Bahnhof in Berlin. Giebelabschluß der Bahnsteighalle an der Ausfahrtseite. Massive Ausführung der analog zur Vorderfront von 9 Rundbogenfenstern durchbrochenen Giebelschürze über 3 Bögen von je 15 m Lichtweite. Zeichnung von Jeffke 1879

langen Querhalle. Im rechten Flügel befanden sich Wartesäle für Abreisende, Toiletten, Diensträume und ein Saal für den kaiserlichen Hof, im linken Flügel befanden sich ein Ausgangsflur mit Treppenhaus sowie ein Saal für das »erwartende Publicum«, ein weiterer Saal für den kaiserlichen Hof mit separatem Ausgang, eine Droschkenunterfahrt und weitere Dienst- und Nebenräume.

Dem Zeitgeschmack entsprechender figürlicher Schmuck sollte die monumentale Wirkung des Gebäudes noch steigern: auf dem Scheitel des Hallenabschlusses eine bekrönende, den Weltverkehr symbolisierende Statuengruppe von Hundreiser, in den Ecktürmen Reliefs von Merkur und Ceres, auf der Empfangshalle die von zwei Gestalten, Tag und Nacht darstellend, gehaltene große Bahnhofsuhr und darunter über dem Unterfahrtsbau, dessen Eckaufsätze zwei Statuen trugen, Sandsteinreliefs mit Symbolen der Architektur und der Ingenieurwissenschaften, die hier an diesem Bau bereits so hoffnungsvoll zusammenwirkten.

Betriebstechnisch interessante Lösungen waren unter anderem die Verbindung der unten liegenden Gepäckabfertigung mit den Gepäckbahnsteigen, der Bahnsteighalle durch hydraulische Aufzüge und Hebewerke für Güterwagen vom erhöhten Bahnkörper auf das alte Bahngelände am Kanal und Hafen bei 4 m Hubhöhe.

Die Kosten betrugen für den Innenbahnhof 5,3 Millionen Mark, für den gesamten Umbau

Bild 258. Empfangshalle (»Vestibül«) des Anhalter Bahnhofs in Berlin. Zeichnung von Theuerkauf 1881

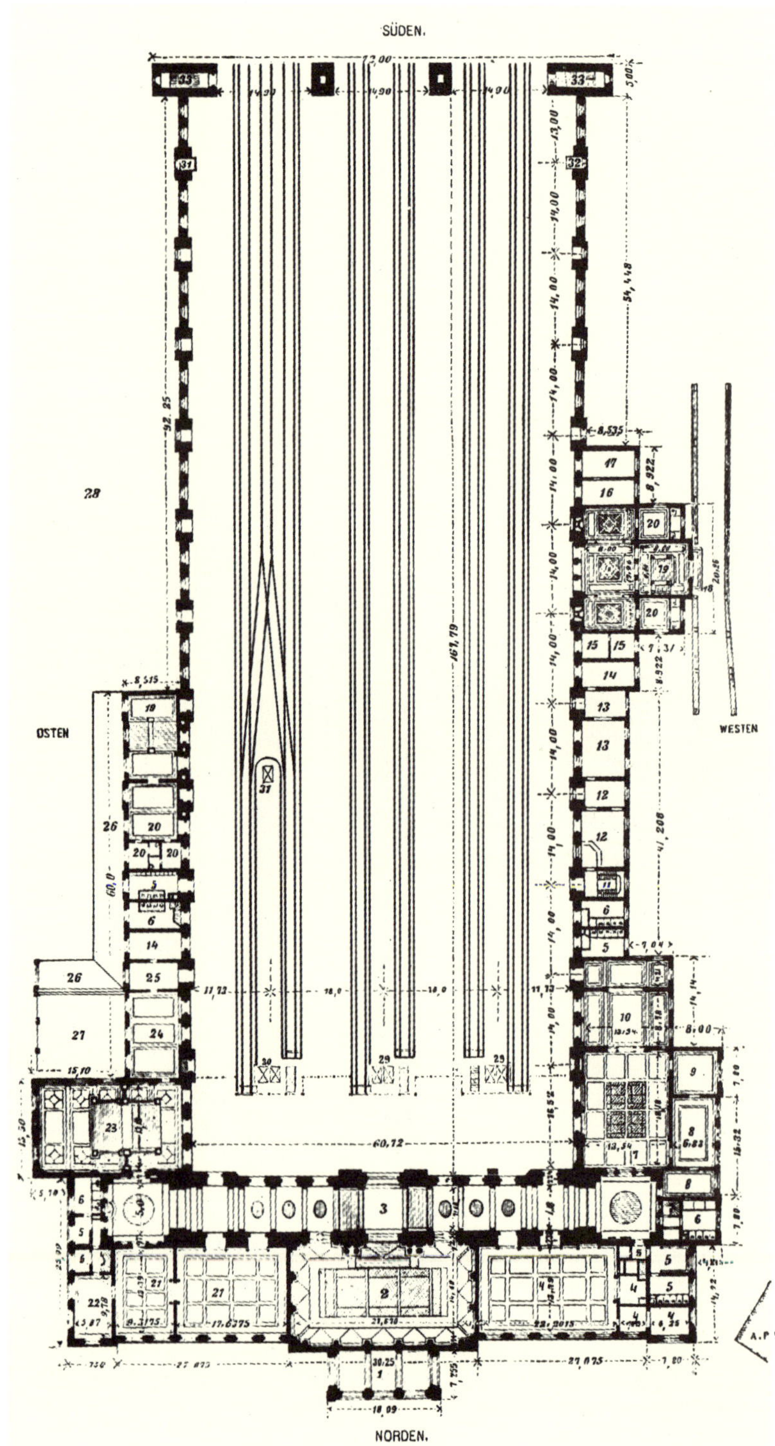

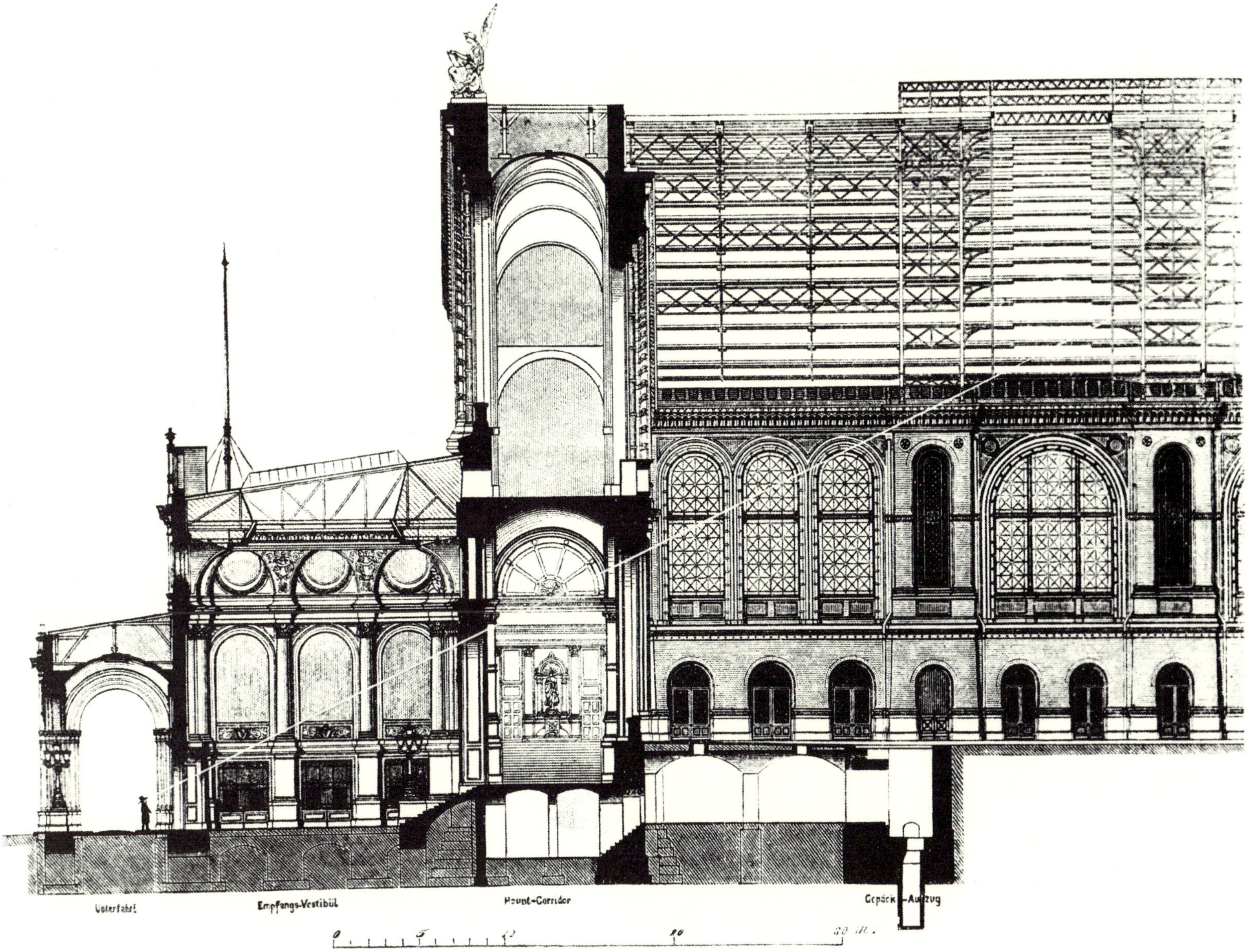

Bild 259. Anhalter Bahnhof in Berlin. Schnitt durch den Kopfbau und die Bahnsteighalle. Die in der Zeichnung angedeutete Blicklinie vom Portal des »Empfangs-vestibüls« bis zum Bahnsteighallendach soll die eindrucksvolle Wirkung der Raumordnung zeigen. Zeichnung von Jeffke 1879

Bild 260. Anhalter Bahnhof in Berlin. Grundriß des Haupt-Geschosses in Bahnsteighöhe. Entwurf Schwechten (Bild links)

1 Unterfahrt; 2 Empfangs-Vestibül; 3 Hallenartiger Hauptkorridor; 4 Wartesaal III. und IV. Klasse mit Erfrischungsraum und kleinen Speisezimmern; 5 Kloset für Herren und Waschtoilette; 6 Kloset für Damen und Waschtoilette; 7 Wartesaal II. Klasse; 8 Wartesaal I. Klasse und reservierte Zimmer; 9 Damenzimmer; 10 Speisesaal mit Erfrischungsraum; 11 Treppe nach dem Bodenraum; 12 Telegraphie; 13 Stations-Büreau; 14 Stations-Vorsteher; 15 Perrondiener und Utensilienraum; 16 Raum für Zugführer; 17 Raum für Schaffner; 18 Auffahrt; 19 Vestibül des K. K. Hofes; 20 Empfangssaal für den K. K. Hof und Toilettenräume f. d. Kaiser u. d. Kaiserin; 21 Vorsaal und Saal für Versammlungen (evtl. Wartesaal f. d. Lokalverkehr); 22 Kommissionszimmer; 23 Ausgangs-Vestibül; 24 Saal für das erwartende Publikum; 25 Polizei; 26 Droschkenhallendach; 27 Dach über der Gepäckausgabe; 28 Droschkenplatz; 29 Gepäck-Aufzug; 30 Gepäck-Versenkung; 31 Versenkung für die Post; 32 Aufzug für die Post; 33 Treppe nach dem Perron und Hallendach

einschließlich Grunderwerb 14,1 Millionen Mark.

Die künstlerische und technische Oberleitung hatte Franz Schwechten, die Stahlkonstruktion konzipierten Oberingenieur Wiedenfeld und Ingenieur Seidel, spezielle Ausführungen leitete Abteilungsbaumeister Sillich.

Der Anhalter Bahnhof wurde im zweiten Weltkrieg durch Bombenangriffe schwer beschädigt, die Bahnsteighallenkonstruktion zerstört. Am 2. Juni 1952 erfolgte seine Stillegung.

Bahnhof Cöthen

Fast gleichzeitig eröffneten zwei große Eisenbahn-Gesellschaften ihre Strecken, die Köthen (bis 1927/1928 »Cöthen«) berührten: als erste und älteste des Gebietes am 19. Juni 1840 die Magdeburg-Leipziger und am 1. September 1840 die Berlin-Anhaltische Eisenbahn ihren Teilabschnitt Cöthen–Dessau. Beide Gesellschaften hatten von vornherein einen direkten Wagenübergang zwischen ihren Linien vereinbart. Diese

selten günstige Situation und auch architektonischer Gestaltungswille führten dazu, daß damals in der »Haupt- und Residenzstadt des Fürstentums Anhalt-Cöthen« eine gemeinsame repräsentative Bahnhofsanlage geschaffen wurde (Bild 261). Klassizistische Bauten, in symmetrischer Anordnung die Empfangsgebäude, und die prächtige »Restauration« (vorn rechts im Bild) an der nördlichen Bahnhofsausfahrt bildeten ein beeindruckendes Ensemble, das viele Bahnhöfe größerer Städte in den Schatten stellte. Links im Bild ist das Empfangsgebäude der Berlin-Anhaltischen, gegenüber das Gebäude der Magdeburg-Leipziger Eisenbahn zu erkennen. Diese Gesellschaft baute um 1870 ein neues Empfangsgebäude mit romantisierenden Backsteinfassaden, von dem der Mittel- und nördliche Seitenflügel, allerdings ohne die ursprünglichen Giebelzinnen und das Bahnsteigdach, noch erhalten sind.

Das Empfangsgebäude der Berlin-Anhaltischen Eisenbahn wurde 1869 abgerissen, als die Strecken Cöthen–Dessau und Cöthen–Bernburg eine durchgehende Gleisverbindung sowie in 120 m Entfernung von der Magdeburg-Leipziger Strecke ein neues Empfangsgebäude erhalten hatten (Bild 262).

Dieser »Berlin-Halberstädter Bahnhof« hatte Personenverkehr bis zur Vollendung der Umbauarbeiten am Berlin-Anhalter Bahnhof 1913 bis 1917. Am alten Bahnhofsgebäude, das jetzt unter anderem Wohnzwecken dient, liegt kein

Bild 261. Bahnhof Cöthen um 1860. Zeitgenössischer Stich von Rohbock
Bild 262. Bahnhof Köthen. Ehemaliges Empfangsgebäude der Berlin-Halberstädter Eisenbahn. Aufgenommen 1977 (Bild rechts oben)
Bild 263. Bahnhof Cöthen. Empfangsgebäude 1925

Gleis mehr. Nur seine Inschrift erinnert noch an den einstigen Bahnbetrieb. 1917 wurde mit dem Bahnhofsumbau auch das heutige Empfangsgebäude in schlichten, neubarocken Formen errichtet (Bild 263). Seither wurden hier alle über Cöthen führenden Strecken aufgenommen; die Kleinbahn Cöthen–Radegast endete im Anhalter Personenbahnhof.

Bahnhof Wittenberg

Die Berlin-Anhaltische Eisenbahn war ursprünglich westlich um die befestigte preußische Garnisonstadt Wittenberg geführt und hatte ihren Bahnhof hier etwa 500 m vom Schloßtor der Festung entfernt angelegt. Die Bahnhofsgebäude mußten wie alle Bauten im Vorfeld der Festung nach den Fortifikationsbestimmungen in leichter Bauweise ohne Keller errichtet werden, damit sie im Verteidigungsfall schnell niedergelegt oder abgebrannt werden und so möglichen Angreifern nicht mehr als Deckung dienen konnten. Deshalb bekam der am 10. September 1840 eingeweihte erste Bahnhof Wittenbergs einen verhältnismäßig bescheidenen Fachwerkbau als Empfangsgebäude (Bild 264). Seit Eröffnung der Strecke Wittenberg–Bitterfeld–Leipzig/Halle am 3. August 1859 ist dieser Bahnhof stillgelegt. Sein altes, anderen Zwecken zugeführtes Bahnhofsgebäude ist noch erhalten. Der zweigeschossige Fachwerkbau an der Dr.-Kurt-Fischer-Straße (Nr. 31), 150 m nördlich der Bahn Wittenberg–Roßlau gehört zu den ältesten erhaltenen Bahnhofsgebäuden Deutschlands.

Bild 264. Der »Bahn-Hof« zu Wittenberg 1863. Zeitgenössische Lithographie von Müller

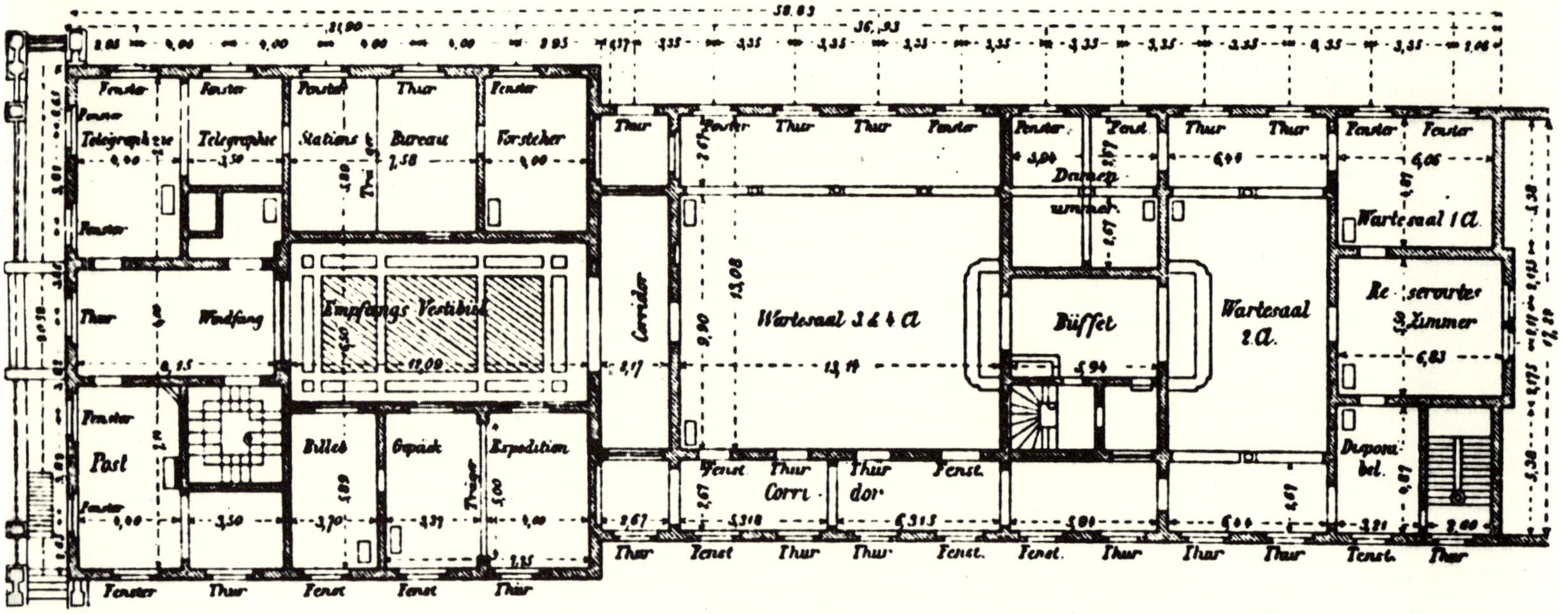

Bild 265. Bahnhof Wittenberg. Erdgeschoß-Grundriß des Empfangsgebäudes 1910
Bild 266. Bahnhof Wittenberg. Empfangsgebäude mit Pferdebahn 1900

Nach Eröffnung verkehrten über den Bahnhof Wittenberg nur je zwei Personenzüge, ein Güter- und ein »Zwischenzug« in Richtung Berlin beziehungsweise Cöthen. Die mit ermäßigter Geschwindigkeit von 20 km/h fahrenden Zwischenzüge beförderten Personen II. und III. Klasse sowie Güter nach allen Stationen und übernachteten in Wittenberg. Dazu bestand die Möglichkeit im Bahnhofsgebäude.

Auch der 1859 mit der Strecke nach Bitterfeld neu angelegte Bahnhof erhielt seinen Standort außerhalb der Festungswerke, die erst 1873 bis 1886 geschleift wurden, diesmal im Osten der Stadt. Das in Insellage errichtete Empfangsgebäude wurde teilweise basilikaartig gestaltet, um das »Empfangsvestibül« und die Wartesäle über den Dächern der Seitenschiffe und der Bahnsteige direkt mit Tageslicht zu beleuchten. Seine Grundrißanordnung (Bild 265) ist typisch für Inselgebäude dieser Zeit. Über Freitreppen gelangten die Reisenden zunächst in einen Windfangvorraum, an dem beiderseits Post- und Telegraphierräume lagen, dann in das Empfangsvestibül mit Billetverkauf und Gepäckexpedition auf der rechten und Stationsdiensträumen auf der linken Seite, schließlich über »Corridore« zu einem gemeinsamen Wartesaal für die III. und IV. Klasse und den Wartesälen der II. und I. Klasse. Zwischen den erstgenannten Sälen war ein »Büffet« mit Ausgaben angeordnet. Der Wartesaal I. Klasse, ein Damen- und ein »Reserviertes Zimmer« konnten nur indirekt, vom Bahnsteig aus oder durch den Wartesaal II. Klasse erreicht werden. Die anderen Wartesäle waren direkt oder über außenliegende Korridore mit den Bahnsteigen verbunden.

Bei der außenarchitektonischen Gestaltung des Empfangsgebäudes dienten wie bei vielen zeitgenössischen Bahnhofsbauten Stilformen der italienischen Renaissance als Vorbild. Mit seinem weitauskragenden Hauptgesims glich das schlichte Gebäude fast einem Renaissancepalast (Bild 266). Nur hatten seine Fassaden statt rustikaler Quaderung kleingliedrige Greppiner Verblendziegelverkleidung.

Der Entwurf zu diesem Bau stammt von Franz Schwechten, dem Architekten des Anhalter Bahnhofs in Berlin (1880).

Der Berliner Bahnhof in Leipzig

Am 1. Februar 1859 wurden die Anlagen des Berliner Bahnhofs für den Verkehr von Berlin nach Leipzig und weiter nach Hof in Betrieb genommen. Er erstreckte sich auf der sogenann-

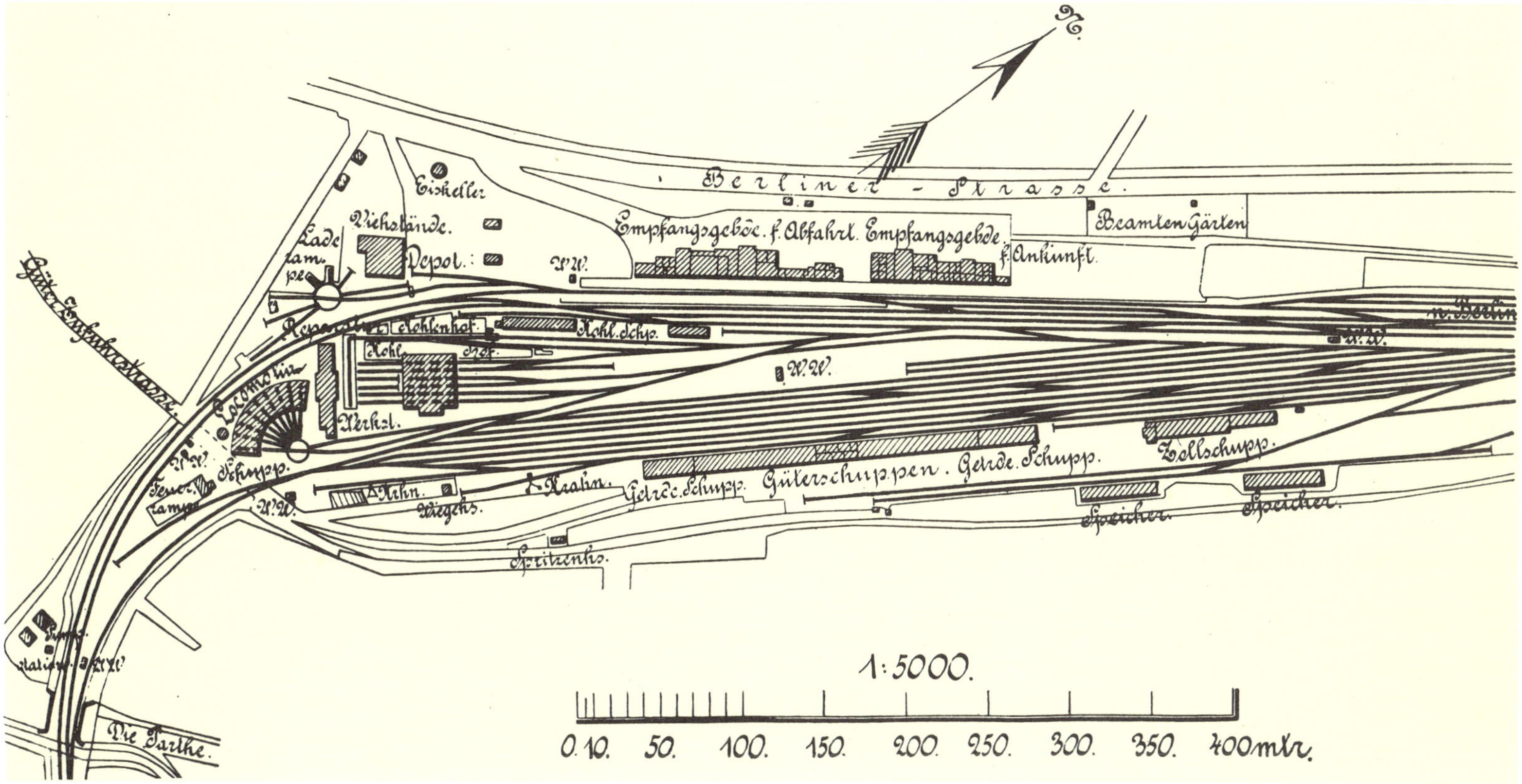

ten Petzscher Mark, einer zum Leipziger Stadtgut Pfaffendorf gehörigen Wüsten Mark zwischen der Mockauer, jetzt Berliner Straße und dem Plösner Weg, der heutigen Rackwitzer Straße, von der Parthe nach Norden bis zur Berliner Brücke. Dieser mehr als ein Kilometer lange Standort gestattete flächenmäßig eine großzügige, erweiterungsfähige Anlage, die insbesondere den steigenden Anforderungen des Güterverkehrs auch später noch entsprach. 1890 umfaßte der Bahnhof insgesamt 21 Hektar und 16 000 Quadratmeter bebaute Fläche; über 22 Kilometer Gleise und 110 Weichen rollte der Verkehr (Bild 267).

Leider war der Berliner Bahnhof für den Personenverkehr zu weit von der Stadt entfernt und zudem ursprünglich nur mit der Pferdedroschke oder zu Fuß erreichbar. Die Eröffnung einer Linie der elektrischen Straßenbahn zwischen Mockau und Schönefeld am 20. Mai 1896 brachte zwar seinen Anschluß an das innerstädtische Verkehrsnetz; aber zu dieser Zeit hatte er seine Bedeutung für den Personenverkehr bereits eingebüßt.

1876 wurde die Eisenbahn Zerbst–Magdeburg fertiggestellt. Damit erhielt Leipzig eine zweite Verbindung nach Magdeburg über Bitterfeld–Dessau–Zerbst, die vom Berliner Bahnhof ausging. Seit 1891 war er nur noch Durchgangsbahnhof, da alle Züge vom Bayrischen Bahnhof abgingen beziehungsweise dort endeten. Dazu wurde 1879 zwischen dem Berliner und Bayrischen Bahnhof eine neue zweigleisige Verbindung geschaffen.

Die längs eines Bahnsteigs für Abfahrt und Ankunft getrennt angeordneten Empfangsgebäude standen an einem Abzweig der Berliner Straße gegenüber der einmündenden Apel-

Bild 267. Berliner Bahnhof in Leipzig. Lageplan um 1890

Bild 268. Berliner Bahnhof in Leipzig 1899. Empfangsgebäude, vorn für Abfahrt, hinten für Ankunft

Straße am Betriebshof Wittenberger Straße der »Leipziger Elektrischen Straßenbahn« (Bild 268). Schlicht und ohne vordergründigen Repräsentationspomp erscheinen diese noch dem Spätklassizismus verhafteten Gebäude wohltuend gegenüber wenig später entstandenen »reichen« Bahnhofsbauten der elektizistischen Periode des 19. Jahrhunderts.

Zu den Anlagen gehörten unter anderem große Güter- und Zollschuppen, Speicher und Verladeeinrichtungen, Werkstätten und ein Ringschuppen für neun Lokomotiven. Die Gleisanlagen waren im Gegensatz zu allen bis dahin geschaffenen Leipziger Bahnhöfen für den Durchgangsverkehr konzipiert.

Die Berlin-Stettiner Eisenbahn

Schon im März 1836 bildete sich unter dem Vorsitz der Kaufleute Mendelsohn und Gribel ein Gremium für den Bau einer Eisenbahn von Berlin nach Stettin. Am 10. Juli 1836 erhielt diese Gesellschaft durch Kabinettsorder die Konzession unter der Bedingung, die Statuten bis zum 1. Februar 1837 fertigzustellen. Danach begann der Königliche Ober-Wegebauinspektor Neuhaus mit den Vorarbeiten. Die Trasse wurde über Bernau–Neustadt Eberswalde–Angermünde–Passow–Tantow festgelegt, wo die Steigungen nirgends über 1:250 betrugen. Am 12. August 1840 ist durch Kabinettsordre die endgültige Konzession für den Bahnbau erteilt worden, mit dessen Ausführung dann im März 1841 endlich begonnen werden konnte.

Die Betriebseröffnung erfolgte
zwischen Berlin und Eberswalde
am 1. August 1842,
zwischen Eberswalde und Angermünde
am 15. Oktober 1842
und auf der gesamten 133,5 km langen Strecke zwischen Berlin–Stettin am 15. August 1843.

Bemerkenswert ist die Inbetriebnahme elektromagnetischer Streckentelegraphen am 1. Januar 1851 auf dieser Strecke. Bei einem Kostenaufwand von rund 20000 Taler konnten 35 Bahnwärterposten eingespart werden.

1852 wurden Vorarbeiten für die Strecke Stralsund–Greifswald–Anklam–Pasewalk–Prenzlau mit Anschluß an die Stammbahn bei Passow durchgeführt. Die Baugenehmigung er-

Bild 269. Empfangsgebäude des Stettiner Bahnhofs in Berlin, von der Invalidenstraße aus gesehen. Zeichnung von Theuerkauf 1877

Bild 270. Empfangsgebäude des Stettiner Bahnhofs in Berlin um 1875

folgte mit Kabinettsordre vom 16. November 1853. Doch erst ein Jahrzehnt später konnten die im nördlichen Bereich der Berlin-Stettiner Eisenbahn geplanten Strecken in Betrieb genommen werden, und zwar

Angermünde–Stralsund und Stettin–Pasewalk	am 16. März 1863,
Anklam–Stralsund und Stettin–Pasewalk	am 1. November 1863,
Eberswalde–Wriezen	am 1. Januar 1867.

Das Streckennetz der Berlin-Stettiner Eisenbahn umfaßte 1843 143,4 km, 1880 einschließlich der Vor- und Hinterpommerschen Zweigbahnen 956 km.

Der Stettiner Bahnhof in Berlin

Der erste Bahnhof der Berlin-Stettiner Eisenbahn in Berlin wurde zur Eröffnung der Teilstrecke Berlin–Eberswalde am 1. August 1842 in Betrieb genommen. Er fand seinen Standort auf dem ehemaligen vor dem Oranienburger Tor nördlich der Invalidenstraße gelegenen Scharfrichtereigrundstück des Magistrates. Von hier verlief die Bahn über Wedding, Gesundbrunnen und Pankow nordöstlich nach der Prenzlauer Chaussee. Der Zugang zum Bahnhof erfolgte vom damaligen Hamburger Tor aus durch die Chaussee- und Invalidenstraße. Vor dem Bahnhof wurde eine Platzanlage geschaffen. Bereits diese Anlage mußte aus verkehrstechnischen Gründen mit ihrem Kopfbau schiefwinklig zur Invalidenstraße errichtet werden. Bis zur Jahresmitte 1842 waren an Hochbauten des Stettiner Bahnhofs das Empfangsgebäude, ein Lokomotiv- und ein Wagenschuppen sowie eine Wasserstation errichtet.

1876 erhielt der Stettiner Bahnhof an gleicher Stelle ein neues großes Empfangs- und Hallengebäude, das der Geheime Regierungsrat Theodor Stein entwarf, der auch die Oberleitung des drei Jahre beanspruchenden Bauvorhabens innehatte.

Der monumental wirkende Empfangsbau gehört zu den letzten großen Bauwerken der romantischen Bahnhofsarchitektur in Deutschland (Bild 269). Ohne vermittelnde Vorbauten wie beim Anhalter Bahnhof ragte die Steinfassade des Hallenabschluß und Portal bildenden Kopfbaues demonstrativ heraus. Dieser Eindruck wurde durch die torsäulenartigen Türme und außerdem noch dadurch verstärkt, daß auch bei diesem Bahnhofsbau die Hallenhöhe mit 26,16 m verhältnismäßig hoch bemessen war, vermutlich um einen späteren Umbau zum Durchgangsbahnhof, der wie 1879 bis 1880 beim Schlesischen Bahnhof eine Erhöhung der Gleise erfordert hätte, zu ermöglichen. Die Fassade bestand aus farbigem Natur- und Kunststeinmaterial: Treppentürme, Sockel, Pfeilervorlagen waren aus Rüdersdorfer Kalkstein, Simse aus braunschweigischem und sächsischem Sandstein, die Wandflächen aus roten Ziegeln. Reichswappen und Wappen der von der Bahn verbundenen Hauptstädte Berlin und Stettin schmückten die Rundbogenfenster. Die 37,66 m breite, 29,34 m tiefe Eingangshalle mit anschließender beiderseitiger »Billetausgabe und Gepäckexpedition« galt mit 1100 m² Grundfläche seinerzeit als die größte Berlins. Dagegen wurde die nur 129 m lange Bahnsteighalle als zu kurz kritisiert. Bei »großen Extrazügen mußte ein Theil des Zuges außerhalb der Halle stehen, was bei schlechtem Wetter ungünstig war«. Die fünf Gleise mit zwei Seitenbahnsteigen und einem Zwischenbahnsteig überspannende Halle besaß eine Dachkonstruktion aus schmiedeeisernen Bogenbindern mit

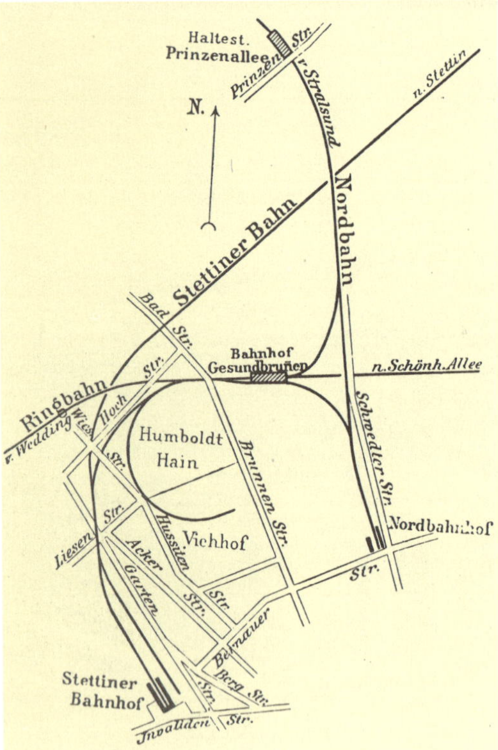

Zugankern und Wellblecheindeckung. Ihre Entlüftung erfolgte durch Oberlichtaufsatz, die Tageslichtbeleuchtung durch zahlreiche hohe Seitenfenster. Den Binderabständen entsprechend war die Hallenfassade mit Pfeilervorlagen gegliedert (Bild 270).

An die Eingangs- und Bahnsteighalle lehnten sich niedrigere Seitenflügel mit ein- und teilweise zweigeschossigem Ausbau an. Im östlichen Flügel befanden sich Flur-Wartesäle 2., 3. und 4. Klasse, Damenzimmer und ein Wartesaal 1. Klasse für abfahrende Reisende, ein Königszimmer mit Vorraum sowie Räume für den Betriebsdienst, im westlichen Flügel die Ankunftshalle, Gepäckausgabe, Wartesaal, Königszimmer, Verwaltungs-, Betriebs- und Posträume. Der Zugang zu den Bahnsteigen war sowohl durch die Eingangshalle als auch durch die Wartesäle von den Seiten her möglich. Die Rundbogenfenster dieser Gebäudeteile hatten jeweils in der Mitte gußeiserne Säulen in »korinthischem Stil«. Zeitgenossen lobten das Bauwerk, bei dem »weder außen noch innen das gute Material durch Putz verdeckt wird«. Sein Gesamtkostenaufwand betrug etwas über 2 Millionen Mark.

Nachdem die Nordbahn ihren ersten Streckenabschnitt Berlin–Gesundbrunnen–Neubrandenburg am 10. Juli 1877 eröffnet hatte, erwies sich der an der Schwedter Straße gelegene Nordbahnhof als unzweckmäßig, so daß mit der Berlin-Stettiner Eisenbahn-Gesellschaft vertraglich vereinbart wurde, die Personenzüge der Nordbahn ab 1. Dezember 1877 ebenfalls auf dem Stettiner Bahnhof abzufertigen und über eine Verbindungsbahn nach dem Bahnhof Gesundbrunnen und von hier weiter auf die Nordbahn zu führen (Bild 271). Das erforderte bereits 1878 die Erweiterung der Bahnhofsgleise, die durch drei kleinere, der Architektur des großen Empfangsgebäudes angepaßte Hallen- und Empfangsbauten geschah (Bild 272).

Später wurde der anwachsende Vorortverkehr vom Fernverkehr durch Anlage eines besonderen Vorortbahnhofs strikt getrennt und über den Bahnhof Gesundbrunnen geführt (Bild 273).

Der Stettiner Bahnhof vermittelte bis 1945 den Hauptverkehr Berlins mit dem nördlichen Deutschland zwischen Rostock und Stettin. Seit dem 20. Mai 1951 trug er die Bezeichnung »Berlin Nordbahnhof«; bis 17. Mai 1952 diente er noch dem Fernverkehr, seitdem bis zum 30. September 1961 nur noch dem S-Bahnverkehr. Seit dem Jahresfahrplan 1961/62, Stand 10. 12. 1961, hat der Nordbahnhof keinen Personenverkehr mehr. Das im zweiten Weltkrieg schwer beschädigte Bahnhofsgebäude wurde 1962 abgebrochen. Heute erinnert an den ehemaligen Stettiner Bahnhof noch ein mit dessen Architektur verwandtes Gebäudeteil des jetzt vom S-Bahnbetriebswerk Berlin Nordbahnhof genutzten alten Vorortbahnhofs.

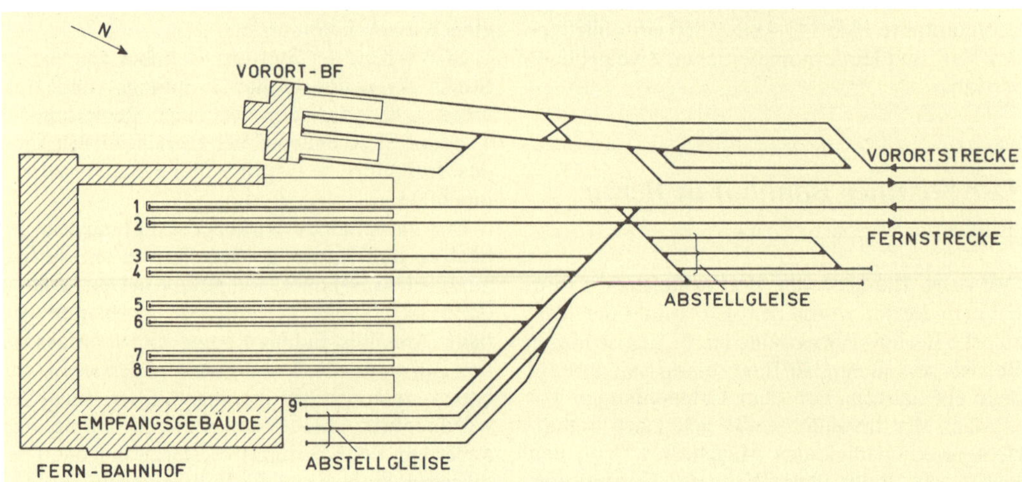

Bild 271. Lageplan der Nordbahn, Stettiner Bahn und der Ringbahn mit ihren Bahnhöfen und Verbindungen in Berlin 1877
Bild 272. Empfangsgebäude des Stettiner Bahnhofs in Berlin um 1910
Bild 273. Lageplanschema des Stettiner Bahnhofs in Berlin 1910

Die Niederschlesisch-Märkische Eisenbahn

Die Königlich Niederschlesisch-Märkische Eisenbahn ging aus der Vereinigung der Berlin-Frankfurter und Niederschlesisch-Märkischen Eisenbahn-Gesellschaft hervor. Von diesen baute die am 28. März 1840 konzessionierte Berlin-Frankfurter Eisenbahn-Gesellschaft zunächst die Strecke Berlin–Frankfurt (Oder), die am 27. November 1843 konzessionierte Niederschlesisch-Märkische Eisenbahn-Gesellschaft die Strecke Frankfurt (Oder)–Breslau.

Die Vorarbeiten für die Trasse Berlin–Frankfurt (Oder) durch den Geh. Oberbaurat Crelle lagen bereits in einem am 24. Dezember 1836 gedruckten Manuskript vor. Nach Bestätigung der Statuten der Gesellschaft und des darin auf 2,2 Millionen Taler festgelegten Aktienkapitals durch den König am 15. Mai 1841 begann der Bau mit dem ersten Spatenstich am 1. Juni 1841. Schon am 23. Oktober 1842 war die $10^{1}/_{4}$ Meilen = 77,2 km lange Strecke so weit vollendet, daß zunächst der Personenverkehr und am 31. Oktober auch der Güterverkehr auf der Berlin-Frankfurter Eisenbahn eröffnet werden konnte.

Nachdem es mehreren 1837 bis 1843 zusammengetretenen Gesellschaften nicht gelang, für den Bau einer Eisenbahn von Berlin nach Breslau das erforderliche Kapital aufzubringen, konnte die Niederschlesisch-Märkische Eisenbahn-Gesellschaft unter den günstigeren Bedingungen des Jahres 1843, als nämlich die Strecke Berlin–Frankfurt eben fertiggestellt war, die Konzession für die Weiterführung dieser Bahn nach Breslau und für eine Anschlußbahn nach Görlitz bis zur sächsischen Landesgrenze erhalten. Gleichzeitig bemühte sich die Gesellschaft, die Strecke Berlin–Frankfurt zu kaufen, um die Gesamtstrecke Berlin–Breslau in eigener Regie betreiben zu können. Durch Vertrag vom 12. Dezember 1844 erwarb sie schließlich die Strecke Berlin–Frankfurt von der Berlin-Frankfurter Eisenbahn-Gesellschaft für 4 175 000 Taler.

Inzwischen wurde der Weiterbau so gefördert,

Bild 274. Lageplan der 1851 erbauten »Königlichen Bahnhofs-Verbindungsbahn« in Berlin, Plan von 1864

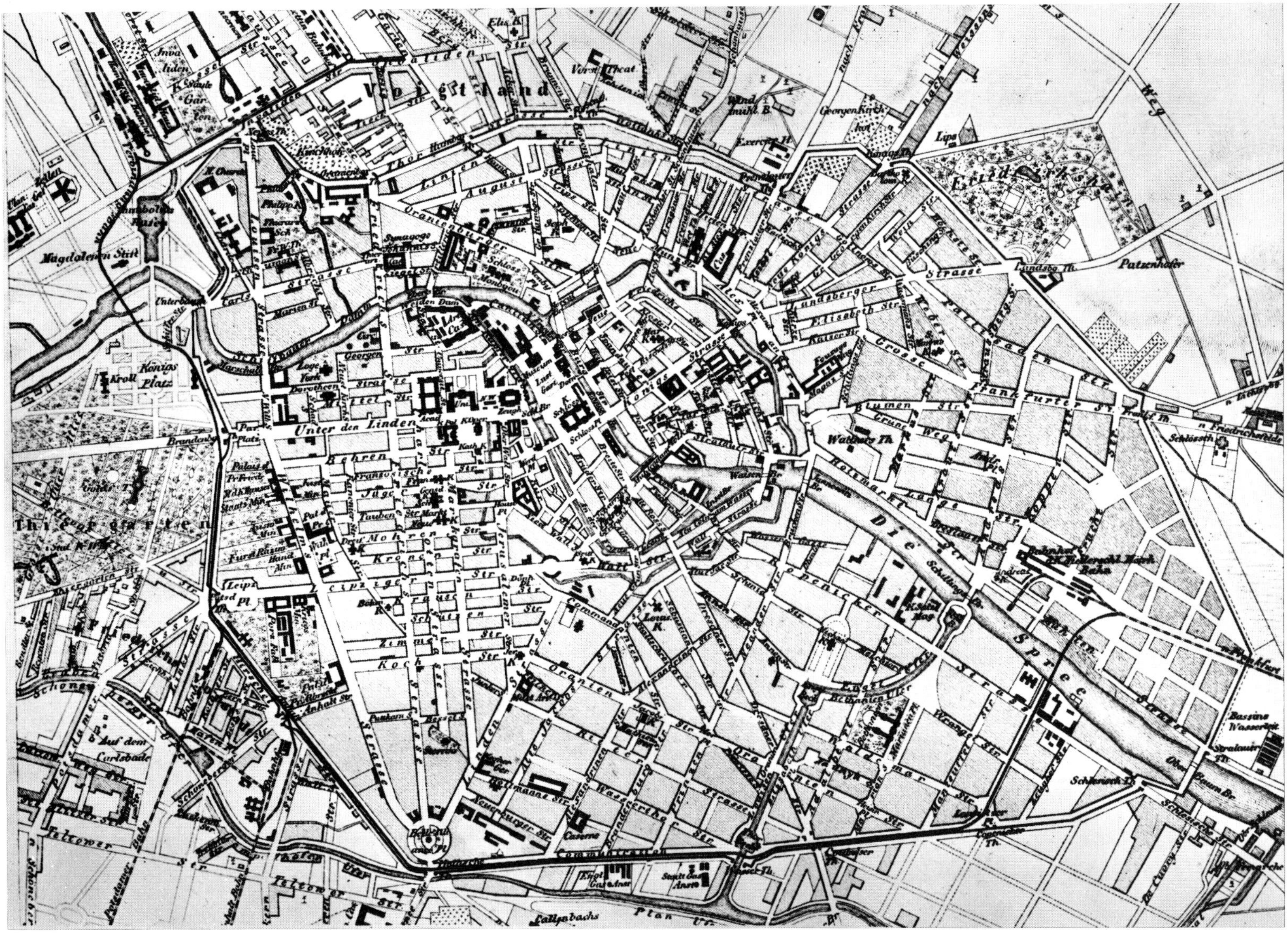

daß die Gesamtstrecke mit dem letzten Teilabschnitt Bunzlau–Frankfurt am 1. September 1846 und die Zweigbahn von Kohlfurt nach Görlitz am 15. Oktober 1846 eröffnet werden konnten, nachdem kurz zuvor die Sächsisch-Schlesische Eisenbahn von Dresden bis Löbau fertiggestellt worden war. Am 1. Oktober 1847 wurde diese Bahn bis Görlitz vollendet. So war Berlin schon 1847 mit Wien über Breslau und Oderberg durch die Eisenbahn verbunden.

Die Bauausführung leitete der Königliche Bauinspektor und Baudirektor der Niederschlesisch-Märkischen Eisenbbahn, Henz.

Nach dem Statut der Niederschlesisch-Märkischen Eisenbahn-Gesellschaft hatte sich der Staat beim Bau mit $^1/_7$ des Aktienkapitals beteiligt unter der Bedingung, daß er die Verwaltung und den Betrieb übernehmen werde, wenn er innerhalb von 3 aufeinanderfolgenden Jahren oder in einem Jahr mehr als 1 Prozent des Anlagekapitals Zuschüsse leisten müsse. Letzteres war 1848 erforderlich, so daß vom 2. Januar 1850 an die »Königliche Verwaltung« eingeführt und und ab 1. Januar 1852 die Bahn als Königlich Niederschlesisch-Märkische Eisenbahn in Staatseigentum überging.

Die Hauptbahn nach Frankfurt hatte ihren Kopfbahnhof im damaligen östlichen Stadtgebiet Berlins, wo sie zwischen dem Stralauer und Frankfurter Tor die Stadtmauer durchschnitt. Ihre nach Osten über Köpenick–Erkner–Fürstenwalde führende Trasse verursachte in dem verhältnismäßig ebenen und sandigen Terrain bis Briesen keine technischen Schwierigkeiten. Lediglich zwischen Briesen und Frankfurt war bei Rosengarten ein nicht unbedeutender Höhenzug mit Neigungen von 1:180 und 1:116 zu überschreiten. Schwieriger gestaltete sich der Bau der Zweigbahn von Kohlfurt nach Görlitz durch ein topographisch und geologisch ungünstiges Gebiet mit teilweise felsigem Untergrund. Nach Überbrückung mehrerer Gewässer mußte die Bahn bei Penzig ins Neißetal und vor dem Görlitzer Bahnhof mit einem 112 Fuß hohen, 1506 Fuß langen Viadukt in westlicher Richtung über die Neiße geführt werden.

In Berlin war die Niederschlesisch-Märkische Eisenbahn seit 1851 durch die von ihr verwaltete Königliche-Bahnhofs-Verbindungsbahn mit dem Anhalter, Potsdam-Magdeburger, Hamburger und Stettiner Bahnhof verbunden (Bild 274). Diese diente vorrangig militärischen Zwecken und dem Güterverkehr.

Bis Frankfurt existierten bis 1864 die »Stationen mit Bahnhöfen« Köpenick, Erkner, Fürstenwalde, Briesen sowie die »Haltestellen ohne Nebengeleise« Rummelsburg, Friedrichshagen, Hangelsberg und Rosengarten. Mit Ausnahme von Rummelsburg waren Stationsgebäude oder Wartesäle vorhanden. Der Bahnhof Görlitz wurde mit der am 1. September 1847 eröffneten Sächsisch-Schlesischen Eisenbahn gemeinsam benutzt.

Die Bahnstrecke war mit »optischen Telegraphen« nach dem Treutlerschen System versehen, Masten mit 2 verstellbaren Flügeln, deren jalousieartig aufgesetzte Spiegel nachts durch verschiedenfarbig leuchtende Laternen angestrahlt werden konnten. Damit wurden Signale zum Langsamfahren, Halten und Abfahren gegeben. Hochziehbare Körbe dienten als Zeichen, daß die Bahn in Ordnung war.

Mit dem Bau von Telegraphenleitungen begann man bereits 1847. 1848 besaß die Strecke eine, 1863 drei Leitungen zur Nachrichtenübermittlung und zur Bedienung der »Läuteapparate«. Die zuerst verwendeten »Sprechapparate nach dem Kramer'schen System« wurden 1861 bis 1864 durch »Morse-Drucktelegraphen« ersetzt. Die Auslösung der »Läute- oder Glockenapparate« an den Wärterbuden erfolgte mittels Läuteinduktoren. Die Telegraphen wurden durch Meidinger'sche und Bunsen'sche Elemente mit Strom versorgt. Jeder sich auf der Strecke bewegende Zug führte einen tragbaren Morseapparat mit sich, der bei vorkommendem Halt an Wärterbuden die telegraphische Verbindung mit den nächsten Stationen ermöglichte.

1864 waren insgesamt an der Strecke vorhanden:

538 Bahnwärter- und Weichenstellerhäuser, 407 Glockenhäuschen, 52 Läutewerke auf Bahnhöfen, 325 Wegeübergänge mit Schiebebarrieren, 274 mit Drehbarrieren, 42 mit Zugbarrieren, 10 Lastkräne.

Der Niederschlesisch-Märkische Bahnhof in Berlin

Der Niederschlesisch-Märkische Bahnhof, später Schlesischer Bahnhof genannt, der heutige Ostbahnhof, wurde im Hinblick auf eine günstige Verbindung zum Schiffsverkehr der Spree verhältnismäßig nahe zur Stadtmitte innerhalb der Ringmauer zwischen Koppen- und Fruchtstraße, die er niveaugleich durchschnitt, angelegt. Der Güterumschlagplatz befand sich am Stralauer

Bild 275. Schlesischer Bahnhof in Berlin. Lageplan 1843

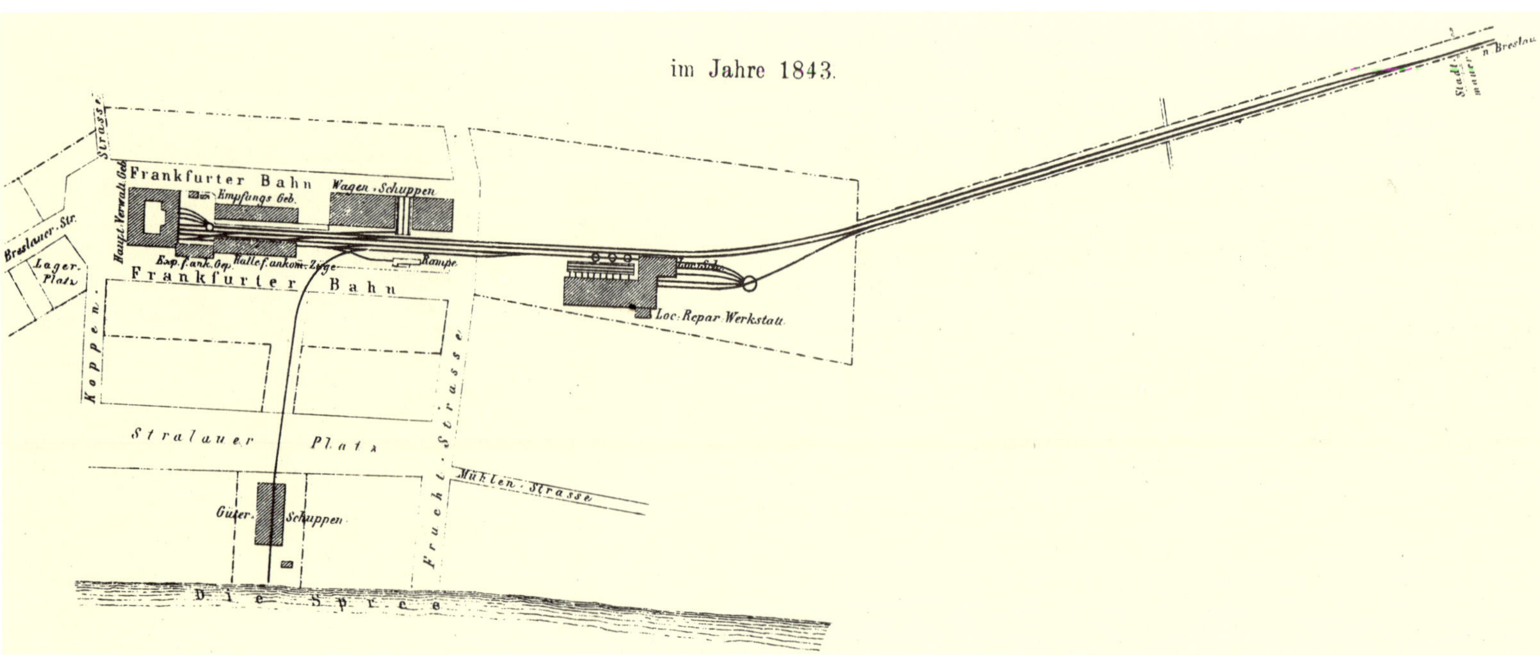

Platz an der Spree. Dort, wo die Bahn die Stadtmauer durchschnitt, sollte ein nur für den Zugverkehr zu öffnendes Gittertor eine besondere Zoll-Steuerstelle einsparen (Bild 275).

Die Lage des Bahnhofs im Stadtgebiet und die Durchschneidung der Fruchtstraße wurden damals heftig kritisiert. Empfangsgebäude und »Wagenremisen« waren nämlich westlich, die Lokomotivschuppen und Wagenbauanstalten östlich der Fruchtstraße gelegen. Das Polizeipräsidium forderte daher, daß »zu den Probierfahrten der Lokomotive, die zeitig vor dem Abgang des Zuges vorgenommen werden müssen, um die Überzeugung zu gewinnen, daß sie zum Abfahren tauglich sei«, diese Straße nicht benutzt werden dürfte. In Petitionen und Eingaben kam die Befürchtung der Bürger zum Ausdruck, »durch den Verkehr nach dem Bahnhof werde auch in entfernteren Teilen der Stadt der Verkehr in besorgniserregender Weise gefährdet werden«. Auch sei die Anlage des Bahnhofs inmitten der Stadt in hohem Grade feuergefährlich, »da die Lokomotiven eine Menge und oft sehr große Funken aussprühen«, und »eine große Masse leicht feuerfangender Gegenstände auf den anstoßenden Grundstücken vorhanden sei«.

Wegen der Anlage des Bahnhofs mußte der Bebauungsplan dieses Stadtteils wesentlich überarbeitet werden. Dazu wurde auf Befehl des Königs Gartendirektor Lenné hinzugezogen und durch Kabinettsorder bestimmt, »daß die in jener Gegend noch vorhandenen großen Blumenfelder,

Bild 276. Empfangsgebäude des Schlesischen Bahnhofs in Berlin um 1870. Vorn rechts Kopfbau der ersten Bahnhofsanlage von 1843

Bild 277. Schlesischer Bahnhof in Berlin. Lageplan 1860

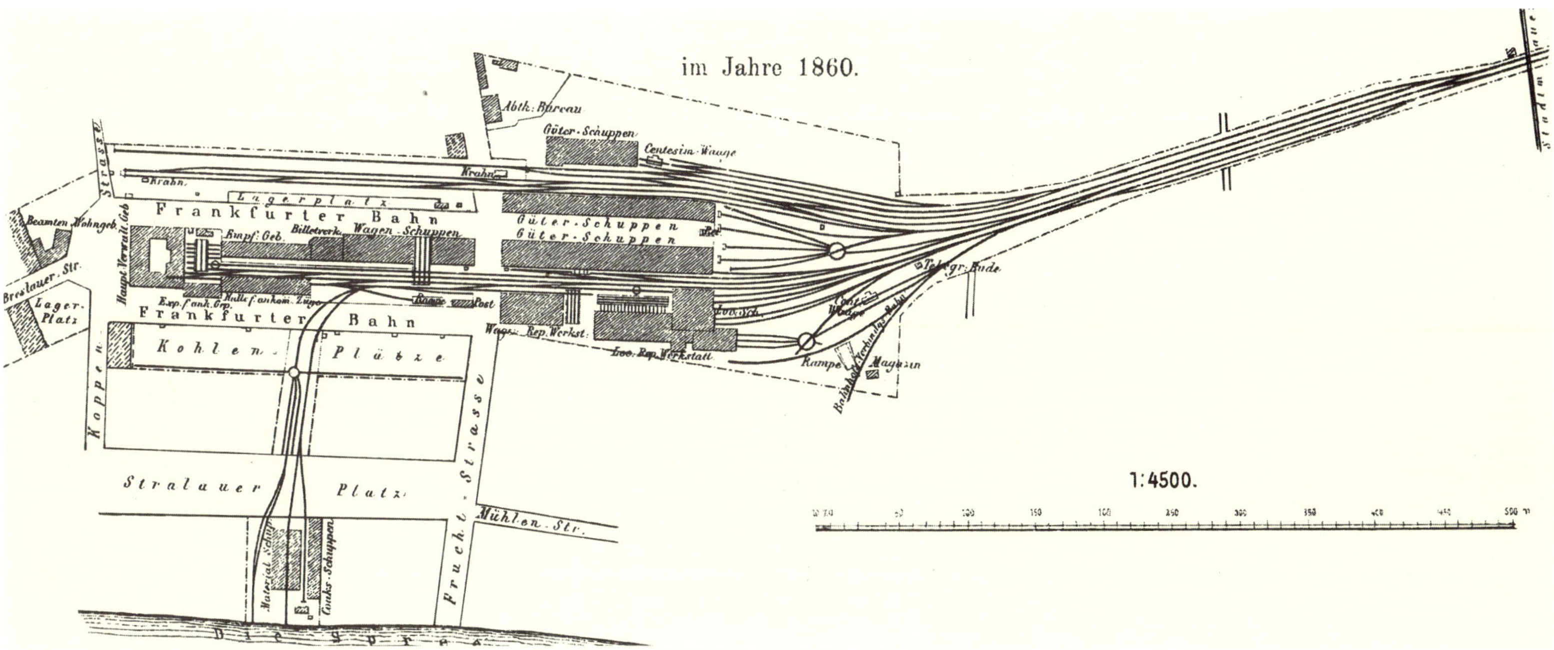

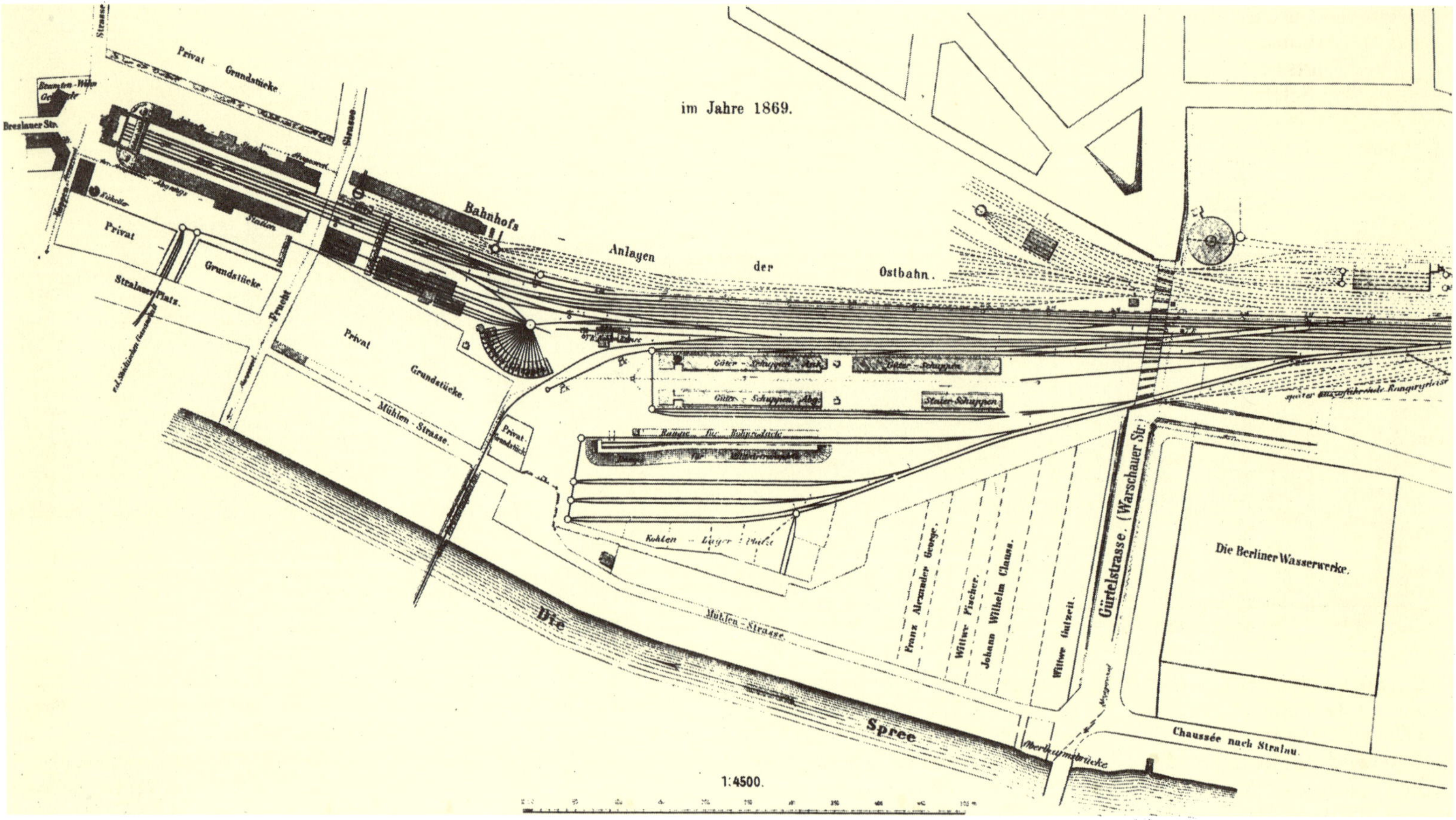

Bild 278. Schlesischer Bahnhof in Berlin. Lageplan 1869

Bild 279. Schlesischer Bahnhof in Berlin. Empfangsgebäude von 1869, Grundrißschema

Bild 280. Bahnsteighalle des Schlesischen Bahnhofs in Berlin, erbaut 1869. Dachkonstruktion »Sichelbogenträger« als Zweigelenkbinder. Im Vordergrund der niveaugleiche Übergang der Fruchtstraße

Hyazinthengärten usw., die eine eigentümliche Zierde der Residenz ausmachen, nicht zerstört oder zerstückelt werden«.

Am 1. September 1841 wurde von der Berlin-Frankfurter Eisenbahn-Gesellschaft mit dem Bau der Bahnhofsgebäude begonnen, und bereits Ende Dezember waren Verwaltungsgebäude, »Personenaufnahmegebäude«, Wagenremisen, ein 107 m langer Personenwagenschuppen sowie ein zweistöckiges Maschinengebäude fertiggestellt. Das »Haupt-Verwaltungsgebäude« der Kopfstation, ein schlichter spätklassizistischer Bau mit einem höheren dreigeschossigen Mittelbau und zweigeschossigen Seitenflügeln, war dem ersten Empfangsgebäude des Bahnhofs Weimar architektonisch sehr ähnlich (Bilder 276, 381).

Am 9. Mai hatte das Berliner Hauptsteueramt für ankommende ausländische Güter Packhofanlagen gefordert, die für auf dem Wasserwege transportierte Waren südlich des Stralauer Platzes an der Spree eingerichtet wurden. Diese fielen der Erweiterung des Bahnhofs 1867 bis 1869 zum Opfer.

1848 erfolgten erste größere bauliche Erweiterungen des Bahnhofs, die Vergrößerung des »Frachtwagenschuppens«, der Bau eines neuen Güterschuppens und einer Wagenreparaturanstalt mit Schiebebühne. Die Hauptwerkstätten der Niederschlesisch-Märkischen Bahn wurden 1856 und 1857 in Frankfurt (Oder) errichtet, nachdem sich die Anlagen in Berlin und Breslau als unzulänglich erwiesen hatten.

Der 1841 bis 1842 ursprünglich für die Berlin-Frankfurter Eisenbahn gebaute Bahnhof konnte den Ansprüchen um 1860 nicht mehr genügen, obwohl Gleisanlagen, Güter- und Lokomotivschuppen vergrößert, Bahnsteige verlängert worden waren usw. (Bild 277).

Das daraufhin 1864 aufgestellte Programm für den Umbau sah die Trennung des Personenbahnhofs vom Güterbahnhof, eine genügende Gleisanzahl für ein- und ausfahrende Personenzüge sowie die Abzweigung der Gütergleise an der Bahnhofseinfahrt vor. Im Januar 1865 lag der erste Entwurf für das neue Empfangsgebäude vor, das aus Kostengründen als Ziegelrohbau und ohne verdeckenden Giebelabschluß am östlichen Ende der Bahnsteighalle ausgeführt werden sollte. Die Forderungen der Berliner Behörden, die neuen Anlagen außerhalb der Stadt zu errichten, die Gleise hochzulegen und mit Straßenunterführungen zu versehen, blieben noch unberücksichtigt. Die Länge der fünf Gleise und zwei Seitenbahnsteige überspannenden Bahnsteighalle war für Züge mit 56 Achsen, entsprechend etwa 207 m Länge, bemessen. Das Umsetzen der Lokomotiven erfolgte durch eine überdachte Schiebebühne, die sich zwischen der Halle und dem Kopfbau des alten Bahnhofs befand und nicht, wie sonst üblich, durch eine Drehscheibe. So stand die ganze Hallenlänge für die Personenzüge zur Verfügung. Die Anlage des Bahnhofs um 1869 zeigt Bild 278.

Die Bahnsteighalle (Bild 280) hatte an der Westseite einen massiven Abschluß mit sieben Torbogen, davon fünf für die zur Schiebebühne durchgehenden Gleise. Hier war der Westgiebel massiv mit sieben Rundbogenfenstern und fünf Durchfahrtsöffnungen abgeschlossen. Das alte Verwaltungsgebäude blieb als Kopfbau stehen. Beiderseits wurden die Hallenenden von schlanken, oben polygonalen Türmen flankiert. Die Empfangsgebäude lehnten sich als lange Flügelbauten an die Halle, aus welchen jeweils drei pavillonartige Baukörper mit Portalfunktionen hervortraten. Dazwischen lagen Vorhallen und Droschkenunterfahrten. Die Fassaden aller Baukörper waren durch Pilaster, Lisenen und Rundbogenfenster, in den oberen Umfassungen der Halle durch Fensterbänder aus dreifach gekoppelten romanischen Fenstern verhältnismäßig gut proportioniert gestaltet. Der Haupteingang der Abfahrtsseite erhielt besonders reichen künstlerischen Schmuck.

Eine Beschreibung des Gebäudegrundrisses, die nicht nur die wohldurchdachte Funktion erläutert, sondern auch die sozialen Verhältnisse der Gesellschaftsordnung dieser Zeit treffend beleuchtet, gibt Max Maria von Weber (Bild 279):

»Am Abfahrtperron liegen die für die Abfahrt der Reisenden dienenden Räumlichkeiten. a = Vestibül; den Eingangsthüren gegenüber die Billetausgabe b mit 5 verschiedenen Schaltern. Rechts und links neben dieser Billetloge 2 Thüren zum Perron. Mit dem Vestibül verbunden die Gepäckannahme c mit 2 Expeditionsbureaus d, um selbst bei großem Verkehre eine schnelle Abfertigung bewerkstelligen zu können. e = Zimmer für Gepäckträger und 1 Raum zur Gepäckaufbewahrung. Links am Vestibül die Wartesäle, Wartesaal g = 4. Klasse, damit das in demselben verkehrende Publikum mit den übrigen Passagieren so wenig wie möglich in Verbindung kommt (!). Ein mächtiger Korridor l führt an der Straßenfront entlang in die Wartesäle der übrigen Wagenklassen, i für die 3., m für die

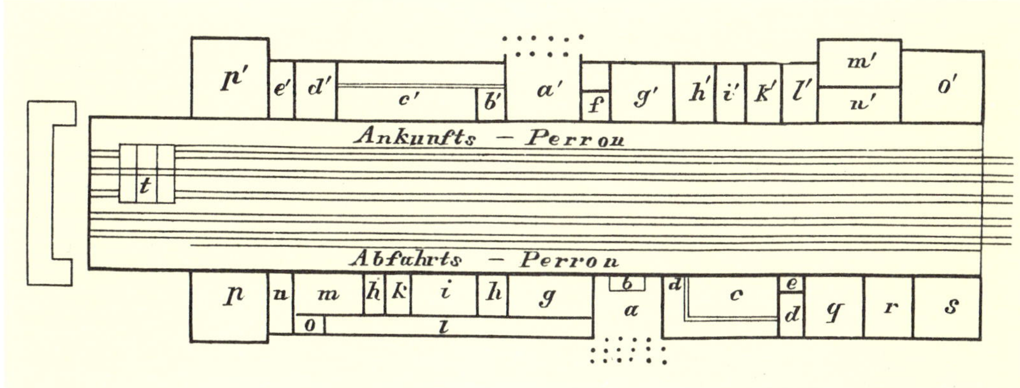

Bild 281. Schlesischer Bahnhof in Berlin. Östliche Ausfahrt der Bahnsteighallen mit Unterführung der Fruchtstraße um 1895. Vorn die alte Halle von 1869, dahinter die 1879 bis 1880 angefügte neue Bahnsteighalle der Stadtbahn

2. und n für die 1. Klasse. Für die Reisenden 1. und 2. Klasse, welche die Fahrbillets durch Bediente lösen lassen (!), befindet sich am Ende dieses Korridors l ein besonders kleines Vestibül o, aus welchem man sowohl in den Wartesaal 1., als auch in jenen 2. Klasse gelangen kann. Die Wartesäle der 3 unteren Klassen haben jeder 1 besonderes Büffet erhalten. Zwischen den Wartesälen die Retiraden k und Waschtoiletten hh. p = Pavillon mit Räumen für die Königlichen Herrschaften. q = Stations- und Telegraphenbureaus, r = Lokal für Zugführer und Schaffner, s = Expedition für abgehendes Eilgut.

Nach Ankunft der Züge gelangt das Publikum zunächst beim Verlassen des Ankunftsperrons in ein Vestibül a'. Die ohne Gepäck oder nur mit Handgepäck ankommenden Passagiere gehen direkt zur Straße; jene mit Gepäck links aus dem Vestibül an dem Steuerraume b' für Schlacht- und Mahlsteuer vorüber in die Gepäckausgabe c'. Dieser steht mit dem Perron durch 6 Thüren in Verbindung, um das Ausladen des Gepäcks aus den Wagen und das Ordnen zu beschleunigen. 4 Thüren führen aus dem Gepäckraum direkt zur Straße. d' = Expedition für ankommendes Eilgut, e' kleines Stationsbureau. Pavillon p' = Königsräume. f' = Portier und Polizei, Wartesaal g' für Personen, welche die ankommenden Passagiere erwarten wollen, verbunden mit Waschkabinett und Aborten h' (sowohl vom Wartesaal als auch vom Perron zugänglich). i' und k' für Schaffner zum Aufenthalt, die nicht in Berlin stationiert sind. m', n', o' = Postverwaltung. Die beiden Perron haben keine Verbindung. Am Äußeren Ende des Bahnhofs Kommunikation der Gleise mit Hilfe von Schiebebühne t, die sich in einem gedeckten Hofe bewegt«.

1867 und 1868 wurden die Hauptarbeiten durchgeführt, unter anderem die Entwässerungsanlagen des Güterbahnhofs, ein Lokomotivschuppen für 18 Stände, Wagenreparaturschuppen und eine neue Wasserstation gebaut. Am 1. April 1868 mußte der Personenverkehr vorübergehend nach dem am 1. Oktober 1867 fertiggestellten Ostbahnhof, dem heutigen Wriezener Bahnhof, verlegt werden, um den Bau des Schlesischen Bahnhofs weiterführen zu können.

Die Konstruktion der Halle entwarf der damalige Baumeister und spätere Geheime Oberbaurat Grüttefien nach Angaben von Schwedler. Ihre Ausführung wurde im April 1868 der Berliner Maschinenfabrik Schwartzkopff übertragen, die dafür nur $2^1/_2$ Monate benötigte. Die Kosten der aus 455 t Schmiede- und 19 t Gußeisen bestehenden Eisenkonstruktion betrugen 61 000 Taler. Am 16. August 1869 konnte das neue Bahnhofsgebäude dem Betrieb übergeben werden.

Weitere bemerkenswerte Bauvorhaben auf

Bild 282. Schlesischer Bahnhof in Berlin. Westliche Giebelansicht des Empfangsgebäudes und der Bahnsteighallen 1895. Rechts die Bauten von 1869, links die 1879 bis 1880 angebaute Halle der Stadtbahn

Bild 283. Schlesischer Bahnhof in Berlin. Schnitt durch die 1879 bis 1880 erbaute Bahnsteighalle der Stadtbahn. Drei-Gelenk-Binder mit Zugband. Rechte Hälfte mit Darstellung des Giebelabschlusses (Schürze)

dem Schlesischen Bahnhof waren die erste, 1870 errichtete Fettgasanstalt, und damit zusammenhängend, die seit 1869 laufenden Versuche mit der Gaswagenbeleuchtung nach dem Verfahren von Pintsch, das 1875 allgemein in den durchgehenden Personenzügen der preußischen Staatsbahn eingeführt wurde, ferner im Herbst 1874 die Anlage eines Mittelbahnsteiges zur Abfertigung der Personenzüge der Haupt- und Ringbahn. Doch auch die neuen Bahnhofsanlagen genügten dem steigenden Verkehrsaufkommen bald nicht mehr. Deshalb forderte die am 4. Mai 1877 einberufene »Konferenz über die Gestaltung des Entwurfs für den östlichen Endbahnhof der Stadtbahn« zwei Bahnsteige für den Stadt- und Vorortverkehr und zwei Bahnsteige für den Fernverkehr mit Gleisen zur Aufstellung von mindestens fünf Fernzügen.

Zur Einführung der hochgelegenen Stadtbahn wurde die bisher niveaugleich gelegene Bahnsteighalle daraufhin zu einer »Viadukt-Station« umgebaut. Querschnitt und Höhe der Halle ließen es ohne Schwierigkeit zu, die Gleise um 6 m höher zu legen. Die bestehende Halle blieb dem Fern- bzw. Durchgangsverkehr vorbehalten und eine zweite neuerrichtete Halle nahm zum Teil Durchgangs- und den Ortsverkehr auf (Bilder 281, 282). Im neuentstandenen Untergeschoß der Bahnhofshallen wurden Räume für die Reisenden, die Eilgutexpedition sowie Tunnel und Treppen zu den Bahnsteigen geschaffen.

Abgebrochen werden mußten die alten Kopf-

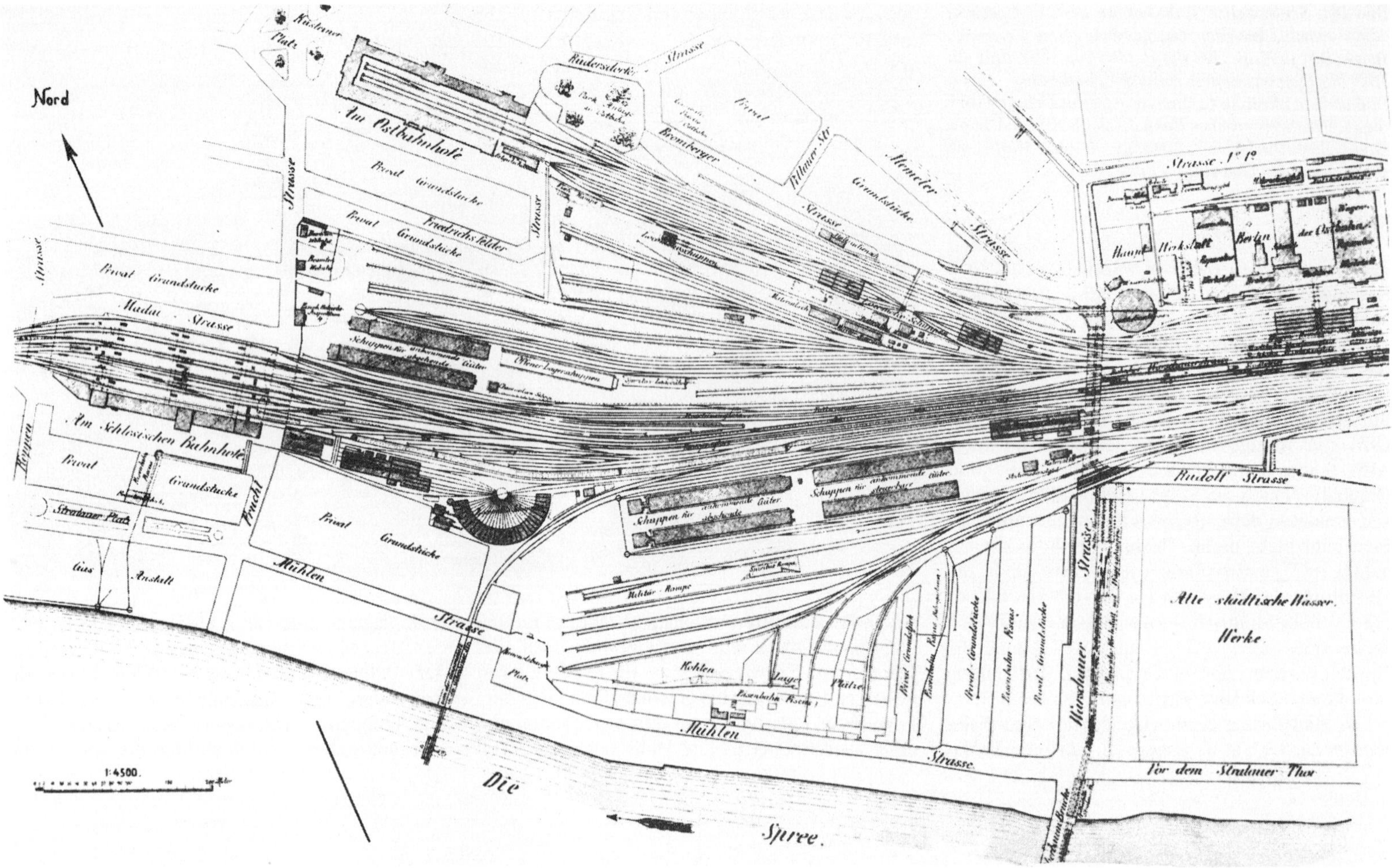
Nord
Am Ostbahnhofe
Privat Grundstücke
Mühlen Strasse
Am Schlesischen Bahnhofe
Rudolf Strasse
Alte städtische Wasser Werke
Kohlen Lager Plätze
Vor dem Stralauer Thor
1:4500.
Die Spree.

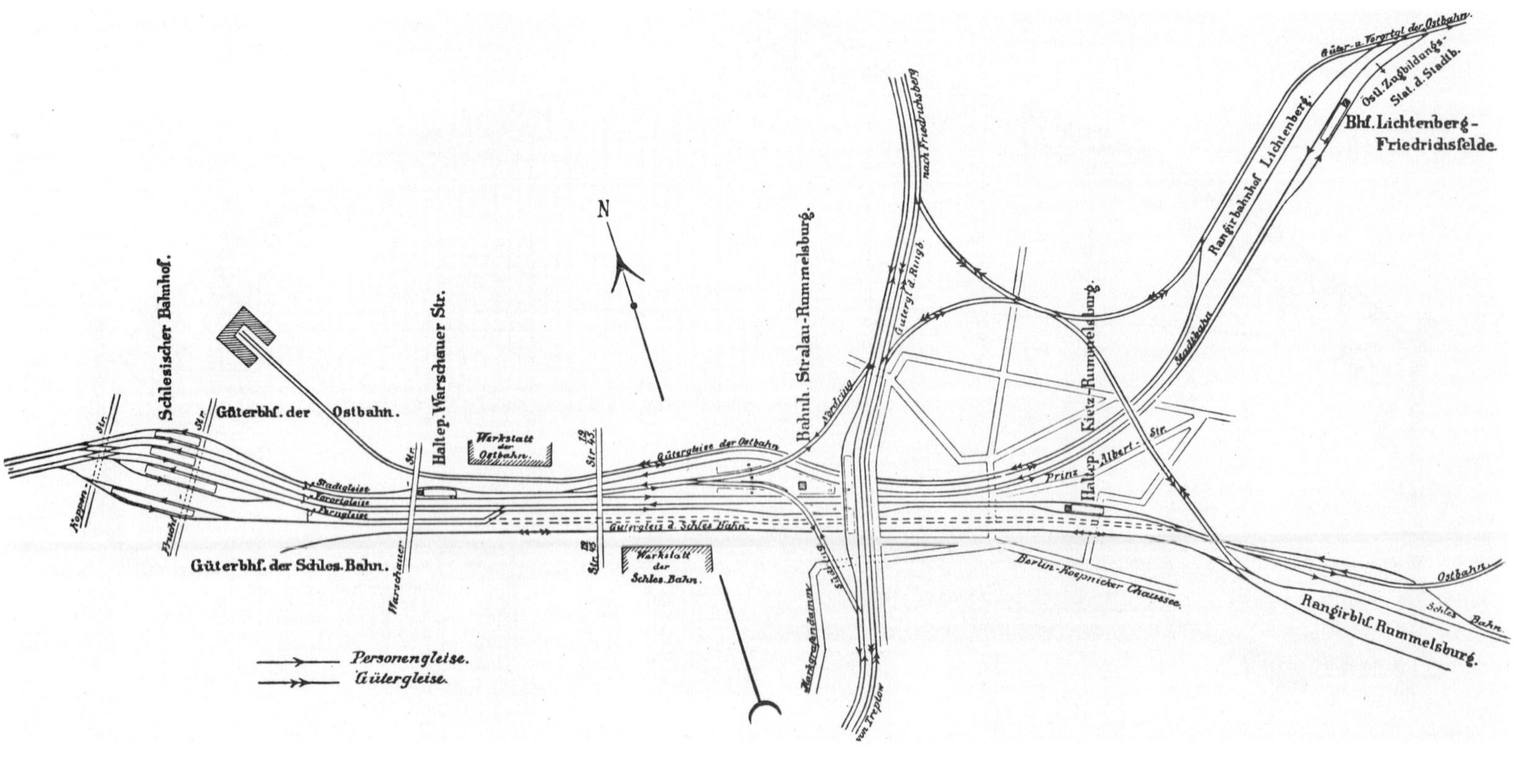
Güter- u. Vorortgl. der Ostbahn.
Östl. Zugbildungs-Stat. d. Stadtb.
Bhf. Lichtenberg-Friedrichsfelde.
nach Friedrichsberg
Rangirbahnhof Lichtenberg.
N
Bahnh. Stralau-Rummelsburg.
Schlesischer Bahnhof.
Haltep. Warschauer Str.
Güterbhf. der Ostbahn.
Werkstatt der Ostbahn.
Gütergleise der Ostbahn
Stadtgleise
Vorortgleise
Ferngleise
Gütergleis d. Schles. Bahn
Prinz Albert-Str.
Haltep. Kietz-Rummelsburg.
Stadtbahn
Koppen-Str.
Frucht-Str.
Warschauer Str.
Str. 19
Str. 43
Güterbhf. der Schles. Bahn.
Werkstatt der Schles. Bahn.
Berlin-Koepnicker Chaussee.
Ostbahn
Schles. Bahn
Rangirbhf. Rummelsburg.
Personengleise.
Gütergleise.
von Treptow

Bild 284. Schlesischer Bahnhof in Berlin. Lageplan 1896. Nordöstlich der Ostbahnhof (jetzt Wriezener Bahnhof) am Küstriner Platz
Bild 285. Übersichtsplan der Erweiterung des Schlesischen Bahnhofs in Berlin und des Ausbaues der östlichen Fernbahnstrecken nach 1896

bauten sowie die nördlichen Türme der 1869 errichteten Halle, die nun zusammen mit der neuen Bahnsteighalle mit verglasten Schürzen abgeschlossen wurde. Die bedeutenden Fortschritte des Ingenieurbaues innerhalb von nur zehn Jahren sind erkennbar in der Verwendung moderner Dreigelenkbogenbinder für die Dachkonstruktion der neuen Halle (Bild 283), während die alte noch Zweigelenkbogenbinder, sogenannte Sichelbogenträger besaß.

Ab 1. September 1879 übernahm wiederum der Ostbahnhof den Personenverkehr des Schlesischen Bahnhofs, um den Umbau der Empfangsgebäude und den Neubau der zweiten Halle, die Höherlegung der Gleise, die Aufschüttung der Gleisrampe von der Warschauer Straße aus und die Ringbahnanschlüsse reibungslos ausführen zu können.

Am gleichen Tage wurde der zur Entlastung des Schlesischen Bahnhofs angelegte neue Rangierbahnhof Rummelsburg in Betrieb genommen. So war es nach kürzester Bauzeit möglich, bereits im Juli 1880 den Verkehr wieder in den Schlesischen Bahnhof zurückzuverlegen, der seit 1882 dann auch den Stadtbahnverkehr mit aufnahm. Jetzt konnten die Fernzüge durchgeführt werden und die Reisenden schnell in das Stadtinnere sowie in die von der Stadt- und Ringbahn erschlossenen Stadtteile gelangen. Der Schlesische Bahnhof, einst als Kopfbahnhof angelegt, war nun Durchgangsbahnhof (Bild 284).

Als 1896 die Verkehrssituation wiederum kritisch wurde, erfolgte die Verlegung der östlichen Zugbildungsstation nach dem Bahnhof Lichtenberg-Friedrichsfelde und eine Vergrößerung des Schlesischen Bahnhofs in östlicher Richtung, nachdem das größte Hindernis, die ehemals mit der Stadtmauer identische Steuergrenze dem Wachstum Berlins entsprechend ebenfalls weiter nach Osten rückte (Bild 285). Die Bahnhofsgebäude erfuhren jedoch bis zum zweiten Weltkrieg, während dessen Teile des Empfangsgebäudes und das Glasdach der Halle zerstört wurden, keine wesentliche Veränderung mehr. Nach dem Krieg ist das Empfangsgebäude in schlichter Form wiedererstanden.

Seit dem Sommerfahrplan 1951 trägt der Schlesische Bahnhof die Bezeichnung Berlin Ostbahnhof.

Bahnhof Frankfurt (Oder)

Ursprünglich war Frankfurt Endbahnhof der am 23. Oktober 1842 eröffneten Berlin-Frankfurter Eisenbahn, die 1845 an die Niederschlesisch-Märkische Eisenbahn überging. Als diese am 1. September 1846 ihre vorletzte Teilstrecke Frankfurt—Bunzlau in Betrieb nahm, wurde Frankfurt Durchgangsbahnhof und entwickelte sich im Laufe der Zeit zu einem bedeutenden Eisenbahnknotenpunkt.

Das erste große Empfangsgebäude »der Station Frankfurt mit Bahnhof« (Bild 286) errichtete die Niederschlesisch-Märkische Eisenbahn etwa gleichzeitig mit den Bahnhofsbauten in Görlitz (Bilder 288, 289) und Kohlfurt nach übereinstimmenden architektonischen Gestaltungsprinzipien. In Frankfurt wurden lediglich die Türme an den Kopfseiten weggelassen. Form und Details der Fassaden der kastellhaften, renaissanceartigen Baukörper, Rundbogenfenster, Gesimse, gekuppelte kleine Rundbogenfenster im Mezzanin verraten jedoch den gemeinsamen Urheber dieser Bauten, die unter Leitung des Baudirektors der Niederschlesisch-Märkischen Eisenbahn, des königlichen Bauinspektors Henz entstanden.

Als nächstgebaute Linie nahm der Bahnhof Frankfurt die am 12. Oktober 1857 eröffnete Kreuz-Küstrin-Frankfurter Eisenbahn auf.

Bild 286. Bahnhof Frankfurt (Oder). Empfangsgebäude 1864. Zeitgenössischer Stich

Bild 287. Bahnhof Frankfurt (Oder). Empfangsgebäude 1925

Dafür wurde noch in diesem Jahr eine Leitung vom »Stationsbureau« bis zu einer in Nähe der einmündenden Küstriner Strecke erbauten »Telegraphenbude« geschaffen, »die zur Regelung des Dienstes für einlaufende und abgehende Züge etc. diente«. Die Station war mit acht »Morsesprechapparaten«, einem Läuteinduktor und bis Finkenheerd mit 15 »Glockenapparaten« ausgestattet.

Bereits 1856 bis 1857 errichtete die Niederschlesisch-Märkische Eisenbahn ihre Hauptwerkstätten in Frankfurt, nachdem die Berliner und Breslauer Anlagen den Anforderungen nicht mehr genügten. Weitere, Frankfurt berührende oder von hier ausgehende Eisenbahnstrecken entstanden 1870 nach Reppen–Bentschen–Posen, 1876 nach Lieberose–Cottbus und 1877 nach Werbig–Wriezen.

1922 bis 1924 wurde der Bahnhof, den erhöhten Anforderungen des Eisenbahnverkehrs entsprechend, umgebaut und 1924 auch das neue Empfangsgebäude (Bild 287) in Betrieb genommen. Es ist auf dem Gelände des damals abgebrochenen alten Bahnhofsgebäudes errichtet worden. Sein Bauplatz mußte vorher 4 m vertieft werden, um Unterführungen und bequeme Zugänge zu den Bahnsteigen zu ermöglichen. In diesem Zusammenhang war auch der Bahnhofsvorplatz bis zu 4 m tief abzutragen.

Das 1924 vollendete Empfangsgebäude des Bahnhofs Frankfurt (Oder) ist mit seiner neubarocken Haltung eines der letzten eklektizistischen Bahnhofsgebäude aus der Zeit nach dem ersten Weltkrieg. Nur wenige Jahre später schufen Kreis in Meißen (Bild 68) und Falk in Zwickau (Bild 155) eine neue Bahnhofsgeneration.

Bahnhof Görlitz

An die zweitgrößte niederschlesische Stadt, zugleich kulturelles und wirtschaftliches Zentrum der preußischen Oberlausitz, wurden zwei Eisenbahnen fast gleichzeitig herangeführt. 1843 begann die Königlich Niederschlesisch-Märkische Eisenbahn den Bau ihrer Strecke Berlin–Breslau sowie eine Zweigbahn von Kohlfurt nach Görlitz. Diese Strecke wurde als letzter Abschnitt am 15. Oktober 1846 eröffnet und damit Görlitz mit Berlin verbunden. Der kürzeste Schienenweg von Berlin nach Wien über Görlitz–Zittau–Reichenberg war bereits geplant. Zwischen Görlitz und Dresden kam die Verbindung mit Eröffnung der Sächsisch-Schlesischen Eisenbahn am 1. September 1847 zustande. Der Görlitzer Bahnhof war erst kurz zuvor fertiggestellt, so daß er bereits am 7. August 1847 von einer sächsischen Lokomotive befahren werden konnte. Seit 1. September 1847 wurde die »Station Görlitz« von beiden Gesellschaften gemeinschaftlich betrieben.

Den Bahnhof erbaute die Niederschlesisch-Märkische Eisenbahn 1845 bis 1847 auf dem früheren Jannack'schen Stadtgarten, wo Kurfürst Johann Georg I. während der Belagerung der Stadt Görlitz 1641 sein Hauptquartier hatte. Das Grundstück gehörte dem Baumeister Kießler, Erbauer des Neiße-Viadukts. Für die von Norden in großem Bogen auf dem rechten Neißeufer an den Südostrand der Stadt geführte

Bild 288. Bahnhof Görlitz mit Empfangsgebäude von Osten. Zeitgenössische Lithographie um 1850

Bahn mußte ja zunächst ein großer 475 m langer Viadukt mit 32 Steinbögen über die Neiße gebaut werden, der als hervorragendes technisches Denkmal der Eisenbahngeschichte noch heute unsere Bewunderung verdient. Für die aus Granitblöcken gefügte Brücke ist ein Lausitzer Berg zur Hälfte abgebrochen worden.

Für die Lage des Bahnhofs war sowohl der Anschluß an die Sächsisch-Schlesische Eisenbahn als auch die Weiterführung der Strecke Berlin–Görlitz über Zittau–Reichenberg zum Anschluß nach Wien maßgebend. Im November 1846 übergab der Oberingenieur Weishaupt den Bahnhofslageplan der Stadt, die daraufhin die Bahnhofstraße als Zufahrt und zur Aufstellung von Droschken anlegen ließ. Damals lag der Bahnhof noch zwischen Feldern.

Bild 289. Bahnhof Görlitz. Empfangsgebäude von Osten um 1860
Bild 290. Bahnhof Görlitz. Altes Empfangsgebäude mit Erweiterungsbau (im Hintergrund) von Südosten 1910

Das Empfangsgebäude wurde in Insellage gebaut, so daß ursprünglich auf der Südwestseite die Niederschlesisch-Märkische, auf der Nordseite die Sächsisch-Schlesische Eisenbahn verkehrte. Am Haupteingang an der verlängerten Jakobstraße grüßten ostwärts zwei schlanke oktogonale, zinnenbekrönte Türme die aus Berlin und Kohlfurt kommenden Züge (Bild 288). Vor der Eingangshalle gab eine Veranda mit gußeisernem gotischen Maßwerk Wetterschutz (Bild 289). Von dieser führte ein Durchgang an »Billetausgabe«, Gepäckexpedition, Polizei und Portier vorbei zur mittigen Querhalle mit Zugängen zu den Wartesälen und den beiderseitigen »Perrons« der preußischen und sächsischen Bahn. Fast das gleiche kastellartige, renaissancehaft-romantische Empfangsgebäude ließ die Niederschlesisch-Märkische Eisenbahn in Kohlfurt errichten.

Wachsender Verkehr und entsprechend erweiterte Gleisanlagen blockierten das Insel-Empfangsgebäude allmählich immer mehr, so daß von der Bahnhofstraße her ein neuer Zugang durch ein Vorempfangsgebäude mit Empfangshalle und Personentunnel geschaffen werden mußte (Bild 291). Die tieferliegende Bahnhofstraße erleichterte die Anlage des Tunnels, der in einem neuen Inselgebäude mündete, das westlich in Verlängerung des alten angebaut wurde (Bild 290).

Mit dem Neubau des Görlitzer Hauptbahnhofs verschwanden hier alle alten Bahnhofsbauten. Das neue während des ersten Weltkrieges vollendete Empfangsgebäude (Bild 292) gehört architektonisch jener zur neuen Sachlichkeit führenden Übergangsperiode an, die noch Tradition und Zweckform zu vereinen suchte. Zusammen mit dem modernen Bahnsteighallenkomplex erhielt der Hauptbahnhof eine neuzeitliche, geräumige, mit allen erforderlichen Einrichtungen ausgestattete Verkehrsanlage, die noch in der Gegenwart allen Anforderungen gerecht wird.

Bild 291. Bahnhof Görlitz. Vorempfangsgebäude an der Bahnhofsstraße um 1910

Bild 292. Bahnhof Görlitz. Neues Empfangsgebäude 1916

Die Berlin-Hamburger Eisenbahn

Für eine Verbindung der größten deutschen Städte Berlin und Hamburg setzten sich bereits in den ersten Jahren des deutschen Eisenbahnbaues Vertreter der Hamburger Kaufmannschaft ein, die zugleich an einem Anschluß der handelswichtigen Elbhafenstadt Magdeburg interessiert waren. Doch erst am 8. November 1841 konnte ein Staatsvertrag zwischen Preußen, Hamburg, Lübeck, Mecklenburg und Dänemark, das bis 1864 Lauenburg besaß, über den Bau der Berlin-Hamburger Eisenbahn abgeschlossen werden. Bevor diesem Akt im Juli 1843 die Gründung der Berlin-Hamburger Eisenbahn-Gesellschaft folgte, wurde schon am 17. Mai 1842 die Hamburg-Bergedorfer Eisenbahn eröffnet, deren Trasse im Vertrag von 1841 aber bereits Berücksichtigung fand.

Als im Frühjahr 1844 generell der Bau begann, war noch zwischen mehreren Varianten der Linienführung zu entscheiden. Bevorzugt wurde die Strecke über Nauen–Friesack–Neustadt (Dosse)–Wittenberge, die eine günstige Verbindung Hamburgs mit Magdeburg über Wittenberge ermöglichte. Vorschläge, die Strecke über Havelberg oder Fehrbellin–Wusterhausen–Perleberg zu führen, fanden keine Zustimmung. Das schwierige Terrain des rechten Elbufers

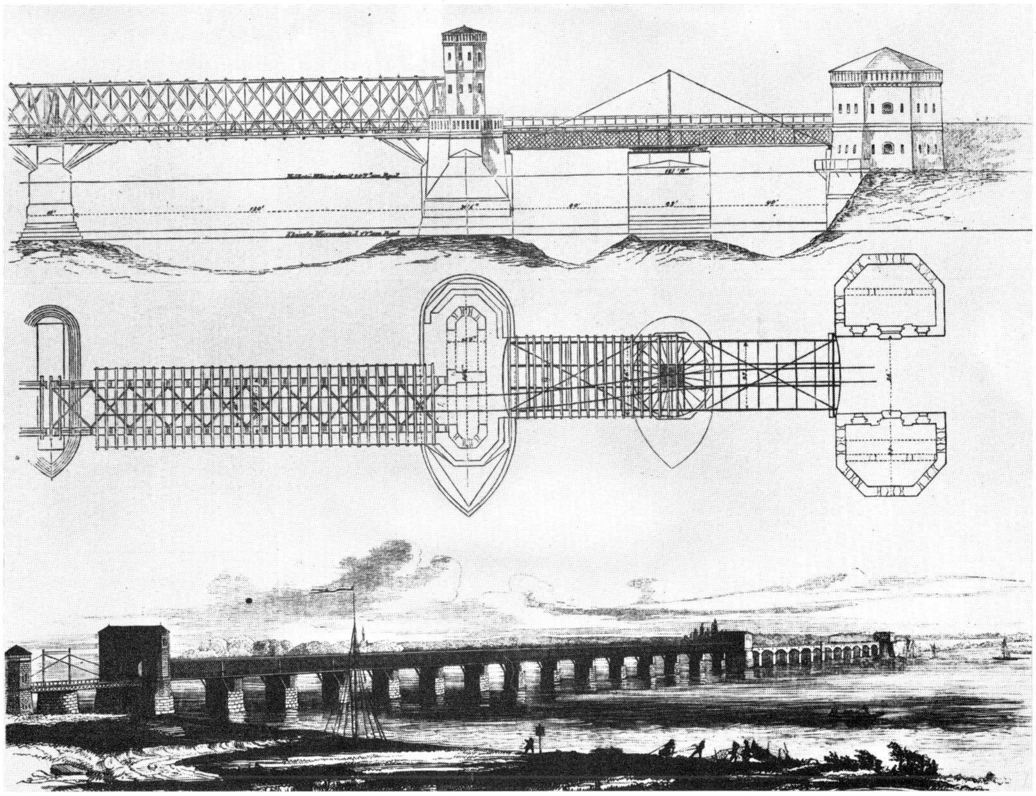

Bild 293. Elbbrücke bei Wittenberge. Seitenansicht, Grundriß und Schaubild. Die Pfeiler waren für zweigleisigen Ausbau beziehungsweise für Auswechslung der Brückenfelder ohne Betriebsunterbrechung vorgesehen. Zeitgenössischer Stich

zwischen Boizenburg und Bergedorf wurde umgangen und dafür die Trasse durch den Sachsenwald gewählt, so daß sie nur ausnahmsweise Neigungen über 1 : 1 000 und Krümmungen nicht unter 1 250 m aufwies. Die Strecke Berlin–Hamburg war daher eine der schnellsten deutschen Schienenverbindungen, auf der 90 Jahre nach ihrer Eröffnung, am 17. Februar 1936 der bekannte Dieselschnelltriebzug »Fliegender Hamburger« 205 km/h und am 11. Mai 1936 die Dampflok 05 002 mit einem 197-t-Versuchszug auf der Fahrt von Hamburg Hbf nach Berlin-Spandau Hbf 200,4 km/h erreichten. Der seit 15. Mai 1933 als FD 1 und FD 2 verkehrende »Fliegende Hamburger« legte die 287 km lange Strecke Hamburg–Berlin Lehrter Bahnhof fahrplanmäßig in 2 Stunden 18 Minuten, d. h. mit einer Reisegeschwindigkeit von durchschnittlich 124,8 km//h zurück.

Nach zweieinhalbjähriger Bauzeit konnte der Betrieb zwischen Berlin und Boizenburg am 15. Oktober, am 15. Dezember 1846 auf der 287 km langen Gesamtstrecke Berlin–Hamburg nach Fertigstellung des Abschnitts Boizenburg–Bergedorf eröffnet werden. Damit war Berlin auch mit Glückstadt, Kiel und Rendsburg, seit 1847 mit Schwerin, 1848 mit Wismar, 1850 mit Rostock und 1851 mit Lübeck auf dem Schienenwege verbunden. Die von der Magdeburg-Halberstädter Eisenbahn-Gesellschaft gebaute Strecke Wittenberge–Magdeburg wurde am 15. August 1849 eröffnet. Die durchgehende Verbindung Hamburg–Magdeburg kam aber erst mit Inbetriebnahme der Elbbrücke bei Wittenberge am 25. Oktober zustande; diese großartige, nach Plänen des Regierungsbaurats von Unruh erbaute, 1 590 m lange Brücke bestand ursprünglich aus einer auf 35 Pfeilern ruhenden ingenieurmäßigen Holzgitterträgerkonstruktion und hatte am rechten Ufer eine eiserne Drehbrücke. Ihre Pfeiler waren für zweigleisigen Ausbau vorgesehen. Sie kostete damals 1,6 Millionen Taler (Bild 293).

Bis 1866 wurde die Strecke Berlin–Hamburg zweigleisig ausgebaut. Im Laufe der Zeit erweiterte die Berlin-Hamburger Eisenbahn-Gesellschaft ihr Streckennetz u. a. noch um folgende Linien:

Büchen–Lauenburg eröffnet am 1. Juli 1853,
Wittenberge–Hitzacker eröffnet am 15. Dezember 1873,
Hitzacker–Buchholz eröffnet am 31. Dezember 1874,
Spandau–Ruhleben–Charlottenburg eröffnet am 1. Juni 1882.

1884 wurde die Gesellschaft verstaatlicht.

Der Hamburger Bahnhof in Berlin

Der Standort für die Anlage des Bahnhofs der Berlin-Hamburger Eisenbahn wurde nach einem Vorschlag von Lenné auf den Wiesen des Invalidenhauses, auf Grundstücken der ehemaligen königlichen Böttcherei und der damaligen Charité östlich der Heidestraße mit dem Kopfende an der Invalidenstraße gewählt. Dabei galt besondere Rücksicht dem Invalidenhaus, das durch Bahnhofsbauten nicht beeinträchtigt werden durfte. Die Bahnhofsanlage erforderte umfangreiche bauliche und wasserbauliche Maßnahmen, Uferbefestigungen, Kanal- und Brückenbauten; Gebäude mußten wegen des sumpfigen Untergrundes auf Schwellenrosten, zum Teil auf »Senkbrunnen« gegründet werden.

Das 1845 bis 1847 nach Plänen des Baudirektors Friedrich Neuhaus und des Baumeisters Holtz unter Leitung des Baumeisters Arnold errichtete spätklassizistische Empfangsgebäude gehörte mit seinen wohlabgewogenen Proportionen und seiner schlichten architektonischen Komposition zu den schönsten Bahnhofsbauten Berlins (Bild 294). Im Gegensatz zum Bayrischen Bahnhof in Leipzig war der Kopfbau ein geschlossener, massiver Baukörper. Obwohl der Mittelteil nur um Gesimshöhe geringfügig erhöht war und aus der Gebäudeflucht nicht hervortrat, verliehen ihm die beiden vorgezogenen Türme zusammen mit den gut aufeinander abgestimmten Bogenstellungen der Durchfahrt und der darüberliegenden offenen Galerie so eindrucksvoll die beherrschende Stellung. Dieser Typ des Empfangsgebäudes ist in der folgenden Zeit bei Kopfbahnhöfen häufig gebaut worden, zum Beispiel auch beim Thüringer Bahnhof in Leipzig 1856 bis 1857 (Bild 402).

Das Empfangsgebäude umschloß mit zwei fast symmetrischen Flügeln eine dreischiffige eiserne Bahnsteighalle. Vier Hallengleise führten ursprünglich bis auf den südlichen Vorplatz zu einer »großen Lokomotivdrehscheibe«, die später beseitigt und durch eine Schiebebühne im südlichen Hallenende ersetzt wurde. Damit konnten die Durchfahrtsportale gegen Zugluft verglast werden. Für abfahrende und ankommende Züge gab es zwei Seitenbahnsteige, deren Höhe etwa den Waggonfußböden entsprach.

Der Güterverkehr berührte den Personenbahnhof nicht. Ein Güterschuppen, aus zwei parallelen Flügeln bestehend, diente jeweils für ankommende und abgehende Fracht. Er lag westlich vom Empfangsgebäude an der Heidestraße. Zwischen beiden Schuppenteilen waren je drei Gleise eingeführt und zusammen mit den Ladebühnen vollkommen überdacht. Nördlich vom Güterbahnhof befand sich die Reparaturwerkstatt. 1876 bis 1879 wurden der Güterbahnhof erweitert, eine Wasserstation und an der Invalidenstraße ein neues Verwaltungsgebäude

Bild 294. Empfangsgebäude des Hamburger Bahnhofs in Berlin. Ansicht von der Invalidenstraße aus
Bild 295. Empfangsgebäude des Hamburger Bahnhofs in Berlin nach seiner Umgestaltung als Verkehrs- und Baumuseum, 1906

Bild 296. Bahnhof Glöwen. Empfangsgebäude 1977
Bild 297. Bahnhof Glöwen. Güterschuppen 1977

errichtet, 1883 der Vorplatz vor dem Empfangsgebäude umgestaltet und die Droschkenhalteplätze vergrößert.

An Friedrich Neuhaus, den verdienstvollen, 1876 verstorbenen Baudirektor der Berlin-Hamburger Eisenbahn erinnerte seit 1883 ein Denkmal. Bereits am 15. Oktober 1884 wurde der Hamburger Bahnhof infolge der Verstaatlichung geschlossen und der Verkehr auf den neu erbauten Lehrter Bahnhof verlegt.

Seit 1906 diente der entsprechend umgebaute Bahnhof als Verkehrs- und Baumuseum des Eisenbahn-, Wasserbau- und Hochbauwesens (Bild 295). Zu diesem Zweck ist unter anderem der ursprünglich von der Bahnsteighalle bedeckte Hof zwischen den Seitenflügeln mit einer neuen Stahlhalle überdacht worden. Die Haupteingänge des Empfangsgebäudes wurden aus den Seitenflügeln in die früheren Lokomotivdurchfahrten verlegt und seine Erdgeschoßzonen völlig zu Ausstellungsräumen umgebaut. Von den Zerstörungen des zweiten Weltkrieges blieb auch dieses große Museum nicht verschont. Als ehrwürdiger Zeuge aus der Frühzeit der Eisenbahn in Berlin blieb von ihm im wesentlichen nur der Portikus mit den beiden Türmen erhalten.

Bahnhof Glöwen

Der Bahnhof Glöwen wurde am 15. Oktober 1846 mit Inbetriebnahme der Strecke Berlin–Boizenburg eröffnet. Sein schlichtes klassizistisches Empfangsgebäude (Bild 296) besitzt gleiche Gestaltungselemente, Fenster- und Türausführung, netzartig mit flachem Quaderputz überzogene Fassaden wie der zur selben Zeit in Wittenberge entstandene Bahnhofsbau. Die Gesimse des Glöwener Gebäudes sind überdies mit dem Hauptornament des Klassizismus, klassischen Mäandern flächig geziert, in das obere Simsband über den Fensterachsen quasi als i-Tüpfelchen Lüftungsrosetten des Kaltdachraumes geschmackvoll eingefügt. Man muß anerkennen, wie aus dem einfachen, anspruchslosen Baukörper ohne erheblichen Aufwand, nur durch ausgewogene, gut proportionierte und gestaltete Fassaden ein sachlicher, aber doch schöner Zweckbau geschaffen wurde, der in diesem kleinen Ort der Mark Brandenburg Verblüffung hervorruft, in der sonst Backstein- oder Ziegelfachwerkbauweise heimisch waren. Diesen Kontrast veranschaulicht ein alter, ebenfalls

aus den Anfängen des Bahnhofs Glöwen stammender typischer Güterschuppen mit weitauskragendem Dach über der Ladebühne (Bild 297). Güterschuppen wurden gewöhnlich überall in einfachster Bauweise errichtet.

Bahnhof Wittenberge

Der Bahnhof Wittenberge besitzt eines der besterhaltenen klassizistischen Empfangsgebäude der Deutschen Demokratischen Republik. Es ist wohl dem Einfluß des Baudirektors Friedrich Neuhaus der am 15. Oktober 1846 bis Boizenburg eröffneten Berlin-Hamburger Eisenbahn zu verdanken, daß an dieser Strecke so viele klassisch gestaltete Bauten, an ihrer Spitze der von ihm 1845 bis 1847 geschaffene Hamburger Bahnhof in Berlin, entstanden.

Ursprünglich bestand das Empfangsgebäude des als Keilbahnhof angelegten Bahnhofs Wittenberge aus dem noch vorhandenen dreiteiligen Bau mit verhältnismäßig langen Seitenflügeln,

Nord-See
Elbe
HOLSTEIN
Neumünster
Kellinghusen
Itzehoe
Glückstadt
Elmshorn
Cuxhaven
Ritzebüttel
Neuwerk
Friedrichskoog
St. Michaelisdonn
Marne
Brunsbüttel
Meldorf
Stade
Buxtehude
ALTONA
HAMBURG
Wandsbek
Bergedf.
Bad Oldesloe
Lehe
Bremerhaven
Geestemde
Weser
BREMEN
Delmenhorst
Verden
Soltau
Winsen
Lüneburger Heide
HANNOVER
Östl. Länge 9 v. Greenwich.

Staatsbahnen
4 Mecklenburg. Friedrich-Franz-Eisenbahn
6 Oldenburgische Staatsbahnen
7 Preußische Staatsbahnen
Direktions-Bezirke:
a Altona, q Magdeburg, n Hannover, r Münster

Privatbahnen
11 A.-G. f. Bahnbau u. Betrieb
a Bremisch-Hannoversche Klb.
17 Altona-Kaltenkirchener Eisenb.
18 Altrahlstedt-Volksdorf-Wohldorf (Kleinbahn)
30 Bergedorf-Geesthachter E.
35 A Bleckeder Kreisbahn
41 A Bremervörde-Osterholz
45 Budjadinger Kleinb.
48 Celle-Soltau u. -Munster Klb.
59 A Delmenhorst-Harpstedt Klb.
68 Elmshorn-Barmstedt-Oldesloher E.
72 Eutin-Lübecker Eisenbahn
78 B Geestemünder Kreis-Klb.
105 Hoyaer Eisenbahn
106 Hoya-Syke-Asendorfer Kleinb.
112 Kehdinger Kreis-Kleinbahn
125 Lägerdorf-Itzehoer Güter-Klb.
128 Lenz'sche Kleinbahnen
b Boizenburger Stadt- und Hafenbahn
e Kiel-Segeberg Klb.
g Ratzeburger Kleinb.
134 Lübeck-Büchener Eisenbahn
134 A Lüchnow-Schmarsau Klb.
134 B Lüneburg-Soltau (Klb.)
151 A Brahlstorf-Neuhaus Klb.
172 Prignitzer Eisenbahn-Ges.
c Westprignitzer Kreis-Klb.
177 Rendsburg-Hohenwestedter Kleinbahn
188 Salzwedeler Kleinbahn
202 Stendal-Arendsee Kleinb.
209 Südstörmannsche Kreisb.
215 Uetersen-Tornescher E.
215 A Verden-Walsrode Klb.
230 Winsen-Egestorfer Klb.
232 Wittenberge-Perleberger E.

Koch, W. und C. Opitz:
Eisenbahn- und Verkehrsatlas von Europa. Leipzig 1912. Blatt Nr. 7

deren flache Dreieckgiebel den Gleisen zugewandt sind (Bild 298).

Später wurden auf der Nordseite größere Anbauten gleichen Stiles hinzugefügt (Bild 299), die aber den Gesamteindruck des architektonisch wohlproportionierten, durch umlaufende Gesimse, vor allem durch das stark profilierte Trauf-Konsolgesims zusammengehaltenen alten Empfangsgebäudes kaum zu stören vermögen.

Im Bereich des Bahnbetriebswerkes stehen noch zwei alte Wassertürme aus der Anfangszeit des Bahnhofes. Zu den letzten erhaltenen Betriebsgebäuden dieser Art gehört der oktogonale, im ausgekragten Behälterteil in Eisenfachwerk errichtete gotisierende Turmbau (Bild 300), der als technisches Denkmal erhalten werden sollte.

Bild 298. Bahnhof der Magdeburg-Wittenberger Eisenbahn in Wittenberge um 1851. Zeitgenössischer Stich
Bild 299. Bahnhof Wittenberge. Westseite des Empfangsgebäudes 1977

Bild 300. Bahnhof Wittenberge. Alte Wasserstation 1977

Bahnhof Karstädt

Erst sieben Jahre nach Inbetriebnahme der Berlin-Hamburger Eisenbahn wurde an dieser Strecke 1853 der Bahnhof Karstädt eröffnet. Sein entsprechend später gebautes Empfangsgebäude (Bild 301) unterscheidet sich architektonisch nicht wesentlich von den anfangs auf den Bahnhöfen Glöwen, Ludwigslust oder Wittenberge errichteten klassizistischen Bauten. Auch bei dem verhältnismäßig kleineren Karstädter Empfangsgebäude bemühte man sich, wenn auch mit bescheideneren Mitteln, zweifellos um eine ansprechende Fassadengestaltung.

Der aufmerksame Betrachter entdeckt auf dem Hausbahnsteig in Karstädt noch einen kleinen »Zweckbau«, der besonders reizvoll in romantischen Formen aus Backsteinen gemauert wurde (Bild 302). Bis zur Einführung der Wasserklosetts waren Freiaborte die zweckmäßigste Ausführung von Bahnhofstoiletten.

Karstädt war Berührungsbahnhof mit der Kleinbahn Perleberg–Klein Berge (–Putlitz)–Perleberg der Westprignitzer Kreisbahnen. Der Reiseverkehr wurde auf dieser normalspurigen Bahn am 27. September 1975 eingestellt.

Bahnhof Ludwigslust

Ludwigslust, die Sommerresidenz des Großherzogs von Mecklenburg-Schwerin, war schon mit Eröffnung der Linie Berlin–Hamburg am 15. Oktober 1846 (bis Boizenburg) Bahnstation. Umso verwunderlicher ist es, daß die Verbindung mit Schwerin, von Holthusen über Ludwigslust nach Dömitz, erst nach 1888 zustande kam. So, wie der preußische König anfangs nach Potsdam noch die Kutsche bevorzugte, fuhr wohl auch der Großherzog lieber mit Pferden hierher.

Das klassizistische Bahnhofsgebäude Ludwigslusts (Bild 303) läßt wie in Glöwen oder Wittenberge den Einfluß des Baudirektors Neuhaus auf die architektonische Gestaltung der Hochbauten an der Berlin-Hamburger Eisenbahn erkennen. Gleich Glöwen erhielt der Bahnhof Ludwigslust ein Empfangsgebäude von bestechender Schlichtheit. Vier Eckrisalite, dazwischen an der Bahnseite höhere Obergeschoßfenster und Pilaster sind die einzigen bescheiden hervortretenden Gestaltungsmittel des wohlproportionierten Baues. Spätere seitliche Anbauten im Stil des Altbaues beeinträchtigten diesen nicht, wohl aber die vergrößerten Fenster des Mezzanin-Geschosses unter Dach, besonders die »breitgedrückten« Öffnungen in den Risaliten.

Karstädt

Frauen

Bild 301. Bahnhof Karstädt. Empfangsgebäude von Westen 1977
Bild 302. Bahnhof Karstädt. Freiabort am Hausbahnsteig 1977
Bild 303. Bahnhof Ludwigslust. Empfangsgebäude mit Bahnsteigen 1901
Bild 304. Bahnhof Hagenow Land um 1860, Nordwestansicht. Zeitgenössische Lithographie von Schuricht
Bild 305. Bahnhof Hagenow Land. Empfangsgebäude von Norden um 1900
Bild 306. Bahnhof Hagenow Land von Westen 1977

Bahnhof Hagenow Land

Früher als Ludwigslust entwickelte sich der am 15. Oktober 1846 mit der Strecke Berlin–Boizenburg (–Hamburg) eröffnete Bahnhof Hagenow Land zum wichtigen Eisenbahnknotenpunkt Südwest-Mecklenburgs. Bereits am 1. Mai 1847 wurde die Bahn Hagenow–Schwerin–Wismar teilweise in Betrieb genommen und bis Wismar am 12. Juli 1848 fertiggestellt. 15 Jahre später kam dazu noch die Linie Schwerin–Hagenow Land–Zarrentin–Ratzeburg (–Lübeck), die vom 26. Mai 1862 bis 25. Mai 1968 in Betrieb war.

Auch das in Insellage errichtete Empfangsgebäude des Bahnhofs Hagenow Land (Bild 304) war wie die meisten Bauten an der Berlin-Hamburger Eisenbahn in spätklassizistischen Formen gestaltet, die aber im Unterschied zu diesen vorzugsweise der italienischen Renaissance entlehnt wurden und für einige der ältesten Mecklenburgischen Bahnhofsgebäude typisch sind. Seine nur wenig plastisch mit Quaderputz überzogenen und durch Gesimsbänder geteilten Fassaden werden von kräftigen Konsolgesimsen bekrönt (Bild 305), deren palmettenartige Stirnziegel nicht mehr vorhanden sind. Die rundbogigen Fenster hatten ursprünglich mittelalterliche Teilung mit Pfosten, Rundbogenflügeln und einfachem Maßwerk im Bogenfeld. Diese handwerklich schwer ausführbaren Fenster wurden bei einer Generalreparatur des hervorragend instandgehaltenen Gebäudes nicht wieder verwendet, das damit wohl etwas von seinem palazzoartigen Charakter einbüßte, aber mit seinen strahlend weißen Fassaden trotzdem klassisch schön erhalten blieb (Bild 306).

Die Preußische Ostbahn

Die »Königliche Ostbahn« war die erste Staatsbahn Preußens, die von vorherein ausschließlich mit Staatsmitteln gebaut wurde, denn diese Bahn hatte für den preußischen Staat nicht nur große wirtschaftliche, sondern mehr noch strategische Bedeutung. Am 27. Juli 1851 konnte die Schienenverbindung Berlins mit Bromberg über Stettin–Stargard–Kreuz–Schneidemühl und am 6. August 1852 bereits bis Dirschau und Danzig dem öffentlichen Verkehr übergeben werden.

Die Weiterführung der Strecke nach Königsberg erforderte den Bau großer Brücken über die Weichsel bei Dirschau und die Nogat bei Marienburg. Genialer Schöpfer dieser mächtigen Brükken war Oberbaurat Lentze, der auch die Rheinbrücke bei Köln entwarf. Die nicht nur damals bewunderten großartigen Brückenbauten besaßen ursprünglich weittragende Gitterwerke aus engmaschig angeordneten Stahlstäben. Beide wurden 1857 fertiggestellt. Die Weichselbrücke hatte sechs Öffnungen von je 121 m, die Nogatbrücke sechs Öffnungen von je 97 m Spannweite.

Aus militärischen und ökonomischen Erwägungen erfolgte inzwischen der Weiterbau von Kreuz nach Küstrin und Frankfurt (Oder). Damit war der Umweg über Stettin vermieden und die Ostbahnstrecke um 62 km kürzer. Am 12. Oktober 1857 konnte so schließlich die erste durchgehende Verbindung Berlin–Königsberg (Bild 307) eröffnet werden. Am 15. August 1860 wurde der Anschluß an die Russische Eisenbahn nach St. Petersburg durch den Ausbau der Strecke Stallupönen–Eydtkuhnen–Landesgrenze hergestellt. Der Umweg über Frankfurt entfiel endlich durch den Bau einer direkten Strecke von Berlin nach Küstrin, die am 1. Oktober 1866 auf dem Abschnitt Gusow–Küstrin und am 1. Oktober 1867 auf der gesamten Strecke Berlin–Küstrin eröffnet werden konnte. Als eine der schnellsten deutschen Eisenbahnstrecken erlangte diese Hauptlinie der Ostbahn später Berühmtheit; auf der »Rennstrecke« zwischen Küstrin und Schneidemühl fuhren die Schnellzüge bis zu 140 km/h.

Sitz der »Königlichen Direktion der Ostbahn« war Bromberg. Das Gebiet der Ostbahn umfaßte insbesondere die ehemaligen Eisenbahndirektio-

Bild 307. Das Bahnhofsgebäude der Preußischen Ostbahn zu Königsberg (heute: Kaliningrad)

nen Bromberg, Danzig und Königsberg. Im Laufe der Zeit entwickelte sich ihr Streckennetz beachtlich. 1911 betrug die Gesamtlänge der von der Ostbahn eröffneten oder übernommenen Strecken 6376,5 km.

Der Ostbahnhof in Berlin

Der Berliner Bahnhof der Ostbahn, ein Kopfbahnhof ebenso wie damals der Schlesische Bahnhof der Niederschlesisch-Märkischen Eisenbahn, lag fast parallel zu diesem am Küstriner Platz. Dort wurde 1866 bis 1867 das Empfangsgebäude des »neuen Küstriner Bahnhofs«, wie der Ostbahnhof auch hieß, errichtet. Das dreigeschossige Kopfgebäude richtete seine Hauptfront mit einem höhenmäßig hervortretenden Mittelrisalit, das die Portalfunktion besonders betonte, nach dem Platz (Bild 308). Dahinter, von diesem verdeckt, schloß sich eine 188 m lange, 37,7 m breite und 18,7 m hohe Bahnsteighalle mit fünf Gleisen und zwei je 7,5 m breiten Seitenbahnsteigen an. Die schmiedeeisernen Hallenbinder waren nach Schwedlers Angaben als Dreigelenkgitterbogenträger – mit zwei Kämpfergelenken und einem Scheitelgelenk – konstruiert, »um Spannungen aus der Wärmedehnung zu vermeiden«. »Zur Vermeidung von Unfällen wurden niedrige Perrons gewählt«. Die Glasoberlichter der Halle lagen nicht im Firstbereich, sondern in den seitlichen Dachflächen, um die Bahnsteige und die an diesen liegenden Räume möglichst gut zu beleuchten (Bild 309). Die Seitenflügel, südlich der Abfahrts-, nördlich der Ankunftsbau, waren eingeschossig. Jeweils in ihrer Mitte ragten höhere Eingangs- beziehungsweise Ausgangshallen sichtbar heraus. Zwischen diesen und den Kopfbauten befanden sich »als eine Neuerung« vier 75 m lange Säulenvorhallen aus Gußeisenstützen und Stahlbindern zum Unterfahren der Droschken, »die sehr gelobt wurden«. An der Eingangshalle der Abfahrtsseite befanden sich die Fahrkartenschalter, anschließend links Wartesäle und Aborte, rechts eine Gepäckannahmestelle, Betriebs- und Stationsdiensträume, auf der Ankunftsseite links der Ausgangshalle Gepäckausgabe, Räume zur Prüfung steuerpflichtiger Güter und für Eilgut, rechts ein Wartesaal, Betriebs- und Postverwaltung. Im Kopfbau waren die Königszimmer untergebracht.

Bild 308. Der Ostbahnhof in Berlin. Empfangsgebäude mit Kopfbau am Küstriner Platz, im zweiten Weltkrieg zerstört. Zeichnung von Geißler 1868

Das in romanisierender Neurenaissance vom Architekt Geiseler entworfene Backsteingebäude zeichnete sich nach zeitgenössischen Beschreibungen »durch einen bis dahin an solchen Bauwerken nicht üblichen Reichthum in der architektonischen Ausstattung aus«. Es enthielt 5 große Säle sowie 145 Zimmer (ohne Keller- und Bodenräume). Die »reich geschmückten Wartesäle und Königszimmer« gestaltete der Architekt Fingerling. Der Baukostenaufwand betrug 554000 Taler oder 1662000,– Mark, oder umgerechnet je Quadratmeter bebauter Fläche 220,50 Mark.

Eröffnet wurde das Bahnhofsgebäude am 1. Oktober 1867.

Als weitere Betriebsgebäude erhielt der Ostbahnhof 1868 einen Wagenschuppen östlich der Warschauer Straße. 1870 wurden die Werkstattanlagen in Betrieb genommen und 1871 ein polygonaler Lokomotivschuppen für 16 Maschinen vollendet.

Das Empfangsgebäude des Ostbahnhofs diente nur 15 Jahre dem Personenverkehr, der

seit Eröffnung des Fernverkehrs auf der Stadtbahn im Sommer 1882 über den Schlesischen Bahnhof abgewickelt wurde. Seitdem ist es bis zu seiner Zerstörung im zweiten Weltkrieg für andere Zwecke genutzt worden. Heute erinnern an den Berliner Bahnhof der Ostbahn, allerdings in wesentlich reduzierter Ausdehnung, noch die Anlagen des Wriezener Bahnhofs.

Bild 309. Bahnsteighalle des Ostbahnhofs in Berlin. Drei-Gelenk-Binder, auf Wandkonsolen gelagert. Zeichnung von Geißler 1868

Die Berlin-Görlitzer Eisenbahn

Die Vorgeschichte dieser verhältnismäßig spät gebauten Bahn beginnt 1852, als die Kaufmannschaft zu Cottbus und die Direktion der Cottbus-Schwielochsee-Eisenbahn, einer von 1846 bis 1879 betriebenen 31,5 km langen Pferdeeisenbahn zwischen Cottbus und Goyatz, die Genehmigung zu den Vorarbeiten für eine Eisenbahn von Cottbus nach Bautzen erhielten. 1853 bemühte sich ein Löbauer Komitee um eine Verbindung der Lausitz durch eine »Zentralbahn« Berlin–Zossen–Cottbus–Löbau–Zittau–Reichenberg–Pardubitz–Brünn–Wien, die den damals vorhandenen Schienenweg um 16 Meilen verkürzen sollte. 1854 lag ein weiterer Plan vor, diese Bahn über Cottbus–Muskau–Görlitz zu führen, da die Strecke über Löbau von der preußischen Regierung abgelehnt wurde. Demgegenüber widersetzte sich die sächsische Regierung entschieden einer Verbindung Berlin–Görlitz–Reichenberg–Wien.

Infolge dieser Gegensätze konnte der Antrag zur landesherrlichen Genehmigung für eine Eisenbahn Berlin–Cottbus–Görlitz erst am 30. Mai 1858 gestellt und am 7. Juni 1858 durch

Kabinettsorder befürwortend entschieden werden. Doch finanzielle und andere Schwierigkeiten verzögerten die Angelegenheit abermals, bis endlich am 15. Mai 1864 die Statuten der Berlin-Görlitzer Eisenbahn-Gesellschaft durch Kabinettsorder genehmigt werden konnten.

Der Baubeginn erfolgte dann im Mai 1865. Militärische Gründe waren schließlich vor Ausbruch des preußisch-österreichischen Krieges ausschlaggebend, die Strecke beschleunigt fertigzustellen, so daß sie bereits seit dem 13. Juni 1866 behelfsmäßig zum Truppen- und Materialtransport zur Verfügung stand. Offiziell wurde der Personenverkehr am 13. September 1866 zwischen Berlin und Cottbus und am 31. Dezember 1867 auf der Gesamtstrecke Berlin–Görlitz eröffnet.

Die Berlin-Görlitzer Eisenbahn verkürzte nicht nur die Entfernung zwischen der preußischen und österreichischen Hauptstadt, sondern erschloß auch den Spreewald und andere Teile der Niederlausitz den Berlinern; durch die am 15. Oktober 1872 eröffnete Strecke Weißwasser–Muskau und andere Zweigstrecken erweiterte die Gesellschaft später noch ihr Netz.

Der Görlitzer Bahnhof in Berlin

Im Mai 1865 begann der Bau des Görlitzer Bahnhofs vor dem Köpenicker Tor auf dem Gelände zwischen der späteren Görlitzer und Wiener Straße außerhalb der Stadtmauer. Das Empfangsgebäude wurde im Zeitraum vom April 1866 bis Ende 1868 nach Entwürfen des Geheimen Oberbaurats Orth unweit des Lausitzer Platzes errichtet. Sein Kopfbau entsprach architektonisch dem doppeltürmigen Aufbau vieler Bahnhöfe dieser Zeit, in gewisser Beziehung wohl auch dem Empfangsgebäude in Görlitz. Allerdings dienten beim Bahnhof in Berlin die Bogenstellungen des Mittelteiles nicht mehr der Durchfahrt der Lokomotiven zur Drehscheibe, sondern als geschützte Vorhalle und Unterfahrt insbesondere der Wagen »hoher Herrschaften«.

Das Umsetzen der Lokomotiven erfolgte in einem zwischen Kopfbau und Bahnsteighalle offengehaltenen Hof durch zwei Drehscheiben. An den Kopfbau schlossen sich nicht, wie sonst üblich, beiderseits symmetrische Längsflügel an. Vielmehr war dem Abfahrtsbahnsteig ein eingeschossiger Langbau mit dreigeschossigen Seitenrisaliten und einer in der Mitte vorgezogenen Eingangshalle vorgelagert (Bild 310), während sich an der Ankunftsseite nur ein kleiner Anbau mit der Gepäckabfertigung befand. Hier schützte jedoch ein an der Hallenaußenwand 167 m langes, 3,75 m breites auf Konsolträgern frei austragendes Vordach die vorfahrenden Pferdedroschken vor den Witterungsunbilden.

An die Unterfahrt für das »königliche Haus und hohe Herrschaften in der vorderen Thurmhalle schlossen sich Vorräume und ein sternförmig überwölbter Saal nebst Toiletten und Dienerräumen« an. Die ebenfalls mit einer säulengetragenen, überwölbten Unterfahrt geschützte Eingangshalle an der Abfahrtsseite diente dem »gewöhnlichen Verkehr«. An diesem

Bild 310. Görlitzer Bahnhof in Berlin. Schaubild des Empfangsgebäudes von Westen (von der Wiener Straße aus). Zeitgenössische Zeichnung von 1867

Bild 311. Görlitzer Bahnhof in Berlin. Das Empfangsgebäude kurz nach der Fertigstellung 1868. Links im Hintergrund die Güterabfertigung

»Vestibül« lagen »leicht zugänglich Billet- und Gepäckexpedition, links an einem Corridor die Retiraden, verschiedene Wartesäle mit Büffets und allem bei neuen Anlagen dieser Art erforderlichen Comfort«. Rechts befanden sich die Räumlichkeiten für den Betriebsdienst in den oberen Stockwerken der Bahnverwaltung. Das Empfangsgebäude war 70,5 m breit, 180,5 m lang und mit den Türmen 28,3 m hoch.

Die Bahnsteighalle, 37 m breit und 148 m lang, überspannte fünf Gleise mit zwei 7,5 m breiten Seiten- und zwei schmalen Zwischenbahnsteigen. Ihre Dachkonstruktion bestand aus leichten sichelförmigen Stahlbindern, aufgelegten Holzpfetten und Zinkwellblechabdeckung sowie einer durchlaufenden 7,5 m breiten Glaslaterne. Durch hohe Seitenfenster der Hallenwände wurde der Beleuchtungseffekt noch zusätzlich verbessert. Ausgeführt wurde die Stahlkonstruktion von der Wöhlert'schen Maschinenfabrik in Berlin.

Das Terrain des Bahnhofs mußte wegen der Überbrückung des Landwehrkanals und der Uferstraßen durch enorme Erdaufschüttungen erhöht werden. Auf diese Weise wirkte das funktionsgerecht aus verhältnismäßig einfachen, wuchtigen Baukörpern zusammengesetzte Empfangsgebäude fast monumental. Seine Fassaden waren aus gelben Birkenwerder Verblendklinkern mit farbigen Streifen und kräftigen Gesimsen aus gebranntem Material hergestellt.

Die Anlagen für den Güterverkehr befanden sich nördlich des Empfangsgebäudes an der Görlitzer Straße (Bild 311), ein ringförmiger Lokomotivschuppen mit 23 Ständen und kleiner Reperaturwerkstätte am Südostende des Bahnhofs.

1874 bis 1875 wurde das Empfangsgebäude durch Anbauten erweitert. Im zweiten Weltkrieg schwer beschädigt, diente der Görlitzer Bahnhof noch während des bis zum 19. Mai 1951 gültigen Winterfahrplanes dem Personenverkehr.

Die Eisenbahn Berlin–Lehrte

1863 bildete sich unter Leitung des Bankiers Hansemann ein Komitee für eine Eisenbahn Berlin–Rathenow–Tangermünde–Gardelegen–Lehrte, dessen Pläne verständlicherweise sowohl von der Berlin-Potsdam-Magdeburger und der Magdeburg-Halberstädter Eisenbahn-Gesellschaft aus Konkurrenzgründen bekämpft wurden. Auch nach der am 11. April 1864 durch Kabinettsorder für diese Linie erteilten Vorkonzession scheiterten alle Versuche, eine neue selbständige Gesellschaft ohne Beteiligung anderer Bahnen zu gründen. Erst nach Verhandlungen mit der Magdeburg-Halberstädter Eisenbahn-Gesellschaft wurde dieser Gesellschaft am 12. Juni 1867 durch Kabinettsorder die endgültige Konzession zum Bau der Strecke Berlin–Rathenow–Stendal–Gardelegen–Lehrte mit einer Zweigbahn Stendal–Salzwedel–Uelzen erteilt. Noch im gleichen Jahr konnten die Vorarbeiten für die Abschnitte Spandau–Rathenow–Stendal–Gardelegen sowie Stendal–Salzwedel beendet und 1868 mit den Erdarbeiten bei Stendal begonnen werden. Der Bau der Elbbrücke bei Hämerten wurde ebenfalls 1868 in Angriff genommen. 1869 erfolgte der Baubeginn des Berliner Bahnhofs mit den Erdarbeiten.

Am 1. November 1871 war die gesamte Strecke

Berlin–Lehrte bereits für den Güterverkehr, am 1. Dezember 1871 auch für den Personenverkehr eröffnet. Seit 15. Februar 1872 wurde sie mit Schnellzügen befahren. Ab 1. Juni 1872 verkehrten zwei Schnellzüge und ein Expreßzug täglich in jeder Richtung. Letzterer erfreute sich bei den Reisenden lange großer Beliebtheit, weil er damals mit seiner Geschindigkeit von 90 km/h alle anderen Züge in Deutschland übertraf. Seit Eröffnung der Strecke Stendal–Uelzen–Langwedel hatte Berlin dann eine noch kürzere Verbindung mit Bremen und eine zweite Linie nach Hamburg.

Der Lehrter Bahnhof in Berlin

Die Anlagen des Lehrter Bahnhofs, von vornherein für Personenverkehr, Güter- und Betriebsbahnhof in drei getrennten Gruppen geplant, fanden ihren Standort auf dem Gelände der früheren Pulvermühlen westlich des Humboldthafens. Von hier ist die Bahn in westlicher Richtung zunächst rechts der Spree, nach ihrer Überschreitung in Nähe der Charlottenburger Schleuse auf dem linken Ufer nach Spandau geführt. Im Bahnhofsgelände lagen die Gleise tiefer als die Straßen der Umgebung, so daß die Invaliden- und Perleberger Straße leicht überbrückt werden konnten.

Aus städtebaulichen Gründen wurde das Empfangsgebäude südlich der Invalidenstraße parallel zum Friedrich-Karl-Ufer des Humboldthafens errichtet (Bild 312). Damit kam der pompöse Hallenbau der Architekten A. Lent, Scholz und Lapierre von dieser Seite besonders eindrucksvoll zur Wirkung. Die Halle des vom Herbst 1869 bis 1871 ausgeführten Bahnhofsbaues war 188 m lang und überspannte mit ihrer halbkreisförmigen eisernen Dachkonstruktion 38,29 m weit fünf Gleise, zwei Seiten- und einen Mittelbahnsteig, die an einem Querbahnsteig endigten. Seitenflügel, östlich für die Abfahrt, westlich für ankommende Reisende dienten der üblichen Verkehrsfunktion, während Kopfende und Einfahrt der Halle durch hohe, monumentale Schaufassaden abgeschlossen waren (Bild 313). In der Mitte der Längsflügel traten beiderseits Risalite mit geräumigen Hallen weit vor; die nördlichen Risalite zu beiden Seiten der Halle enthielten Betriebsräume, die südlichen Verwaltungsräume und an der Abfahrtsseite die Königszimmer. Am »Abfahrtsflur« befand sich eine glasbedeckte Unterfahrt, hinter diesem lagen die Gepäckannahme, beiderseits Warteräume und Aborte. Auf der Ankunftsseite war dem »Ankunftsflur« die Gepäckausgabe und ein Wartesaal zugeordnet. Aus der Ankunftshalle gelangten die Reisenden wettergeschützt in seitlich vorgekragte geräumige Droschkenhallen.

Architektonisch unterscheidet sich das Empfangsgebäude des Lehrter Bahnhofs wesentlich von allen anderen Berliner Bahnhofsbauten, die ihre Gestalt mehr oder weniger den klassizistischen Einflüssen dieser Stadt verdankten.

Besonders die eklektizistischen, aus vielen Formen der Antike und der Hochrenaissance komponierten triumphbogenartigen Hallenabschlüsse, hinter denen sich nichts anderes als die schlichte Ingenieurkonstruktion verbarg, trugen die Züge eines unechten Klassizismus, der aber dem Prunkbedürfnis der Auftraggeber und dem Geschmack vieler Zeitgenossen entsprach. Charakteristisch ist, daß viele Fassadenteile aus Ersparnisgründen nur aus Ziegeln und Formsteinen hergestellt waren, aber durch entsprechenden Putz und Anstrich Werksteinarchitektur vortäuschten. Nur die mehr beanspruchten Gesimse und Säulen wurden aus gebranntem Ton oder Sandstein gefertigt.

Auch das Empfangsgebäude des Lehrter Bahnhofs wurde im zweiten Weltkrieg zerstört.

Bahnhof Stendal

Zuerst berührte die bis Seehausen am 7. Juli 1849 eröffnete »Magdeburg-Wittenbergische Eisenbahn« Stendal in nord-südlicher Richtung tangierend. Der für diese Linie ostwärts der Altstadt angelegte erste Bahnhof Stendals existiert nicht

Bild 312. Lehrter Bahnhof in Berlin. Empfangsgebäude mit Bahnsteighalle vom Humboldt-Hafen aus gesehen. Zeitgenössische Lithographie um 1871
Bild 313. Empfangsgebäude des Lehrter Bahnhofs in Berlin. Kopfbau

Bild 314. Bahnhof Stendal. Empfangsgebäude um 1905

mehr. Nur sein ehemaliges Empfangsgebäude ist noch vorhanden.

Die heutige Anlage stammt von 1870 bis 1871. Damals mußte zur Aufnahme der Strecken Berlin–Lehrte (1871) und Stendal–Uelzen (1870 bis 1873) der »Magdeburg-Halberstädter Eisenbahn« ein größerer Bahnhof geschaffen werden. Entsprechend den Traditionen der an hervorragenden mittelalterlichen Baudenkmalen reichen Stadt erhielt der neue Bahnhof natürlich ein gotisierendes Empfangsgebäude mit zinnenbekrönten Zwerchgiebeln und Ecktürmchen aus Backstein im eklektizistischen Stil dieser Zeit (Bild 314).

Zur Jahrhundertwende wurden die Gleisanlagen des Bahnhofs und die Streckenführung im Raum Stendal erneut großzügig umgestaltet, vor allem die Wittenberger Strecke in weitem Bogen westlich um die Stadt geführt und zusammen mit der Uelzener Linie bei Wahrburg durch Über- und Unterführungen kreuzungsfrei von der Strecke Berlin–Hannover getrennt.

Die Wannseebahn

Eine der schönsten Erholungsgegenden Berlins für die naturhungrige Bevölkerung der enorm wachsenden Großstadt zu erschließen, war Aufgabe der Vorortbahn Berlin–Potsdam. Diese sogenannte »ältere Wannseebahn« wurde bereits am 31. Mai 1871 »landesherrlich« genehmigt. 1872 begann der zweigleisige Ausbau mit dem Ziel, nach Herstellung eines dritten und vierten Gleises neben den beiden Hauptgleisen zwischen Berlin–Zehlendorf und Kohlhasenbrück–Potsdam durchgehend vier Gleise verfügbar zu haben. Die durchschnittliche Entfernung der Stationen betrug 2,9 km. Am 1. Juni 1874 wurde mit Fertigstellung des Abschnitts Zehlendorf–Kohlhasenbrück die Wannseebahn eröffnet.

Infolge schlechter Finanzlage konnten die Geldmittel zur Herstellung des dritten und vierten Gleises erst 1887 für die Strecke Berlin–Zehlendorf und 1888 für die Strecke Neubabelsberg–Potsdam bereitgestellt werden. Die Schwierigkeiten des viergleisigen Ausbaues dieser zweigleisigen Strecke bei laufendem starkem Zugbetrieb waren erheblich, so daß sich die Bauarbeiten bis zum Herbst 1891 hinzogen. Umfangreiche Brücken- und Hochbauten, Unter- und Überführungen mußten hergestellt und die Arbeiten fast ausnahmslos »unter den Rädern des Betriebes« – täglich verkehrten mindestens 140 Züge – und zu einem großen Teil in den Nachtstunden durchgeführt werden. Am 1. Oktober wurde der viergleisige Betrieb der Strecke Berlin–Potsdam und damit die neue Wannseebahn eröffnet.

Vorort- und Fernverkehr waren völlig voneinander getrennt. Bis Schöneberg umschlossen die Ring- und die Wannseebahn westlich und östlich die alte Stammbahn. Auf neuen zweigleisigen »geräuschlosen« je etwa 100 m langen eisernen Brücken überschritten beide den Landwehrkanal und dessen Uferstraßen. Für die Wannseebahn wurden zwischen Kanal und Yorkstraße umfangreiche Gleisanlagen zum Aufstellen der Wagen und ein Lokomotivschuppen für 26 Maschinen geschaffen (Bild 315). Von der Yorkstraße an lag die Wannseebahn in Richtung Potsdam rechts neben der Hauptbahn und ging in Zehlendorf in die bereits vorhandene über. Von Neubabelsberg wurden wiederum zwei neue Gleise hergestellt.

Auch für die Endigung der Wannseebahn in Potsdam waren umfangreiche Um- und Erweiterungsbauten erforderlich. Im einzelnen wurden hergestellt: elf Wegeunterführungen unter zusammen 57 Gleisen, sieben Wegeüberführungen

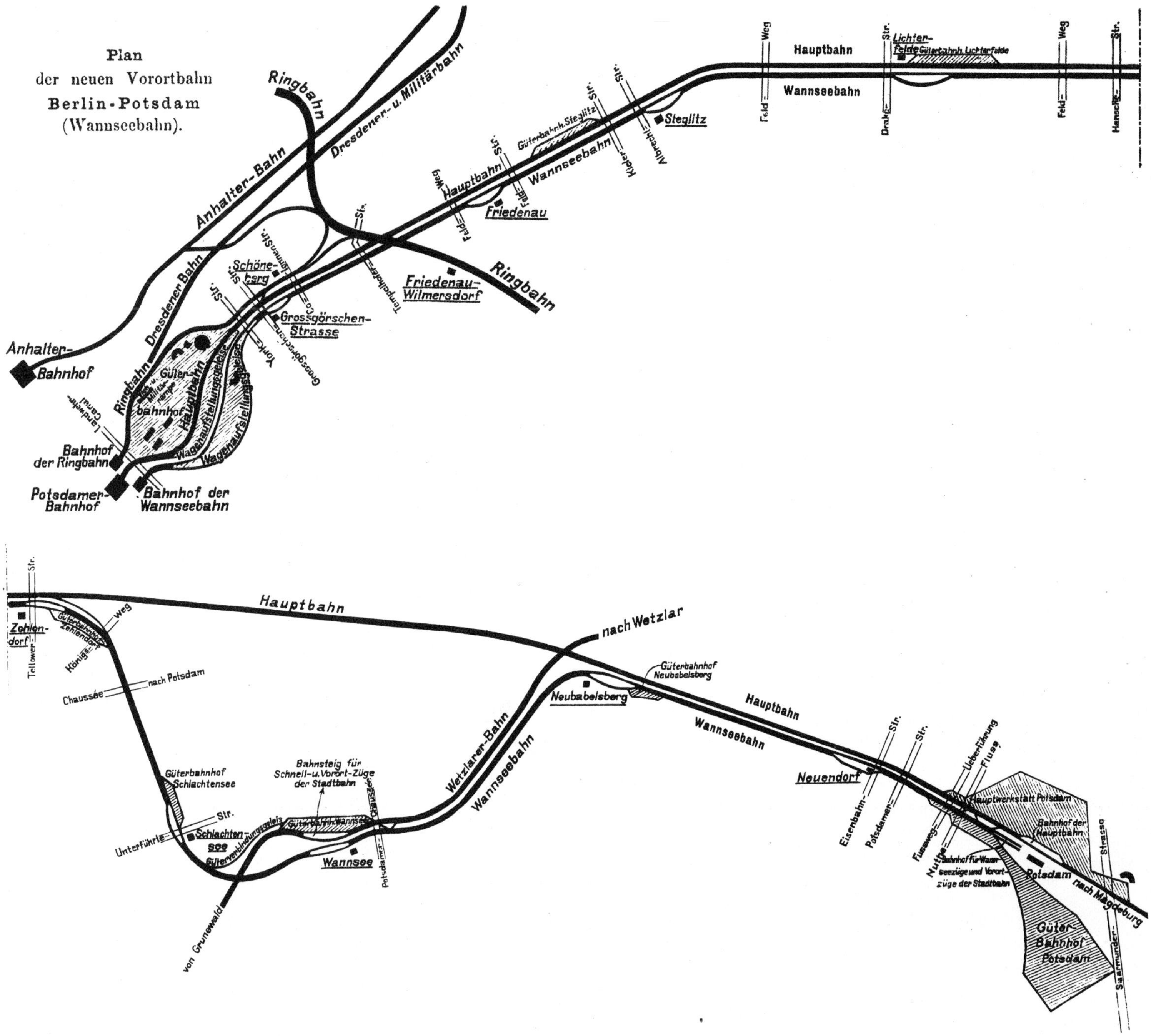

Bild 315. Plan der Wannseebahn Berlin–Potsdam, erbaut 1888 bis 1891

über insgesamt 29 Gleise, neun Tunnel unter zusammen 56 Gleisen, vier Brücken über die Yorkstraße von je 26,4 m Spannweite, zwei geräuschlose viergleisige, je 100 m lange Brücken über den Landwehrkanal, ein 900 m langer gewölbter Viadukt für die Verlegung der Ringbahn, ein Lokomotivschuppen für 26 Maschinen, eine Reparaturwerkstatt. Zur Ausführung der 20 Unterführungen und Tunnel bzw. zur Unterbauung von 113 Gleisen mußten die betriebenen Hauptgleise der Potsdamer Bahn 95 mal bergmännisch abgesteift oder mit Trägern unterfangen und sechs später durch Eisenkonstruktionen ersetzte hölzerne Hilfsbrücken gebaut werden.

Die Wannseebahn hatte die Stationen: Berlin Wannseebahnhof, Großgörschenstraße, Friedenau, Steglitz, Lichterfelde, Zehlendorf, Schlachtensee, Wannsee, Neubabelsberg, Neuendorf und Potsdam. Der Wannseebahnhof »Großgörschenstraße« (Bild 316) trat anstelle des bisherigen Bahnhofs Schöneberg der Potsdamer Bahn und wurde mit dem Ringbahnhof Schöneberg durch einen Tunnel verbunden. Der Bahnhof Steglitz erhielt bereits 1873 statt eines bisher als Empfangsgebäude benutzten Bauernhauses ein massives Bahnhofsgebäude. Das nach dem ersten Weltkrieg als Backsteinbau errichtete Empfangsgebäude des Bahnhofs Wannsee ist architekturtypisch für jene Zeit, die nach neuen modernen Formen suchte (Bild 317).

Außer in Potsdam erhielten alle Stationen 200 m lange Mittelbahnsteige, die je nach Verkehrsbelastung verschieden breit mit Gleisentfernungen von 13,5 m, 15 m oder 16,5 m gestaltet waren. Die 760 mm über Schienenoberkante liegenden Bahnsteige sollten schnelles, bequemes Ein- und Aussteigen ermöglichen.

Die Baukosten für die nur in $2^1/_2$ Jahren geschaffene neue Wannseebahn betrugen 12 Millionen Mark, wovon auf den Umbau des Potsdamer Bahnhofs allein 5 Millionen Mark entfielen.

Mit der Eröffnung der Wannseebahn trat am 1. Oktober 1891 zugleich der Berliner Vororttarif in Kraft. 1900 liefen zwischen Bahnhof Wannsee und Zehlendorf erste Versuche mit einem elektrisch betriebenen Zug, die jedoch noch nicht befriedigten. Nach 1903 verkehrten auf der Strecke Berlin–Zehlendorf schnellfahrende Züge ohne Halt, die sogenannten »Bankierzüge«. Am 15. Mai 1933 wurde auf der Wannseebahn der elektrische Betrieb eröffnet.

Bild 316. Empfangsgebäude des Bahnhofs Großgörschenstraße der Wannseebahn. Romantisierender Backsteinbau, erbaut 1874

Bahnhof Wannsee

Zur gleichen Zeit, als Wilhelm Kreis für Meißen sein modernes kubistisches Bahnhofsgebäude schuf (Bild 68), entstand in Wannsee ein funktionell und konstruktiv ebenso fortschrittliches Empfangsgebäude (Bild 317), ein Werk jener anderen Strömung der deutschen Architektur nach dem ersten Weltkrieg, die statt neuer Sachlichkeit expressive, dekorative Formen materialecht und lichteffektvoll gestaltet hervorbrachte. Bekanntestes Beispiel dieser Tendenz ist Fritz Hoegers 1923 in Hamburg errichtetes Chilehaus.

Als in den Nachkriegsjahren der Ausflugsverkehr nach den Seengebieten Berlins enorm zunahm, waren auch die Anlagen des Bahnhofs Wannsee vor allem den Anforderungen des sommerlichen Massenverkehrs nicht mehr gewachsen. Riesige Schlangen Reisender vor den Fahrkartenschaltern und überfüllte Bahnsteige erregten den Unmut der Ausflügler. Aus finanziellen Gründen wiederholt verschobene Umbauvorhaben mußten endlich 1926 im Zusammenhang mit der Elektrifizierung der Stadt- und Vorortbahnen und der damit möglichen schnelleren Zugfolge in Angriff genommen werden. Nach Fertigstellung des Vorentwurfs durch Reichsbahnrat Brademann Ende 1926 begannen die Umbauarbeiten bereits im Frühjahr 1927.

Das neue Empfangsgebäude war für stärksten Massenverkehr konzipiert. Ein dritter Bahnsteig ermöglichte den Richtungsverkehr und damit das Umsteigen von der Wannseebahn auf die S-Bahn auf dem gleichen Bahnsteig ohne Benutzung von Treppen und Tunnel wie bei der alten Anlage. Dazu war es erforderlich, die Bahnhofsstraße nach Norden zu verlegen, um Platz für das neue Empfangsgebäude zu gewinnen (Bild 318). Das

Bild 317. Bahnhof Wannsee. Empfangsgebäude um 1930
Bild 318. Bahnhof Wannsee. Lageplan 1928

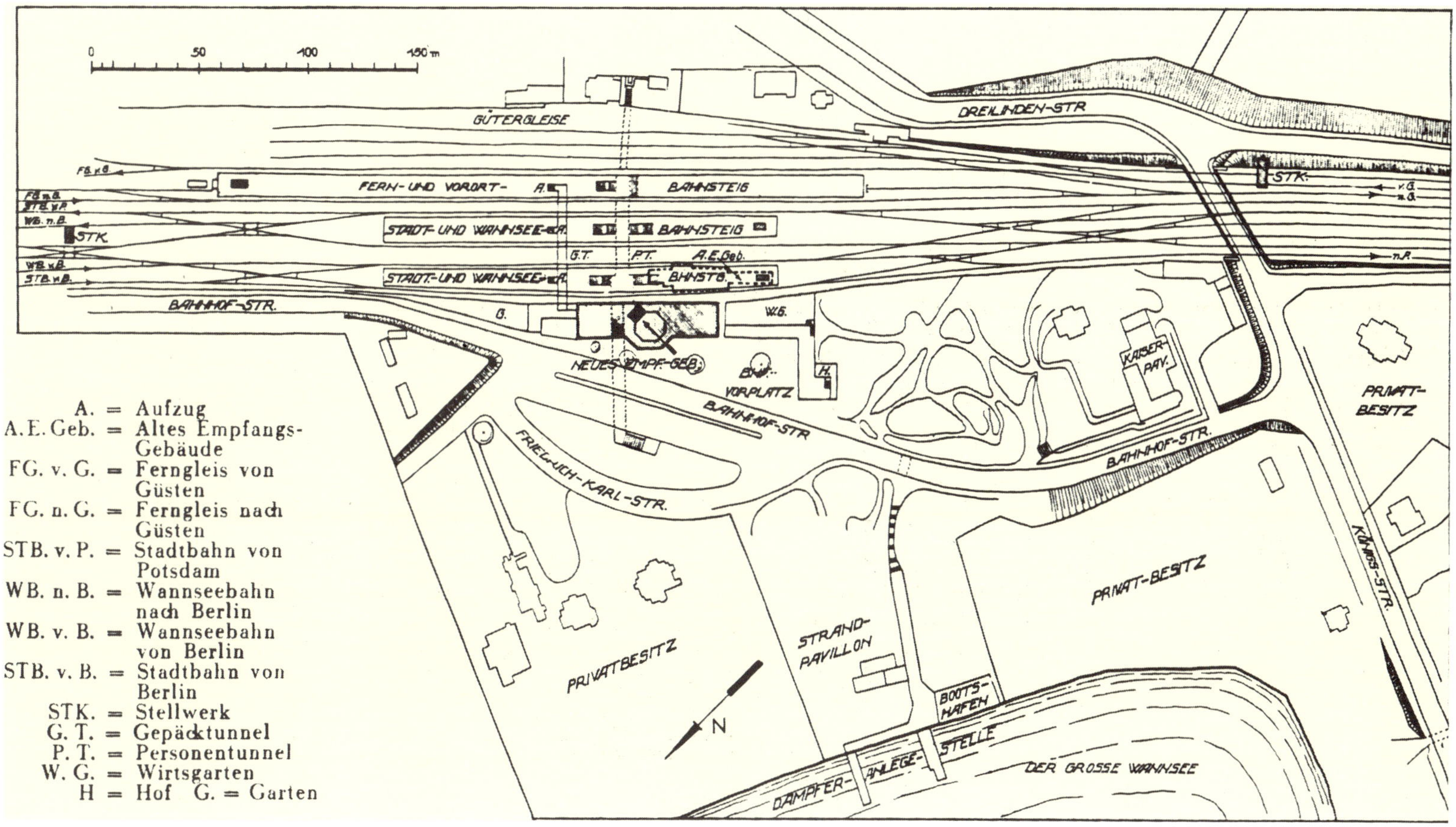

abgebrochene alte Bahnhofsgebäude enthielt außer der Bahnhofswirtschaft, Wohnungen und Diensträume, nur einige Schalter in ungünstiger Lage zum Hauptpersonenstrom, der deshalb an den Fahrkartenschalter eines Nebengebäudes am Empfangsgebäude vorbei zum Bahnsteigtunnel geführt wurde. Dieser Tunnel wurde aus Kostengründen beibehalten. Er sollte später unter der Straße auf die andere Seite in Richtung Dampferanlegestelle verlängert werden. Für ankommende Reisende wurde ein besonderer Tunnelausgang geschaffen, so daß sie besonders bei starkem Verkehr nicht die Bahnhofshalle passieren mußten.

Zentraler Verkehrsraum in der Mitte des neuen Empfangsgebäudes wurde eine geräumige Schalterhalle auf achteckigem Grundriß, um die sich Fahrkartenausgaben, Gepäck- und Diensträume, Wartesäle mit Bewirtschaftung und die Abortanlagen gruppieren (Bild 319). Der Haupteingang liegt für den von Nordwesten kommenden Hauptstrom der Reisenden nicht in der Mittelachse, sondern in der westlichen Schrägseite der Halle (Bild 320), so daß der Verkehrsstrom auf kürzestem Wege ohne Richtungsänderung, zur gegenüberliegenden Zugangstreppe des Personentunnels fließen kann. Der Achteckgrundriß bietet auch bei Massenandrang vor den Schaltern genügend Platz und außerdem den Vorteil übersichtlich angeordneter Zugänge zu den Wartesälen und zur Gepäckabfertigung.

Das Bauwerk sollte sich in eine Umgebung mit Gruppen hoher Bäume einfügen. Sein ungewöhnlich gegliederter Baukörper erhielt durch das weitauskragende Hauptgesims und die Gesimse der Aufbauten stark horizontale Tendenz (Bild 321).

Ausgeführt wurde es als Ziegelmassivbau mit Massivdecken, Stahl- und Stahlbetonstützen. Die Deckung des flachen Holzdaches erfolgte aus Sparsamkeitsrücksichten mit Pappe.

Der farblichen Gestaltung galt besondere Aufmerksamkeit. Ungemein farbig wirkt das vorherrschende Rot der Edelputzfassaden durch Eisenklinkerpfeiler und rotbunte Verblender der Sockel und Einfassungen, abgedeckt vom grauen Betonhauptgesims mit gelbem Unterglied, deren Farben an den Dachaufbauten wiederkehren.

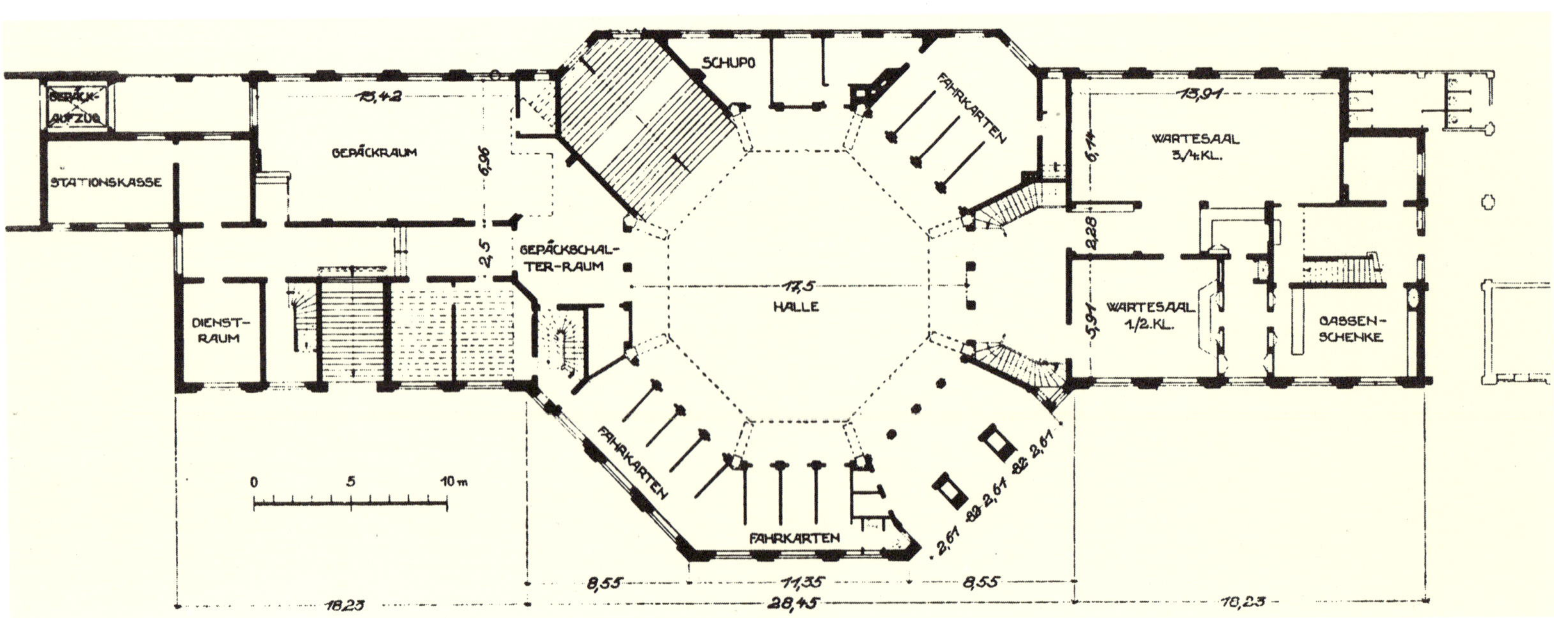

Bild 319. Bahnhof Wannsee. Schalterhalle 1928
Bild 320. Bahnhof Wannsee. Erdgeschoß-Grundriß des Empfangsgebäudes. Entwurf Brademann
Bild 321. Bahnhof Wannsee. Ansichten und Längsschnitt des Empfangsgebäudes. Entwurf Brademann

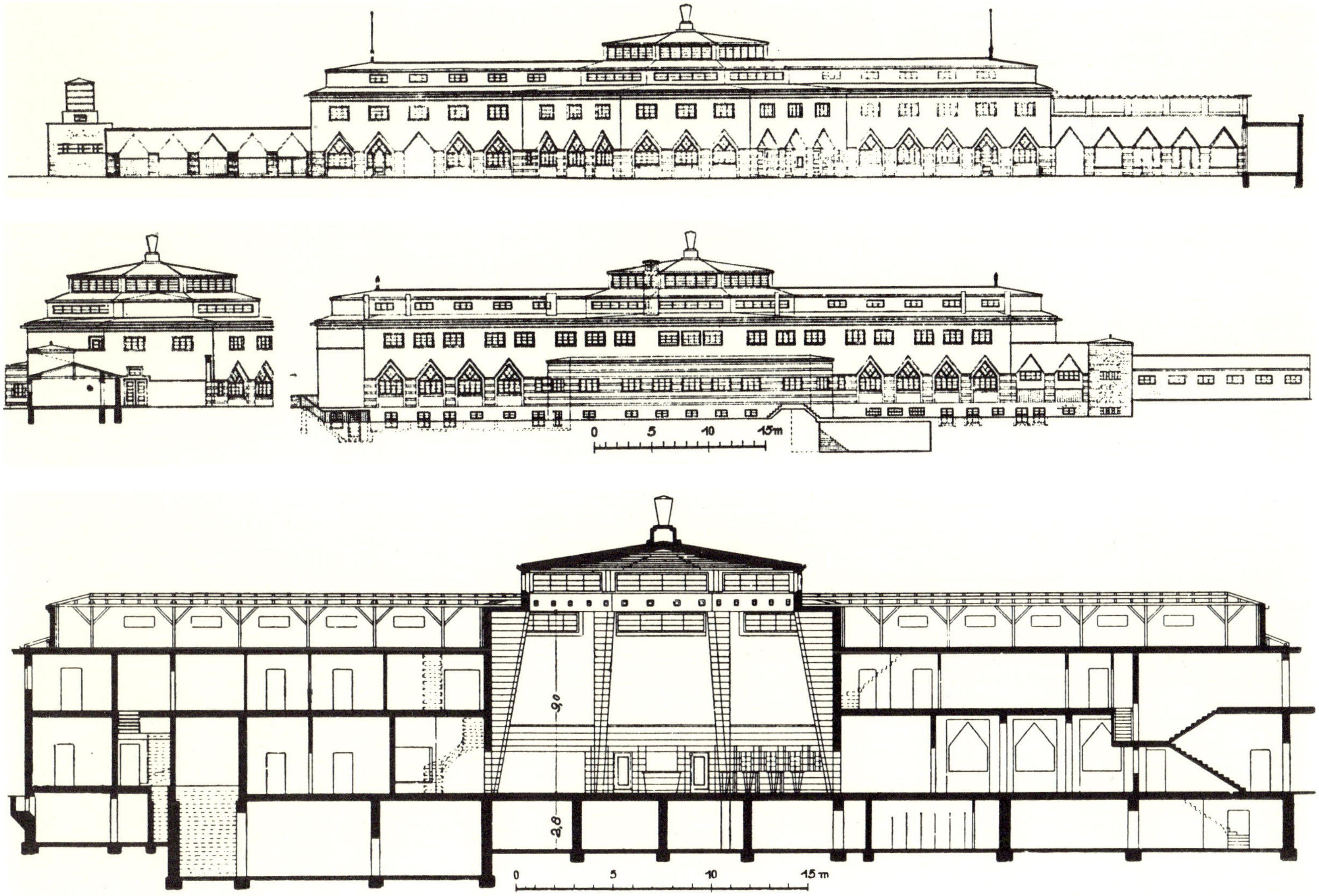

Die Berliner Stadtbahn

Die Geschichte des Berliner Stadtverkehrs beginnt 1851 mit der Eröffnung der Königlichen Bahnhofs-Verbindungsbahn, die zunächst aus militärischen Gründen gebaut wurde, später vor allem dem Güterverkehr zwischen den an der Peripherie beziehungsweise vor den Stadtmauern angelegten Kopfbahnhöfen diente. Vom Schlesischen Bahnhof ausgehend überschritt die Bahn in Höhe der Brommystraße die Spree, führte über Lausitzer Platz–Wassertorplatz–Hallisches Tor zum Anhalter und Potsdamer Bahnhof, dann weiter um den Leipziger Platz herum nach Norden, an der Westseite des Brandenburger Tors vorbei, südwestlich des Humboldt-Hafens über die Spree zum Hamburger und Stettiner Bahnhof (Bild 274). Die Bahnhofs-Verbindungsbahn wurde von der Direktion der Niederschlesisch-Märkischen Eisenbahn verwaltet. Da ihre Gleise meist mit den von ihr berührten Straßen und Plätzen niveaugleich lagen, bildete sie bald ein erhebliches Verkehrshindernis, so daß sie schließlich nur noch nachts betrieben werden konnte.

Den ständig wachsenden Verkehrsbedürfnissen der Großstadt Berlin genügten inzwischen auch die veralteten, schon seit 1839 verkehrenden Pferdeomnibusse und die 1865 eröffneten Pferdestraßenbahnen allein nicht mehr. Daher wurde 1865 eine Ringbahn projektiert, die auf eigenem Bahnkörper die Stadt umschließen sollte. Bereits 1871 konnte der größere, östliche Teil des Ringes von Moabit über Gesundbrunnen–Stralau–Rixdorf bis Schöneberg für den Güterverkehr, 1872, nach Beschaffung von 12 Doppelstockwagen, auch für den Personenverkehr in Betrieb genommen werden. Der westliche Teil der Ringbahn wurde 1877 vollendet (Bild 271).

Nach langjährigen Auseinandersetzungen hatte der Staat 1874 die Oberleitung für den Bau einer Ost-West-Verbindung, der Stadtbahn, übernommen. Der bis dahin vertretene Plan, die Bahn nur im Zusammenhang mit der projektierten, jedoch noch nicht ausgeführten Süd-West-Bahn auszuführen, war fallengelassen worden. Am 18. Oktober 1875 begann vom Schlesischen Bahnhof aus der Bau der 11,26 km langen, viergleisigen Stadtbahn nach Charlottenburg. Mit

ihrer Eröffnung am 7. Februar 1882 und Inbetriebnahme der Fernbahngleise am 15. Mai desselben Jahres wurde nicht nur der große Durchgangsverkehr zwischen Osten und Westen möglich, sondern durch ihre Verbindung mit der Ringbahn sowie mit den Fern- und Vorortbahnen ein Verkehrsmittel von allgemeiner, hervorragender Bedeutung geschaffen. Die großangelegte Disposition des unerhört aufwendigen Bauvorhabens verdient noch heute unsere Bewunderung.

Bereits die Verbindung der Hauptbahnen mit der Stadt- und Ringbahn erforderte schwierige Überkreuzungen im Osten und Westen. Provisorische Bahnhofsanlagen waren nötig. Der Bahnkörper wurde aus je zwei gesondert nebeneinanderliegenden Gleisen für den Stadt- und Fernbahnverkehr gebildet, was die Gestaltung von Bahnhöfen und Haltestellen mitbestimmte. »Die Nothwendigkeit bequemer Straßenüberschreitungen ohne Störung des Verkehrs und die berechtigte Forderung an eine der Hauptstadt würdige Erscheinung des Bauwerks bedingten eine Höhenlage der Bahn von durchschnittlich 6 Mtr. über dem Terrain, welche, abgesehen von zwei kurzen Dammschüttungen, durch einen fortlaufenden Viaductbau von 11,25 Kilomtr., also $1^1/_2$ Meile, erzielt wurde. Dieser fast 16 Mtr. breite, 4 Gleise tragende Viaduct besteht der Hauptsache nach aus massiven Bogen von Ziegelmauerwerk, zu einem bedeutenden Theil aber

Bild 322. Plan des Berliner Bahnnetzes 1882 nach Eröffnung der Stadtbahn zwischen Schlesischem Bahnhof und Westend
Bild 323. Berliner Stadt-Eisenbahn. Spreebrücke am Schiffbauerdamm mit Bahnhof Friedrichstraße. Zeichnung von Wegner 1882

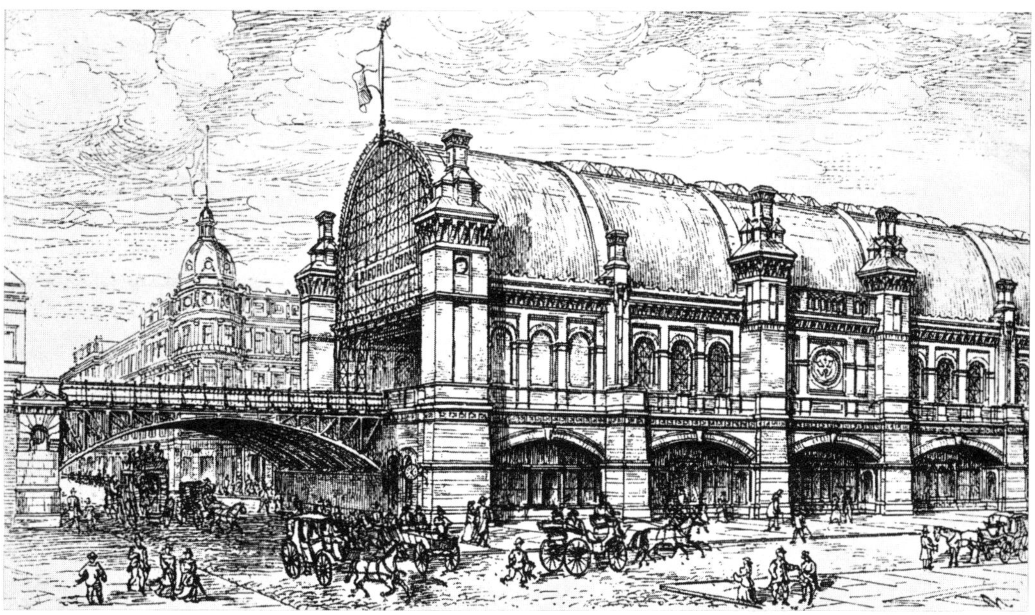

Bild 324. Berliner Stadt-Eisenbahn. Haltestelle Bellevue 1882. Zeitgenössische Zeichnung von Wegner
Bild 325. Berliner Stadt-Eisenbahn. Bahnhof Alexanderplatz 1882. Zeitgenössische Zeichnung von Wegner
Bild 326. Berliner Stadt-Eisenbahn. Bahnhof Friedrichstraße 1882. Zeitgenössische Zeichnung von Wegner

auch aus eisernen, nach den verschiedensten Systemen construierten Ueberbrückungen der Straßen- und Wasserläufe (Bild 323). Es ist die beträchtliche Anzahl von 64 dieser Bauten vorhanden«. Darüber hinaus mußten für das durch eine dicht bebaute Großstadt geführte Bauwerk Straßenviertel durchbrochen, Wohnhäuser, Fabriken und sonstige gewerbliche Anlagen massenweise abgerissen, Straßen verlegt und neue angelegt werden.

So war die Stadtbahn eine große technische und städtebauliche Leistung, an der Architektur und Ingenieurbaukunst mehr als anderswo gemeinsam einem Zweck dienten. Die Ausführung der optisch das Stadtbild stark mitprägenden hochgeführten Bahn mit ihren Viadukten, Brükken, großen Durchgangsbahnhöfen (Bilder 325, 326) und kleinen Haltestellen-Hallen (Bild 324) bedingten eine enge Zusammenarbeit von Architekten und Ingenieuren. Zur Zeit ihrer Eröffnung beeindruckte die Stadtbahn daher auch durch ihre verhältnismäßig einheitliche künstlerische Gestaltung, die nicht zuletzt durch das für Hochbauten und Bahnkörper gleichermaßen verwendete Backsteinmaterial erreicht wurde.

Von den 1882 dem Verkehr übergebenen Stationen der Stadtbahn (Bild 322) zwischen Schlesischem Bahnhof und Charlottenburg waren außer diesen nur die Bahnhöfe Alexanderplatz (Bild 325) und Friedrichsstraße (Bild 326) für die Abfertigung des Fernverkehrs bestimmt. Beide im Zentrum der Stadt gelegenen Durchgangsbahnhöfe wurden ebenso wie die kleineren »Haltestellen« der beengten städtebaulichen Situation und der Höhenlage der Bahn entsprechend als neue Bahnhofstypen entwickelt. Alle Funktionen des Empfangsgebäudes sind hier in den Unterbau der je nach Verkehrsbedeutung für die Bahnsteige mehr oder weniger auseinandergezogenen Gleisanlage des Bahnhofs verlegt (Bild 327), während sich darüber nur die Stahlkonstruktion der Halle wölbt. Die Längsseiten der Bahnsteighallen erhielten dekorativ gestaltete Backsteinfassaden, die für den Bahnhof Alexanderplatz (Bild 328) und die Haltestelle Bellevue (Bild 324) Johann Eduard Jacobsthal, für den Bahnhof Friedrichstraße (Bilder 331, 332) und die Haltestelle Börse (Bilder 329, 330) Johann Vollmer entwarfen.

Jacobsthal hat bei vielen Reisen durch Europa vor allem an klassischen Bauten Anregungen für seine ornamentale Architektur erhalten und als leitender Architekt der Stadtbahn das so typische

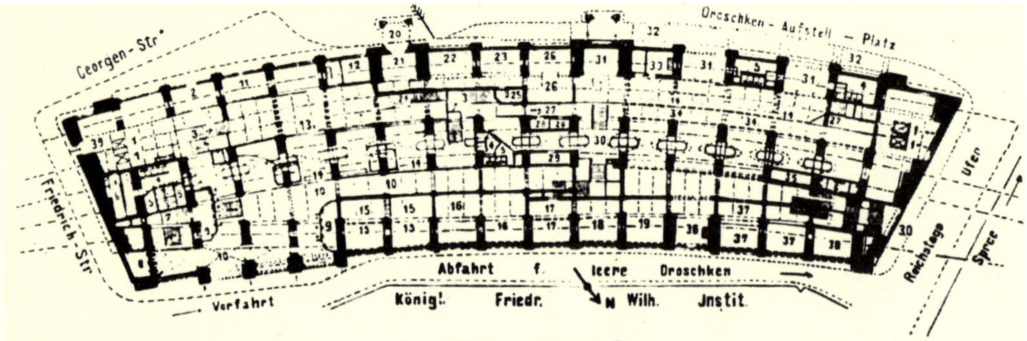

Grundriß[213]. — 1/1500 w. Gr.

1. Gepäckaufzüge.
2. Post.
3. Zum Bahnsteig.
4, 5. Aborte.
6. Aborte für Beamte.
7. Zum Stadtbahnsteig.
8. Lokalschalter.
9. Fahrkartenausgabe.
10. Eingangshalle u. -gänge für den Fernverkehr.
11. Gepäckabfertigung.
12. Polizei.
13. Gepäckannahme.
14. Gepäcktische.
15–18. Wartesäle.
19. Kaffe.
20. Unterfahrt
21. Eingangsflur
22. Vorzimmer
23. Saal
25. Klosett
(20.–25.) für den Kaiserl. Hof.
26 Warteraum für die Ankunft.
27. Zum und vom Fernbahnsteig.
28. Toiletten.
29. Ventilkammer für die Heizung.
30. Vom Stadtbahnsteig.
31. Ausgang.
32. Schutzdach.
33. Pförtner.
34. Gepäckausgabe.
35. Raum für Arbeiter.
36. Eingang.
37. Telegraph und Stationsdienst.
38. Stationsvorsteher.
39. Eingang für Beamte.

Gepräge verliehen. Vollmer, dem auch die architektonische Leitung der von ihm entworfenen Bahnhofsgebäude oblag, war Professor für mittelalterliche Baukunst an der Technischen Hochschule Berlin und hatte sich schon während seiner Studien am Polytechnikum Hannover bei Hase eingehend mit der Backsteinbaukunst beschäftigt.

In ursprünglicher Gestalt ist von diesen Gebäuden nur noch der Bahnhof Börse (heute: Marx-Engels-Platz) erhalten. Alle anderen wurden nach 1900 entweder modernisiert oder nach Zerstörungen des zweiten Weltkriegs neuzeitlich wiederaufgebaut, insbesondere die Stahlkonstruktionen der Bahnsteighallendächer.

Teilweise wurden die Viaduktgewölbe des Bahnkörpers ausgebaut und für verschiedene Zwecke genutzt. So war das Restaurant »Kyffhäuser« auf originelle Weise in einem Viadukt an der Luisenstraße untergebracht. Schon seinerzeit gab es »Nostalgie«! Als »romantische Kneipe« hatte das »in mittelalterlichem Stil gehaltene Restaurant gotische Gewölbe« (Bild 333).

Bild 327. Berliner Stadt-Eisenbahn. Bahnhof Friedrichstraße, Grundriß. Der Bahnhof liegt in einer Kurve, seine schrägen Giebelfronten wurden durch Spree und Friedrichstraße bestimmt
Bild 328. Berliner Stadt-Eisenbahn. Bahnhof Alexanderplatz. Nordöstliche Schauseite mit verglasten Vordächern, um 1900
Bild 329. Berliner Stadt-Eisenbahn. Haltestelle Börse (heute: Marx-Engels-Platz) 1882. Zeitgenössische Zeichnung von Wegner
Bild 330. Berliner Stadt-Eisenbahn. Haltestelle Börse. Fassadenteil nach dem Entwurf von Johann Vollmer

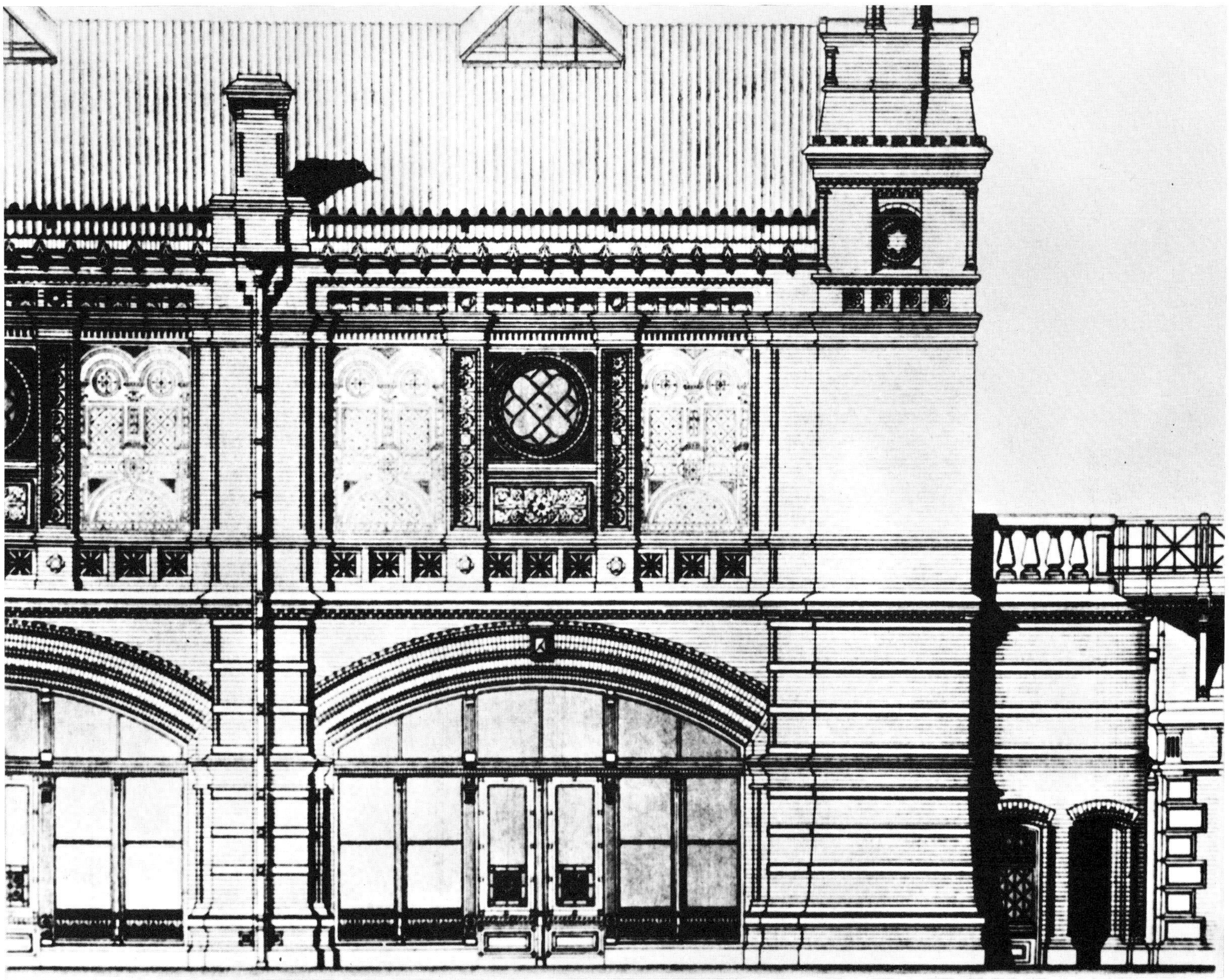

Auch beim späteren Ausbau des Stadtbahnnetzes und dem Neubau von Bahnhofsgebäuden wurde die für Berlin so typische, romantische Backsteinarchitektur bevorzugt, zum Beispiel beim gotisierenden Empfangsgebäude des Bahnhofs Lichtenberg, das 1977 der Modernisierung weichen mußte (Bilder 334, 335, 336).

Bild 331. Berliner Stadt-Eisenbahn. Bahnhof Friedrichstraße, Teilansicht 1910
Bild 332. Berliner Stadt-Eisenbahn. Bahnhof Friedrichstraße. Einzelheit der Südfassade. Entwurfszeichnung 1882
Bild 333. Berliner Stadt-Eisenbahn. Nostalgie 1882: Inneres des in einem Bahn-Viadukt eingerichteten Restaurants »Kyffhäuser«. Zeitgenössische Zeichnung von Baumann
Bild 334. Berliner Stadt-Eisenbahn, Bahnhof Lichtenberg. Schnitt durch die Bahnanlagen nach G–H mit nordöstlicher Ansicht des Empfangsgebäudes
Bild 335. Berliner Stadt-Eisenbahn, Bahnhof Lichtenberg. Schnitt durch die Fußgänger- und Gepäcktransportbrücke zum Fernbahnsteig

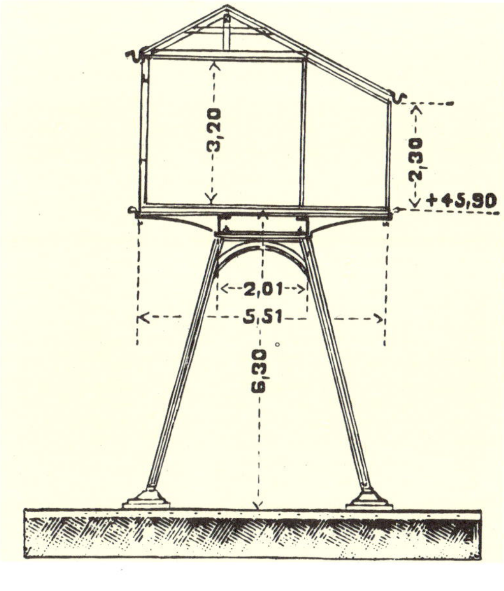
3,20
2,30
+45,90
2,01
5,51
6,30

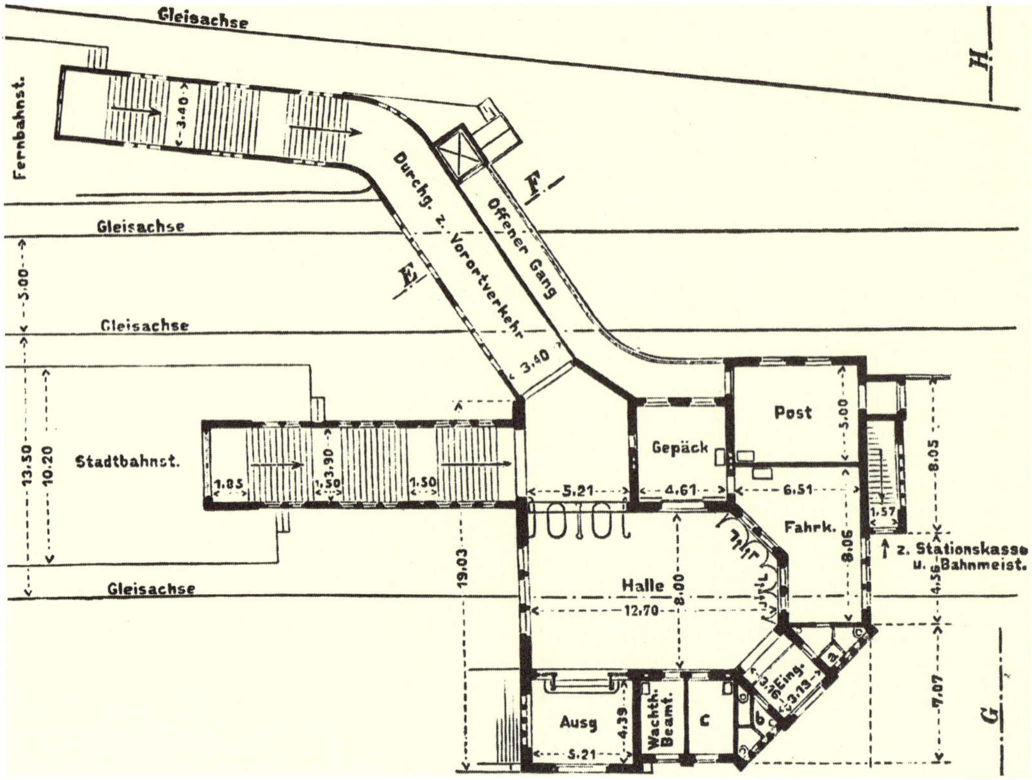

Projektierung und Bau der Stadtbahn leitete 1874 bis 1882 als Vorsitzender der Königlichen Eisenbahn-Direction für den Bau der Berliner Stadtbahn der bewährte Eisenbahnbauingenieur Ernst Dircksen.

Die alte Berliner Stadtbahnstrecke behielt auch nach dem zweiten Weltkrieg ihre große Bedeutung als Hauptstrecke Berlins für den innerstädtischen Verkehr und den Fernverkehr der Deutschen Reichsbahn. Demzufolge blieben die hier befindlichen Bahnhöfe weitgehend erhalten oder wurden wiederaufgebaut, während die historisch so bedeutenden Kopfbahnhöfe sämtlich dem Abbruch verfielen.

Bild 336. Berliner Stadt-Eisenbahn, Bahnhof Lichtenberg. Grundriß des Empfangsgebäudes in Straßenhöhe. Den Bau des an der Ostbahnlinie Berlin–Königsberg (heute: Kaliningrad) und der Stadtbahn Westend - Kaulsdorf angelegten Bahnhofs erschwerten eine schräg zur Gleisachse überführte und eine parallel zu den Gleisen auf einem Damm verlaufende Straße. Zum Fernbahnsteig führte eine Brücke mit besonderem Gang und Aufzug für Gepäck- und Postbeförderung

Die Halle-Sorau-Gubener Eisenbahn

Der Eilenburger Bahnhof in Leipzig

Als letzter Kopfbahnhof der Messestadt wurde 1873 bis 1874 der Eilenburger Bahnhof zwischen der Eilenburger und der jetzigen Reichpietzschstraße mit der Kopfseite am Gerichtsweg und der Ausfahrt an der Riebeckstraße angelegt. Die Halle-Sorau-Gubener Eisenbahngesellschaft verwirklichte damit die billigere Variante eines großen selbständigen Bahnhofs in Leipzig statt einer Endigung im damaligen Thüringer Bahnhof, die viele kostspielige Brücken- und Streckenbauarbeiten erfordert hätte. Die früher beabsichtigte Anlage eines Bahnhofes auf den Rietzschkebachwiesen konnte wegen der inzwischen eingeleiteten Planung eines Sammelbahnhofes für die sechs in Leipzig einmündenden Bahnen nicht ausgeführt werden.

Das Bahnhofsgelände war bereits für die städtische Bebauung vorgesehen, jedoch zu dieser Zeit nur mit einem größeren Sägewerk bebaut, das abgebrochen werden mußte. Zur Verbindung mit dem Zentralbahnhof sollte zwischen den Dörfern Schönefeld und Paunsdorf ein Trennungsbahnhof angelegt und von diesem eine 3 km lange Verbindungsbahn abgezweigt werden. Nach Konzessionserteilung am 24. Dezember 1872 wurde mit dem Bau der Strecken und Anlagen begonnen und bereits am 1. November 1874 der Betrieb eröffnet.

Der Eilenburger Bahnhof besaß ähnlich wie der Thüringer Bahnhof eine gabelförmige Gleisanlage. An der Reichpietzschstraße lagen die für den Personenverkehr bestimmten, an der Eilenburger Straße die dem Güter- und Rangierverkehr dienenden Gleise. Dazwischen befanden sich Laderampen, Güterschuppen, -abfertigungsgebäude und das Empfangsgebäude (Bild 337). Das nach Plänen des Dresdener Architekten Steche 1874 bis 1876 erbaute Bahnhofsgebäude war mit 115 m Länge, dem dreigeschossigen Mittelbau und den Seitenrisaliten ein recht großangelegtes Bauwerk, wenn man die isolierte Lage dieses Bahnhofs und damit die bereits erwähnten Gedanken zur Anlage eines Sammelbahnhofs in Leipzig in Betracht zieht. Im Mittelbau des Empfangsgebäudes befand sich die zwei Geschosse hohe Eingangshalle, das »Vestibül«, mit einer von vier Eisensäulen getragenen Kassettendecke. An der Halle lagen Gepäckannahme und -expedition, »Billetausgabe« und Telegraphie, Korridore zu den Warte- und Speisesälen I., II., III. und IV. Klasse, die ebenfalls durch zwei Geschosse geführt waren.

Diese Säle hatten auch direkten Zugang zu den Bahnsteigen. Toiletten befanden sich beiderseits der Vorhalle im Mittelbau (Bild 338).

Die akademisch gestalteten Fassaden des Backsteinbaues waren mit Greppiner Steinen verblendet und reich mit Terrakotten dekoriert (Bild 339). Bautechnisch interessant ist es, daß das Gebäude bereits damals eine Luftheizungsanlage besaß. Die Baukosten betrugen 365 000,– Mark.

Der zugehörige Rangierbahnhof Schönefeld wurde beim Bau der Strecke nicht vollendet, sondern 1878 eine Verbindungsbahn mit zwei Nebengleisen zum Leipziger Übergabebahnhof hergestellt. 1888 ist in Schönefeld ein Personenbahnhof eingerichtet worden und erst 1889 erhielt der Rangierbahnhof eine Rangiergleisgruppe.

Am 1. Mai 1915 übernahm der neue Hauptbahnhof den Fernverkehr des Eilenburger Bahnhofs.

Ab 2. November 1942 wurde von hier aus auch der Vorortverkehr nach Taucha, Strecke 176g, »bis auf weiteres eingestellt«.

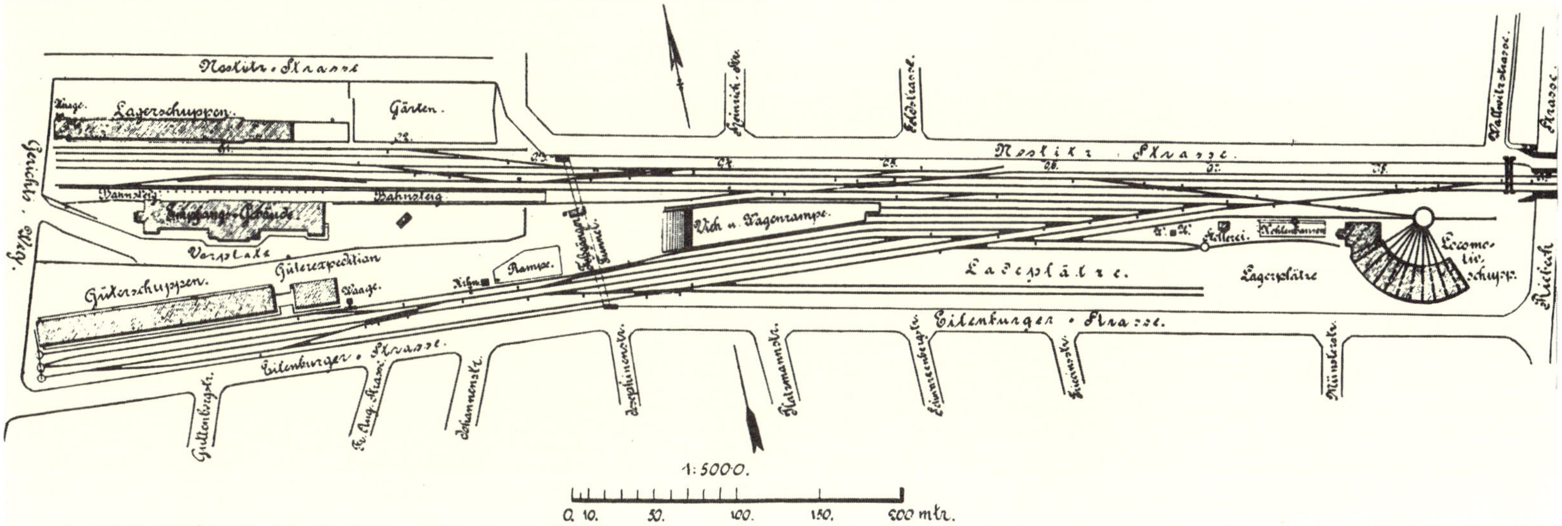

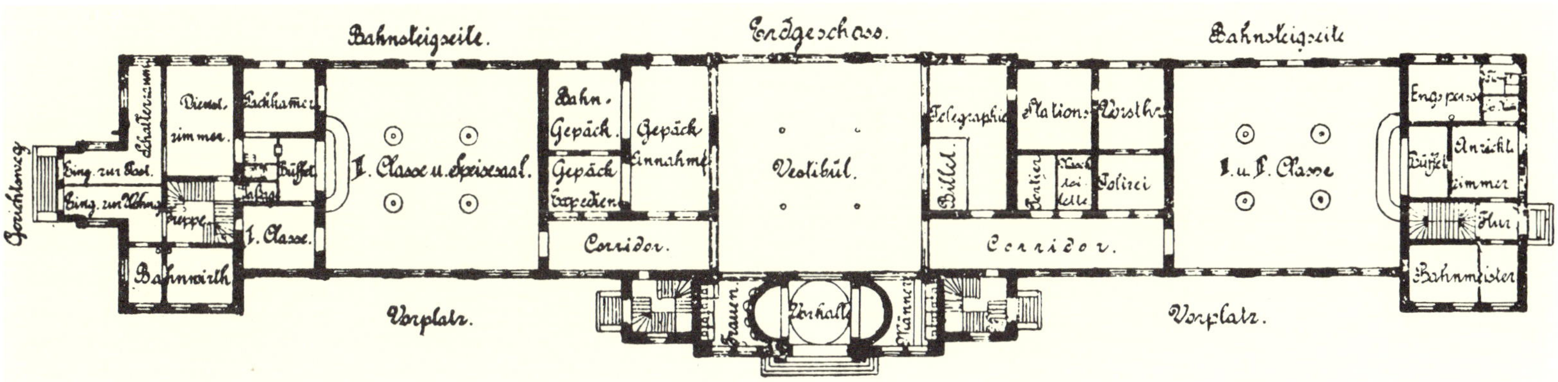

Bild 337. Der Eilenburger Bahnhof in Leipzig. Lageplan um 1890

Bild 338. Der Eilenburger Bahnhof in Leipzig. Grundriß des Empfangsgebäudes

Bild 339. Der Eilenburger Bahnhof in Leipzig. Blick auf das Empfangsgebäude von Westen 1905

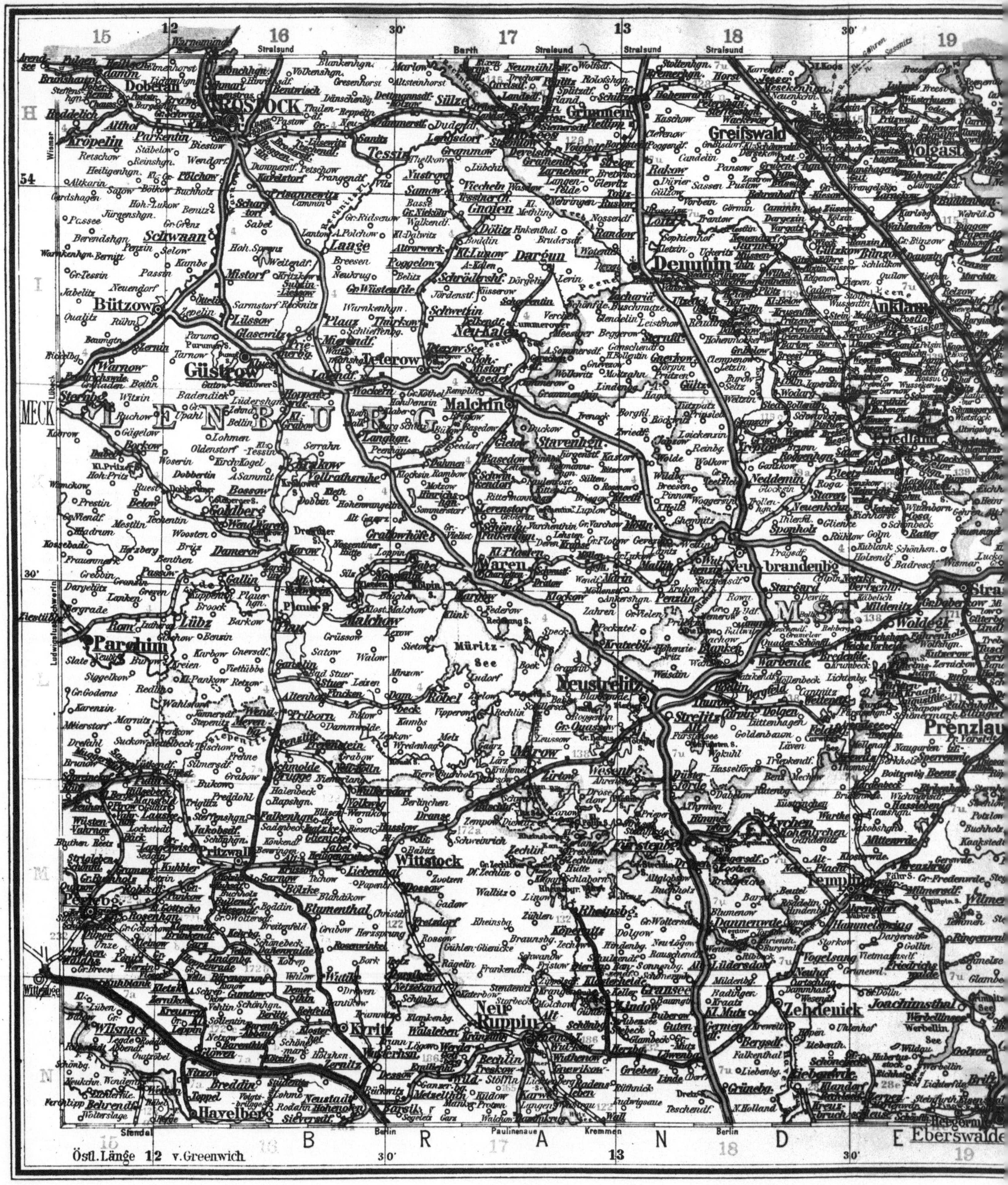

15
16
17
18
19
12
13
30'
54
H
I
K
L
M
N
Stralsund
Barth
Warnemünde
Doberan
Rostock
Kröpelin
Bützow
Güstrow
Teterow
Malchin
Dargun
Demmin
Greifswald
Wolgast
Anklam
Friedland
Neubrandenbg.
Waren
Plau
Lübz
Parchim
Müritz-See
Neustrelitz
Prenzlau
Templin
Wittstock
Pritzwalk
Perleberg
Wittenberge
Wilsnack
Kyritz
Neu Ruppin
Rheinsbg.
Gransee
Zehdenick
Joachimsthal
Havelberg
Neustadt
Eberswalde
Woldegk
Strasburg
MECK
L E N B U R G
M S T.
Ludwigslust-Schwerin
Wismar
Lübeck
Stendal
Berlin
Paulinenaue
Kremmen
B R A N D E N B U R G
Östl. Länge 12 v. Greenwich

III. Mecklenburgische Eisenbahnen

Staatsbahnen
4 Mecklenburgische Friedrich-Franz-Eisenbahn
7 Preußische Staatsbahnen
Direktions-Bezirke:
a Altona, d Bromberg, u Stettin

Privatbahnen
11 A.-G. f. Bahnbau u. Betrieb
c Eberswalde-Schöpfurth Klb.
28 Becker & Co. Eisenb.-Bau u. Betr.-Ges.
e Reinickendorf-Liebenwalde-Gr. Schönebecker E.
49 Centralverwaltung für Sekundärb. Herrm. Bachstein
a Neubrandenburg-Friedländ. E.
115 A Kleinb. Klockow-Passewalk
122 Kremmen-Neuruppin-Wittstocker Eisenbahn
115 Kleinbahnen des Provinzialverbandes von Pommern:
a Anklam-Lassaner Kleinb.
b Casekow-Pencun-Oder (Klb.)
c Demminer Kleinbahn
e Franzburger Südbahn
h Greifswald-Jarmener Klb.
i Greifswald-Wolgaster Klb.
n Randower Kleinbahn
128 Lenz'sche Kleinbahnen
q Stralsund-Tribsees Eisenb.
d Goldbeck-Werben-Elbe (Klb.)
132 Löwenberg-Lindower Kleinb.
138 Mecklenburger Friedrich-Wilhelm-Eisenbahn
139 Mecklenburg-Pommersche Schmalspurbahnen
165 Paulinenaue-Neuruppiner E.
171 Prenzlauer Kreis-Kleinb. u. a
a Schönermark-Damme
172 Prignitzer Eisenb.-Ges.
a Prignitzbahn
b Ostprignitzer Kreis-Klb.
c Westprignitzer Kreis-Klb.
186 Ruppiner Kreisbahn
216 a Brandenburgische Städteb.
232 Wittenberge-Perleberger E.

Koch, W. und C. Opitz:
Eisenbahn- und Verkehrsatlas von Europa. Leipzig 1912. Blatt Nr. 8

Mecklenburgische Eisenbahn Hagenow–Schwerin–Wismar

In Mecklenburg begann der Eisenbahnbau später als in anderen deutschen Ländern. Von den drei 1845 gebildeten Eisenbahngesellschaften, deren Ziel die Erschließung dieses Agrar-Landes und die Verbindung der Seestädte Rostock und Wismar mit der im Bau befindlichen Linie Berlin–Hamburg war, nahm zuerst die Hagenow-Schwerin-Rostocker Eisenbahn-AG am 1. Dezember 1845 die Arbeiten an der 4 Meilen langen Strecke Schwerin–Hagenow auf.

Wegen erheblicher Terrain- und Materialschwierigkeiten konnte der geplante Eröffnungstermin 15. Oktober 1846 nicht eingehalten werden. Allein die Herstellung der Planie erforderte 830000 m^3 Erdbewegungen. Brückenbauten verzögerten sich, weil das in Mecklenburg knappe Feldsteinmaterial bereits für den Bau der Berlin–Hamburger Bahn aufgekauft worden war. Zehn Brücken und 32 Durchlässe waren zu bauen.

Bild 340. Fahrplan Schwerin–Hagenow vom 18. Juli 1847

Mecklenburgische Eisenbahn.

Fahrplan
der
Strecke Schwerin-Hagenow
vom 18. Juli 1847 an.

Zug No.	Von Schwerin nach Hagenow.	Zug No.	Von Hagenow nach Schwerin.
1.	7 Uhr Morgens.	4.	8¼ Uhr Morgens.
2.	9¼ " "	5.	10½ " "
3.	6¼ " Abends.	6.	7¾ " Abends.

Dauer der Fahrt circa ¾ Stunden.

Diese Züge schließen sich den Zügen der **Berlin-Hamburger** Bahn wie folgt an:

Zug Nr. 1. Ankunft in **Hamburg** 11 à 11½ Uhr Vormittags.

Zug Nr. 2. Ankunft in **Hamburg** 3 à 3½ Uhr Nachmittags. Ankunft in **Berlin** 4 à 4¼ Uhr Nachmittags.

Zug Nr. 3. Ankunft in **Hamburg** 10½ à 11 Uhr Abends., Ankunft in **Wittenberge** 9¼ à 9¾ Uhr Abends.

Zug Nr. 4. Abfahrt von **Wittenberge** 6¼ Uhr Morgens.

Zug Nr. 5. Abfahrt von **Hamburg** 7½ Uhr Morgens.

Zug Nr. 6. Abfahrt von **Hamburg** 4½ Uhr Nachmittags. Abfahrt von **Berlin** 2¼ Uhr Nachmittags.

Passagiere, welche von Schwerin nach Berlin, Hamburg und Ludwigslust reisen, so wie auch umgekehrt, können am Abgangsorte Billets für die ganze Fahrt lösen. — Nach anderen Orten muß in Hagenow ein neues Billet gelöset werden.

Die Direction
der Mecklenburgischen Eisenbahn-Gesellschaft.

So konnte der Betrieb auf der Strecke Hagenow–Schwerin erst am 1. Mai 1847, morgens 7 Uhr, in Schwerin in feierlicher Weise eröffnet werden, nachdem bereits am 13. März 1847 die erste der drei bestellten Lokomotiven unter dem Jubel der Bevölkerung die Strecke befahren hatte. Damit war Schwerin mit Berlin und Hamburg verbunden, denn schon am 15. Oktober 1846 war die Strecke Berlin–Boizenburg, am 15. Dezember 1846 die ganze Strecke Berlin–Hamburg in Betrieb genommen worden (Bild 340).

Am 12. Juli 1848 erfolgten die Inbetriebnahme der Strecke Schwerin–Wismar und am 13. Mai 1850 der Strecken Kleinen–Rostock und Bützow–Güstrow. Damit war das verkehrspolitische Ziel der vereinigten Gesellschaften verwirklicht.

Für die noch fehlende Verbindung nach Neubrandenburg beziehungsweise bis zur Landesgrenze bei Strasburg setzte sich der mecklenburgische Staat ein. Der Betrieb auf dieser ersten Staatsbahn wurde bis Neubrandenburg am 15. November 1864, bis zur Landesgrenze am 1. Januar 1867 eröffnet. Die Staatsbahn hatte ursprünglich ihren Sitz in Malchin, seit der Verstaatlichung der Mecklenburgischen Eisenbahngesellschaft 1870 in Schwerin.

Die »Großherzogliche Friedrich-Franz-Eisenbahn« (Staatsbahn), Nachfolgerin der Mecklenburgischen Eisenbahn AG, verkaufte der Staat aus finanziellen Gründen schon 1873 wiederum an eine Aktiengesellschaft, die sich am 15. November 1873 als »Mecklenburgische-Friedrich-Franz-Eisenbahn-Gesellschaft« konstituierte.

Am weiteren Ausbau des Streckennetzes waren zunächst folgende Gesellschaften beteiligt:

von 1879 bis 1893:

Parchim-Ludwigsluster Eisenbahn AG.,
Betriebseröffnung 15. Juni 1880;

von 1882 bis 1889:

Güstrow-Plauer Eisenbahn AG.,
Betriebseröffnung 5. Dezember 1882;

von 1882 bis 1890:

Wismar-Rostocker Eisenbahn AG.,
Betriebseröffnung 27. Juli bis 22. Dezember 1883;

von 1884 bis 1889:

Gnoien-Teterower Eisenbahn AG.,
Betriebseröffnung 5. November 1884;

von 1883 bis 1895:

Mecklenburger Südbahn AG.,
Betriebseröffnung 20. Januar 1885 bis 1. Juni 1886;
Doberan-Heiligendammer Eisenbahn,
Betriebseröffnung 9. Juli 1886;

von 1883 bis 1893:

Deutsch-Nordischer Lloyd AG.,
Betriebseröffnung 1. Juni 1886;

von 1866 bis 1897:

Wismar-Karower Eisenbahn AG.,
Betriebseröffnung 14. November 1887.

Diese Bahnen kamen 1890 in den Verband der Großherzoglich Mecklenburgischen Friedrich-Franz-Eisenbahn als Nachfolgerin der Mecklenburgischen Friedrich-Franz-Eisenbahn-Aktiengesellschaft, die wiederum vom Staat übernommen wurde. Sie bestand unter diesem Namen bis 1918, von 1918 bis 1920 als Mecklenburg-Schwerinsche Landeseisenbahn.

Daneben verblieben viele Gesellschaften in Privathand, so

von 1847 bis 1938:
Lübeck-Büchener-Eisenbahn AG.,
Betriebseröffnung 16. Oktober 1851;

von 1870 bis 1941:

Eutin-Lübecker-Eisenbahn AG.,
Betriebseröffnung 10. April 1873;

von 1881 bis 1941:

Wittenberge-Perleberger Eisenbahn AG.,
Perleberg
Betriebseröffnung 15. Oktober 1881;

von 1881 bis 1941:

Prignitzer Eisenbahn AG.,
Betriebseröffnung 31. Mai 1885;

von 1890 bis 1941:

Kreis Oldenburger Eisenbahn AG.,
Betriebseröffnung 1881 und 1898.

Die Neustrelitz-Wesenberg-Mirower Eisenbahn AG., gegründet 1889, Betriebseröffnung 18. Mai 1890 und die Blankensee-Woldegk-Strasburger Eisenbahn AG., gegründet 1892, Betriebseröffnung 1. bis 15. Oktober 1893, wurden 1894 zur Mecklenburgischen Friedrich-Wilhelm-Eisenbahn AG. vereinigt, die bis 1941 bestand.

Die genannten Bahnen gehörten zum ehemaligen Bereich der Rbd Schwerin (1920 bis 1945).

Von den mecklenburgischen Bahnen hatte als erste Nord-Süd-Verbindung besonders die Eisenbahn Neustrelitz–Warnemünde – vor allem nach Eröffnung der Eisenbahnfähre Warnemünde–Gjedser (1. Oktober 1903) – größere Bedeutung, die sie, inzwischen als moderne Magistrale ausgebaut, heute als eine der wichtigsten Verkehrsadern der DDR noch besitzt.

Nach 1945 umfaßte die Rbd Schwerin außer einigen Strecken beziehungsweise Streckenabschnitten der ehemaligen Direktionen Altona, Hamburg und Stettin
von 1895 bis 1949
die Ost- und Westprignitzer Kreiskleinbahnen, Betriebseröffnung 4. Juni 1896 und später

von 1911 bis nach 1945
die Kleinbahn Neuhaus–Brahlsdorf GmbH, Betriebseröffnung 17. April 1912;

von 1925 bis 1949
die Mecklenburger Bäderbahn AG., Betriebseröffnung 1. Juli 1925
sowie die
Ruppiner Eisenbahn AG., 1913 bis 1949, welcher sich die Löwenberg-Lindower Kleinbahn AG., 1895 bis 1921, und die Paulinenaue-Neuruppiner Eisenbahn AG., 1879 bis 1923, Betriebseröffnung 12. September 1890
angeschlossen hatten.

Die mecklenburgischen Eisenbahnen boten infolge ihrer Vielzahl privatkapitalistischer Gesellschaften mit der entsprechenden betriebstechnischen, bautechnischen und architektonischen Vielfalt ihrer Betriebsmittel und Bauten ein besonders interessantes, reizvolles Bild.

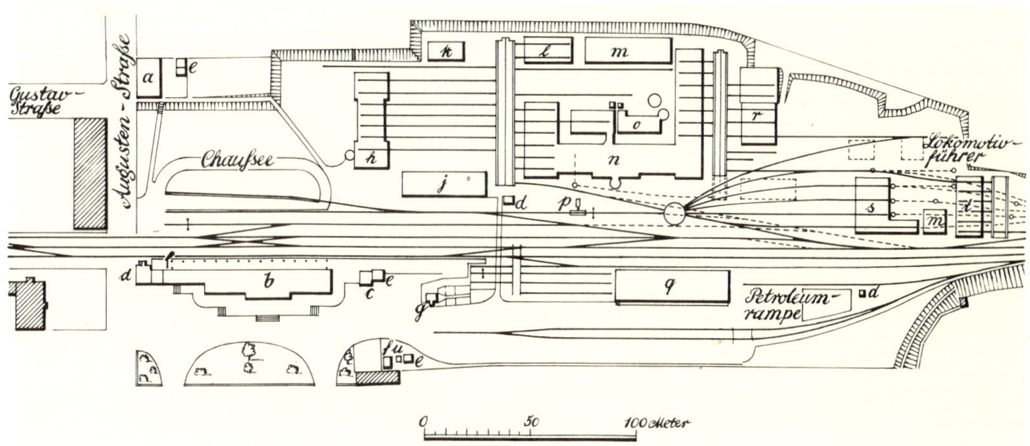

Bild 341. Bahnhof Schwerin. Empfangsgebäude und Wasserstation um 1860. Zeitgenössische Lithographie von Schuricht

Bild 342. Bahnhof Schwerin. Lageplan um 1880
a Verwaltungsgebäude; b Empfangsgebäude; c Wassergebäude; d Wärterhäuschen; e Privatwohnung; f Spritzenhaus; g Viehwaage; h Wagenreparatur; j Materiallager; k Stallgebäude; l Lackiererei; m Materiallager; n Werkstatt; o Gasanstalt; p Centesimalwaage; q Güterschuppen; r und s Lokomotivschuppen; t Wagenschuppen; u Dunggrube

Bahnhof Schwerin

Die geographische Lage Schwerins, schwierige geologisch-topographische Verhältnisse am Schweriner See und die östlich stark ansteigende Endmoränenlandschaft verhinderten den Anschluß der Stadt an eine der großen von Berlin und Stettin nach Hamburg führenden Eisenbahnlinien; nicht fürstliche Willkür, die angeblich eine Belästigung der Residenz durch die Eisenbahn befürchtete, wie bisweilen gefabelt wurde, stand einer Ost-West-Hauptlinie über Schwerin entgegen. Daher kam der Eisenbahnanschluß Schwerins durch die Querverbindung zwischen Ludwigslust beziehungsweise Hagenow und Kleinen zustande, deren erster Abschnitt am 1. Mai 1847 eröffnet wurde. Zu dieser Zeit war das seit 1845 im Bau befindliche Bahnhofsgebäude nahezu vollendet. Der erste fahrplanmäßige Zug Schwerin–Hagenow fuhr noch von einem hölzernen Schuppen des Packhofes des Güterbahnhofes, der neben dem Personenbahnhof lag, ab.

Auch die Anlage des Bahnhofs und die Führung der Bahn im Weichbild der Stadt waren recht schwierig. So mußte der für die Erhebung von Binnenzöllen 1840 um die Stadt gezogene 5 m hohe »Accisewall« bis zum Freiwasser der Bischofsmühle abgetragen und die nördliche Seite des Bahnhofs mit einem Tor verschlossen werden, das nur dem Eisenbahnverkehr dienen durfte. Im Süden durchschnitt die Bahntrasse nach der Passage des Walles am Ostorfer See in einem bis 10 m tiefen Einschnitt das Gelände bis zum Bahnhof. Diese Situation und die später unzureichende Freihaltung des Bahngeländes von städtischer Bebauung schränkten den weiteren Ausbau der Bahn außerordentlich ein. Der Schweriner Architekt Demmler plante sogar einen Tunnel unter der neuen Stadterweiterung!

Das aus zweigeschossigen, beherrschendem Mittelbau und eingeschossigen Seitenflügeln bestehende romantisch-spätklassizistische Empfangsgebäude stand etwa an der Stelle des

Bild 343. Bahnhof Schwerin. Empfangsgebäude 1977.
Bild 344. Bahnhof Schwerin. Ansicht des Empfangsgebäudes vom Vorplatz aus. Zeichnung für die Umbauten 1926 bis 1927
Bild 345. Bahnhof Schwerin. Empfangsgebäude mit den Bahnsteigen 1901
Bild 346. Bahnhof Schwerin. Grundriß des Empfangsgebäudes in Gleishöhe. Zeichnung für die Umbauten 1926 bis 1927

heutigen. Eine vorgelagerte Terrasse mit Freitreppe vermittelte zwischen Bahnsteighöhe und dem tieferliegenden Luisenplatz, jetzt Marianne-Grunthal-Platz (Bild 341). Ein Lageplan aus dem Jahre 1880 zeigt die Gesamtanlage des Bahnhofs Schwerin (Bild 342).

Allmählich wurde das Bahnnetz erweitert, 1848 nach Wismar und 1850 nach Rostock und Güstrow. Auch danach besaß der Bahnhof Schwerin nur ein Hauptgleis für den Personenverkehr. Der erste Bahnhofsumbau erfolgte 1882. Statt eines auf 1 Million Mark veranschlagten Neubaues nahm man aber nur notwendigste Veränderungen vor, die 10000,– Mark kosteten. Die Wartezimmer und deren Zugänge wurden so angeordnet, daß die Reisenden nach Lösen der Fahrkarten die Warteräume aufsuchen konnten, ohne das Freie passieren zu müssen. Im übrigen sollten die vorhandenen Anlagen und Gleise für weitere zehn Jahre ausreichen.

Unausweichlich wurde der Umbau jedoch, als 1884 die Baugenehmigungen für die Linien nach Crivitz, Gadebusch und nach Ludwigslust–Dömitz vorlagen. Inzwischen war der Bahnhof, der auch den Güterverkehr abzuwickeln hatte, fast von allen Seiten umbaut. So war eine Erweiterungsmöglichkeit nur noch nach dem Osten zum Luisenplatz hin gegeben. Doch auch diesmal werden die Pläne zur Verbreiterung des Bahnhofs nicht verwirklicht, sondern nur der vorhandene »Perron« ausgebaut und ein »Zwischenperron« angelegt, wozu die Stadt 50000,– Mark beitrug.

Erst 1887 stimmte der Aufsichtsrat der Mecklenburgischen Friedrich-Franz-Eisenbahn dem Beginn der Vorarbeiten zum Umbau des Bahnhofs Schwerin zu, der 1888 bis 1889 erfolgte. Für den Personenverkehr wurde der Bahnhof mit zwei Zwischenbahnsteigen und vier Gleisen, je eines für Gadebusch und Crivitz sowie zwei Gleisen für die Hauptbahn zur Kreuzung der Züge Hagenow–Schwerin, ausgestattet. Zur Verbreiterung des Bahnhofs nach Osten mußte etwa $^1/_3$ des Luisenplatzes zur Verfügung gestellt werden. Nach Abbruch des alten wurde unmittelbar davor das neue Empfangsgebäude errichtet (Bild 343). Das eklektizistische, mit Hausteinen, gelben und braunen Klinkern verkleidete, mit vielen Renaissance- und Barockornamenten dekorierte Gebäude hatte sicher französisch-belgische Vorbilder; im Archiv der Rbd Schwerin befindet sich ein Blatt der Zeitschrift »La Construction Moderne« mit Abbildungen des Bahnhofs Cambrai, dessen Komposition und Details viel gemeinsames mit dem Schweriner Bau haben. An dieser Architektur ist charakteristisch, daß eine barocke Überfülle verschiedenster Schmuckelemente die Fassade fast auflöst (Bild 344). Der Grundriß ist typisch fünfteilig. Im Mittelbau liegt das »Vestibule« als eigentlicher Zentralraum, dessen Haupteingang durch eine Freitreppe erreicht wurde. Die im Lichten 13,5 m

Zug in Richtung
nach:

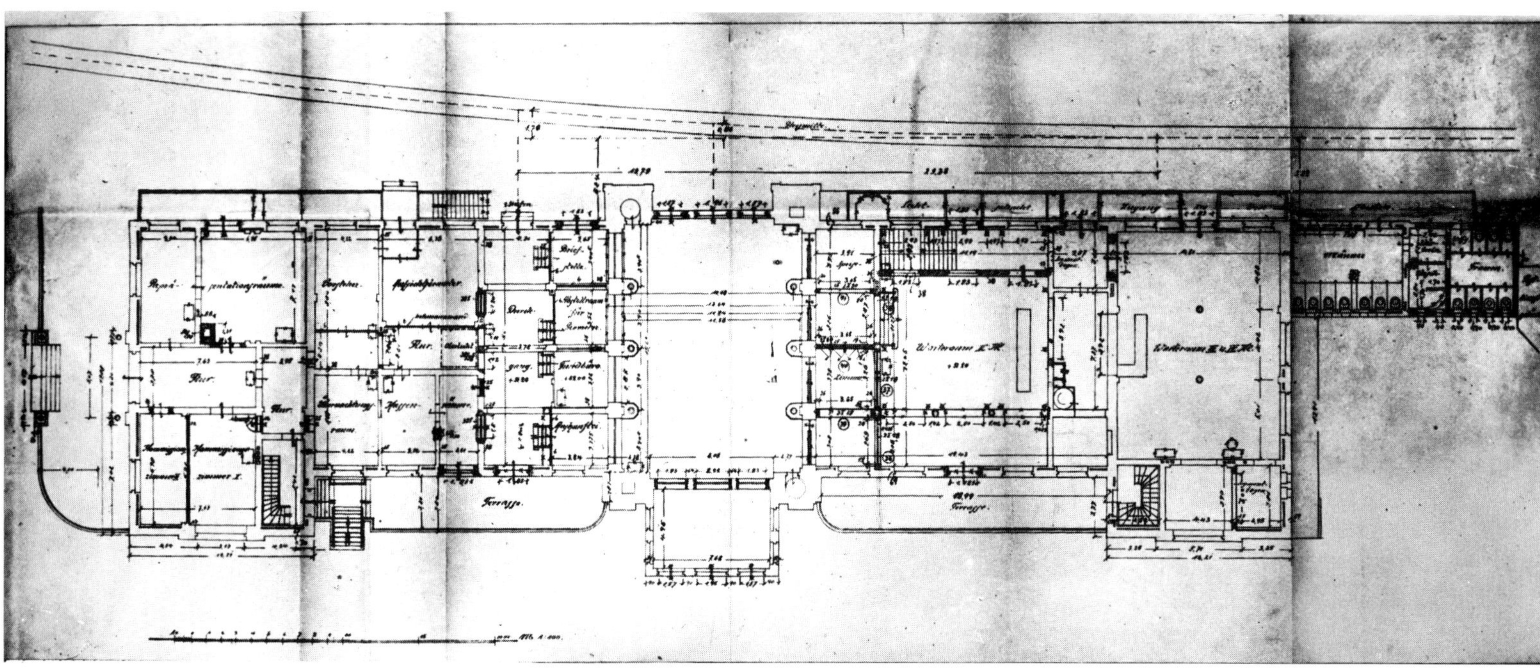

hohe, durch zwei Stockwerke reichende Halle hatte eine Grundfläche von 13,8 m × 18,8 m und ein bogenförmiges Dach aus drei eisernen Bindern. Niedrige Einbauten in der Vorder- und Rückseite der Halle enthielten Schalter- und Warteräume. Im südlichen Eckbau befanden sich Räume für den Großherzog. Die Hauptbahnsteige waren teilweise mit eisernen Schutzdächern versehen (Bild 345). Damals erreichten die Reisenden die Bahnsteige noch recht gefahrvoll auf schienengleichen Übergängen. Der Neubau des Empfangsgebäudes unter Leitung des Kgl. Regierungsbaumeisters Möller, Schwerin, war mit 350 000,– Mark veranschlagt.

1905 wurden auf dem Bahnhof Schwerin und anderen größeren Bahnhöfen zur Verbesserung der Betriebssicherheit Bahnsteigsperren eingeführt. 1926 bis 1927 erfolgte der letzte größere Umbau des Empfangsgebäudes (Bild 346). Dabei wurden die Bahnsteige verbreitert und zum bequemen Einsteigen höher gelegt, ein Tunnel zu den Bahnsteigen geführt, die Empfangshalle tiefer gelegt, so daß die Freitreppe am Luisenplatz wegfiel, und im oberen Stockwerk die Gaststätte und Wartesäle mit Ausblick zum Bahnhofsvorplatz ausgebaut.

Trotz dieses Umbaues blieb die ursprüngliche Form des Gebäudes im wesentlichen erhalten (Bild 343).

Bild 347. Bahnhof Wismar. Empfangsgebäude vom Vorplatz um 1860. Zeitgenössische Lithographie von Schuricht

Bild 348. Bahnhof Wismar. Empfangsgebäude 1901. Rechts die meckl. T1 Nr. 502 der ehemaligen Wismar-Rostocker Eisenbahn-A.-G., gebaut 1884 von Egestorff, Hannover

Bahnhof Wismar

Als am 12. Juli 1848 die Strecke Schwerin–Wismar eröffnet wurde, diente als Empfangsgebäude provisorisch der Wagenschuppen, der zusammen mit den Betriebsgebäuden des Bahnhofes, Lokomotiv-, Güter- und Materialschup-

pen sowie Kokereianlagen bereits errichtet war.

Das heute in wesentlichen Teilen noch vorhandene Empfangsgebäude wurde erst 1857 mit einem Kostenaufwand von 28 500 Talern fertiggestellt. Wie bei vielen Bahnhofsbauten dieser Zeit finden sich auch hier klassizistische Gestaltungselemente und Dekorationen mit romantischen Details (Bilder 347, 348).

Die Lithographie aus der Zeit um 1860 zeigt einen verhältnismäßig großräumigen Bahnhofsvorplatz, von Großgrün umgeben, der ursprünglich gute Wagenzufahrt- und Parkmöglichkeit bot. Aber der Standort dieses ersten Endbahnhofes der Strecke war recht ungünstig gewählt, so daß der Bahnhof, durch die städtische Bebauung zunehmend eingeengt, bald funktionell nicht mehr befriedigte. Nicht zuletzt bedingt durch die Betriebseröffnung der Eisenbahn Wismar–Rostock und die Verlegung weiterer Gleise vor dem Empfangsgebäude mußte dasselbe vor der Jahrhundertwende erweitert werden.

Die Bedeutung des Bahnhofs Wismar ist besonders seit seiner Verbindung mit dem Seehafen ständig gewachsen, die 1853 bis 1855 mit der Verlegung des ersten Anschlußgleises erfolgte. Auch diese Gleisführung an der Promenade tangierte das Empfangsgebäude bereits nachteilig.

Mecklenburgische Eisenbahn Kleinen–Rostock

Bahnhof Kleinen

In dem von der Mecklenburgischen Eisenbahn erschlossenen Gebiet entwickelte sich (Bad) Kleinen aufgrund seiner Lage am Westufer des Schweriner Sees zum bedeutenden Knotenpunkt. Am 12. Juli 1848 wurde der Bahnhof Kleinen mit der Strecke Schwerin–Wismar eröffnet (Bild 349), und bereits zwei Jahre später konnte die »Mecklenburgische Eisenbahn« (Aktiengesellschaft) am 30. Mai 1850 ihre zweite Hauptstrecke von Kleinen nach Rostock in Betrieb nehmen. Dazu kam am 1. Juli 1870 die von der »Großherzoglichen Friedrich-Franz-Eisenbahn« gebaute Verbindung Kleinen–Lübeck, die heute noch zwischen Bad Kleinen und Herrnburg betrieben wird. In dieser Zeit erfolgte 1868 bis 1870 der erste Umbau des Empfangsgebäudes unter weitgehender Nutzung der alten Bausubstanz. Nach Veränderung des Hauptdaches und Gliederung der Fassaden mit derben Backsteinpilastern entstand ein zwar nüchtern-kühler, aber klassisch-schlichter Bahnhofsbau (Bild 350), der jedoch durch den Umbau 1926 zumindest an der Gleisseite jeden Reiz verlor. Vorher hatte man einen breiten, überdachten Inselbahnsteig angelegt (Bild 351) und das Bahnsteiggleis bis an das Empfangsgebäude herangerückt.

Bild 349. Bahnhof Kleinen. Empfangsgebäude um 1860. Zeitgenössische Lithographie von Schuricht
Bild 350. Bahnhof Kleinen. Empfangsgebäude 1901

Bild 351. Bahnhof Bad Kleinen. Empfangsgebäude mit Inselbahnsteig um 1920
Bild 352. Bahnhof Ventschow. Empfangsgebäude 1901
Bild 353. Bahnhof Blankenberg um 1860. Zeitgenössische Lithographie von Schuricht
Bild 354. Bahnhof Blankenberg. Empfangsgebäude 1901
Bild 355. Bahnhof Bützow um 1860. Zeitgenössische Lithographie von Schuricht
Bild 356. Bahnhof Bützow nach 1860. Noch alter Gleisbau mit Doppelkopfschienen auf Schienenstühlen

Bahnhof Ventschow

Der zwischen Bad Kleinen und Blankenburg (–Rostock) gelegene Bahnhof des Dorfes Ventschow besaß zur Streckeneröffnung am 13. Mai 1850 ein Empfangsgebäude im Stile Mecklenburger Bauernhäuser, das später durch Anbauten und Schuppen erweitert wurde (Bild 352).

Bahnhof Blankenberg

Der Bahnhof Blankenberg wurde am 13. Mai 1850 mit dem Abschnitt Kleinen–Blankenberg der Eisenbahn Kleinen–Rostock eröffnet. Seit 14. November 1887 ist Blankenberg auch Station der Wismar–Karower Linie. Eine Lithographie aus der Anfangszeit des Bahnhofs (Bild 353) zeigt rechts das reizvolle Empfangsgebäude und links im Hintergrund eine interessant gestaltete Wasserstation mit Turm und einem Lokomotivschuppen aus Fachwerk. Beachtenswert ist auch der danebenstehende Signalturm. In diesem Zusammenhang sollte daraufhingewiesen werden, daß sich Lithographien und Stiche aus dieser Zeit in der Regel durch getreue Wiedergabe der Baulichkeiten auszeichnen. Das Empfangsgebäude befand sich danach um 1900 (Bild 354) fast im gleichen Zustand. Im Foto erkennen wir aber besser die architektonischen Details des ansprechenden, noch dem späten Klassizismus angehörenden Baues, der trotz Komposition verschiedener Baukörper bemerkenswert wohlproportioniert erscheint.

Bahnhof Bützow

Ein schlichter, mit Profil- und Ornamentziegeln dekorierter Backsteinbau auf T-förmigem Grundriß war 1850 das erste Empfangsgebäude des Bahnhofs Bützow. Auch die für den Betrieb unentbehrliche Wasserstation wurde zur Eröffnung der Strecke Kleinen–Rostock am 30. Mai 1850 rechtzeitig fertiggestellt (Bild 355). Mit ihrem polygonalen gotisierenden Turmanbau wirkte diese technische Einrichtung geradezu romantisch. Nach 1860 mußte das Bahnhofsgebäude erweitert werden (Bild 356). Das bei dieser Gelegenheit aufgenommene Foto zeigt interessante technische Gegenstände: aus der Eröffnungszeit von 1850 ist noch der erste Gleisbau mit Doppelkopfschienen auf Schienenstühlen und Holzschwellen vorhanden, wie er zu eben dieser Zeit in England üblich war (in Bildmitte sind die Doppelkopfschienen bereits durch Breitfuß- bzw. Regelschienen ersetzt). Vor dem Empfangsgebäude hält eine 1B-Lokomotive für gemischten Dienst, vermutlich von Borsig 1859 gebaut.

Das alte Bahnhofsgebäude wurde 1881 bis 1882 abgerissen, nachdem 1879 ein neues, repräsentatives, im Stil der Neurenaissance auf barockem dreiteiligen Grundriß vollendet war (Bild 357). Im Vergleich zum zehn Jahre später errichteten Schweriner Bahnhofsgebäude wirkt der ausgewogene, nur in der Mitte durch einen Scheingiebel ornamental geschmückte Bützower Bau noch fast klassisch. Im Foto von 1901 (Bild 357) eine 1B-Personenzuglokomotive der Gattung $P3^1$ der »Großherzoglich Mecklenburgischen Friedrich-Franz-Eisenbahn« (Nr. 12), die von 1888 bis 1907 beschafft wurde.

Bild 357. Bahnhof Bützow. Empfangsgebäude 1901

Bild 358. Friedrich-Franz-Bahnhof Rostock. Empfangsgebäude um 1860. Zeitgenössische Lithographie von Schuricht

Bild 359. Friedrich-Franz-Bahnhof Rostock. Empfangsgebäude 1901

Der Friedrich-Franz-Bahnhof in Rostock

Als ersten Bahnhof Rostocks baute die Mecklenburgische Eisenbahn-Aktiengesellschaft 1845 bis 1850 auf den sogenannten Bleicherwiesen den »Friedrich-Franz-Bahnhof«, der am 13. Mai 1850 mit der Strecke Kleinen–Rostock eröffnet wurde. Später nahm dieser Bahnhof außerdem die Linien Wismar–Rostock (ab 22. Dezember 1883), Stralsund–Rostock (ab 1. Juni 1889) und Tribsees–Rostock (ab 16. Dezember 1895) auf, die sämtlich hier endeten. Sein in Seitenlage errichtetes langgestrecktes Empfangsgebäude war in Anlehnung an die englische Gotik mit Elementen verschiedener historischer Epochen gegliedert und dekoriert (Bild 358). Kräftig betonte der zum Bahnhofsvorplatz vorgezogene Mittelgiebel den Haupteingang des repräsentativen Bauwerkes, während der entsprechende

Giebel mit dem Empfangshallenausgang auf der Bahnsteigseite nur mit Pfeilervorlagen hervortrat. Damit behielt der Hausbahnsteig uneingeschränkt gleiche Breite, und die später errichteten Bahnsteigdächer konnten unkompliziert an der Gebäudewand angehängt werden (Bild 359).

Der »Friedrich-Franz-Bahnhof« genügte als beengte Kopfstation den steigenden Verkehrsansprüchen um die Jahrhundertwende nicht mehr. Mit dem Bau neuer durchgehender Strecken und der Einrichtung des Trajektverkehrs Warnemünde–Gjedser wurden der »Centralbahnhof« für den Personenverkehr ausgebaut und der »Friedrich-Franz-Bahnhof« 1906 zum Rostocker Güterbahnhof umgestaltet.

Die Großherzogliche Friedrich-Franz-Eisenbahn Bützow–Neubrandenburg

Bahnhof Güstrow

Gleichzeitig mit der Eisenbahn Kleinen–Rostock wurde am 30. Mai 1850 eine Zweigbahn von Bützow nach Güstrow eröffnet. Das damals auf dem Bahnhof Güstrow errichtete romantisch-gotisierende Empfangsgebäude ist in seiner Grundsubstanz heute noch erhalten. Jedoch haben Anbauten am Vorplatz und vereinfachende Fassadenrenovierungen nach dem ersten Weltkrieg die charakteristische Ursprungsform des Bauwerks beeinträchtigt. Nur an der Bahnsteigseite kann man die frühere Gestalt noch erkennen (Bild 360). Gegenüber dem Zustand von 1901 sind aber Giebelaufsätze und Quaderputzstruktur nicht mehr vorhanden.

Bahnhof Malchin

Malchin, an der am 15. November 1864 eröffneten Strecke Güstrow–Neubrandenburg gelegen, war von 1864 bis 1870 Verwaltungssitz der »Großherzoglichen Friedrich-Franz-Eisenbahn«, der ersten Staatsbahn Mecklenburgs.

Deshalb wurde auf dem Bahnhof Malchin ein verhältnismäßig großes Empfangsgebäude errichtet, das zugleich Verwaltungsfunktionen aufnahm (Bild 361). Der Architekt hat sich bemüht, durch Gliederung in Mittel- und Seitenflügel, Risalite, farblich-ornamentale Ausführung der Pilaster, Gesimse und Öffnungen den schweren Baukörper in gotisierender Weise aufzulösen. Er versuchte damit, jene einförmige und bedrückende Wirkung zu vermeiden, die manche norddeutsche Empfangsgebäude und preußische Kasernen erzeugen. Im 1901 aufgenommenen Foto (Bild 361) hält die Lokomotive »Schwerin«, eine Mecklenburger $P1^{III}$, gebaut 1864 bis 1873 von Hartmann, Höchstgeschwindigkeit 80 Kilometer/Stunde (ausgemustert 1910).

Bild 360. Bahnhof Güstrow. Empfangsgebäude 1901
Bild 361. Bahnhof Malchin. Empfangsgebäude 1901

Die Großherzogliche Friedrich-Franz-Eisenbahn Kleinen–Lübeck

Bahnhof Lübeck

Der Bahnhof Lübeck wurde bereits am 16. Oktober 1851 mit der Strecke Lübeck–Büchen eröffnet. Erst 29 Jahre später, am 1. Juli 1870, konnte die »Großherzogliche Friedrich-Franz-Eisenbahn« ihre 59,3 km lange Linie Kleinen–Lübeck in Dienst stellen, deren Bau und Betrieb sie als Staatsbahn übernommen hatte.

Dem spätklassizistischen Lübecker Empfangsgebäude war eine geschlossene »Personenhalle« mit einer einzigen Gleisdurchfahrt für den »Ein- und Aussteigeperron« angefügt (Bild 362), »damit die Reisenden von den Wartesälen aus im Trockenen zu den Wagenzügen gelangen konnten«. Die mit Rundstahlzugankern verspannte Holzkonstruktion des Bahnsteighallendachs ruhte bahnseitig auf profilierten Ziegelpfeilern, am Empfangsgebäude auf Pfeilervorlagen oder Konsolen, ähnlich wie bei der Halle des 1842 erbauten Bahnhofs Karlsruhe (Bild 16). Typisch ist im Foto des Bahnhofs Lübeck von 1901 (Bild 362) der Abspannturm für die damals üblichen Telefonfreileitungen.

Bild 362. Bahnhof Lübeck. Empfangsgebäude mit »Personeneinsteighalle« 1901

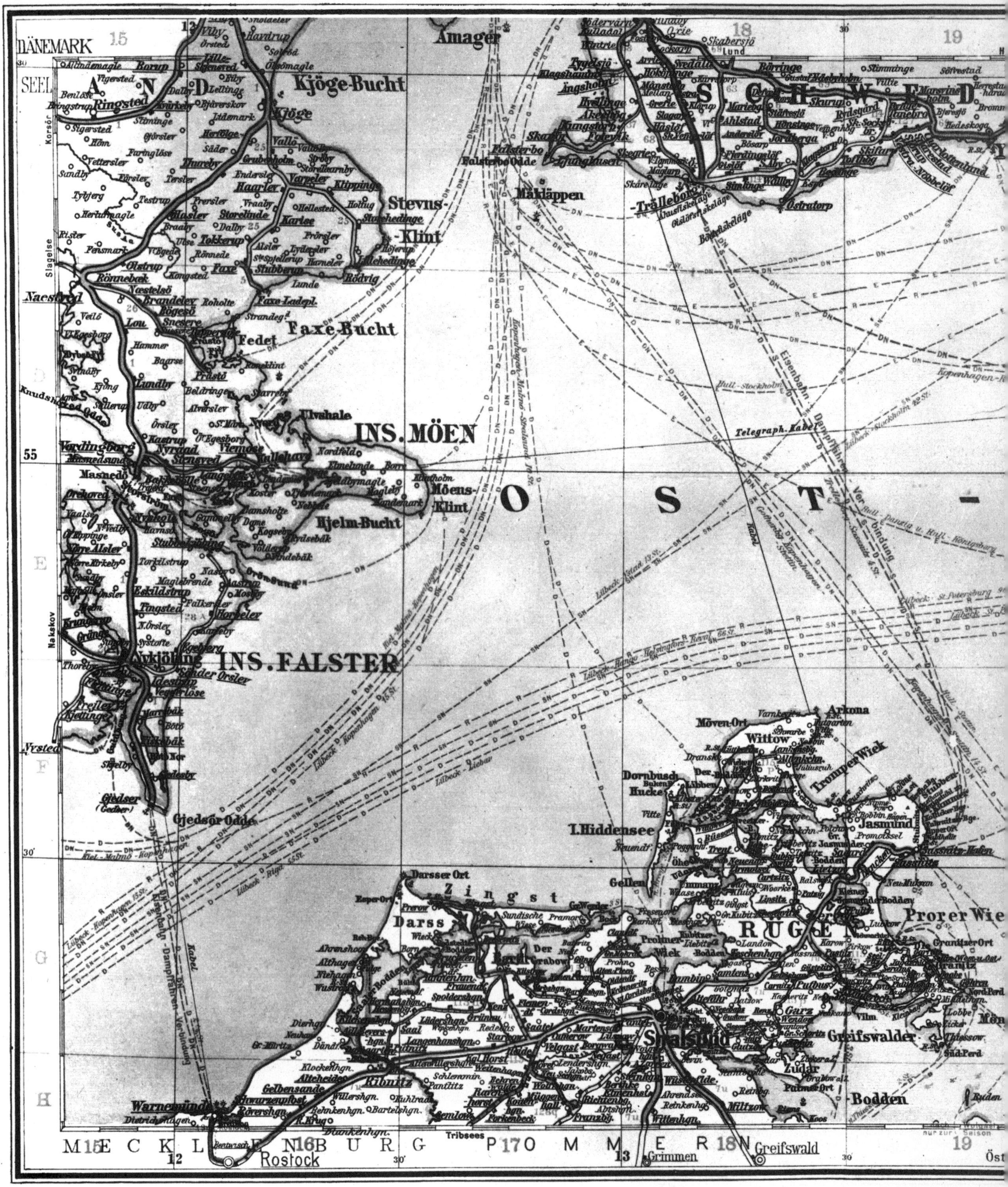
DÄNEMARK
SEEL
A N D
Kjöge-Bucht
Kjöge
Ringsted
Stevns-Klint
Faxe-Bucht
Amager
Falsterbo
Falsterbo Odde
Måkläppen
Trälleborg
Lund
S C H W E D
Naestved
Vordingborg
Masnedö
INS. MÖEN
Möens-Klint
Kjelm-Bucht
INS. FALSTER
Nykjöbing
Nysted
Gjedser
Gjedsör Odde
O S T -
Telegraph. Kabel
Eisenbahn
Arkona
Möven-Ort
Wittow
Tromper Wiek
Dornbusch
Hucke
I. Hiddensee
Jasmund
Gellen
Darsser Ort
Zingst
Darss
RÜGEN
Prorer Wiek
Stralsund
Greifswalder
Bodden
Ribnitz
Warnemünde
Rostock
Greifswald
Grimmen
Tribsees
MECKLENBURG
POMMERN
Korsör
Slagelse
Nakskov
15
16
17
18
19
12
13
55
30'
E
F
G
H

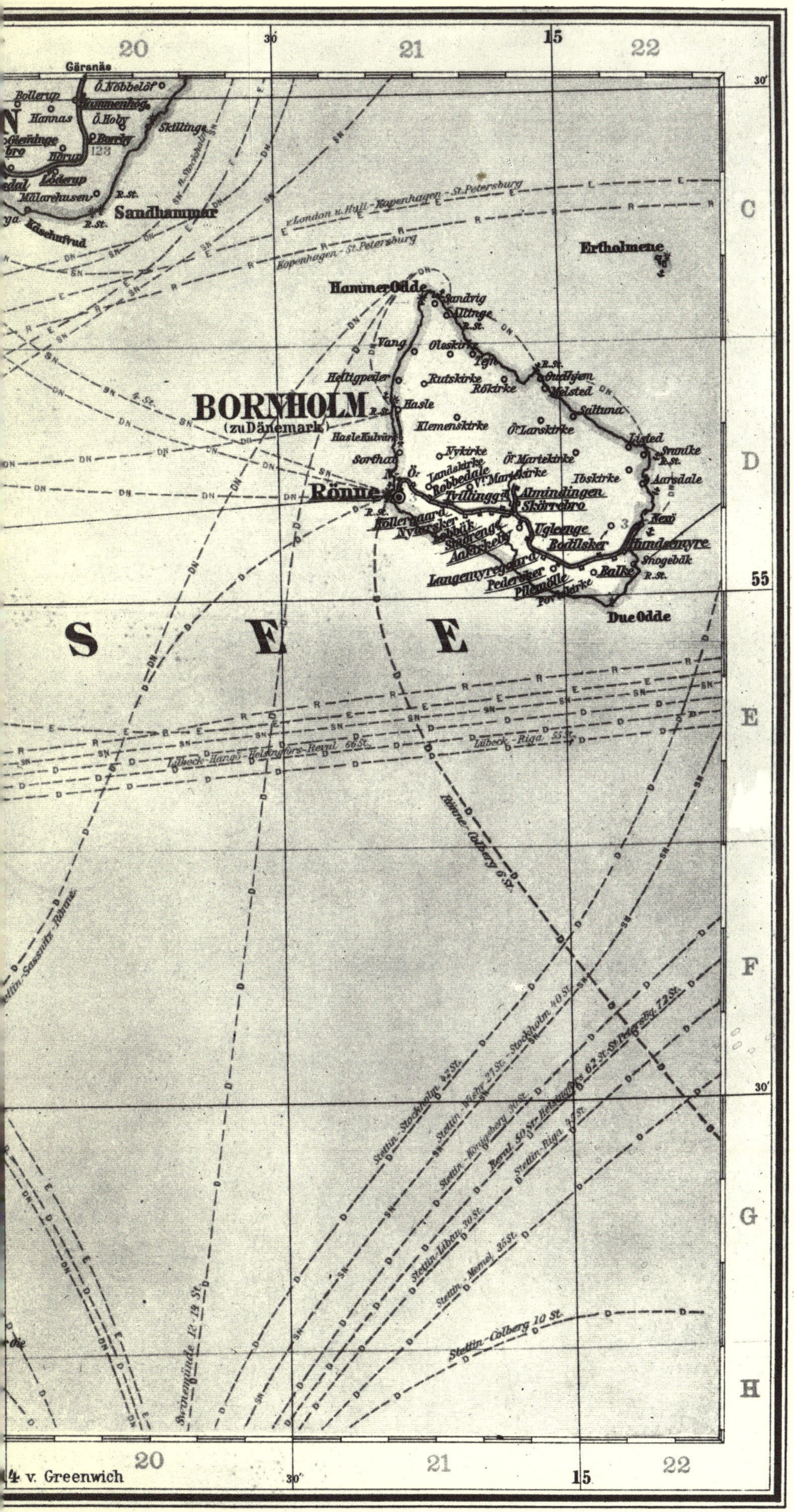

Staatsbahnen
7 Preußische Staatsbahn
Direktions-Bezirk:
u Stettin
4 Mecklenburg. Friedrich-Franz-Eisenbahn

Privatbahnen
115 Kleinbahnen des Provinzialverb. v. Pommern:
d Franzburger Kreisbahn
e Franzburger Südbahn
p Rügensche Kleinbahnen
128 Lenz'sche Kleinbahnen:
q Stralsund-Triebsees

Koch, W. und C. Opitz:
Eisenbahn- und Verkehrsatlas von Europa. Leipzig 1912. Blatt Nr. 3

Bahnhof Ganzlin

Ganzlin, zwischen der 1882 eröffneten Güstrow-Plauer Eisenbahn und der preußischerseits 1887 von Neustadt (Dosse) über Meyenburg herangeführten Strecke, wurde später auch Anschlußbahnhof der inzwischen stillgelegten Nebenbahn nach Röbel am Müritzsee. Die Empfangsgebäude beider Bahnhöfe haben als gemeinsames Attribut Holzfachwerk-Dachgeschosse im romantisierenden »Heimatstil« (Bild 363).

Bild 363. Bahnhof Ganzlin. Empfangsgebäude 1901

Bahnhof Röbel

Beim Bahnhofsgebäude Röbels, Endpunkt der stillgelegten Nebenbahn Ganzlin–Röbel am Müritzsee, wurde versucht, dem bescheidenen Zweckbau durch einen Dachaufsatz im »Heimatstil« seine Nüchternheit zu nehmen (Bild 364).

Bild 364. Bahnhof Röbel. Empfangsgebäude 1901

Die Wismar-Rostocker Eisenbahn

Bahnhof Doberan

Für Doberan kam der Eisenbahnanschluß verhältnismäßig spät, als die Wismar-Rostocker Eisenbahn-Aktien-Gesellschaft in der Zeit vom 27. Juli bis 22. Dezember 1883 ihre Strecke abschnittsweise eröffnete. Um so erstaunlicher ist es, daß hier noch gegen Ende des 19. Jahrhunderts ein so ausgesprochen klassizistisches Empfangsgebäude gebaut wurde, während andernorts exzessiver Eklektizismus herrschte. Vielleicht beeinflußte die lokale Atmosphäre den Gestalter des geschmackvollen Bauwerkes (Bild 365) – in Doberan wirkte der bekannte klassizistische Landbaumeister Carl Theodor Severin –.

Seit Eröffnung der Schmalspurbahn nach Heiligendamm am 9. Juli 1886 und weiter nach Arendsee 1911 ist (Bad) Doberan Umsteigebahnhof.

Bild 365. Bahnhof Doberan. Empfangsgebäude am 7. Juni 1903

Die Eisenbahn Rostock–Neustrelitz des Deutsch-Nordischen Lloyd

Der Central-Bahnhof Rostock

Den später in »Central-Bahnhof« umbenannten Lloyd-Bahnhof baute die Eisenbahn- und Dampfschiffs-Aktiengesellschaft »Deutsch-Nordischer Lloyd« für ihre am 1. Juni 1886 eröffnete Eisenbahnstrecke Warnemünde–Rostock–Laage–Waren–Neustrelitz, die durch die Nordbahn mit Berlin verbunden war und mit Einrichtung des Trajektverkehrs Warnemünde–Gjedser am 1. Oktober 1903 internationale Bedeutung erhielt. Beide Empfangsgebäude, in Rostock (Bild 366) und Warnemünde wurden als architektonisch gleichartige Backsteinbauten im »Seebäder-Stil« jener Zeit errichtet. Nach Übernahme des Personenverkehrs des Friedrich-

Bild 366. »Centralbahnhof« Rostock. Empfangsgebäude mit Pferdebahn 1901

Franz-Bahnhofs wurde dem zu klein gewordenen Bahnhofsgebäude 1913 ein Vorbau mit einer Eingangshalle und verschiedenen Bedienfunktionen für die Reisenden zugefügt, der mit seiner eklektischen, barockisierenden Architektur zum Altbau, den er nur zum Teil verdeckt, in peinlichem Gegensatz steht (Bild 367). Dieser Vorbau des heutigen Hauptbahnhofs ist im wesentlichen erhalten geblieben, während die im zweiten Weltkrieg beschädigten Teile des alten Empfangsgebäudes in vereinfachter Form wiedererstanden.

Bild 367. Bahnhof Rostock. Empfangsgebäude um 1914

Bahnhof Laage

Einfachste, entsprechend den Bedürfnissen gestaltete und aneinandergefügte Zweckbauten ließ der Deutsch-Nordische Lloyd für den am 1. Juli 1886 mit seiner Strecke Rostock–Neustrelitz eröffneten Bahnhof Laage errichten (Bild 368). Bescheiden, ohne baukünstlerischen Anspruch, waren sie doch handwerklich sauber und dauerhaft ausgeführt.

Bild 368. Bahnhof Laage 1901

Bahnhof Plaaz

Für Bahnhöfe kleinerer Orte ihrer am 1. Juli 1886 eröffneten Neustrelitz-Warnemünder Eisenbahn baute der Deutsch-Nordische Lloyd bisweilen ganz einfache, anspruchslose Empfangsgebäude. Weil für Wohnungen ein zweites Geschoß gefordert wurde, entstanden oft so gestelzte Bauten wie in Plaaz (Bild 369).

Plaaz ist Anschlußbahnhof für die Nebenstrecke nach Priemerburg–Güstrow.

Bild 369. Bahnhof Plaaz. Empfangsgebäude 1901

Die Güstrow-Plauer Eisenbahn mit Anschluß an die Preußische Staatsbahn Neustadt (Dosse)–Meyenburg

Bahnhof Meyenburg

Zur Erschließung und Förderung des Kreises Ostprignitz, insbesondere des Viehhandels nach den Großstädten Berlin und Hamburg, baute die Königlich Preußische Staatseisenbahn die 64 km lange Strecke von Neustadt (Dosse) über Meyenburg bis zur Mecklenburger Grenze. Sie wurde 1887 in Betrieb genommen. In Mecklenburg war Anschluß an die 1882 eröffnete Güstrow-Plauer und an die ebenfalls 1887 eröffnete Wismar-Karower Eisenbahn gegeben. Damals bekam die kleine Stadt Meyenburg ein Bahnhofsgebäude aus Backstein, das sich durch Struktur, Gliederung und dekorative Gestaltung des Traufbereichs positiv von anderen unterschied (Bild 370).

Die 1901 hergestellte Fotografie zeigt rechts im Bild eine pr. T 3-Tenderlokomotive.

Bild 370. Bahnhof Meyenburg. Empfangsgebäude 1901

Bahnhof Plau

Vermutlich war die am 5. Dezember 1882 eröffnete Güstrow-Plauer Eisenbahn Anlaß für die preußische Staatsbahn, nordwärts von Neustadt (Dosse) über Meyenburg eine Bahn mit Anschluß an die Linie Güstrow–Plau zu bauen. Diese Verbindung konnte 1887 fertiggestellt werden. Der Bahnhof Plau erhielt ein Empfangsgebäude der besonders für Mecklenburg und Preußen zeittypischen Baugestaltung in Backsteinbauweise (Bild 371).

Bild 371. Bahnhof Plau. Empfangsgebäude 1901

Die Eisenbahn Rostock/Velgast–Tribsees

Bahnhof Tribsees

Um die Jahrhundertwende wurden vier Eisenbahnlinien von Rostock (16. Dezember 1895), Stralsund, Greifswald und Velgast an das Städtchen Tribsees herangeführt. Der kleine Knotenpunktbahnhof mit drei Nebenbahnstrecken und einem Kleinbahnanschluß erhielt seinerzeit ein verhältnismäßig wohlgestaltetes, schlichtes Empfangsgebäude (Bild 372)

Jetzt endet hier nur noch die Strecke Velgast–Tribsees. Die übrigen Nebenbahnen verkehren seit Ende des zweiten Weltkrieges nicht mehr.

Bild 372. Bahnhof Tribsees. Empfangsgebäude 1901

Die Mecklenburgische Friedrich-Franz-Eisenbahn Schwerin–Lützow–Rehna

Bahnhof Rehna

Kurz vor der Jahrhundertwende baute die Mecklenburgische Friedrich-Franz-Eisenbahn noch eine vollspurige Nebenbahnstrecke von Schwerin über Lützow nach Rehna. Das Empfangsgebäude des kleinen Endbahnhofs (Bild 373) erhebt wie die meisten derartigen Bauten jener Zeit keinen hohen architektonischen Anspruch. Aber es erfüllte seinen Zweck mit Anstand. Trotz ökonomischer Beschränkung wurde versucht, die notwendigen Hochbauten an dieser Strecke verschiedenartig und gediegen auszuführen (Bild 374). Das ist anzuerkennen, auch wenn uns ihr Stil heute fragwürdig erscheint.

Die Fotografie des Bahnhofs von 1901 (Bild 373) zeigt außerdem eine historische Lokomotive, die mecklenburgische 1B-Personenzuglokomotive P1 III, gebaut von Hartmann 1864 bis 1873. Bis zu ihrer Ausmusterung verrichteten diese archaisch anmutenden Maschinen ihren Dienst auf den mecklenburgischen Eisenbahnen.

Bahnhof Gadebusch

Die kleine mecklenburgische Stadt Gadebusch an der regelspurigen Nebenbahn Schwerin–Rehna erhielt 1896 bis 1897 ein Empfangsgebäude im seinerzeit beliebten »Villen-Stil« (Bild 374). Mit seiner »romantischen« Gestaltung wurde versucht, dem Charakter der alten Stadt und ihrer wertvollen Baudenkmale zu entsprechen.

Bild 373. Bahnhof Rehna 1901
Bild 374. Bahnhof Gadebusch 1901

Bahnhof Lützow

Lützow, in der Nähe des kleinen Ortes fiel 1813 Theodor Körner, liegt genau in Streckenmitte zwischen Schwerin und Rehna von beiden 16,9 km entfernt. Zu seinen Bahnhofsbauten (Bild 375) gehörte deshalb neben Empfangsgebäude und angebautem Güterschuppen eine besonders interessante, romantisch gestaltete Wasserstation (im Hintergrund des Bildes).

Bild 375. Bahnhof Lützow 1901. Empfangsgebäude und Wasserstation (im Hintergrund)

HANNOVER
P R O V
HESSEN
NASSAU
Vogels Geb.
Hohe Rhön
Cassel
Münden
Heiligenst
Eschwege
Mühlhsn.
Eisenach
Hersfeld
Bebra
Rotenbg.
Fritzlar
Marbg.
Giessen
Alsfd.
Schlitz
Fulda
Meiningen
Schmalk.
Mellrichstadt
Neustadt
Bad Kissingen
Münnerstadt
Schlüchtern
Hanau
Gemünden
Schweinfurt
Östl. Länge 9 v. Greenwich

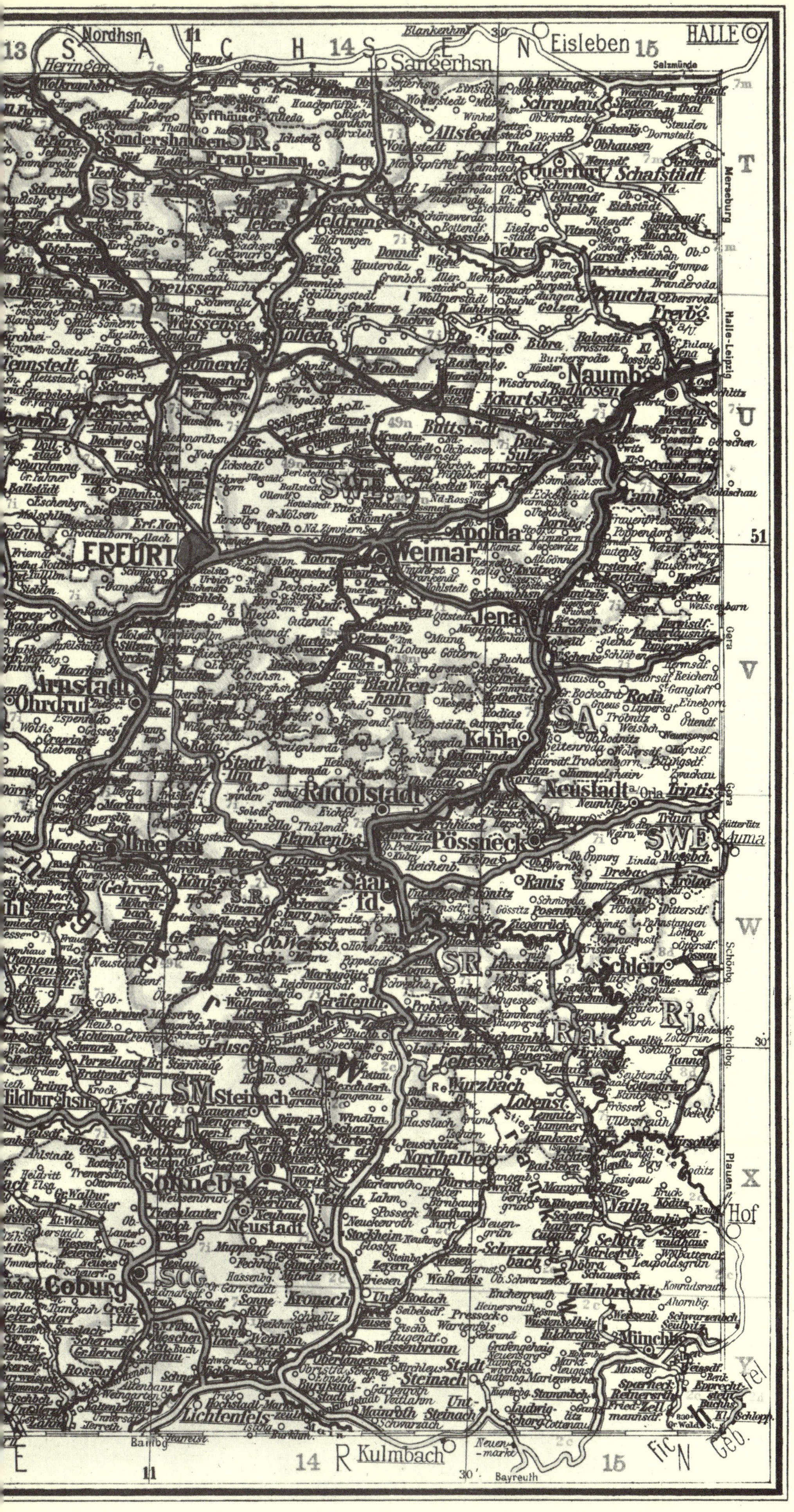

IV. Thüringische Eisenbahnen

Staatsbahnen
2 Bayerische Staatsbahnen
Direktions-Bezirke:
c Nürnberg, d Regensburg,
e Würzburg
7 Preußisch-hessische Staatsb.
Direktions-Bezirke:
e Cassel, l Frankfurt a.M.,
i Erfurt, m Halle,
Preuß. u. hess. Dir.-Bez.:
v Mainz
8 Sächsische Staatsbahn
Direktions-Bezirke:
d Zwickau

Privatbahnen
11 A.-G. f. Bahnbau u. Betrieb
b Cassel-Naumburg (Klb.)
23 Bad Orber Kleinbahn
49 Centralverwaltung für Sekundärbahnen
f Arnstadt-Ichtershausener E.
g Esperstedt-Oldisleber E.
h Greußen-Ebeleben-Keulaer E.
i Hohenebra-Ebeleber E.
k Ilmenau-Großbreitenbacher E.
l Wutha-Ruhlaer Eisenbahn
m Weimar-Berka-Blankenhainer E.
n Weimar-Rastenberger E.
(sämtl. Betriebsabteilung Thüringen)
78 Freigerichter Kleinbahn
94 Hanauer Kleinbahn
100 Hersfeld-Heimboldsh. (Klb.)
110 Kahl-Schöllkrippen
126 B Langensalza-Kirchheiligen (Klb.)
128 Lenz'sche Nebenbahnen
i Butzbach-Licher E.
f Mühlhausen-Ebeleben
135 Marburger Kreis-Kleinb.
197 Spessartbahn
200 Steinhelle-Medebach Klb.
213 Trusebahn
219 Wächtersbach-Birsteln Klb.

Koch, W. und C. Opitz:
Eisenbahn- und Verkehrsatlas von Europa. Leipzig 1912. Blatt Nr. 17

Die Thüringische Eisenbahn Halle–Gerstungen

Besorgt über Pläne der preußischen Regierung, nach Vorschlägen des Generalpostmeisters von Nagler eine Eisenbahn von Halle nach Kassel unter Umgehung des in den thüringischen Staaten herrschenden Thurn- und Taxis'schen Postmonopols durch preußisches Gebiet über Mühlhausen zu bauen, verfocht der Oberbürgermeister Erfurts, Wagner, unterstützt von Friedrich List, die später ausgeführte Strecke über Weißenfels–Weimar–Erfurt–Gotha–Eisenach, da er die volkswirtschaftlichen Perspektiven einer Eisenbahnverbindung dieser Städte frühzeitig erkannt hatte. Wagner gelang es auch, Erfurt als Direktionssitz der Thüringischen Eisenbahngesellschaft durchzusetzen, und so verdanken ihm Erfurt und die anderen an das Eisenbahnnetz angeschlossenen Städte nicht zuletzt ihren großen wirtschaftlichen Aufschwung.

Nachdem sich die Regierungen von Sachsen-Weimar, Sachsen-Coburg-Gotha und Sachsen-Meiningen aufgrund seiner Bemühungen am 19. August 1840 zu einem Thüringischen Eisenbahnverein zusammengeschlossen hatten, kam es am 20. Dezember 1841 zum Staatsvertrag zwischen Preußen, Kurhessen, Sachsen-Weimar und Sachsen-Coburg-Gotha, der den Bau der Bahn über Erfurt und die spätere Ausführung einer Zweiglinie über Meiningen-Coburg Richtung Bamberg (siehe Werrabahn) durch eine private Gesellschaft vorsah. Das im Frühjahr 1844 gebildete Gründungskomitee hatte anfangs Schwierigkeiten, die veranschlagten 9 Millionen Taler durch Aktienzeichnung zu beschaffen. Erst nachdem die betreffenden Regierungen durch Staatsvertrag vom 19. April 1844 ein Viertel der Bausumme übernahmen, wurden die restlichen Aktien gezeichnet. Dieses Ergebnis zeigte zugleich deutlich, daß sich privatkapitalistische Unternehmer nur für die Ausführung der bau- und betriebswirtschaftlich günstigsten sowie volkwirtschaftlich zukunftsträchtigen Strecke über Erfurt bereitfanden. Die anderen preußischen Varianten über Sangerhausen oder Mühlhausen hätte der Staat selbst bauen müssen.

Nun konstituierte sich am 3. August 1844 die »Thüringische Eisenbahn-Gesellschaft«, und schon im Oktober 1844 begannen 15 000 Arbeiter unter Leitung des Betriebsdirektors und Oberingenieurs August Mons mit den Erdarbeiten an der 190 km langen Strecke, so daß der in mehreren Bauspitzen von Osten nach Westen rasch fortschreitende Bahnbau unwahrscheinlich kurzfristige Eröffnungsdaten möglich machte, die wir heute in Anbetracht der uns zur Verfügung stehenden technischen Mittel mit hoher Achtung vor der Leistung dieser Männer bewundernd zur Kenntnis nehmen.

Die Betriebseröffnung erfolgte

zwischen Halle und Weißenfels	am 20. Juni 1846,
zwischen Weißenfels und Weimar	am 19. Dezember 1846,
zwischen Weimar und Erfurt	am 1. April 1847,
zwischen Erfurt und Gotha	am 10. Mai 1847,
zwischen Gotha und Eisenach	am 24. Juni 1847,
zwischen Eisenach und Gerstungen	am 25. September 1849.

Die künftige Bedeutung und Verkehrsentwicklung dieser Verbindung erkennend, und wohl auch aus Gründen der Betriebssicherheit, ließ die Gesellschaft von vorherein die gesamte Strecke Halle–Kassel zweigleisig ausführen. August Mons veranlaßte, daß die Bahn bereits zur Eröffnung elektromagnetische Telegraphen besaß. Von ihm stammt auch die Idee, alle Streckenwärter von Station zu Station durch elektrisch mittels Kurbelinduktor betätigte Läutewerke vom Zuglauf zu benachrichtigen. Telegraphen- und Läutewerksanlagen führte der Hofuhrmacher Ferdinand Leonhard in Berlin für 2 750 Taler je Meile aus. Da diese Sicherungsanlagen – zwischen Halle und Weißenfels befanden sich allein 33 Läutewerke – hervorragend funktionierten, wurden sie auch bei allen folgenden Bahnbauten der Gesellschaft installiert.

Nicht nur für Thüringen, sondern auch für das sich entwickelnde deutsche Eisenbahnnetz hatte die am 25. September 1849 eröffnete Schienenverbindung Halle–Kassel große Bedeutung. Aus dieser Erkenntnis war die Thüringische Eisenbahn-Gesellschaft vorausschauend schon 1848 dem Verein Deutscher Eisenbahnverwaltungen beigetreten. Dem erst 1847 gegründeten Verein, der einheitliche Betriebsvorschriften und technische Richtlinien für den Personen- und Güterverkehr aufstellte, gehörten damals bereits 44 deutsche Länderbahnverwaltungen an.

Die Thüringische Eisenbahn-Gesellschaft erweiterte ihre Stammbahn, nicht zuletzt durch den regierungsseitig geförderten Privatbau und auch durch Erwerb rentabler Bahnlinien, zu einem beachtlichen Netz. Als neue Zweigstrecken wurden eröffnet

Corbetha–Leipzig	am 22. März 1856,
Weißenfels–Zeitz	am 9. Februar 1859,
Zeitz–Gera	am 19. März 1859,
Neudietendorf–Arnstadt	am 16. Mai 1867,
Gotha–Mühlhausen	am 11. April 1870,
Mühlhausen–Leinefelde	am 3. Oktober 1870,
Gera–Eichicht	am 20. Dezember 1871,
Leipzig–Zeitz	am 20. Oktober 1873,
Arnstadt–Ilmenau	am 6. August 1879.

Außerdem betrieb die Thüringische Eisenbahn-Gesellschaft noch die neuerbauten Strekken der Werrabahngesellschaft (s. d.), bis diese am 1. Dezember 1875 ihre Bahn selbst in Betrieb nahm und verwaltete.

Der Bahnknoten Halle (Saale)

Wie die meisten größeren Städte entwickelte sich auch Halle bereits in der Frühzeit der Eisenbahn zu einem bedeutenden Knotenpunkt mit mehreren Bahnhöfen. Zuerst wurde 1840 ein Durchgangsbahnhof als Haltestelle für die Magdeburg-Leipziger Bahn angelegt, der zunächst nur mit den unbedingt notwendigen betriebstechnischen Bauten und Anlagen, Wasserstation, Lokomotiv- und Wagenschuppen, ausgestattet war. Statt eines Empfangsgebäudes diente den Reisenden ein großes Gasthaus zum Aufenthalt, der bei den damaligen Verkehrsverhältnissen oft Übernachtungen einschloß.

1846 errichtete die Thüringer Eisenbahn unweit südwestlich, parallel zur Magdeburg-Leipziger Bahn eine eigene Bahnhofsanlage als Endpunkt für ihre am 6. Juni 1846 bis Weißenfels eröffnete Verbindung Halle–Erfurt–Kassel (Bild 376), die sich bis 1868 in Betrieb befand. In Anlehnung an die vorhandenen Anlagen bzw. unter Mitbenutzung des Bahnhofs der Magdeburg-Leipziger Eisenbahn entstanden hier Bahnhofs- und Betriebseinrichtungen für weitere Linien. Am 3. August 1859 eröffnete die Berliner Bahn ihre Strecke, die Halberstädter-Sorau-Gubener Eisenbahn am 30. Juni 1872 ihren Abschnitt Halle–Falkenberg und am 1. Oktober

1872 die Teilstrecke zwischen Halle und Sandersleben. Die am 10. Juli 1866 bis Blankenheim in Betrieb genommene Strecke Halle–Nordhausen–Kassel der Magdeburg-Leipziger Eisenbahn benutzte deren eigenen Bahnhof. Durch die auf diesem Bahnhof parallel geführten und nach Richtungen in Ost- und Westseite voneinander getrennten Gleisanlagen ergab sich die Insellage des Personenbahnhofs.

In den Jahren nach 1870 mußten die ersten größeren Umbauten und Erweiterungen der Bahnhofsanlagen in Halle, die bis zur Verstaatlichung 1880 fünf Eisenbahngesellschaften gehörten, durchgeführt werden. Auch das mit seiner Hauptfront zum Vorplatz gerichtete gemeinsame Empfangsgebäude der Magdeburg-Leipziger und Thüringer Eisenbahn, ein klassizistisch-renaissanceartiger, dreigeschossiger Bau mit pilastergegliedertem Mittelrisalit (Bild 376), wurde vergrößert. Zusätzlich angelegte Inselbahnsteige auf seiner Ost- und Westseite verbesserten die Abfertigung der Züge von und in Richtung Aschersleben–Halberstadt und Kassel.

Doch ließen Industrialisierung und Bevölkerungswachstum das Verkehrsaufkommen weiter derart ansteigen, daß eine generelle Umgestaltung der Bahnhofsanlagen nicht mehr zu umgehen war. Im Frühjahr 1885 begann der Bau des Güterbahnhofs Halle (Saale) mit dem Ziel, den gesamten Güterverkehr auf einem Bahnhof zusammenzufassen. Für den Personenverkehr wurde ebenfalls ein neuer, zentraler Bahnhof geschaffen. Damit konnten Güter- und Personenverkehr voneinander getrennt und die Zufahrtsstraßen zu beiden Bahnhofsanlagen schienenfrei gestaltet werden. Auf 102 ha zum Teil neuerschlossenem Bahnhofsgelände sind von 1885 bis 1890 u. a. ein Empfangs- und Administrationsgebäude, zwei Güterschuppen, ein Zollschuppen, fünf Lokomotivschuppen für den Betrieb von 90 Lokomotiven, ein Maschinenhaus, zwei Übernachtungsgebäude, zwei Wassertürme, eine Fettgasanstalt, drei große Viehställe, ein Chemikalienschuppen, sieben Stellwerke, zwei größere Brücken und zehn Unter- und Überführungen gebaut worden. Die Bahnhofsgleisanlagen erhielten 80 km Gleise mit 320 Weichen.

Der neue Personenbahnhof entstand auf dem bisherigen Standort als Inselbahnhof für seinerzeit fünf Bahnlinien, wovon zwei Durchgangslinien waren und drei endigten (Bild 377). Parallelführung und Richtungstrennung der Linien blieben wie bisher bestehen. Die Delitzscher Straße (heute: Straße der DSF), die vordem sämtliche Bahnhofsgleise in Schienenhöhe kreuzte, wurde unter den 13 Gleisen hindurchgeführt. Da diese mit Rücksicht auf die Geländeverhältnisse nicht höhergelegt werden konnten, war es erforderlich, Straßenunterführung und anschlie-

Bild 376. Bahnhof der Thüringischen Eisenbahn in Halle 1847. Im Hintergrund die Anlagen der Magdeburg-Leipziger Eisenbahn. Zeitgenössischer Stich
Bild 377. Bahnhof Halle (Saale). Gleisschema und Richtungen 1910

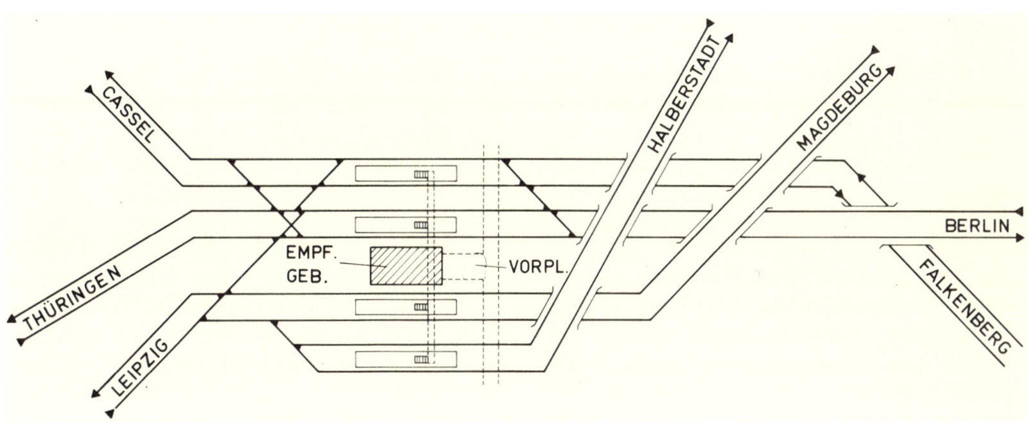

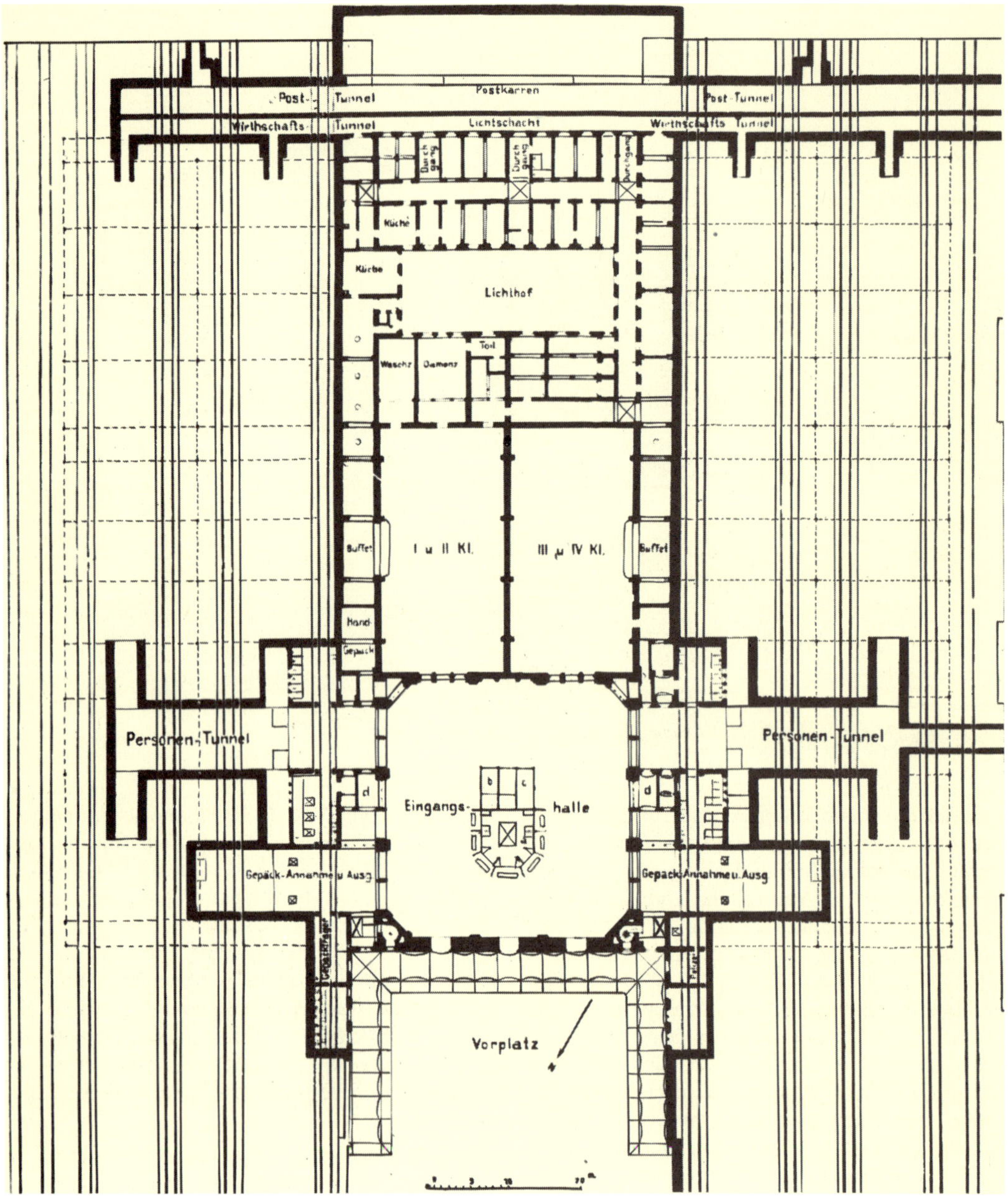

Bild 378. Bahnhof Halle (Saale). Grundriß des Empfangsgebäudes in Vorplatzhöhe. Entwurf: Ministerium für öffentliche Arbeiten 1884
Bild 379. Bahnhof Halle (Saale). Empfangsgebäude und Bahnsteighallen vom Vorplatz aus, 1908

ßenden Bahnhofsvorplatz unter Geländeniveau zu senken. Für den Personenverkehr ergibt sich daraus der Vorteil, daß die Bahnsteige von der auf gleichem Niveau mit dem Vorplatz liegenden Empfangshalle direkt durch Personentunnel mit nur einer Steigung erreichbar sind. In der Empfangshalle befinden sich Fahrkartenschalter und Räume für die Gepäckabfertigung, an ihrer rückwärtigen Seite Wartesäle und zugehörige Nebenräume. Mit den damals großzügigen Abmessungen von $33\,m \times 33\,m = 1089\,m^2$ Fläche sollte die quadratische Grundrißform der Empfangshalle gewährleisten, »daß sich das Leben und Treiben annähernd gleichmäßig nach allen Seiten entwickeln kann«. Davor führen links und rechts je ein 8 m breiter Personentunnel zu den Inselbahnsteigen. Zwischen dem Empfangsgebäude und dem für den Betriebsdienst vorbehaltenen Gebäudeteil wurde aus beleuchtungs- und lüftungstechnischen Gründen ein Lichthof angeordnet. Von diesem Flügel sind weitere Post- und Wirtschaftstunnel zu den Bahnsteigen geführt (Bild 378). Die Bahnsteige sind beiderseits des Empfangsgebäudes mit zweischiffigen Hallen überdeckt. Außerhalb der Hallen liegen die Durchfahrgleise für den Güterverkehr.

Funktionell stellt das 1884 vom Ministerium für öffentliche Arbeiten entworfene, 1886 bis 1890 erbaute Bahnhofsgebäude (Bild 379) die hervorragende Lösung eines Insel-Empfangsgebäudes dar, das vielen späteren Bauten als Vorbild diente. Fortschrittliche Tendenzen zeigte zum Teil auch seine konstruktive, materialgerechte Ausführung. Im Gegensatz dazu steht die architektonische Gestaltung der neobarocken Fassade, die mit allen möglichen Stilformen unter Verwendung von Eisen und Glas im eklektizistischen Zeitgeschmack überladen dekoriert wurde. Unvereinbar damit erschien die große Wellblechkuppel darüber und mehr noch der Kontrast des über der Stahldachkonstruktion sichtbaren Wellblechdaches im Inneren der Empfangshalle.

In jüngster Zeit erhielten die im Laufe der Zeit verwitterten und im Krieg beschädigten Schauseiten verkleidende Vorhangfassaden. Auch im Inneren wurde das Empfangsgebäude modernisiert und in der Eingangshalle eine Zwischendecke untergehängt, so daß die frühere architektonische Gestalt nicht mehr sichtbar ist. Ebenso sind die alten Bahnsteighallen durch neuzeitliche Stahlkonstruktionen ersetzt worden.

Bahnhof Weimar

Zur Eröffnung der Strecke Weißenfels–Weimar durch die Thüringische Eisenbahn-Gesellschaft am 19. Dezember 1846 befand sich der Bahnhof Weimar noch weit vom damaligen Stadtgebiet entfernt zwischen Wiesen und Feldern (Bild 380). Das alte Empfangsgebäude von 1846, bestehend aus einem dreigeschossigen, stadtseitig weit vorgezogenen Mittelbau mit zweieinhalbgeschossigen Seitenflügeln und beiderseitigen altanähnlichen Anbauten (Bild 381), zeigte Formen des späten, an die italienische Renaissance anknüpfenden Klassizismus (Bild 382). Es ist wohl auf den Einfluß des Erbauers der thüringischen Eisenbahn, Oberingenieur August Mons, zurückzuführen, daß viele Empfangsgebäude der Gesellschaft im gleichen Stil errichtet wurden, zum Beispiel auch in Naumburg (Bild 383). Die Bauten der Saal-Eisenbahn-Gesellschaft waren gleichfalls stilverwandt gestaltet. Ihre Fassadengliederung bestand gewöhnlich aus angetragenem Putz. Nur weiter vorspringende oder stärker beanspruchte Fassaden wurden aus dem teureren Werkstein ausgeführt.

Nördlich der Bahnhofsgleise waren die betriebsnotwendigen Bauten angeordnet, die Wasserstation mit hohem Schornstein für die Heizanlage zur Vorwärmung des Lokomotivspeisewassers (Bild 384), der eingleisige, massive Lokomotivschuppen mit Werkstatt und Beamten-

die Reisenden auch direkt aus den Wartesälen gelangen. Dem Haupteingang waren eine stattliche Wagenauffahrt und Freitreppen vorgelagert (Bild 382), deren Kombination zunehmend verkehrshemmend wirkte.

Mit der Entwicklung des Massenverkehrs um die Jahrhundertwende erwies sich selbst das wesentlich erweiterte Empfangsgebäude immer mehr als unzureichend, vor allem seine funktionelle Gesamtanordnung und die Dimensionen seiner Durchgangsräume. Beides ließ sich letztlich durch Umbau oder Erweiterung nicht mehr verbessern. Ähnliches traf für die Bahnsteiganlagen zu. Deshalb wurde vor dem ersten Weltkrieg die umfassende Rekonstruktion des Bahnhofs eingeleitet. Der 1914 begonnene Neubau des Empfangsgebäudes kam 1916 wegen der Kriegslage zum Stillstand und konnte erst in den Jahren

Bild 380. Blick auf Weimar vom Bahnhofe aus, 1847. Zeitgenössischer Stich

Bild 381. Bahnhof Weimar. Altes Empfangsgebäude von Süden, 1850. Zeitgenössisches Aquarell von Jäde

wohnhaus (Bild 385) und die zweigleisige »Wagenremise« direkt gegenüber dem Empfangsgebäude, wo der Hausbahnsteig, der alte hochliegende »Perron« durch ein Bahnsteigdach Wetterschutz erhielt (Bild 386). Die »Güterexpedition« mit dem großen Güterschuppen und seinem weit ausgekragten Dach stand dort, wo später die Weimar-Geraer Bahn einmündete (Bild 387).

Seit Eröffnung der Weimar-Geraer Bahn am 29. Juni 1876 war der Bahnhof Weimar auch Endpunkt dieser Linie und 1887 nahm er noch die Thüringischen Nebenbahnen nach Berka–Blankenhain (–Kranichfeld) und Rastenberg auf. Die Rastenberger Bahn besaß außerdem 400 m nordöstlich des Staatsbahnhofes ihren eigenen »Weimar-Rastenberger Bahnhof« (»Secundärbahnhof der Weimar-Rastenberger Bahn«); die Weimar-Berkaer Bahn erhielt im Westen der Stadt, 2,4 km vom Staatsbahnhof entfernt, die Kopfstation »Weimar Berkaer Bahnhof«, von welcher einst eine Stichbahn ostwärts entlang der Erfurter Straße bis zur Haltestelle »Erfurter Tor« führte.

Das Empfangsgebäude wurde im Laufe der Zeit mehrfach umgebaut und erweitert. Da jedoch die Anbauten den ursprünglichen klassizistischen Stil beibehielten, wirkte der vielgliedrige Bau auch im Endzustand noch als Einheit und überaus repräsentativ (Bild 388). Seine Raumanordnung entsprach dem üblichen Grundrißschema: an einem verhältnismäßig kleinen Eingangsflur lagen »Billettausgaben« und »Gepäckexpedition«, Diensträume sowie Räume für Post und Polizei, in den Seitenflügeln Wartesäle und Restaurants. Zu den Bahnsteigen konnten

Bild 382. Bahnhof Weimar. Empfangsgebäude 1912
Bild 383. Bahnhof Naumburg. Empfangsgebäude 1900
Bild 384. Bahnhof Weimar. Alte Wasserstation 1850. Zeitgenössisches Aquarell von Jäde
Bild 385. Bahnhof Weimar. Lokomotivschuppen mit Werkstatt und Beamtenwohnhaus 1850. Zeitgenössisches Aquarell von Jäde
Bild 386. Bahnhof Weimar. Wagenremise und Empfangsgebäude mit altem, hochgelegenen Perron 1850. Zeitgenössisches Aquarell von Jäde
Bild 387. Bahnhof Weimar. Güter-Expedition 1850. Zeitgenössisches Aquarell von Jäde

1920 bis 1922 vollendet werden. Bereits 1915 erfolgte der Abbruch des alten Bahnhofsgebäudes.

Das neue Gebäude entsprach modernen Gesichtspunkten: um eine große, vom Vorplatz ohne Stufen erreichbare Empfangshalle sind alle für die Reisenden notwendigen Räumlichkeiten, Fahrkarten- und Gepäckschalter, Auskunft, Fahrplannischen, Verkaufsstände, Wartesäle und Toilettenanlagen optisch wirksam gruppiert. Geräumige Personentunnel führen zu den Bahnsteigen. Überall ist für reichliche Tageslichtbeleuchtung gesorgt. Die starkem Verschleiß unterworfenen Bauteile, Fußböden, Wände und Türen wurden aus besonders dauerhaftem Material hergestellt oder verkleidet.

Der umbaute Raum des Neubaues konnte durch die angeordnete Reduzierung der Wohnungen und nicht zum Bahnhofsbetrieb gehöri-

Bild 388. Bahnhof Weimar. Empfangsgebäude von Südosten 1912

Bild 389. Bahnhof Weimar. Empfangsgebäude 1978

gen Diensträume wesentlich gesenkt werden. Dies kam auch der äußeren Gestaltung des regelmäßig gegliederten, gut proportionierten Bauwerks zugute (Bild 389). Mit seiner schlichten, wiederum – in neuer kultivierter Weise – klassischen Architektur repräsentiert dieses Empfangsgebäude würdig die Klassiker-Stadt.

Bahnhof Erfurt

Für den am 1. April 1847 mit der Teilstrecke Weimar–Erfurt eröffneten Bahnhof schuf August Mons 1847 bis 1848 das wohl eindrucksvollste Empfangsgebäude der Thüringischen Eisenbahn, jetzt Sitz der Reichsbahndirektion Erfurt (Bild 390). Mons, der sonst für seine Bauten Elemente der italienischen Renaissance bevorzugte, gestaltete das Erfurter Gebäude wohl mit Bezug auf die historische Bautradition der Stadt in gotisierenden Formen, zinnen- und türmchenbewehrt. Dem dreigeschossigen, im Mittelteil um ein Mezzanin erhöhten, symmetrischen Bau, stellte er am Ostgiebel einen hohen, weithin sichtbaren Uhrturm als asymmetrischen Akzent vor. Am Westgiebel wurde 1869 bis 1870 ein Flügelbau angebaut. Zwischen dem Empfangsgebäude und dem 1847 errichteten Hotel Silber erstreckte sich ursprünglich ein weiträumiger Vorplatz; von hier führte eine breite, 1925 abgerissene Freitreppe in die im weit vorgezogenen Mittelrisalit gelegene Vorhalle. Gegenüber der Geschoßtreppe befanden sich zwei »Billetausgaben«. In der Gebäudeecke hatte die »Gepäckexpedition« direkten Zugang vom Vorplatz aus. Hinter der Treppenanlage war zum Bahnsteig hin ein Wartesaal für besondere Gelegenheiten, rechts ein großer durchgehender »Passagiersaal« und der Speisesaal mit Küchen- und Wirtschaftsräumen angeordnet. Die Säle besaßen eine gediegene Raumausstattung, vertäfelte Wände und Stuckdecken. In den Obergeschossen waren die Verwaltungs- und Repräsentationsräume der Thüringer Eisenbahn-Gesellschaft untergebracht. Seit 1893 ist das gesamte Empfangsgebäude Verwaltungssitz der Direktion Erfurt.

Aufgrund der gewachsenen Verkehrsbedürfnisse erfolgte 1887 bis 1893 eine umfassende Neugestaltung der Erfurter Bahnhofsanlagen. Um den Anforderungen auf lange Zeit zu entsprechen, wählte man als Bahnhofsanordnung, die früher bereits in Düsseldorf und Köln ausgeführte Kombination eines »Insel-Empfangsgebäudes« mit einem »Vorempfangsgebäude« (Bilder 391, 392), wobei die Gleisanlagen über dem beide verbindenden Personentunnel liegen. Im Vorgebäude befinden sich Eingangshalle mit Fahrkartenschaltern, Gepäckannahme und -aus-

Bild 390. Bahnhof Erfurt. Empfangsgebäude, erbaut 1846 bis 1847, jetzt Sitz der Reichsbahndirektion Erfurt. Zustand um 1900

Bild 391. Bahnhof Erfurt. Schnitt durch die Empfangsgebäude, erbaut 1887 bis 1893

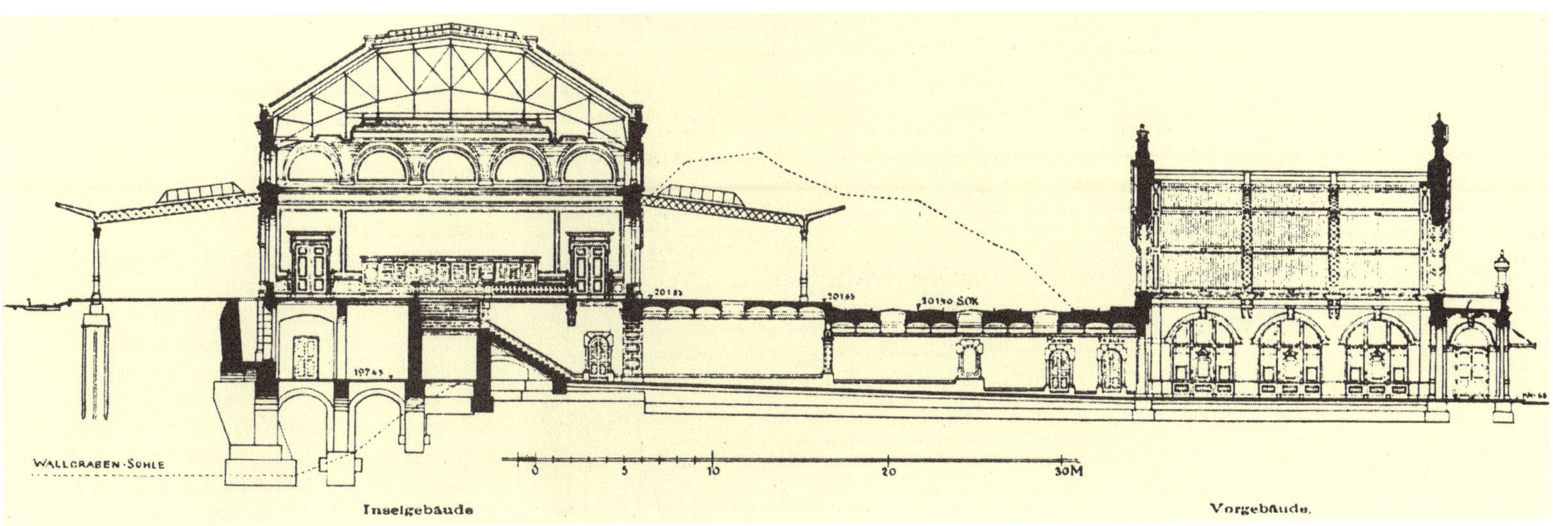

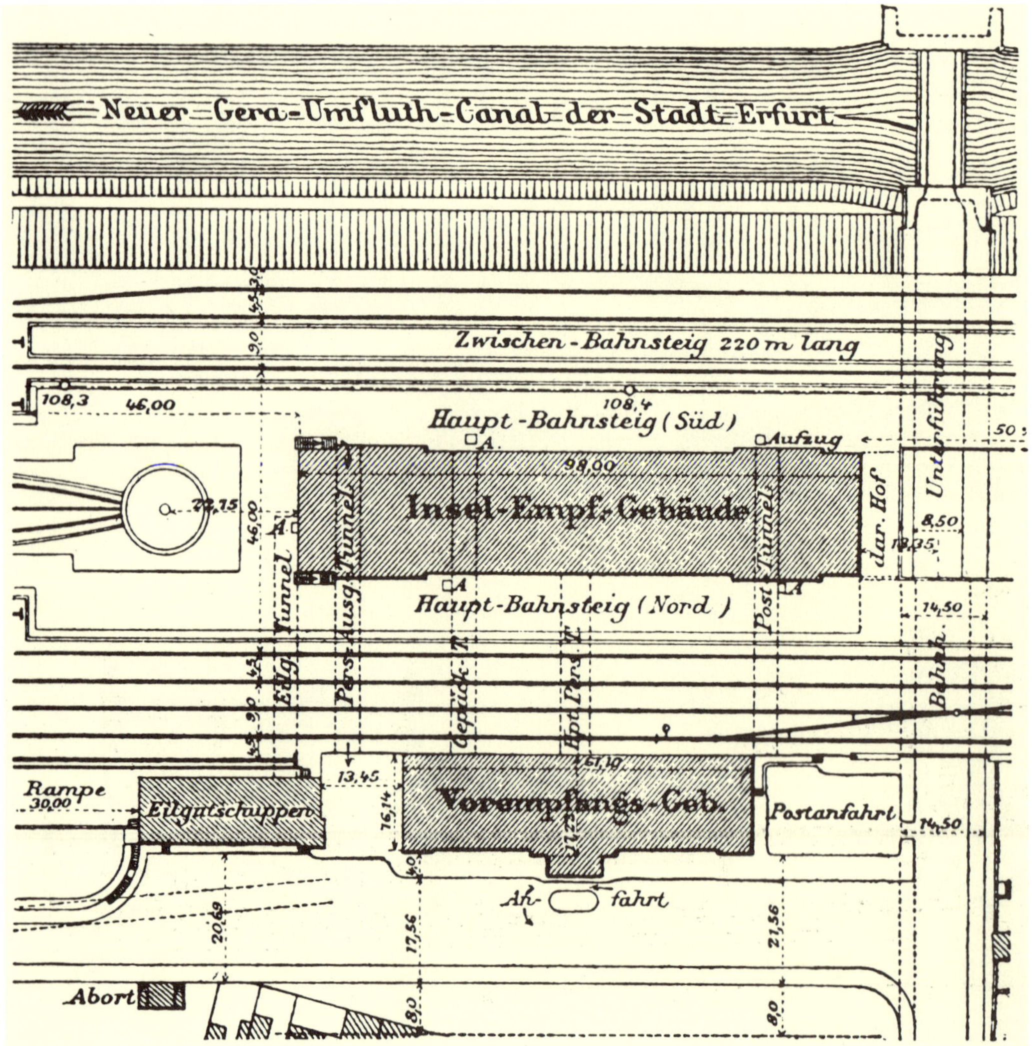

Bild 392. Bahnhof Erfurt. Vor- und Insel-Empfangsgebäude um 1900

Bild 393. Bahnhof Erfurt. Lageplan der 1887 bis 1893 errichteten Empfangsgebäude

Bild 394. Bahnhof Erfurt. Grundriß der Empfangsgebäude 1893

gabe sowie Räume für die Post. In der Mittelachse führt ein 6 m breiter Personentunnel zum Inselgebäude. Hier, an der geräumigen Austrittshalle liegen zwei große Wartesäle, anschließend Wirtschaftsräume, Bahnsteigdiensträume, Toiletten usw. Für ankommende Reisende, Gepäck-, Eilgut- und Postpakettransport waren vier weitere besondere Verbindungstunnel vorgesehen (Bilder 393, 394).

Der Bahnhof wurde seinerzeit für die Strecke Halle–Eisenach als Durchgangsstation, für die Strecken nach Nordhausen und Sangerhausen als Kopfstation angelegt. Die großzügige Anlage der von Bauinspektor Keil im Stil der späten Eklektik geschaffenen Empfangsgebäude ermöglichte weiträumige Hallen und Wartesäle. Sie entsprach viele Jahrezehnte allen Anforderungen. Erst 1926 war es erforderlich, die Halle und Fahrkartenschalter im Vorgebäude zu erweitern. Bei der Ausführung des Inselgebäudes, das teilweise auf der alten Stadtbefestigung, zum Teil im Wallgraben errichtet wurde, mußten außergewöhnliche Gründungsmaßnahmen durchgeführt werden.

Bahnhof Gotha

Der Bahnhof der schönen ehemaligen »Haupt- und Residenzstadt« des einstigen Herzogtums Sachsen-Coburg-Gotha, eröffnet am 10. Mai 1847 mit Inbetriebnahme des Abschnittes Erfurt–Gotha der Thüringischen Eisenbahn, lag ursprünglich weit außerhalb der Stadt (Bild 395). Seine Zufahrt, die aus der vom Schloß Friedenstein überragten Stadt herausführende Bahnhofstraße, beschatteten bereits Alleebäume. Ganz links im Bild sind neben dem hochaufragenden Empfangsgebäude auch Lokomotiv- oder Wagenschuppen und ein anderes Betriebsgebäude erkennbar.

Gothas Empfangsgebäude bestand ähnlich dem Weimarer aus einem dreigeschossigen Mittelbau mit flachen, zur Stadt und Bahn gerichteten Giebeln und niedrigeren Seitenflügeln. Architektonisch war das dem späten Klassizismus angehörende, 1847 errichtete Bauwerk in Anlehnung an Formen der italienischen Renaissance gestaltet. Interessanterweise hatte der Mittelbau damals keine Portalfunktion, sondern hier befand sich ein repräsentativer Speisesaal

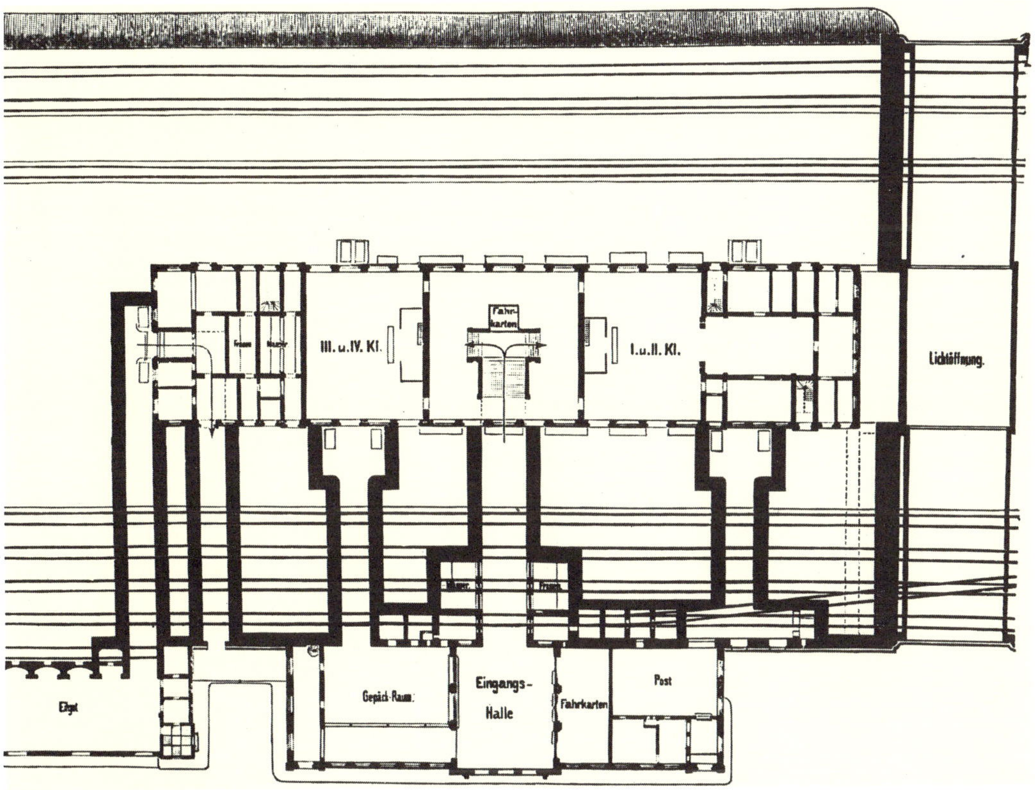

mit Ausblick auf Stadt und Bahnhofsstraße. Die verhältnismäßig schlichte Eingangshalle lag an der Westseite.

Anfang des Jahrhunderts wurde das alte Empfangsgebäude umgebaut und durch Anbauten am Bahnhofsvorplatz wesentlich vergrößert (Bild 396). Haupteingang, eine geräumige Eingangshalle mit Fahrkartenschaltern, Abfertigungsräumen usw. waren nun in der Mittelachse dem Bahnhofsgebäude vorgelagert. Architektonisch bemerkenswert ist die geradezu klassische Einheit, die den in neubarock-eklektizistischen Formen eigenwillig gestalteten Vorbau mit dem Altbau verband.

Im zweiten Weltkrieg wurde das Empfangsgebäude des Bahnhofs Gotha durch Luftangriffe zerstört und danach auf den Überresten nur eine provisorisch-vereinfachte Bahnhofseinrichtung aufgebaut.

Bild 395. Gotha um 1860. Links im Bild der Bahnhof. Zeitgenössischer Stich von Rohbock

Bild 396. Bahnhof Gotha. Empfangsgebäude um 1910
Bild 397. Eisenach um 1860. Links im Bild der Bahnhof. Zeitgenössischer Stich von Rohbock
Bild 398. Bahnhof Eisenach. Empfangsgebäude um 1905

Bahnhof Eisenach

In einer Ansicht Eisenachs aus den fünfziger Jahren des 19. Jahrhunderts befindet sich das erste Empfangsgebäude des Bahnhofs noch östlich außerhalb der Stadt zwischen Wiesen und Feldern. Ein Zug fährt eben in Richtung Gerstungen ab (Bild 397). Seit 24. Juni 1847 war die Strecke Gotha–Eisenach in Betrieb, und am 25. September 1849 konnte man dann auch bis Gerstungen reisen.

Das schlichte, spätklassizistische Empfangsgebäude stand bis zum Umbau der Eisenacher

Bahnhofsanlagen 1900 bis 1904. Als damals der gesamte Bahnkörper angehoben wurde, um niveaugleiche Straßenübergänge zu beseitigen, mußten die alten Bauten abgebrochen werden. 1902 bis 1904 entstand nach Entwürfen des »Königlichen Landbauinspektors« Cuny das neue, späteklektizistisch-romantische Empfangsgebäude, eine ausschweifende Komposition verschiedenster Baukörper und Motive (Bild 398); funktionell war das Bauwerk aber seinerzeit sehr modern gestaltet, so daß es nach dem Umbau der Fahrkartenausgabe 1927 noch jetzt den Ansprüchen genügt. Auch die hervorragende Qualität der Bauausführung dieser Zeit sollte anerkannt werden.

Von der tonnenüberwölbten 384 m² großen Empfangshalle des Mittelbaues führt ein Personentunnel zu den Bahnsteigen. Beiderseits der Halle wurden Wartesäle und ein Speisesaal, an der rechten Langseite Fahrkartenschalter und die Gepäckabfertigung mit direktem Zugang zum Vorplatz angeordnet. Als bemerkenswert galt damals, daß der Architekt Szenen des Bahnpersonals in reizvollen Darstellungen an Kapitellen veranschaulichte und die Zweckbestimmung der Räume ornamental zum Ausdruck brachte. Wahrscheinlich war es aber mehr eine Frage der sozialen Einstellung als ein Zeichen fortschrittlicher Baugesinnung, wenn im Wartesaal 3. und 4. Klasse die Gitterträger unter der Kassettendecke in »unverhüllter, wahrer Form« gezeigt wurden. Außen erhielt das Gebäude Sandsteinverblendungen rötlichgrauer, warmer Färbung und »Terranova«-Putzflächen.

Der Thüringer Bahnhof in Leipzig

Um von Leipzig einen Anschluß an die Stammbahn Halle–Erfurt zu schaffen, eröffnete die Thüringische Eisenbahn-Gesellschaft am 22. März 1856 die Zweigstrecke Leipzig–Corbetha. Für die notwendige Bahnhofsanlage in Leipzig hatte die Direktion im Juli 1855 im Norden der Stadt die sogenannte Gerberwiese gekauft, ein mooriges, von der Parthe und Wassergräben umschlossenes Gelände, das heute von der Rudolf-Breitscheid-Straße, der Parthe und der Westfront des Hauptbahnhofs begrenzt wird.

Bild 399. Der Thüringer Bahnhof in Leipzig. Lageplan um 1890

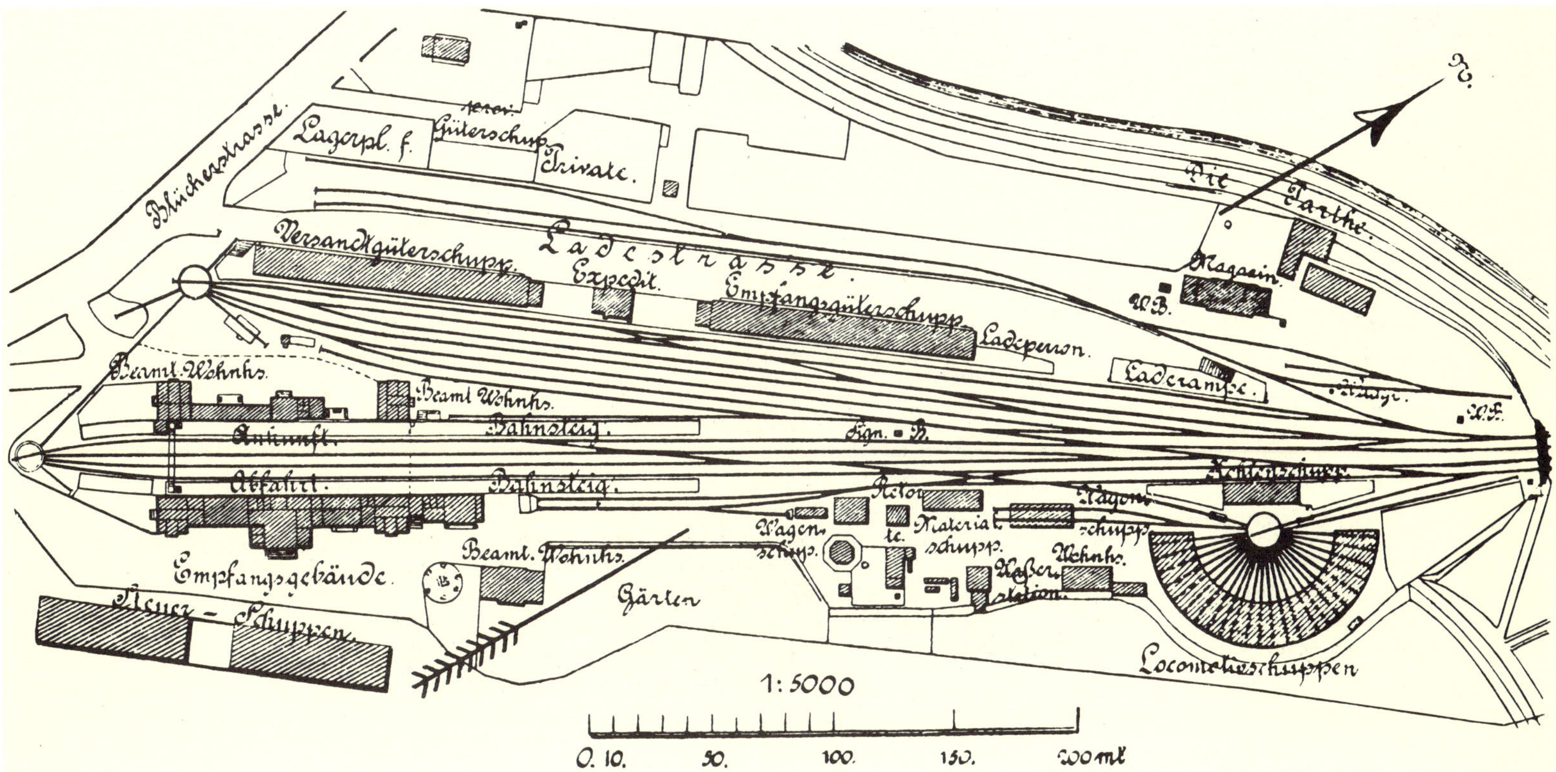

THÜRINGSCHE BAHN.

Bild 400. Der Thüringer Bahnhof in Leipzig 1857. Kopfseite mit davorliegender Drehscheibe. Zeitgenössischer Stich
Bild 401. Der Thüringer Bahnhof in Leipzig. Schnitt durch die Bahnsteig- und Eingangshalle des Empfangsgebäudes
Bild 402. Der Thüringer Bahnhof in Leipzig 1862. Kopfseite mit Drehscheibe

Enorme Erdarbeiten waren zu bewältigen, um das gegenüber dem Lagerhof etwa 3 m tiefere Terrain tragfähig zu machen und aufzufüllen. Mit 300 zweirädrigen Kippkarren, mit von Pferden gezogenen »Lowrys« und weiteren 100 Handkarren bewegten über 800 Menschen allein 550 000 m^3 Kiessand zum Auffüllen. »Für die aufzuführenden Gebäude wurde der sumpfige Boden 4 Fuß tief ausgehoben, Sand eingeschüttet und darauf die Gründung der Gebäude vorgenommen. Überall wo derartige Baugruben erforderlich waren, drang das Wasser unaufhaltsam von allen Seiten zu; es öffneten sich starke Quellen am Boden, ununterbrochen mußten Wasserschöpfwerkzeuge, sogar die Tunnelschnecke, in Bewegung gesetzt werden, damit der schädliche Moorboden bis zu der notwendigen Tiefe entfernt werden konnte. Es war dies für die Arbeiter eine höchst beschwerliche und angreifende Arbeit, das Wasser beizte die Füße hochroth..., wo das Empfangsgebäude jetzt steht, glich der Ort einem See...«, wird von Zeitgenossen berichtet.

Zuerst wurden ein Lokomotivschuppen für neun Maschinen, die Wasserstation des Bahnhofs, eine Schmiede, Reparaturwerkstatt, Schlosserei und andere Betriebsgebäude errichtet. Es waren Backsteinrohbauten mit Pfeilervorlagen und Pappdächern, wie im Industriebau dieser Zeit. Das Mühlwerk Golzermühle bei Grimma lieferte leichte feingliedrige Gußeisenfenster. Die groß angelegten Güterschuppen hatten Fachwerkwände, überdachte »Ladeperrons« mit Windevorrichtungen für schwere Gegenstände. Mit diesen Baulichkeiten (Bild 399) wurde der Betrieb auch für den Personenverkehr provisorisch eröffnet. Bereits am 22. März 1856, nach den Bauarbeiten eines Winterhalbjahres, ging der erste Personenzug von Leipzig nach Thüringen ab.

Am 28. März 1856 fand die Grundsteinlegung für das Empfangsgebäude und die Bahnsteighalle des als Kopfstation angelegten Bahnhofes statt (Bild 400).

Das Bauwerk besaß eine 96 m lange, 27,80 m breite Bahnsteighalle, überspannt von einer schmiedeeisernen freitragenden Gitterbogenkonstruktion. 56 gußeiserne Oberlichter waren mit $^1/_2$ Zoll dicken Scheiben aus der Spiegelmanufaktur Aachen verglast. Die eiserne Dachkonstruktion führte die Maschinenwerkstatt der thüringischen Eisenbahn in Erfurt aus (Bild 401).

Der Kopfbau des Empfangsgebäudes mit dem vierbogigen Hallenabschluß, den flankierenden Türmen und anschließenden Flügelbauten entsprach im Prinzip dem 15 Jahre vorher erbauten Bayrischen Bahnhof. Die Komposition der Baukörper und die Fassadengestaltung, insbesondere Details der Türme und der erhöhte Hallenabschluß lassen vermuten, daß der 1845 bis 1847 entstandene Hamburger Bahnhof in Berlin als Vorbild für den Entwurf des Thüringer Bahnhofs diente. Allerdings erreichte dieser nicht die architektonische Qualität des klassisch

Bild 403. Der Thüringer Bahnhof in Leipzig. Ansicht des Empfangsgebäudes von Südwesten, um 1900

ausgewogenen Berliner Gebäudes. Sicher wurde versucht, das kleinere Leipziger Bahnhofsgebäude durch entsprechende Betonung von Baukörpern und Details, zum Beispiel durch Vorziehen der Türme, Geschoßgliederung usw. ebenso repräsentativ zu gestalten, was aber offensichtlich nicht gelang: Das Kopfbauwerk wirkte in seinem Massenaufbau nicht als Einheit, weil die an sich schon bescheidenen Flügelbauten zu sehr in den Hintergrund rückten und so kaum noch zu seiner Gesamtrepräsentation beitragen konnten (Bild 402).

Das von der Eisenbahnverwaltung entworfene spätklassizistische Bahnhofsgebäude war nach einer Beschreibung aus dieser Zeit »im gräcizierenden Stil durchgeführt, die Gesimse nach den edelsten Formen profiliert worden, und das Arangement der einzelnen Gebäudetheile so getroffen, daß bei malerischer Gruppierung keine Zerstückelung des in ruhiger griechischer Architektur geschaffenen Ensembles erfolgt. Zwei Wohngebäude bilden im Verein mit den Türmen das Widerlager für die Bogenstellung der Halle, welche eine korinthische Säulengalerie, mit Pilastern über den Rundbogenpfeilern, trägt. An beiden Längsfronten sind Pilaster mit 10 Fuß hohen Fenstern, darüber griechisches Gebälk in schlankem Verhältnis angeordnet. Das große und kleine Vestibül unterbrechen die Front. Der ganze Bau wird durch ein korinthisches Sandsteingesims von 2 Fuß Höhe bei 21 Zoll Ausladung bekrönt«.

Im großen Mittelbau der Ostseite befand sich »eine große Eingangshalle mit Billetausgabe, Gepäckräumen, Portierzimmer, Retiraden und der Passage zu den Wartezimmern. An dem Perron für ankommende Züge liegt ein kleines Vestibül, das den ankommenden Reisenden Ausgang gewährt, daran schließt sich die Gepäckausgabe, eine Kofferträgerstube und ein reserviertes Zimmer an«. (Bild 403)

In der Bahnsteighalle waren Abfahrts- und Ankunftsbahnsteig, wie damals üblich, getrennt voneinander angeordnet. Die Bahnsteighöhe über Schienenoberkante betrug etwa 900 mm. Von den dazwischen liegenden vier Gleisen dienten die beiden mittleren zur Aufstellung von Personenwagen beziehungsweise zum Rücklauf der Maschinen ankommender Züge nach dem Lokomotivschuppen.

Am 11. Juli 1857 wurde das Bahnhofsgebäude in Betrieb genommen.

1891 beförderten 24 vom Thüringer Bahnhof abgehende Personenzüge täglich im Durchschnitt 2300 und 27 ankommende Züge 2470 Personen.

Am 1. Oktober 1907 wurde der Thüringer Bahnhof zur Vorbereitung der von Westen nach Osten fortschreitenden Bauabschnitte des neuen Hauptbahnhofes geschlossen und als erster der vier benachbarten alten Leipziger Bahnhöfe abgebrochen.

Danach diente der Magdeburger Bahnhof provisorisch als Thüringer Bahnhof.

Die Werrabahn

Als große Nord-Südverbindung eines deutschen Eisenbahnnetzes hatten bereits vor Beginn des Eisenbahnbaues in Deutschland Friedrich List 1828 eine »Bayrisch-Hanseatische Eisenbahn« und Carl Josef Meyer 1836 eine »Hanseatisch-Süddeutsche Centraleisenbahn« propagiert. Meyer, Schuhmachersohn aus Gotha, unter anderem Begründer des Bibliographischen Institutes und des bekannten Konversations-Lexikons, veranlaßte 1836 Geländeuntersuchungen für eine Bahnlinie von der Koburgisch-bayrischen Grenze bis in die Nähe von Vacha, die mit der später gebauten Werrabahn größtenteils identisch war. Nach Erhalt der Konzession konnte er auch das Aktienkapital für den Bahnbau schnell beschaffen. Doch das Vorhaben als Teil der von ihm geplanten großen deutschen Eisenbahnverbindung scheiterte an der Weigerung des Königreichs Hannover, die Führung der Bahn durch dessen Gebiet zu genehmigen.

1846 veröffentlichte Meyer sein »Programm eines deutschen Centralbahnnetzes« mit Thüringen als Mittelpunkt, das mit dem heutigen Netz im wesentlichen übereinstimmt. 1848 geht er wegen Pressevergehen ins Gefängnis. In dieser Zeit kämpft er nochmals für den Bau der Werrabahn. Doch erst 1855 kann sich nach zähen Verhandlungen die »Werra-Eisenbahn-Gesellschaft« konstituieren. Meyer gelingt es wiederum, die Mittel für den Bau, 8 Millionen Taler, aufzubringen. Die Werra-Eisenbahn-Gesellschaft baute die Strecke jedoch nicht selbst, sondern überließ der Thüringischen Eisenbahn-Gesellschaft 1856 vertraglich den Bau der Hauptstrecke Eisenach–Coburg und der Zweigbahn Coburg–Sonneberg sowie deren Betrieb und Verwaltung für zehn Jahre.

Am 18. Februar 1856 begannen die Erdarbeiten bei Themar, und bereits am 2. November 1858 konnte die gesamte Strecke Eisenach–Coburg–Sonneberg eröffnet werden. Meyer erlebte die Vollendung des Werkes, für das er sich jahrzehntelang eingesetzt hatte, nicht. Er starb, 60 Jahre alt, am 27. Juni 1856.

1859 wurde die Werrabahn durch die Strecke Coburg—Lichtenfels auch an das bayrische Eisenbahnnetz angeschlossen, der Plan Lists und Meyers verwirklicht. Aus finanziellen Gründen ist die Strecke damals auf allen Abschnitten zwischen Eisenach und Lichtenfels eingleisig ausgeführt worden. Nur der Tunnel bei Förtha und andere Kunstbauten der Hauptbahn wurden vorsorglich für zweigleisigen Betrieb bemessen. Ihre Bahnhofsgebäude errichtete die Werrabahngesellschaft in der jeweils heimischen Bauweise, vielfach als verschieferte Fachwerkbauten, in den größeren Städten massiv aus Sand- oder Kalkstein. Auf Wirtschaftlichkeit wurde besonderer Wert gelegt.

Am 1. Dezember 1875 übernahm die Werra-Eisenbahn-Gesellschaft mit ihrer neugebildeten Direktion in Meiningen Betrieb und Verwaltung der Bahn wieder selbst. In der darauffolgenden Periode des gemischten Systems von Privat- und Staatsbahnen nach Verstaatlichung der Thüringischen Eisenbahngesellschaft am 28. März 1882 konnte die Werrabahngesellschaft ihr Netz noch durch folgende Strecken ausbauen:

Sonneberg—Lauscha
eröffnet am 1. Oktober 1886,
Themar—Schleusingen
eröffnet am 28. Oktober 1888,
Immelborn—Liebenstein
eröffnet am 1. August 1889,
Coburg—Rodach eröffnet am 1. Juli 1892.

Wenig später bewogen anhaltend negative Betriebsergebnisse die Gesellschaft, Kaufangebote Preußens anzunehmen und die Bahn für 25,4 Millionen Mark zu verkaufen. Sie wurde durch Gesetz vom 16. Juli 1895 verstaatlicht.

Bahnhof Wasungen

Unter den Kleinstädten Südthüringens ist das malerisch unter dem Schloßberg gelegene Wasungen mit seinen alt-hennebergischen Fachwerkbauten besonders reizvoll. Das Bahnhofsgebäude, von Rohbock mit dem Ort und den Überresten der Burg Maienluft in einem romantischen Stahlstich kurz nach Eröffnung der Werrabahn am 2. November 1858 dargestellt, war ursprünglich auch ein Fachwerkbau (Bild 404). Bemerkenswert sind die typische Verstrebung ähnlich der hier häufigen Figur des »Wilden Mannes«, die leichte Auskragung der oberen Geschosse und das in der Mitte vorgezogene Zwerchhaus, das im Dach das Uhrstübchen der Bahnhofsuhr barg. Erst viel später erhielt der in seiner Ursprungsform erhaltene Fachwerkbau eine wetterschützende Schieferverkleidung sowie einen Anbau und ein kleines Schutzdach am Bahnsteig (Bild 405).

Bild 404. Bahnhof Wasungen. Empfangsgebäude mit Ort und Burg um 1860. Zeitgenössischer Stich von Rohbock

Bild 405. Bahnhof Wasungen. Empfangsgebäude 1977
Bild 406. Bahnhof Sonneberg. Empfangsgebäude und Bahnsteige mit Stahlbetondächern von 1907. Aufgenommen im Mai 1977
Bild 407. Bahnhof Lauscha. Altes Empfangsgebäude um 1900
Bild 408. Bahnhof Lauscha. Neues Empfangsgebäude, 1977

Bahnhof Sonneberg

Der Bahnhof Sonneberg, zunächst Endpunkt der am 2. November 1858 eröffneten Strecke Eisenach–Coburg–Sonneberg der Werra-Eisenbahn erhielt statt seines alten, in heimischer Bauweise errichteten Empfangsgebäudes 1907 neue Bahnhofsbauten in bemerkenswert moderner Bauausführung. Neben einem verhältnismäßig großzügigen Empfangsgebäude, das zwar architektonisch noch einem unechten »Heimatstil« angehört, gehören die hier von Dyckerhoff & Widmann ausgeführten Bahnsteigüberdachungen aus Stahlbeton zu den ersten dieser Art in Deutschland (Bild 406). Am Empfangsgebäude wurden zweistielige, auf dem Inselbahnsteig einstielige Konstruktionen mit Innenentwässerung der Dachflächen errichtet, deren Pfeiler infolge des aufgeschütteten Bahnhofsgeländes bis zu 3,5 m unter Gleisoberkante hinabgeführt werden mußten.

Bahnhof Lauscha

Ursprünglich war Lauscha Endpunkt der am 1. Oktober 1886 eröffneten Zweigbahn Sonneberg–Lauscha der Werrabahn. Diese Strecke im verhältnismäßig sanft ansteigenden Steinachtal konnte auch von den damaligen leistungsschwächeren Lokomotiven bewältigt werden. Aber eine Weiterführung der Strecke erfolgte zunächst nicht, da sich am Südrand Lauschas die Täler stark verengen und windungsreich nach wenigen Kilometer Anstieg am Kamm des Thüringer Waldes enden. Dafür waren entsprechende Gebirgslokomotiven seinerzeit noch nicht vorhanden. So blieb Lauscha vorerst Kopfstation. Das erste Empfangsgebäude (Bild 407) wurde in Seitenlage westlich der Bahnhofsgleise

in der für diese Landschaft typischen schieferverkleideten Fachwerkbauweise errichtet.

Die bis 1913 geschaffene Verbindung zwischen Lauscha und Bock-Wallendorf über den Gebirgskamm erforderte Baumaßnahmen und Bauwerke, die alpinen Bahnen nicht nachstehen. Vom Bahnhof Lauscha aus war der Weiterbau in Richtung Ernstthal a. R. nur in Form einer Spitzkehre um ein Bergmassiv mit zwei Viadukten und einem Tunnel möglich, die nach 3 km zum oberen Talrand Lauschas führt. Die 6,4 km lange Strecke bis Ernstthal überwindet 159 m Höhenunterschied bei einer mittleren Neigung von 1:40,25!

Zur Eröffnung der Strecke Lauscha–Bock-Wallendorf am 1. November 1913 wurde auf dem Bahnhof Lauscha auch das neue Empfangsgebäude in Betrieb genommen. Es ist oberhalb des alten in Kopflage errichtet und wiederum in der bewährten, den besonderen klimatischen Bedingungen entsprechenden heimischen Bauweisen ausgeführt worden (Bild 408), wobei die Erdgeschoßumfassungen eine dauerhafte wetterschützende Werksteinverblendung erhielten. Einzige betont schmückende Zufügung ist der traditionelle, schieferverkleidete Dachreiter des Bahnhofsgebäudes.

Die Thüringische Eisenbahn Gera–Saalfeld–Eichicht

Bahnhof Gera

Gera entwickelte sich seit der am 19. März 1859 eröffneten Zweigstrecke Weißenfels–Gera der Thüringischen Eisenbahn schnell zum bedeutenden Knotenpunkt. Nacheinander wurden die Strecken

Gößnitz–Gera am 28. Dezember 1865,
Gera–Saalfeld–Eichicht am 20. Dezember 1871 und
Weimar–Gera am 29. Juni 1876

in den Bahnhof Gera eingeführt, der daraufhin infolge des stark gewachsenen Verkehrs umgebaut und erweitert werden mußte. Anstelle des alten klassizistischen Empfangsgebäudes wurde 1880 bis 1881 nach Plänen der Architekten von der Hude und Hennicke ein neuer überaus repräsentativer Bahnhofsbau errichtet (Bild 409). Dieser erste große Bahnhofsneubau Thüringens ist im Fassadenaufbau dem Magdeburger Empfangsgebäude ähnlich (Bild 248). Dem Mittelrisalit des dreigeschossigen Geraer Bauwerks wurde aber eine wichtigere Attika aufgesetzt, und mit seinen weniger streng gegliederten Schauseiten gehört es schon der späten Neurenaissance an.

Bahnhof Saalfeld

Im Mai 1870 begannen die Bauarbeiten am ersten Bahnhof Saalfelds für die Strecke Gera–Eichicht (heute Kaulsdorf) der Thüringischen Eisenbahn-Gesellschaft. Schon am 4. November 1871 traf ein Arbeitszug in Saalfeld ein, und am 20. Dezember 1871 konnte die 77,1 km lange Strecke festlich eröffnet werden. Das 1871 erbaute Empfangsgebäude des Bahnhofs Saalfeld war ein romanisierender Backsteinbau.

Mit Eröffnung der Saal-Eisenbahn am 1. Mai 1874 und später des Schnellzugverkehrs Berlin–München, seit 1. Juni 1886 über Gera und seit 1897 auch auf der Saalbahn, entwickelte sich der Bahnhof Saalfeld zu einem bedeutenden, verkehrsreichen Bahnknoten Südostthüringens. Die unzulänglich gewordenen Bahnhofsanlagen mußten daher um 1900 erweitert und umgebaut werden. In diesem Zusammenhang wurde 1898 bis 1900 auch ein neues Empfangsgebäude errichtet (Bild 410), das als erster Versuch zur Durchsetzung neuzeitlicher, funktionsgerechter Bauprogramme des preußischen Ministeriums für öffentliche Arbeiten gelten kann. Leider stand seine eklektizistische Hülle zur fortschrittlichen funktionellen Lösung in befremdlichem Gegensatz.

1924 und 1926 wurden das am 10. November 1900 dem Betrieb übergebene Empfangsgebäude, 1934 der Bahnhof in großem Umfang umgebaut. Seit 1935 bis 1936 passierten der »Fliegende Münchner«, der von Leipzig bis Nürnberg ohne Halt 100 km/h Reisegeschwindigkeit erreichte, und nach Elektrifizierung der Saalbahn ab 2. Mai 1940 die mit den Elloks der Baureihe E 19 bespannten Schnellzüge dieser Strecke den Bahnhof Saalfeld. Sein im zweiten Weltkrieg durch schwere Luftangriffe am 8. und 9. April 1945 stark beschädigtes Empfangsgebäude ist in der Grundsubstanz noch erhalten. Die betriebswichtigen Gebäudeteile wurden nach dem Krieg in vereinfachter Form wiederhergestellt.

Bild 409. Bahnhof Gera. Empfangsgebäude 1961
Bild 410. Bahnhof Saalfeld. Empfangsgebäude 1925
Bild 411. Bahnhof Rastenberg zur Eröffnung 1887

Die Eisenbahn Weimar–Rastenberg

Bahnhof Rastenberg

Als Endpunkt der 1887 eröffneten schmalspurigen Weimar-Rastenberger Eisenbahn war der gleichzeitig eingeweihte Bahnhof Rastenberg Beispiel für extrem sparsame bauliche Investitionen. Mit geringsten Mitteln errichtete die wenig finanzkräftige Gesellschaft hier ein Miniatur-Stationsgebäude in heimischer Ziegelfachwerkbauweise mit schiefergedecktem Dach (Bild 411) und dazu noch einen winzigen Schuppen für eine der kleinen Tenderlokomotiven (Bild 412). Sicher war nur so eine wirtschaftliche Betriebsführung dieser »Sekundärbahn« möglich.

Bereits Anfang Oktober 1923 stellte die Weimar-Rastenberger Eisenbahn den Betrieb zwischen Buttelstedt und Rastenberg, später auf ihrer ganzen Strecke ein. Inzwischen wurde auch die 1910 eröffnete Nebenbahn Rastenberg–Buttstädt stillgelegt und damit der Bahnhof Rastenberg geschlossen.

Bild 412. Bahnhof Rastenberg im Bau 1887. Links Empfangsgebäude, rechts Lokomotivschuppen

Verzeichnis der Bahnhöfe

Altenburg 1. EG***, 2. EG****
Althen Bf*
Bad Doberan siehe Doberan
Bad Kleinen siehe Kleinen
Bautzen 2. EG****
Berlin Alexanderplatz Bf**
  Anhalter Bahnhof*
  Haltestelle Bellevue
  Haltestelle Börse****
  Friedrichstraße Bf**
  Görlitzer Bahnhof*
  Hamburger Bahnhof*
  Lehrter Bahnhof*
  Lichtenberg** EG*
  Potsdamer Bahnhof*
  Schlesischer Bahnhof*
  Stettiner Bahnhof*, S-Bahn EG***
  Großgörschenstraße
Beucha****
Blankenberg**
Bodenbach
Braunschweig**
Bützow 1. EG*
Chemnitz**
Coswig bei Dresden 1. EG*
Cöthen Berlin–Anhalter Bf 1. EG
  Magdeburg–Leipziger Bahnhof 1. EG***
  Berlin–Halberstädter Bahnhof EG****, Bf*, 1. EG*
Crimmitschau 1. EG****
Dahlen 1. EG*
Darmstadt 1. Bf.*
Döbeln EG****
Doberan
Dresden Berliner Bahnhof*
  Böhmischer Bahnhof*
  Friedrichstadt Bf****
  Hauptbahnhof****
  Leipziger Bahnhof***
  Neustadt****
  Sächsisch-Schlesischer Bahnhof*
  Wettiner Straße H*
Eisenach 2. EG****
Erfurt 1. EG****, 2. EG****
Frankfurt (Oder) 2. EG**
Freiberg 1. EG****
Gadebusch
Ganzlin
Gera EG****
Glöwen EG u. G****
Gotha EG*
Greiz EG****
Grimma oberer Bahnhof EG u. WS****
  unterer Bahnhof EG****
Großbauchlitz
Großbothen 1. EG****, 2. EG, L u. WS****
Großsteinberg H****
Güstrow EG**
Hagenow-Land EG****
Halle 1. EG*, 2. EG**
Karstädt EG****
Kleinen EG**
Königsberg
Köthen siehe Cöthen
Laage
Lauscha 1. EG*, 2. EG****
Leipzig Bayrischer Bahnhof EG***, H*
  Berliner Bahnhof*
  Dresdner Bahnhof*, W****
  Eilenburger Bahnhof*
  Hauptbahnhof EG****, H**
  Magdeburger Bahnhof*
  Postbahnhof****
  Thüringer Bahnhof*
Leisnig EG, G, L u. WS****
Lübeck EG u. H*
Ludwigslust EG****
Lützow
Magdeburg EG (W)****, Insel-EG u. H*
Malchin EG****
Meißen 2. EG****
Meyenburg
Mügeln EG****
München 1. EG u. H*
Naumburg
Naunhof bei Leipzig EG****, WS*
Niederau EG****

Nossen EG**
Oberau Bf*
Oschatz 1. EG*
Pirna 1. EG***, 2. EG****
Plaaz
Plau
Plauen (Vogtl) oberer Bahnhof 1. EG*, 2. EG*
unterer Bahnhof 1. EG*
Potsdam Bahnhof Potsdam Stadt 1. u. 2. EG*
Priestewitz 1. EG*
Radebeul 1. EG*
Rastenberg
Rehna
Reichenbach (Vogtl) 1. EG****
Riesa 1. EG*, 2. EG****
Röbel
Roßwein EG****
Rostock Centralbahnhof EG**
Friedrich-Franz-Bahnhof EG*
Saalfeld 1. EG*, 2. EG***
Schwerin EG****
Sonneberg****
Stendal EG****
Tanndorf**
Thalheim bei Oschatz Bf*
Tharandt 1. EG*, 2. EG****
Tribsees
Ventschow
Wannsee
Wasungen EG****
Weimar 2. EG****
Wermsdorf EG****, Bf*
Wilsdruff EG u. L****, Bf*
Wismar 1. EG****
Wittenberg 1. EG u. 2. EG****
Wittenberge EG u. WS****
Wurzen 2. EG**
Zwickau 1. EG*, 2. EG****

Abkürzungen

Bf	Bahnhof(sanlage)
EG	Empfangsgebäude
G	Güterschuppen
H	Bahnsteighalle
L	Lokomotivschuppen
W	Wagenschuppen
WS	Wasserstation
*	nicht mehr vorhanden, abgebrochen oder zerstört
**	erneuert oder rekonstruiert
***	Fragment erhalten
****	im wesentlichen erhalten oder restauriert

Schreibweisen

In Texten und Karten, besonders in Zitaten, sind, bedingt durch die historischen Gegenbenheiten, deutschsprachige Namen von Ortschaften angegeben, die sich nicht auf dem Territorium der DDR befinden bzw. deren Namen in der DDR geändert wurden. Zur Orientierung folgt hier eine alphabetisch geordnete Zusammenstellung dieser Ortsnamen nebst der heutigen Bezeichnung

Bentschen	Zbąszyń
Bodenbach	Děčin hl. n.
Breslau	Wrocław
Bromberg	Bydgoszcz
Brünn	Brno
Bunzlau	Bolesławiec
Chemnitz	Karl-Marx-Stadt
Danzig	Gdańsk
Dirschau	Tczew
Eydtkuhnen	Černyševskoe
Graudenz	Grudziądz
Guben	Wilhelm-Pieck-Stadt Guben/Gubin
Königsberg	Kaliningrad
Kreuz	Krzyż
Küstrin	Kietz/Kostrzyn
Leitmeritz	Litoměřice
Marienburg	Malbork
Pardubitz	Pardubice
(St.) Petersburg	Leningrad
Posen	Poznań
Reichenau	Bogatynia
Reichenberg	Liberec
Reppen	Rzepin
Schneidemühl	Piła
Stallupönen	Nesterov
Stargard	Stargard
Stettin	Szczecin
Tetschen-Bodenbach	Děčin
Thorn	Toruń
Tilsit	Sovetsk

Verzeichnis der Baumeister und Ingenieure

Arnold, Baumeister, leitete 1845 bis 1847 den Bau des Hamburger Bahnhofs in Berlin
Barlow, W. H., Ingenieur, konstruierte die Hallendächer der St. Pancras-Station London (1868) nach dem Entwurf von Ordish und war Oberleiter dieses Bahnhofsbaues. *1812, † 1902
Bassenge, Bauingenieur in Döbeln, leitete als Abteilungsingenieur 1868 bis 1870 den Bau des Döbelner Hauptbahnhofs
Bonatz, Paul, Architekt, Professor, entwarf mit Eugen Scholer das Empfangsgebäude des Hauptbahnhofs Stuttgart (1913 bis 1927), ferner das Empfangsgebäude in Darmstadt. Später allein tätig, schuf er unter anderem die Stadthalle Hannover und das Stumm-Hochhaus in Düsseldorf. *1877, † 1951
Brademann, Architekt, Reichsbahn-, Regierungs- und Baurat in Berlin, entwarf das 1928 erbaute Empfangsgebäude des Bahnhofs Wannsee und andere Bahnhofsbauten der Reichsbahndirektion Berlin
Brescius, Guido, Oberingenieur, technischer Leiter des Baues der Albertsbahn Dresden–Tharandt (1853 bis 1855)
Bürklein, Friedrich, Baumeister, Professor an der Polytechnischen Hochschule München, Generaldirektions- und Baurat, baute den Bahnhof München und viele andere Bahnhöfe Bayerns, das Rathaus Fürth, die Maximilianstraße in München, deren Architektur als »Maximiliansstil« bezeichnet wurde. *1. 3. 1813 in Burk/Mittelfranken, † 4. 11. 1872 in Werneck
Canzler, Karl Adolf, Architekt, Oberlandbaumeister, schuf mit Karl Moritz Haenel den Böhmischen Bahnhof in Dresden (1861 bis 1864) und unter anderem 1876 bis 1879 das Landgerichtsgebäude in Dresden. *1818, † 1903
Crelle, Geheimer Oberbaurat, führte 1836 die Vorarbeiten für die Berlin-Frankfurter Eisenbahn aus
Cuny, Baumeister, Königlicher Landbauinspektor, entwarf das 1902 bis 1904 erbaute Empfangsgebäude des Bahnhofs Eisenach, ein architektonisch eklektizistisches, aber funktionell seinerzeit fortschrittliches Gebäude
Demmler, Georg Adolf, Architekt, Hofbaurat, schuf das Residenzschloß Schwerin (1845 bis 1857), Hoftheater, Marstall (1838 bis 1842) und Zeughaus (1840 bis 1844) in Schwerin, unterbreitete Vorschläge für den Bahnhofsbau in Schwerin; vergab Bauarbeiten direkt an die Arbeiter (Gewinnbeteiligung), wurde für sein sozialpolitisches Engagement ohne Pension entlassen, als Sozialdemokrat 1877 Mitglied des Reichstages. *22. 12. 1804 in Güstrow, † 2. 1. 1886 in Schwerin
Dircksen, Ernst, Bauingenieur, Oberbau- und

Geheimer Regierungsrat, Mitglied der königlichen Eisenbahndirektion in Erfurt, leitete den Bau der Weichselbrücke bei Dirschau und der Rheinbrücke bei Köln, hatte die Oberleitung beim Bau der Bergisch-Märkischen Eisenbahn und anderer Bahnen; Vorsitzender der königlichen Eisenbahn-Direktion für den Bau der Berliner Stadtbahn, deren Projektierung und Bau er 1874 bis 1882 leitete; neben der Umgestaltung der Kölner Bahnhofsanlagen widmete er sich auch dem Bau Thüringer Gebirgsbahnen. *31. 5. 1830 in Danzig, † 11. 5. 1899 in Erfurt

Doebner, Baumeister, Mitprojektant des Potsdamer Bahnhofs in Berlin (1863 bis 1872)

Dürichen, Eisenbahnarchitekt, leitete 1898 bis 1901 den Bau des Empfangsgebäudes des Bahnhofs Dresden-Neustadt

Eck, R., Architekt, Professor, Dresden, entwarf und leitete den Bau des Empfangsgebäudes des Hauptbahnhofs Chemnitz 1872 bis 1873

Eilers, Ingenieur, konstruierte mit Karig die Bahnsteighallen des Hauptbahnhofs Leipzig

Falk, Architekt, Reichsbahnoberbaurat, entwarf das Empfangsgebäude des Hauptbahnhofs Zwickau (erbaut 1933 bis 1936)

Fingerling, Architekt, gestaltete die repräsentativen Innenräume des 1867 eröffneten Empfangsgebäudes des Ostbahnhofs (Küstriner Bahnhofs) in Berlin

Geiseler, Architekt, schuf den 1867 eröffneten Ostbahnhof (Küstriner Bahnhof) in Berlin

Giese, Ernst, Architekt und Baurat in Dresden, entwarf mit Weidner das Empfangsgebäude des Dresdner Hauptbahnhofs; im Wettbewerb für dessen Gestaltung erzielte er mit Weidner 1892 einen ersten Preis; arbeitet seit 1874 mit Weidner in Dresden zusammen (Giese + Weidner). *1832, † 1903

Gilly, David, Baumeister, Landbaumeister, Königlich Preußischer Geheimer Oberbaurat, bedeutender Architekt des deutschen Klassizismus, betont konstruktiver Gestalter auf der Grundlage ländlich-ökonomischen Bauens; schuf neben vielen ländlichen Bauten Schlösser, Verwaltungsgebäude, Bürgerhäuser, Schulen, Kirchen, Typenwohnhäuser, Hafen-, Wasser- und Brückenbauten; Ingenieurarbeiten und bautheoretische Schriften, u. a. »Über die Erfindung, Construction und Vortheile der Bohlendächer« (1797), »Handbuch der Landbaukunst« (1800). *7. 1. 1748 in Schwedt, † 5. 5. 1808 in Berlin

Grüttefien, Baumeister, schuf den Schlesischen Bahnhof in Berlin (1869), später Geheimer Oberbaurat; entwarf mit Schwedler die Bahnsteighalle mit Zweigelenkbogen-, sogenannten Sichelbogenträgern

Haenel, Karl Moritz, Architekt, seit 1827 Professor an der Akademie, 1840 Land-, 1861 Oberlandbaumeister, schuf unter anderem den Böhmischen Bahnhof in Dresden (1861 bis 1864). *1809, † 1880

Hennicke, Architekt, entwarf mit von der Hude 1879 das Empfangsgebäude des Hauptbahnhofs Gera (1880 bis 1881), 1875 das Hotel Kaiserhof in Berlin

Henz, Baumeister, königlicher Bauinspektor, Baudirektor der Niederschlesisch-Märkischen Eisenbahn; leitete deren Bauausführung

Hetzel, E., Architekt, leitete die Ausführung des Empfangsgebäudes der Leipzig-Dresdner Eisenbahn in Leipzig (1866), das Oberingenieur Pöge, Dresden, entwarf

Heuchler, Johann Eduard, Architekt, Baurat, Professor für Baukunst an der Bergakademie Freiberg; trat als einer der ersten für wissenschaftliche Denkmalpflege ein, die er auch praktizierte; entwarf die Empfangsgebäude der Bahnhöfe Freiberg und Grimma; ferner bekannt durch grundlegende Forschungen zur Baugeschichte des Freiberger Doms und seine künstlerischen Darstellungen des sächsischen Berg- und Hüttenwesens. *1. 1. 1802 in Freiberg, † 19. 1. 1879 in Freiberg

Holtz, Baumeister, entwarf zusammen mit Friedrich Neuhaus den Hamburger Bahnhof in Berlin (1845 bis 1847)

Hude, von der, Architekt, entwarf mit Hennicke 1879 das Empfangsgebäude des Hauptbahnhofs Gera (1880 bis 1881), 1875 das Hotel Kaiserhof in Berlin

Jacobsthal, Johann Eduard, Architekt, studierte unter Stüler, bereiste Süddeutschland, Belgien, Frankreich, Italien, England, Kleinasien und Griechenland; seit 1874 Professor der Bauakademie; entwarf die Bahnhöfe Metz (1874 bis 1878), Straßburg (1877 bis 1884), Köln, Bahnhof Alexanderplatz und Bellevue der Berliner Stadtbahn, die Brückentore zu Dirschau und Marienburg, mehrere Bankgebäude und andere Bauten; verfaßte einige Schriften über ornamentale Gestaltung. *17. 9. 1839 in Preußisch-Stargard, † 1. 1. 1902 in Charlottenburg

Karig, Ingenieur, konstruierte mit Eilers die Bahnsteighallen des Hauptbahnhofs Leipzig

Keil, Baumeister, Bauinspektor, später Professor in Königsberg, schuf das Empfangsgebäude des Bahnhofs Erfurt (1887 bis 1893)

Kell, Karl Hermann, Eisenbahn- und Brückenbauingenieur aus Pappendorf, Schüler Professor Johann Andreas Schuberts bis 1838, baute die Elstertalbrücke und die Tharandt-Freiberger Bahn; später Finanzrat der Sächsischen Staatseisenbahn. *1820, † 1888

Kießler, Georg, Baumeister aus Görlitz, Erbauer des großen Neiße-Viadukts bei Görlitz, begonnen am 13. 7. 1844, vollendet am 3. 8. 1847. *1807, † 1883

Klette, Otto, Baurat im Königlich Sächsischen Finanzministerium Dresden, Leiter des Büros für die Dresdner Bahnhofsbauten, plante 1888 bis 1889 unter Mitarbeit des Geh.-Rat Köpcke und der Regierungsbaumeister Oehme, Voigt, Decker und Bley die Umgestaltung der Bahnanlagen Dresdens (1890 bis 1901). *8. 2. 1847, † 27. 2. 1909

Klingholz, Fritz, Architekt, Regierungsbaumeister im Ministerium für öffentliche Arbeiten, errichtete viele Bauten hessischer Bahnen, nahm an den Wettbewerben für die Empfangsgebäude in Hamburg (1901), Metz (1902), Darmstadt und Leipzig (1907) teil, baute am Wiesbadener Hauptbahnhof und am Stettiner Bahnhof in Berlin. *1861, † 1921

Köhler, Osmar Julius Daniel, (ungarischer) Ingenieur, Architekt, (preußischer) Geometer, bis 1836 Schüler von Professor Johann Andreas Schubert in Dresden, Miterbauer der Leipzig-Dresdner Eisenbahn, Leiter des Signaldienstes dieser Bahn, Betriebsingenieur der Sächsisch-Schlesischen Eisenbahn, erbaute den Sächsisch-Schlesischen Bahnhof in Dresden (1844 bis 1847). *1816, † 1862

Königsdörffer, August Carl Wilhelm, sächsischer Landbaumeister und Bausachverständiger in Dresden, Schöpfer der ersten Eisenbahnbrücke über die Elbe bei Riesa.

Köpcke, Claus, Ingenieur, Bauinspektor, seit 1869 Professor für Eisenbahn-, Straßen- und Wasserbau an der Polytechnischen Schule zu Dresden, 1869 bis 1872 sächsischer Geheimer Rat (erstmals als Techniker in Sachsen), 1872 Referent für Eisenbahnbauten, zuletzt Ministerialdirektor, 1901 Dr.-Ing. E. h., erwarb sich große Verdienste beim Ausbau des sächsischen Nebenbahn- und Schmalspurnetzes sowie bei den Dresdner Bahnhofsumbauten, führte das dritte Gelenk bei Bogen- und Hängebrücken sowie steinerne Wälzgelenke bei Steinbrücken ein. *1831 in Hannover, † 21. 11. 1911 in Dresden

Kreis, Wilhelm, Baumeister, seit 1926 Professor der Akademie in Dresden, schuf unter anderem die Augustusbrücke in Dresden (1904 bis 1908), das Wilhelm-Marx-Haus in Düsseldorf (1922 bis 1924), eines der ersten Hochhäuser in Deutschland, das Museums- und Ausstellungsgebäude am Rheinufer in Düsseldorf (1926), das Empfangsgebäude des Hauptbahnhofs Meißen (1928). *17. 3. 1873 in Eltville, † 1955

Kühne, Max Hans, Architekt, Professor, bildete 1907 mit seinem Schwiegervater Professor Lossow ein Architekturbüro; sie schufen u. a. den Hauptbahnhof Leipzig, Hotel Astoria in Leipzig, das Schauspielhaus Dresden, die Fabrik Mauxion in Saalfeld. *1874, † 1942

Kunz, Carl Theodor, Ingenieur, Sächsischer Major der Artillerie, Wasserbaudirektor, Geheimer Baurat des sächsischen Finanzministeriums, Oberbauleiter der Leipzig-Dresdner Eisenbahn, bis 1843 Oberbauleiter der Sächsisch-Bayrischen Eisenbahn, Mitbegründer des Sächsischen Ingenieurvereins. *1791, † 29. 12. 1863 in Dresden

Lapierre, Baumeister, entwarf mit Lent und Scholz den Lehrter Bahnhof in Berlin

Lehmann, E. A., Ingenieur, leitete mit Wilke Projektierung und Bauausführung des Böhmischen Bahnhofs in Dresden (1861 bis 1864)

Lehnert, Architekt, Dresden, entwarf das Empfangsgebäude des Bahnhofs Altenburg (1878)

Lent, Alfred, Ingenieur, Geheimer Baurat, beeinflußte technische und industrielle Unternehmungen entscheidend, führte die Dortmund-Gronauer und Marienburg-Mlawkaer Eisenbahn aus, entwarf mit Lapierre und Scholz den Lehrter Bahnhof in Berlin. *1837, † 4. 1. 1915 in Berlin

Lentze, Ingenieur, Oberbaurat, schuf die großen Brücken über die Weichsel bei Dirschau, die Nogat bei Marienburg, den Rhein bei Köln

Lossow, William, Architekt, seit 1906 Direktor der Kunstgewerbeschule Dresden, Professor, bildete 1907 mit seinem Schwiegersohn Max Hans Kühne ein Architekturbüro; Werke u. a. Hauptbahnhof Leipzig, Hotel Astoria Leipzig. *21. 7. 1852, † 24. 5. 1914 in Heidelberg

Matschoß, Conrad, Ingenieur, Dr.-Ing., Professor an der TH Berlin-Charlottenburg (1929 bis 1939), bedeutendster Technikhistoriker Deutschlands. *1871, † 1942

Mirus, Eisenbahnbauinspektor, entwarf den Grundriß für den Kopfbau des Empfangsgebäudes des Hauptbahnhofs Leipzig, der als Grundlage für den daraufhin ausgeschriebenen Wettbewerb diente, ferner das Umbauprojekt des Hauptbahnhofs Döbeln (1925), technische Mitarbeit beim Entwurf des Hauptbahnhofs Meißen (1928)

Mons, August, Oberingenieur der Thüringischen Eisenbahn-Gesellschaft, später Betriebsdirektor derselben, Erbauer der Thüringischen Eisenbahn, des Bahnhofs Erfurt (1847 bis 1848)

Möller, Königlicher Regierungsbaumeister, Schwerin, leitete den Neubau des Empfangsgebäudes des Bahnhofs Schwerin (1888 bis 1889)

Neuhaus, Friedrich, Baudirektor der Berlin-Hamburger Eisenbahn, schuf den Hamburger Bahnhof in Berlin (1845 bis 1847)

Oer, Freiherr von, Alexander, Ingenieur, Königlich Sächsischer Baubetriebsingenieur aus Dresden, Professor für Tunnel- und Straßenbau, seit 1891 für Straßen- und Eisenbahnbau, Rektor der TH Dresden; seit 1861 beim Eisenbahnbau tätig, seit 1879 Vorstand der Betriebsinspektion Leipzig, 1885 Betriebs-Direktor, 1889 Geheimer Finanzrat und Mitglied des General-Direktoriums der Sächsischen Staatsbahnen; Werke: Umbau des Bahnhofs Altenburg (1876 bis 1878), Durchtunnelung des Schloßbergs bei Altenburg unter Anwendung eines neuen Verfahrens. *1841 in Dresden, † 20. April 1896 in Dresden

Orth, August Friedrich Wilhelm, Baumeister, Schüler von Stüler und Strack in Berlin, Geheimer Oberbaurat; der vielseitige Architekt schuf viele Kirchen, städtebauliche Entwürfe, z. B. für die Berliner Museumsinsel, Brückenbauten, Industrieanlagen, den Görlitzer Bahnhof in Berlin, insbesondere dessen Halle; die Zentralwerkstätte Witten, Vorentwürfe für die Berliner Stadtbahn (1871) und viele andere Bauten. *25. 7. 1828 in Windhausen, † 11. 5. 1901 in Berlin

Ottmer, Carl Theodor, Baumeister und Maler, leitete nach Ausbildung an der Bau- und Kunstakademie Berlin 1822 bis 1827 größere Bauten in Berlin, weilte dann zu Architektur- und Malstudien in Italien, gab 1830 bis 1838 »Architektonische Mitteilungen« heraus, hierauf zum Hofbaumeister ernannt, baute er das Residenzschloß Braunschweig u. a. Gebäude; 1843 bis 1845 wurde nach seinen Entwürfen der Bahnhof Braunschweig gebaut. *19. 1. 1800 in Braunschweig, † 22. 8. 1843 in Berlin

Peters, Eisenbahnbauingenieur, Baurat, Oberfinanzrat, war mit der Oberbauleitung der Dresdner Bahnhofsumbauten (1890 bis 1901) beauftragt

Pöge, Oberingenieur aus Dresden, entwarf Empfangsgebäude und Halle des Dresdner Bahnhofs in Leipzig (1864 bis 1866)

Poetzsch, Eduard, Architekt und Baumeister in Leipzig, schuf hier den ersten Bahnhofsbau, den Dresdner Bahnhof in Leipzig, den Bayrischen Bahnhof, viele Bürgerhäuser und Bauten der aufstrebenden Industrie in Leipzig. *1803, † 1889

Polonceau, französischer Eisenbahningenieur, erfand den nach ihm benannten Stahlfachwerkbinder

Quassowski, Baurat, später Eisenbahndirektionspäsident, hatte die Oberleitung beim Bau des Potsdamer Bahnhofs in Berlin (1863 bis 1872)

Rachel, Gustav Heinrich, Eisenbahnbauingenieur in Dresden, Schüler Professor J. A. Schuberts, baute den Tunnel und Streckenabschnitt bei Oberau der Leipzig-Dresdner Eisenbahn. *1815, † 1886

Rentsch, Bildhauer, Professor in Dresden, schuf die Plastiken über dem Hauptportal des Empfangsgebäudes des Hauptbahnhofs in Dresden

Richter, Zimmermeister aus Leipzig, errichtete nach englischem Vorbild 1839 die Bahnhofshalle des ersten Leipziger Bahnhofs mit gewölbtem Bohlendach

Rincklake, August, Architekt, Steinmetz, seit 1876 Professor für mittelalterliche Baukunst an der TH Braunschweig, war neben überzeugter Vertretung mittelalterlicher Kunst Bahnbrecher für neue Ideen, entwarf Umbau des Lübecker Bahnhofs (1880), den Braunschweiger Zentralbahnhof, den »Centralbahnhof« Leipzig, viele Kirchen und andere Bauten, z. B. das Ständehaus in Münster (1896); äußerst vielseitiger, oft verkannter Architekt. *15. 2. 1843 in Münster, † 19. 8. 1915 in Berlin

Roßbach, Arwed, Architekt, Baurat aus Leipzig, erhielt einen ersten Preis für seinen Wettbewerbsentwurf zum Empfangsgebäude des Hauptbahnhofs Dresden, baute u. a. Schloß Kötteritzsch, Bankgebäude, Kliniken etc. in Leipzig und anderen sächsischen Städten. *1844, † 1902

Schmid, Oberingenieur, entwarf die Hallenkonstruktion des Potsdamer Bahnhofs in Berlin (1872)

Scholz, Baumeister, entwarf mit Lapierre und Lent den Lehrter Bahnhof in Berlin

Schwechten, Franz, Baumeister, Schüler Raschdorffs in Köln und der Berliner Bauakademie, arbeitete u. a. unter Stüler und Gropius, war seit 1885 Akademiemitglied, Lehrer an der TH Charlottenburg, seit 1888 Mitglied des Senats und Baurat in Berlin; übernahm 1871 die Leitung des Projektierungsbüros der Berlin-Anhalter Bahn und schuf 1875 bis 1880 den Anhalter Bahnhof in Berlin, ferner die Bahnhöfe zu Dessau, Wittenberg und andere; weitere Werke waren die Philharmonie und die Gedächtniskirche in Berlin, die Hohenzollernbrücke in Köln sowie zahlreiche öffentliche und private Bauten, Geschäfts- und Industriegebäude in vielen Orten, *12. 8. 1841, † 11. 8. 1924

Schwedler, Johann Wilhelm, Bauingenieur, seit 1858 Eisenbahnbaumeister im preußischen Ministerium für öffentliche Arbeiten, 1866 bis 1876 Lehrer an der Bauakademie, 1873 Geheimer Oberbaurat, 1880 Mitglied der Bauakademie; entwarf die Stahlkonstruktion der Bahnsteighalle des Ostbahnhofs (Küstriner Bahnhof) in Berlin (1867), mit Grüttefien die Halle des Schlesischen Bahnhofs in Berlin (1869), ferner die Eisenbrücken bei Thorn, Graudenz, Dirschau, Marienburg, Breslau, Stettin, Meißen etc., Pläne eiserner Kuppeldächer für Gasbehälter, Bahnsteighallen der Berliner Stadtbahnhöfe und in Frankfurt/M; nach ihm wurden benannt: der »Schwedlerträger«, eine Formel zur Bestimmung der Dicke von Futtermauern und eine Kuppeldachkonstruktion; er schrieb: »Die Konstruktion der Kuppeldächer«, Berlin 1877. *28. 6. 1823 in Berlin, † 9. 6. 1894

Seidel, Bauingenieur, konstruierte mit Oberingenieur Wiedenfeld und Abteilungsbaumeister Sillich die Halle des Anhalter Bahnhofs in Berlin (1880); schrieb »Leberecht Hühnchen«

Sillich, Abteilungsbaumeister, entwarf mit Wiedenfeld und Seidel die Halle des Anhalter Bahnhofs in Berlin (1880)

Sorge, Eisenbahningenieur, Erbauer und leitender Oberingenieur der Albertsbahn Dresden–Tharandt sowie der Abschnitte Freiberg–Flöha, Flöha–Chemnitz und Chemnitz–Zwickau unter Wilke

Steche, Richard, Architekt, Baurat, Kunsthistoriker, war Direktor des Sächsischen Altertums-Vereins, Mitglied des Kuratoriums des Germanischen Museums Nürnberg; Werke: »Baugeschichte von Dresden« (1878), »Beschreibende Darstellung der älteren Bau- und Kunstdenkmäler im Königreich Sachsen«; seit 1880 Professor mit Lehrstuhl für Geschichte des Kunstgewerbes an der TH Dresden; baute Bahnhöfe in Mecklenburg, das Empfangsgebäude des Eilenburger Bahnhofs in Leipzig (1874 bis 1876), Schlösser etc.; unterrichtete am kaiserlichen Hof in Kunstgeschichte. *17.2.1837 in Leipzig, † 3.1.1893 in Niederlößnitz

Stein, Theodor, Architekt, Geheimer Regierungsrat, baute 1874 bis 1876 den Stettiner Bahnhof in Berlin

Storm, Julius, Maler, Professor aus Meißen, schuf Wandbilder aus Porzellanfliesen im Empfangsgebäude des Hauptbahnhofs Dresden

Unruh, von, Ingenieur, Regierungsbaurat in Potsdam, technischer Leiter der Berlin-Potsdam-Magdeburger Eisenbahn, Konstrukteur der großen Elbbrücke bei Wittenberge (1851); 1846 bis 1851 Leiter des Baues der Magdeburg-Wittenberger Bahn, seit 1857 Generaldirektor der Gesellschaft für Eisenbahnbedarf in Berlin; war politisch in der Fortschrittspartei engagiert und seit 1867 Mitglied des Reichstages. *28.3.1806 in Tilsit, † 4.2.1886 in Dessau

Vollmer, Johann, Architekt, Professor für mittelalterliche Baukunst an der TH Berlin, Schüler Konrad Wilhelm Hase's in Hannover, baute mit Otzen in Berlin (Groß-Lichterfelde und am Kleinen Tiergarten), entwarf das Rathaus Stuttgart, viele Kirchen, u.a. die Kaiser-Friedrich-Gedächtniskirche in Berlin, sowie die unter seiner Leitung errichteten Bahnhöfe Friedrichstraße und Börse (heute: Marx-Engels-Platz) der Berliner Stadtbahn, deren Backsteinarchitektur die Schule Hase's verrät. *30. Januar 1845 in Hamburg, † 8. Mai 1920 in Lübeck

Weidner, Paul, Architekt und Baurat in Dresden, errang 1892 mit Giese einen ersten Preis im Wettbewerb für das Empfangsgebäude des Dresdner Hauptbahnhofs, das daraufhin von beiden entworfen wurde; arbeitete seit 1874 mit Giese zusammen (Giese + Weidner). *1843, † im Mai 1899

Weise, Baumeister, Mitprojektant des Potsdamer Bahnhofs in Berlin

Weishaupt, Oberingenieur, plante 1846 den Bahnhof Görlitz

Wiedenfeld, Bauingenieur, Oberingenieur, konstruierte mit Ingenieur Seidel und Abteilungsbaumeister Sillich die Halle des Anhalter Bahnhofs in Berlin (1880)

Wilke, Robert, Ingenieur-Major, Geheimer Finanzrat, Erbauer der Sächsisch-Bayrischen Eisenbahn Leipzig-Hof. *1804, † 1889

Literaturverzeichnis

Autorenkollektiv: Technische Denkmale in der Deutschen Demokratischen Republik. Berlin 1973

Becker, M.: Der Straßen- und Eisenbahnbau. Stuttgart 1855

–: Berlin und seine Eisenbahnen, Herausgegeben im Auftrag des Ministeriums für öffentliche Arbeiten. Berlin 1896

–: Festschrift zur Jahrhundertfeier der Berlin-Potsdamer Eisenbahn. Berlin 1938

Beyer, P.: Die Beziehungen von Karl Marx und Friedrich Engels zu Leipzig. In: Arbeitsberichte zur Geschichte der Stadt Leipzig, Nr. 14, 1968

Born, K.: Die Entwicklung der königlich preußischen Ostbahn. Berlin 1911

Brademann: Das neue Empfangsgebäude des Bahnhofs Wannsee. In: Deutsche Bauzeitung, Nr. 52 vom 30. Juni 1928, S. 441 bis 448

Centralblatt der Bauverwaltung (Berlin), Jahrgänge 1881 ff.

Civilingenieur (Freiberg), Jahrgänge 1854 ff.

Dehio, G.: Handbuch der deutschen Kunstdenkmäler. Der Bezirk Halle. Berlin 1976

–: Die Bauten, technischen und industriellen Anlagen von Dresden. Dresden 1878

–: 25 Jahre Personenbahnhof Dresden-Neustadt. In: Dresdner Anzeiger, Nr. 99, 1926, S. 5

Deutsche Bauzeitung (Berlin), Jahrgänge 1885 ff.

–: Das Deutsche Eisenbahnwesen der Gegenwart. Berlin 1911

Enderes, B.: Die »Holz- und Eisenbahn« Budweis-Linz, das erste Werk deutscher Eisenbahnbaukunst. In: Beiträge zur Geschichte der Technik und Industrie. Jahrbuch des Vereins Deutscher Ingenieure. 16. Band, 1926, S. 13 bis 64

–: 50 Jahre Eisenbahndirektion Erfurt 1882 bis 1932. Erfurt 1932

Fiebig, G.: Über die Berlin-Anhaltische Eisenbahn. In: Der Modelleisenbahner, Heft 5/1975, S. 145; 6/1975, S. 177; 7/1975, S. 204 und 8/1975, S. 231

–: 100 Jahre Bahnhof Freiberg. Festschrift. Freiberg 1962

Galéra, K. S.: Die Geschichte der Straßen und Eisenbahnen im Saalkreis. Halle 1940

Geschäfts- und statistische Berichte der Eisenbahngesellschaften

Gibbons, K.: 100 Jahre Saalbahn Großheringen–Saalfeld. Erfurt 1974

Glöckner, H., W. Martin, W. Jarzowski: Bahnhof Halle (Saale) Güterbahnhof. In: Eisenbahn-Jahrbuch 1973, S. 63 ff.

–: Görlitz. Herausgegeben vom Oberbürgermeister der Stadt Görlitz. Berlin 1925

Grabner, H.: Eisenbahn-Hochbau. Berlin 1975

Hacault, E.: Der Eisenbahnhochbau. Berlin o. J.

Haeckel, J.: Die Anfänge der Berlin-Potsdamer Eisenbahn. O. O. 1931 bis 1932

Hillig, F. E.: Die Leipzig-Dresdner Eisenbahn in den ersten 25 Jahren ihres Bestehens. Leipzig 1864

–: Hundert Jahre Deutsche Eisenbahnen. Leipzig 1938

Illner, G. und A. G. Schuchardt: 50 Jahre Leipzig-Hauptbahnhof. Berlin 1965

Jecht, R.: Geschichte der Stadt Görlitz. Görlitz 1922

Keller, W.: Die Saal- und Weimar-Geraer Eisenbahn in historisch-statistischer Darstellung. Diss. Frankfurt 1914

Klette, O.: Die neuen Bahnhofsbauten in Dresden. Dresden o. J. (1898)

Klingender, F. D.: Kunst und industrielle Revolution. Dresden 1974

Koch, W. und C. *Opitz:* Eisenbahn- und Verkehrsatlas von Europa. Leipzig, Auflagen ab 1902

Köhler, O. D. J.: Der Bau des Sächsisch-Schlesischen Bahnhofs in Dresden. Berlin 1848

Köpcke, C.: Über das Rangieren mit Benutzung eines ansteigenden Eisenbahngleises. In: Organ für die Fortschritte des Eisenbahnwesens, 1871, S. 60

Kubinszky, M.: Bahnhöfe Europas. Stuttgart 1969

Ledig, G. W. und I. F. *Ulbricht:* Die schmalspurigen Staatseisenbahnen im Königreiche Sachsen. Leipzig 1895

–: Leipziger Bautradition. Leipziger Stadtgeschichtliche Forschungen. Heft 4. Herausgegeben im Auftrag des stadtgeschichtlichen Museums in Leipzig von H. Füßler. Leipzig 1955

–: Die Eröffnung der Leipzig-Dresdner Eisenbahn. Leipzig 1837

–: Mitteilung an die Aktionäre der Leipzig-Dresdner Eisenbahn-Compagnie. Leipzig 1868 bis 1872

–: Leipzig und seine Bauten. Herausgegeben von der Vereinigung Leipziger Architekten und Ingenieure. Leipzig 1892

–: Die Leipzig-Hofer Eisenbahn. Leipzig 1841

List, F.: Über ein sächsisches Eisenbahnsystem als Grundlage eines allgemeinen deutschen Eisenbahnsystems. Leipzig 1833

Löffler, F.: Das alte Dresden. Dresden 1955

–: Die Magdeburg-Leipziger Eisenbahn. Leipzig 1840

Mayer, A. v.: Geschichte und Geographie der deutschen Eisenbahnen von ihrer Entstehung bis auf die Gegenwart. Berlin 1891
Müller, H.: Bahnhofsarchitektur. Zur baukünstlerischen Entwicklung von Empfangsgebäuden in Deutschland. Diss. Berlin 1964
Müller, H.: Das historische Bild: Kopfbahnhof in Altenburg. In: Eisenbahn-Jahrbuch 1973. Berlin 1973
–: Bericht über die Verwaltung der Königlich Niederschlesisch-Märkischen Eisenbahn und der Königlichen Verbindungsbahn zu Berlin im Jahre 1864 zu Berlin. Berlin 1865
Ohle, W.: Schwerin-Ludwigslust. Leipzig 1960
Pilz: Der Umbau des Bahnhofs Riesa 1880
Reden, F.: Die Eisenbahnen Deutschlands. Berlin, Posen, Bromberg 1843
Rinkefeil, W.: Aus der Frühzeit der Colditzer Postgeschichte. In: 700 Jahre Stadt Colditz. Colditz 1964
Rothe, E., *Mirus, Christoph* u. a.: Die Umgestaltung der Leipziger Bahnanlagen durch die preußische und sächsische Staatseisenbahnverwaltung. Berlin 1922
Sauter, A.: Die Königlich Preußischen Staatseisenbahnen. Stuttgart 1974
Schmitt, E.: Handbuch der Architektur. 2. Halbband: Gebäude für die Zwecke des Wohnens, des Handels und Verkehrs. 4. Heft: Empfangsgebäude der Bahnhöfe und Bahnsteigüberdachungen. Leipzig 1911
Schrödter, H. und F. *Herold:* Das Oschatzer Schmalspurnetz. In: Der Modelleisenbahner. 19. Jahrgang, Heft 6/1970, S. 170 bis 174
Schüler, P.: Die Entwicklung des Eisenbahnnetzes und -verkehrs im Reichsbahndirektionsbezirk Halle bis zum Jahre 1894. Diss. Halle 1924
Schulze, F.: Friedrich List in Leipzig. Leipziger Verkehr und Verkehrspolitik. Schriftenreihe des Rats-Verkehrsamtes Leipzig, Nr. 8. Leipzig 1927
Strauß, R.: Beiträge zur Heimatgeschichte von Chemnitz. Chemnitz 1952
Tröger, K.: 90 Jahre Riesaer Eisenbahnverkehr. Riesa 1929
Troske, L.: Allgemeine Eisenbahnkunde für Studium und Praxis. Leipzig o. J.
Ulbricht, J. F.: Geschichte der Königlich Sächsischen Staatseisenbahnen. Dresden 1892
Wachsmann, K.: Wendepunkt im Bauen. Wiesbaden 1959
Weber, M. M.: Die Schule des Eisenbahnwesens. Leipzig 1885
Weichold, A.: Johann Andreas Schubert, Lebensbild eines bedeutenden Hochschullehrers und Ingenieurs aus der Zeit der industriellen Revolution. Dresden 1968
Weidauer, W.: Inferno Dresden. Berlin 1966
Werner, H.-J.: Chronik der Reichsbahndirektion Schwerin 1845 bis 1959. Archiv der Reichsbahndirektion Schwerin 1959
Wiedemann, A.: Die sächsischen Eisenbahnen in historisch-statistischer Darstellung. Leipzig 1902
Wiegel, K.: Stätten des Kampfes und der Erinnerung. Leipzig 1961

Bildquellen

Lindenau-Museum Altenburg 92, 93
Schloßmuseum Altenburg 91
Staatsarchiv Weimar, Außenstelle Altenburg 79, 94, 95
Foto-Axtmann Plauen 100, 102, 178
Bäzold, Leipzig 182, 186, 187
Museen der Stadt Bautzen 115
Sammlung Prof. Dr. Becher, Leipzig 148
Dr. Berger, Weimar 389
Reichsbahndirektion Berlin, Archiv 239, 240
Sammlung Clauß, Leipzig 116, 167, 211, 227, 268, 272, 314, 339, 403
Deutsche Fotothek Dresden 196, 205, 210, 213, 287
Reichsbahndirektion Dresden, Bildstelle 65, 117, 118, 144, 153, 154, 218, 289
Stadtmuseum Dresden/Deutsche Fotothek 72, 73, 106, 125
Verkehrsmuseum Dresden 36, 38, 39, 40, 41, 44, 49 bis 52, 55, 56, 60, 64, 66, 69, 70, 74, 75, 76, 78, 99, 121, 124, 128, 129, 130, 132, 180, 191 bis 194, 203, 207, 208, 263, 288, 383, 396
Stadtmuseum Greiz 190
Kreisheimatmuseum Grimma 7, 8, 16, 17, 23, 24, 25, 26, 28, 29, 30, 31, 32
Reichsbahndirektion Halle, Bildstelle 217, 228, 229
Stadtarchiv Karl-Marx-Stadt 145
Deutsche Reichsbahn, Hochbaumeisterei Leipzig, Archiv 87
Museum für Geschichte der Stadt Leipzig 42, 80, 85, 249, 251, 402
Stadtarchiv Magdeburg 247, 248
Dr. Müller, Berlin 312
Heimatmuseum Nossen 173
Foto-Pippig Grimma 13, 21, 156, 164
Städtisches Museum Pirna/Deutsche Fotothek 133
Sammlung Raunitschke, Döbeln 54, 57, 58, 119, 127, 135, 136, 137, 138, 140, 141, 142, 160, 162, 166, 170, 174, 176, 183
Lichtbild Schincke K-G. Zeitz 409
Reichsbahndirektion Schwerin, Archiv 303 bis 305, 340 bis 342, 344 bis 375
Stadtmuseum Weimar 381, 382, 384 bis 388, 411, 412
Sammlung Wilhelmi 149
Melanchthonhaus Wittenberg 264
Sammlung oder Foto Verfasser 1 bis 6, 9 bis 12, 14, 15, 18, 19, 20, 22, 27, 33, 34, 35, 37, 43, 45, 46, 47, 48, 53, 59, 61, 62, 63, 67, 68, 71, 77, 81 bis 84, 86, 88, 89, 90, 96, 97, 98, 101, 103, 104, 105, 107 bis 114, 120, 122, 123, 126, 131, 134, 139, 143, 146, 147, 150, 152, 155, 157, 158, 159, 161, 163, 165, 168, 169, 171, 172, 175, 179, 181, 184, 185, 189, 190, 195, 197 bis 202, 204, 206, 209, 212, 214, 215, 216, 219 bis 226, 230 bis 238, 241 bis 246, 250, 252 bis 262, 265, 266, 267, 269, 270, 271, 273 bis 286, 290 bis 302, 306 bis 311, 315, 316 bis 338, 343, 376 bis 380, 390 bis 395, 397 bis 401, 404 bis 408, 410

ISBN 3-344-00066-7

2. Auflage 1986
VLN 162-925/146/86
LSV 3819
Gestaltung: Helmut Selle/Günter Nitzsche
Lichtsatz: INTERDRUCK Graphischer Großbetrieb Leipzig – III/18/97
Druck und buchbinderische Verarbeitung: LVZ-Druckerei „Hermann Duncker", Leipzig
Printed in the German Democratic Republic
Bestell-Nr.: 567 128 9
03600